GR® 655 | GR 36

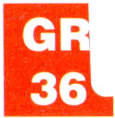

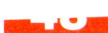

Les sentiers vers Saint-Jacques-de-Compostelle

via Tours

FFRP

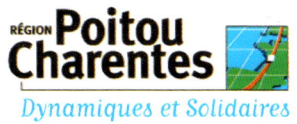

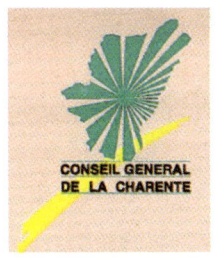

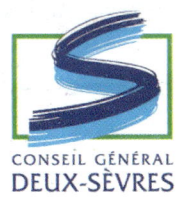

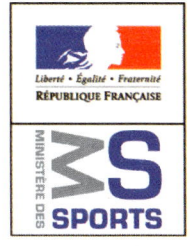

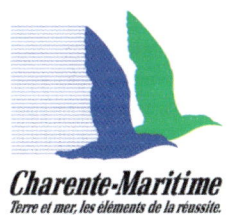

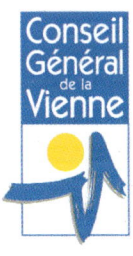

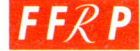

Fédération Française de la Randonnée Pédestre

association reconnue d'utilité publique

14, rue Riquet

75019 PARIS

Sommaire

Les informations pratiques
- Quelques idées de randonnées .... p 6
- Le balisage des sentiers .... p 6
- Avant de partir .... p 9
- Se rendre et se déplacer dans la région .... p 10
- Hébergements, restauration, commerces, services .... p 11
- S'équiper et s'alimenter pendant la randonnée .... p 20
- Adresses utiles .... p 21
- Bibliographie, cartographie .... p 23
- Réalisation .... p 24
- La FFRP et les routes de Saint-Jacques .... p 26
- La Via Turonensis .... p 30
- Un bref aperçu de la région .... p 31

Les itinéraires
- Le sentier GR® 655 .... p 39
- Le sentier GR® 36 ou Voie secondaire Ouest .... p 137
- La Voie secondaire Est .... p 179

A la découverte de la région
- Tours et le tombeau de saint Martin .... p 40, 41
- La coutellerie de Châtellerault .... p 51
- Des carrières de tuffeau autour de Châtellerault .... p 51
- La via Turonensis, trois voies en une .... p 54
- Pèlerins du passé sur le Grand Chemin chaussé .... p 55
- Châtellerault sous le signe de saint Jacques .... p 60
- A la merci des brigands et des dangers de toutes sortes .... p 61
- Poitiers, cité du bienheureux Hilaire .... p 68
- Un miracle de la légende jacobite .... p 69
- Émaux et musique sacrée à l'abbaye de Ligugé .... p 72
- Le Futuroscope, parc européen de l'image .... p 73
- Le farci poitevin .... p 73
- Mélusine, fée serpentine et bâtisseuse .... p 78
- Des spécialités pâtissières… .... p 79
- Le baudet du Poitou .... p 85
- Les trois joyaux romans de Melle .... p 90
- Les mines des rois Francs .... p 91
- Goulebenèze et le parler saintongeais .... p 96
- La « quichenotte », contre le soleil et les Anglais .... p 97
- Lanternes de morts .... p 101
- Croix hosannières .... p 101
- Aulnay, joyau roman au bord du Grand Chemin chaussé .... p 104
- Une jonchée de sanctuaires romans .... p 105
- Saint-Jean-d'Angély : la relique de saint Jean-Baptiste .... p 108
- La maison saintongeaise sous toutes ses facettes .... p 109
- La pierre blanche de Saintonge .... p 114
- Bernard Palissy et la poterie saintongeaise .... p 115
- Saintes, une visite au bienheureux Eutrope .... p 120
- L'hospitalité saintongeaise .... p 121
- L'Hôpital Neuf de Pons .... p 126
- Saint Roch, pèlerin de Saint-Jacques .... p 127
- Courbet et Corot, amoureux des paysages de Saintonge .... p 132
- Sur les pas des pèlerins à travers la Haute Saintonge .... p 133
- Clins d'œil jacquaires au fil de la vallée du Thouet .... p 138
- La Gâtine, berceau de la Reinette de Parthenay .... p 139
- Les melons du Thouarsais, du Cantaloup au Charentais .... p 139
- La Fine Fleur parthenaise .... p 146
- L'angélique ou l'herbe aux anges .... p 147
- Parthenay, la ville d'Aymeri Picaud .... p 150
- Sur les traces des pèlerins à travers la ville .... p 151
- L'or blanc des Deux-Sèvres .... p 156
- Échiré fait son beurre .... p 157
- Niort, un pèlerin de l'époque romane .... p 164
- Le Mellois, terre protestante .... p 165
- La Venise verte .... p 172
- Une petite pièce d'or blanc baptisée mojette .... p 173
- Faune sauvage d'Europe en forêt de Chizé .... p 173
- Saint-Savin, une fabuleuse Bible en images .... p 180
- Les Jours d'Angles .... p 181
- Le macaron, un délice de Montmorillon et d'ailleurs .... p 188
- La charmoise, un mouton rustique et bien conformé .... p 189
- Montmorillon et la cité de l'Ecrit .... p 189
- Saint Sylvain, veillant sur l'Isle-Jourdain .... p 196
- La « grande bûgée » .... p 197
- Le pic épeiche .... p 197
- Charroux, des centaines de reliques attirant les pèlerins .... p 204
- Le jeu de Rampeau .... p 205
- Haltes d'accueil pour les pèlerins traversant la Charente .... p 209
- Les jardins du pays ruffécois .... p 209
- Le fleuve Charente, des gabarres aux pénichettes .... p 212
- La cagouille, emblème du charentais .... p 213
- Etapes jacquaires d'hier et d'aujourd'hui .... p 218
- Le cognac, « liqueur des dieux » .... p 224
- Le râle des genêts, « roi des cailles » .... p 225
- Sur les traces des pèlerins autour d'Angoulême .... p 230
- Angoulême, des moulins à papier au festival de la B.D. .... p 234
- Un général volant à Angoulême .... p 235
- « Benaise dans ses charentaises » .... p 242
- Le Pineau des Charentes, fruit du hasard .... p 243
- L'abbaye de Puypéroux, dédiée à saint Gilles .... p 248
- Montmoreau, le mont des Maures .... p 248
- L'ordre de Cluny sur les routes de Compostelle .... p 249
- Aubeterre, un passage obligé sur la route de Compostelle .... p 249

Index des noms de lieux
p 255, 256

Comment utiliser le topo-guide

Pour comprendre la carte IGN

Courbes de niveau
Altitude • 974

Les courbes de niveau
Chaque courbe est une ligne (figurée en orange) qui joint tous les points d'une même altitude. Plus les courbes sont serrées sur la carte, plus le terrain est pentu. A l'inverse, des courbes espacées indiquent une pente douce.

Route
Chemin
Sentier
Voie ferrée, gare
Ligne à haute tension
Cours d'eau
Nappe d'eau permanente
Source, fontaine
Pont
Eglise
Chapelle, oratoire
Calvaire
Cimetière
Château
Fort
Ruines
Dolmen, menhir
Point de vue

D'après la légende de la carte IGN au 1 : 50 000.

Les sentiers de Grande Randonnée® décrits dans ce topo-guide sont **tracés en rouge** sur la carte IGN au 1 : 50 000 (**1 cm = 500 m**).

La plupart du temps, **les cartes sont orientées Nord-Sud** (le Nord est en haut de la carte). Sinon, la direction du Nord est indiquée par une flèche rouge.

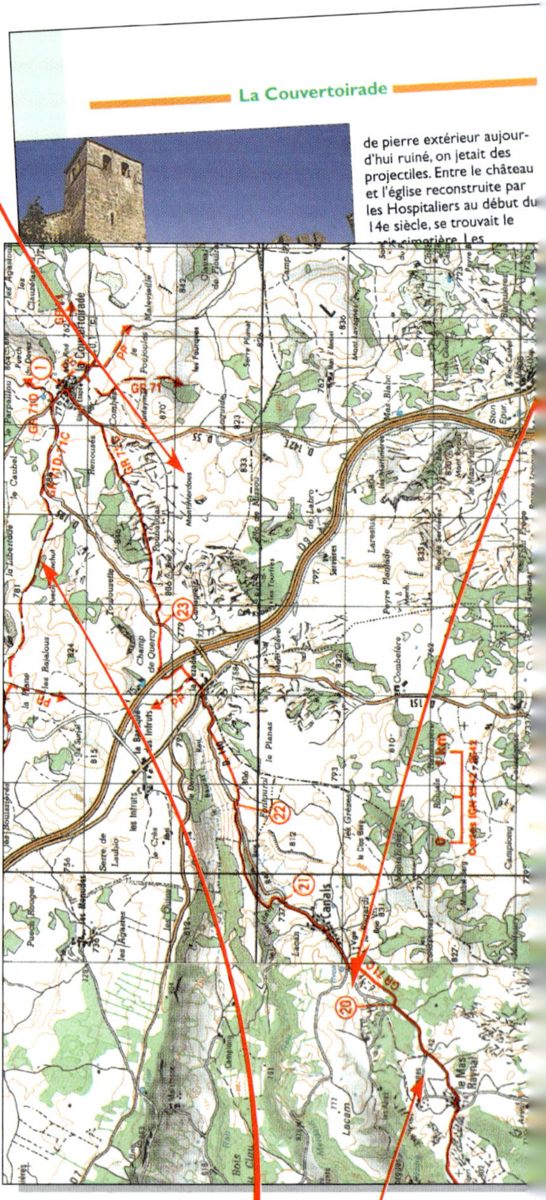

La Couvertoirade

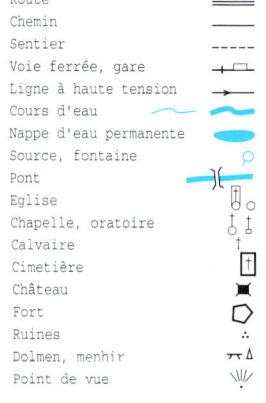

de pierre extérieur aujourd'hui ruiné, on jetait des projectiles. Entre le château et l'église reconstruite par les Hospitaliers au début du 14e siècle, se trouvait le

Autres sentiers de Grande Randonnée® dans la région.

Sentier décrit.

des Sentiers de Grande Randonnée® ?

Vous êtes ici

L'élevage ovin sur le larzac

Voici plus de quatre mille ans que l'homme commença d'élever des moutons, animaux parfaitement adaptés à ce milieu de pelouses sèches, d'herbe courte, d'absence d'eau courante. La présence des troupeaux a grandement marqué

L'élevage actuel

L'évolution s'est amorcée dans le dernier quart du 18e avec l'introduction des cultures fourragères. Les possédants étaient des hommes éclairés conscients des progrès à accomplir : produire une

Pour découvrir **la nature** et **le patrimoine** de la région.

Mas Raynal à Canals   3 km 45 mn

A 2 km du Mas Raynal, la Sorgues coule au fond d'un aven, profond de 106 m. Martel l'explora en 1889.

Au **Mas Raynal**, emprunter la D 140 en direction de La Pezade.

20 Au niveau de l'embranchement des Aires, prendre à droite sur 500 m un chemin parallèle à la route. Suivre celle-ci jusqu'à **Canals**.

Description précise du sentier de Grande Randonnée®.

Quelques infos touristiques

Canals à La Pezade   1 km 1 h

Vestiges de fortifications, église du 18e siècle.

De **Canals**, continuer sur la D 140 sur 500 m.

21 Après le pont sur un ruisseau, obliquer à gauche sur un chemin montant qui se poursuit sur la crête. Retrouver la route.

22 Après quelques mètres, obliquer à droite sur un chemin parallèle. Emprunter à nouveau la route pour arriver à **La Pezade**.

Le Hors GR est un itinéraire, généralement **non balisé**, qui permet de rejoindre un hébergement, un moyen de transport, un point de ravitaillement. Il est indiqué en tirets sur la carte.

Hors GR pour **Les Infruts** : 1 km 15 mn
Aux Infruts :
Suivre la N 9 vers le Nord.

Pour savoir **où manger, dormir, acheter des provisions, se déplacer en train ou en bus, etc.**

(voir le tableau et la liste des hébergements et commerces).

La Pezade à La Couvertoirade   4 km 1 h 15

À *La Couvertoirade*

À l'entrée du hameau de **La Pezade**, traverser la N 9 et prendre en face un chemin creux en direction de l'autoroute. Continuer tout droit jusqu'à la clôture, suivre celle-ci sur la gauche. Emprunter le passage souterrain et rejoindre la D 185. La traverser

23 Obliquer sur un chemin bordé de murets et de haies de buis en direction de **La Couvertoirade**.

Couleur du **balisage**.

45

Le temps de marche pour aller de **La Pezade** à **La Couvertoirade** est de 1 heure et 15 minutes pour une distance de 4 km.

5

Informations pratiques

Quelques idées de randonnées

■ **Les itinéraires décrits**

Ce topo-guide décrit :
- le sentier GR® 655, de Tours à Mirambeau (384,5 km)
- le sentier GR® 36 ou « voie secondaire Ouest », de Thouars au Bois Bréchou (188,5 km)
- la « voie secondaire Est » (en partie GR® 48), d'Angles-sur-Anglin à Saint-Aulaye (317,5 km)

■ **D'autres possibilités**

Pour randonner le temps d'un week-end ou d'un court séjour.

Deux jours

De Châtellerault à Poitiers (GR® 655)
1er jour : de Châtellerault à Dissay, 23 km
2e jour : de Dissay à Poitiers, 18,5 km, *voir pp. 59-71.*

De Poitiers à Lusignan (GR® 655)
1er jour : de Poitiers à Croutelle, 20,5 km
2e jour : de Croutelle à Lusignan, 24 km, *voir pp.67-81*

De Saint-Jean-d'Angély à Saintes (GR® 655)
1er jour : de Saint Jean-d'Angély au Douhet, 21,5 km
2e jour : du Douhet à Saintes,15 km, *voir pp.111-123.*

Trois jours

De Thouars à Parthenay (GR® 36)
1er jour : de Thouars à Saint-Généroux, 20 km
2e jour : de Saint-Généroux à Saint-Loup-sur-Thouet, 17 km
3e jour : de Saint-Loup-sur-Thouet à Parthenay, 23 km, *Voir pp. 137-153.*

De Beauvoir à Saint-Jean-d'Angély (GR® 36 et 655)
1er jour : de Beauvoir à Chizé, 21 km
2e jour : de Chizé à Aulnay, 19 km
3e jour : d'Aulnay à Saint-Jean-d'Angély, 23 km, *voir pp.171-177 et 99-111.*

D'Angoulême à Montmoreau
1er jour : d'Angoulême à La Couronne, 16 km
2e jour : de La Couronne à Mouthiers-sur-Boëme, 10 km
3e jour : de Mouthiers-sur-Boëme à Chez Jambon, 26,5 km
4e jour : de Chez Jambon à Montmoreau, 5 km, *voir pp.233-247*

Le balisage des sentiers (voir l'illustration ci-contre)

Les sentiers GR® 655, 36 et 48 sont balisés en blanc et rouge.

La « voie secondaire Est » est balisée en bleu et jaune (sauf sur les tronçons communs avec les GR®).

SUIVEZ LE BALISAGE POUR RESTER SUR LE BON CHEMIN.

LE BALISAGE DES SENTIERS	GR®	GRP®	PR®
Bonne direction			
Tourner à droite			
Tourner à gauche			
Mauvaise direction			

© FFRP Reproduction interdite

Sentier de Grande randonnée, GR, GR Pays, PR, «... à pied», « les environs de .... à pied » sont des marques déposées ainsi que les marques de couleur blanc/rouge et jaune/rouge.

La randonnée : une passion **FFRP !**

Des sorties-randos accompagnées, pour tous les niveaux, sur une journée ou un week-end : plus de 2700 associations sont ouvertes à tous, dans toute la France.

Un grand mouvement pour promouvoir et entretenir les 180 000 km de sentiers balisés. Vous pouvez vous aussi vous impliquer dans votre département.

FFRP

Des stages de formations d'animateurs de randonnées, de responsables d'association ou encore de baliseurs, organisés toute l'année.

Une garantie de sécurité pour randonner bien assuré, en toute sérénité, individuellement ou en groupe, grâce à la licence FFRP ou à la RandoCarte.

Pour connaître l'adresse du Comité de votre département, pour tout savoir sur l'actualité de la randonnée et découvrir la collection des topo-guides :

www.ffrp.asso.fr

Centre d'Information de la FFRP
14, rue Riquet 75019 Paris - Tél : 01 44 89 93 93
Ouvert du lundi au samedi de 10h à 18h.

Avant de partir...

■ **Période conseillée, météo**

Les itinéraires décrits dans ce topo-guide sont praticables en toutes saisons. Toutefois, en périodes pluvieuses, certains tronçons en vallée peuvent être rendus difficiles, voire impraticables, ce qui peut conduire les randonneurs à emprunter provisoirement de petites routes.
Sur le GR® 36, les crues du Thouet empêchent le franchissement des trois gués pierrés entre Saint-Loup-sur-Thouet et Gourgé. Dans ce cas, emprunter la variante GR® 36B.
L'itinéraire de la Voie secondaire Est, sur les bords de la Dronne, entre Aubeterre et Bonne, traverse une zone que l'on peut contourner en cas d'inondation.
La chasse est pratiquée de septembre à janvier quelques jours par semaine, même en forêt domaniale. Il est donc recommandé d'être prudent.

Météo : numéro national : 3250

■ **Les temps de marche**

Les temps de marche indiqués dans les topo-guides des sentiers de Grande Randonnée® sont indicatifs. Ils correspondent à une marche effective d'un marcheur moyen.
Attention ! Les pauses et les arrêts ne sont pas comptés.
Dans les régions de plaine ou peu vallonnées, le rythme de marche est calculé sur la base de 4 km à l'heure.
Chacun adaptera son rythme de marche selon sa forme physique, la météo, le poids du sac à dos, etc.

■ **Modifications d'itinéraires**

Depuis l'édition de ce topo-guide, les itinéraires décrits ont peut-être subi des modifications rendues nécessaires par l'exploitation agricole ou forestière, le remembrement, les travaux routiers, etc. Il faut alors suivre le nouvel itinéraire balisé.
Ces modifications, quand elles ont une certaine importance, sont disponibles, sur demande, au Centre d'information de la FFRP (voir « Adresses utiles ») et sur le site internet www.ffrp.asso.fr.
Les renseignements fournis dans ce topo-guide, exacts au moment de l'édition de l'ouvrage, ainsi que les balisages n'ont qu'une valeur indicative et n'engagent en aucune manière la responsabilité de la FFRP. Ils n'ont pour objet que de permettre au randonneur de trouver plus aisément son chemin et de suggérer un itinéraire intéressant.
C'est au randonneur d'apprécier si ses capacités physiques et les conditions du moment (intempéries, état du sol...) lui permettent d'entreprendre la randonnée, et de prendre les précautions correspondant aux circonstances.

■ **Assurances**

Le randonneur parcourt l'itinéraire décrit, qui utilise le plus souvent des voies publiques, sous sa propre responsabilité. Il reste seul responsable, non seulement des accidents dont il pourrait être victime, mais aussi des dommages qu'il pourrait causer à autrui tels que feux de forêts, pollutions, dégradations, etc.
Certains itinéraires utilisent des voies privées : le passage n'a été autorisé par le propriétaire que pour la randonnée pédestre.

Le randonneur a intérêt à être bien assuré. La FFRP et ses associations délivrent une licence ou une *Rando carte* incluant une assurance adaptée.

Se rendre et se déplacer dans la région

■ **Aéroports**

- Aéroport «Tours Val-de-Loire»,
tél. 02 47 49 37 00
- Aéroport Poitiers Biard :
tél. 05 49 30 04 40
Site Internet :
http://www.poitiers.cci.fr/aeroport/index.asp

■ **Train**

SNCF : tél. 3635, site Internet :
http://www.sncf.com/
Minitel : 3615/3616 TER, site Internet
http://www.ter.sncf.com

Principales gares situées sur le GR® 655 :
Tours, Port-de Piles, Les Ormes-sur-Vienne, Dangé, Ingrandes-sur-Vienne, Châtellerault, Naintré-les-Barres, Chasseneuil-du-Poitou, Poitiers, Ligugé (ligne Tours – Poitiers – Angoulême) ; Lusignan (ligne Poitiers – La Rochelle) ; Saint-Jean-d'Angély, Saint-Hilaire-Brizambourg (ligne Niort – Saintes) ; Saintes, Pons (ligne Nantes – Bordeaux)

Principales gares situées sur le GR® 36 :
Thouars (ligne Saumur – Thouars) ;
Niort, Marigny, Beauvoir-sur-Niort
(ligne Niort – Saintes)

*Principales gares situées
sur la voie secondaire Est :*
Lussac-les-Châteaux, Montmorillon
(ligne Poitiers – Limoges) ; Angoulême,
Montmoreau (ligne Angoulême –
Bordeaux)

■ **Cars**

Sur le GR® 655 :
- gare routière de Tours, place de la Gare, tél. 02 47 05 30 49
- S.T.A.O., Châtellerault,
tél. 05 49 02 23 23
- VITALIS, Communauté urbaine de Poitiers, tél. 05 49 44 77 00
- Rapides du Poitou, Poitiers,
tél. 05 49 46 27 45
- Demellier Tourisme, 86700 Vaux-en-Couhe, tél. 05 49 59 29 79
- RDS, le réseau des Deux-Sèvres, Conseil général, tél. 05 49 06 77 55, www.deux-sevres.com

Sur le GR® 36 :
- RDS, le réseau des Deux-Sèvres, Conseil général, tél. 05 49 06 77 55, www.deux-sevres.com.
- EFFIA, tél. 05 49 94 08 72
(Niort, Parthenay, Thouars),
- CASA, tél. 05 49 24 93 47
(Lezay , Niort, Marais poitevin)
- CITRAM, tél. 05 49 25 99 99
(Melle – Niort),
- Baudin, tél. 05 49 07 61 46
(Brioux – Niort)

Sur la voie secondaire Est :
- Transports départementaux de l'Indre (T.D.I.), tél. 02 54 08 55 60
- Transports Martin, 15 rue Gambetta, 86500 Montmorillon, tél. 05 49 91 09 07
- CITRAM Poitou-Charentes, place du Champ-de-Mars, 16000 Angoulême,
tél. 05 45 95 95 99
- STGA, 554, route de Bordeaux,
16000 Angoulême, tél. 05 45 65 25 25

Hébergements

■ **GR® 655**

Indre-et-Loire

• Tours (37000)
Nombreux hébergements, s'adresser à l'office du tourisme, tél. 02 47 70 37 37
• Saint-Avertin (37170)
- Hôtels, s'adresser à l'office du tourisme, tél. 02 47 27 01 72
- Camping *Rives du Cher*, tél. 02 47 27 27 60
• Veigné (37250)
- Hôtel *A La Bonne Heure*, 11 chambres, tél. 02 47 26 01 83
- Camping municipal, tél. 02 47 26 23 00
• Sorigny (37250)
- Hôtel *Auberge de la Mairie*, tél. 02 47 26 07 23
- Chambres d'hôtes et table d'hôtes, Mme Audenet, tél. 02 47 26 20 90
• Sainte-Catherine-de-Fierbois (37800)
- Chambres d'hôtes, Mme Pelluard, La Tinellière, tél. 02 47 65 61 80
- Camping Parc de Fierbois, tél. 02 47 65 43 35
• Sainte-Maure-de-Touraine (37800)
- Hôtels, s'adresser à l'office du tourisme, tél. 02 47 65 66 20
- Camping municipal, tél. 02 47 65 44 93

Vienne

• Les Ormes (86220)
- *Hôtel du Cheval Blanc*, tél. 05 49 85 94 34
- Hôtel *La Gaieté*, 23 rue Chevretterie, tél. 05 49 85 67 30
Camping municipal, 50 emplacements, ouvert du 1/4 au 30/09, 8 rue de Buxières, tél. 05 49 85 61 30
• Dangé-Saint-Romain (86220), hors GR
- Hôtel *Le Saint-Romain*, 8 chambres, 29 avenue de l'Europe, tél. 05 49 86 33 28
- Hôtel *Le Damius*, 10 chambres, 16 rue de la Gare, tél. 05 49 86 40 28
- Chambre d'hôtes, M. et Mme Braguier, 5 chambres (12 personnes), La Grenouillère, tél. 05 49 86 48 68
- Camping municipal, rue Saint-Romain, 17 emplacements, ouvert du 01/06 au 29/08, tél. 05 49 86 40 01
• Ingrandes-sur-Vienne (86220)
- Chambre d'hôtes, M. et Mme Blanchard, 2 chambres (6 personnes), Lamboiron, tél. 05 49 02 69 06
- Camping privé, *Le Petit Trianon de Saint-Ustre*, 95 emplacements, ouvert du 20/05 au 23/09, Saint-Ustre, tél. 05 49 02 61 47
• Châtellerault (86100)
- Nombreux hôtels, s'adresser à l'O.T.S.I., tél. 05 49 21 05 47
- Chambre d'hôtes, M. et Mme Mac Millan, 2 chambres (9 personnes), 27 chemin de la Bergerie, tél. 05 49 85 08 11
- Camping *Le Chilloux d'Auzon*, 63 emplacements, ouvert du 01/05 au 30/10, Le Chilloux-d'Auzon, tél. 05 49 21 94 02
- Camping privé *Le Relais du Miel*, 80 emplacements, ouvert du 15/05 au 31/08, route d'Antran, tél. 05 49 02 06 27
• Saint-Cyr (86130), hors GR
- Résidence Pleine Nature, chambres de 2, 3 ou 4 personnes, capacité 120 personnes, Le Lac, tél. 05 49 52 00 40
- Camping *du Parc-de-Saint-Cyr*, 198 emplacements, ouvert du 01/04 au 30/09, parc de Saint-Cyr, tél. 05 49 62 57 22
• Dissay (86130), hors GR
- Centre d'hébergement de Puygremier, 74 lits, 2 bâtiments (7 chambres), tél. 05 49 52 02 42
- Hôtel *Le Binjamin*, 10 chambres, N 10, tél. 05 49 52 42 37
Chambre d'hôtes, 3 chambres (6 personnes) Mme Fouques Michelle, 80, Le Bois-de-Chaume, tél. 05 49 52 46 14 / 06 87 43 79 29

- Camping municipal du Parc, 80 emplacements, ouvert les week-ends de Pâques à juin, et tous les jours du 01/06 au 31/08, rue du Parc, tél. 05 49 52 34 56
• Saint-Georges-les-Baillargeaux (86130)
- *Hôtel des Sports*, 6 chambres, 8 avenue de la Libération, tél. 05 49 52 81 21
- Chambre d'hôtes, Mme Boutet Gisèle, 3 chambres (7 personnes), 4 rue de la Tonnelle, tél. 05 49 52 50 28
- Camping privé *Le Futuriste*, 112 emplacements, rue du Château, tél. 05 49 52 47 52
• Chasseneuil-du-Poitou (86360), hors GR
- Nombreux hôtels sur le site du Futuroscope, s'adresser à l'office de tourisme, tél. 05 49 52 83 64
- Camping municipal Les Ecluzelles, 30 emplacements, ouvert du 03/03 au 29/09, rue Leclanché, tél. 05 49 62 58 85
• Poitiers (86000)
- Auberge de jeunesse, 140 lits en 30 chambres, fermé pendant les vacances de Noël, 1 allée Roger-Tagault, tél. 05 49 30 09 70
- Espace Kennedy (uniquement groupes sur réservation), 1 avenue John-Kennedy, Les Couronneries, tél. 05 49 47 52 00
- Nombreux hôtels, s'adresser à l'OTSI, tél. 05 49 41 21 24
- Camping du Porteau, 36 emplacements, ouvert du 05/06 au 31/08, rue du Porteau, tél. 05 49 41 44 88
• Saint-Benoît (86280)
- Hôtel *L'Orée des Bois*, 14 chambres, 13 rue de Naintré, tél. 05 49 57 11 44
- Hôtel *Le Chalet de Venise*, 12 chambres, 6 rue du Square, tél. 05 49 88 45 07
• Ligugé (86240)
- Abbaye Saint-Martin, hébergement par les moines qui reçoivent hommes et femmes, 2 place Révérend-Père-Lambert, tél. 05 49 55 21 12
- *Hôtel du Commerce*, 5 chambres, 56, Grand'rue, tél. 05 49 11 94 81
- *Hôtel du Bois de la Marche*, 53 chambres, RN 11 (direction Niort Poitiers Sud), tél. 05 49 53 10 10

- Camping municipal, ouvert du 01/07 au 31/08, avenue de la Plage, tél. 05 49 55 29 50
• Croutelle (86240)
Hôtel *Agil Relais Bonsaï*, 40 chambres, La Berlanderie, RN 10 Poitiers Sud, tél. 05 49 55 44 00
• Coulombiers (86600)
- Hôtel *du Centre Poitou*, 13 chambres, 39 rue Nationale, tél. 05 49 60 90 15
• La Verrie, Coulombiers (86600)
Chambre d'hôtes, M. et Mme Provost, 2 chambres (8 personnes), La Verrie, tél. 49 43 71 69
• Lusignan (86600)
- Hôtel *du Chapeau Rouge*, 8 chambres, 1 rue de Chypre, tél. 05 49 43 31 10
- Camping municipal de Vauchiron, 100 emplacements, chemin de la Plage, ouvert du 15/04 au 15/10, tél. 05 49 43 30 08 / 05 49 43 31 48
• Saint-Sauvant (86600)
- Chambre d'hôtes, Mme Barreault, 2 chambres (6 personnes), Pouzeau, tél. 05 49 59 72 90
- Refuge pour les pèlerins, 3, rue du Four (route de Jassay), tél. 05 49 37 16 49. *Libre participation aux frais.*
- Camping municipal, 30 emplacements, rue du Four, tél. 05 49 59 70 22 / 05 49 59 70 20

Deux-Sèvres

• Chenay (79120)
- Chambre et table d'hôtes, 3 chambres, Mme Nau, place de la Mairie, tél. 05 49 07 31 28
- Chambre et table d'hôtes *Les Chenets*, 2 chambres, Mme Nau, rue des Ecoles, tél. 05 49 07 32 90
- Hôtel-restaurant *Les Trois Pigeons*, 11 chambres, tél. 05 49 07 38 59
• Sepvret (79120)
- Chambre d'hôtes, 2 places, Mme Bergman, La Grosse-Talle, tél. 05 49 07 31 97
- Camping rural, 6 empl., ouvert d'avril à septembre, Mme Bergman, La Grosse-Talle, tél. 05 49 07 31 97

- Melle (79500)
- Gîte d'étape *La Maisonnette*, 9 places, réservation aux heures de bureau, tél. 05 49 29 04 05 ou 05 49 29 15 10
- Gîte *Clévacances*, à partir de 3 nuits, 4 chambres, Mme Prieur, Chante-Grelet, tél. 05 49 27 18 12.
- Camping municipal *La Fontaine de Villiers*, 26 empl., ouvert d'avril à septembre, réservation en mairie, tél. 05 49 27 00 23
- Hôtel-restaurant *Les Glycines*, 7 chambres, tél. 05 49 27 01 11
- Saint-Martin-lès-Melle (79500), hors GR
- Gîte d'étape *L'Etrier du Pays mellois*, 36 places, Mme Bévin, tél. 05 49 27 09 44
- Hôtel-restaurant *L'Argentière*, 18 chambres, tél. 05 49 29 13 74
- Brioux-sur-Boutonne (79170)
- Hébergement de groupe I.R.E.O., 50 places, week-end et vacances scolaires, réservation, tél. 05 49 07 36 40
- Camping municipal, 40 empl., ouvert d'avril à novembre, réservation en mairie, tél. 05 49 07 50 46
- Chambre d'hôtes, 2 chambres, Mme Mignet, 25 avenue de la Gare, tél. 05 49 07 54 32
- Chambre d'hôtes *Les Fontenelles*, 1 chambre, Mme Beneteau, 51 avenue de la Gare, tél. 05 49 27 13 98.
- *Auberge de la Boutonne*, 7 chambres, tél. 05 49 07 50 61
- *Auberge du Cheval Blanc*, 7 chambres, tél. 05 49 07 52 08
- Champeault (Villefollet 79170), hors GR
Chambre d'hôtes, Mme Pickering, tél. 05 49 27 19 63

Charente-Maritime

- La Villedieu (17470)
Hébergement chez l'habitant (selon place disponible), Mme Bourdet, 17 rue des Fleurs, tél. 05 46 33 12 95
- Aulnay-de-Saintonge (17470)
- Hébergement de pèlerins, presbytère, 4 rue Cour-à-Madame, tél. 05 46 33 10 49
- Hôtel *Le Relais*, 5 chambres, 14 rue de Cognac, tél. 05 46 33 16 77
- Chambres d'hôtes, M. Violleau, 3 chambres, 400 rue de Salles, tél. 05 46 33 12 39
- Courcelles (17400)
Hébergement chez l'habitant, M. et Mme Ricketts, 15 rue du Bourg, tél. 05 46 32 69 36
- Saint-Jean-d'Angély (17400)
- Hébergement de pèlerins, presbytère (téléphoner le matin), 4 rue des Maréchaux, tél. 05 46 59 01 24
- Hébergement de pèlerins, Centre de culture européenne, abbaye Royale, 5 rue de l'Abbaye, tél. 05 46 32 60 60
- Hébergement de pèlerins, Odette Groussard, 7 rue des Jacobins, tél. 05 46 32 04 53
- Nombreux hôtels-restaurants, s'adresser à l'OT, tél. 05 46 32 04 72, fax 05 46 32 20 80
- Saint-Hilaire-de-Villefranche (17770), hors GR
Hôtel-restaurant 5 chambres, tél. 05 46 95 30 15.
- Le Douhet (17100)
Hébergement de pèlerins, mairie, tél. 05 46 97 77 74.
- Saintes (17100)
- Gîte d'étape spécial pèlerins, Jacqueline Colson, 11 rue Saint-Eutrope, tél. 05 46 74 59 44
- Hébergement de pèlerins *(fermé en août)*, Séminaire, 80 cours Genêt, tél. 05 46 93 03 29
- Auberge de jeunesse, 2 rue Geoffroy-Martel, tél. 05 46 92 14 92
- Nombreux hôtels et chambres d'hôtes, s'adresser à l'O.T., villa Musso, 62 cours National, tél. 05 46 74 23 82, fax 05 46 92 17 01
- Préguillac (17460)
- Chambres d'hôtes, 4 chambres, L. Georgeon, 9, rue Sainte-Eulalie, tél. 05 46 93 62 62
- Chambres d'hôtes, 3 chambres, A. Labbé, Le Logis, tél. 05 46 93 67 65
- Hébergement chez l'habitant, tél. 05 46 74 59 44

- Berneuil (17460)
Hôtel-restaurant *La Goule Beunaise*, 12 chambres, 5 rue des Tilleuls, tél. 05 46 96 92 40
- Saint-Léger (17800)
Hôtel-restaurant *Le Rustica*, 4 chambres, tél. 05 46 96 91 75
- Pons (17800)
- Hébergement de pèlerins, renseignements : mairie, tél. 05 46 96 14 15
- Hébergement chez l'habitant, 2 chambres, Mme Richard, 15 rue Colombier, tél. 05 46 94 06 00
- Hôtel-restaurant *Auberge Pontoise*, 22 chambres, 23 avenue Gambetta, tél. 05 46 94 00 99
- Hôtel-restaurant de Bordeaux, 15 chambres, 1 avenue Gambetta, tél. 05 46 91 31 12
- Camping municipal, tél. 05 46 91 36 72
- Camping *Chardon* (mobil-homes), tél. 05 46 95 01 25
- Mazerolles (17800), hors GR
Hébergement chez l'habitant, Mme Geffre, tél. 05 46 96 11 94
- Saint-Genis-de-Saintonge (17240)
Hôtel-restaurant *Relais de Saintonge*, 11 chambres, RN137, tél. 05 46 04 95 50
- Mirambeau (17150)
- Hôtel *Le Cheval gris*, 9 chambres, 99 avenue de la République, tél. 05 46 70 72 83
- Hôtel *L'Union*, 8 chambres, 31 avenue de la République, tél. 05 46 49 61 64
- Hébergement sous tente au camping, tél. 06 86 35 43 33

■ **GR® 36 (voie secondaire Ouest)**

Deux-Sèvres

- Thouars (79100)
- Auberge de jeunesse Hector-Etoubleau, 39 lits, 5 boulevard du 8-Mai, tél. 05 49 66 22 40
- Chambre d'hôtes, 2 chambres, Mme Holstein, 3 avenue Victor-Leclerc, tél. 05 49 96 11 70
- Camping municipal Le Clos Imbert, 35 empl., ouvert de juin à septembre, rue de la Grande-Côte-de-Crevant, tél. 05 49 66 17 99 ou 05 49 68 11 11 (mairie)
- Hôtel-restaurant *L'Acacia*, 24 chambres, tél. 05 49 96 20 80
- *Hôtel de la Gare*, 12 chambres, tél. 05 49 66 20 75
- *Hôtellerie Saint-Jean*, 18 chambres, tél. 05 49 96 12 60
- Hôtel-restaurant *Le Dauphin*, tél. 05 49 66 02 26
- Doret (79100 Missé), hors GR
Hébergement de groupe Le Châtelier, 90 places, tél. 05 49 96 07 05
- Maranzais (79100 Taizé)
Meublé de tourisme, 2 chambres, Mme Bruneau, tél. 05 49 66 48 50
- Saint-Généroux (79600)
- Gîte d'étape municipal, 6 places, Mme Baudouin, tél. 05 49 67 50 03
Hôtel-restaurant *Au Bon Accueil*, 5 chambres, tél. 05 49 67 55 35
Aire naturelle de camping, Mme Baudouin, tél. 05 49 67 50 03.
- Airvault (79600)
Hôtel-restaurant *Auberge du Vieux Relais*, 12 chambres, tél. 05 49 70 85 04
Hôtel-*restaurant du Cygne*, 15 chambres, fermé début juillet, tél. 05 49 64 70 61
Camping municipal Le pont de Vernay, 50 empl., ouvert à l'année, mairie, tél. 05 49 64 70 13
- Saint-Loup-sur Thouet (commune de Saint-Loup-Lamairé 79600)
- Hébergement de groupe M.F.R., 63 places, week-end et vacances scolaires, réservation, tél. 05 49 07 36 40
- Chambre d'hôtes du Château de Saint-Loup, 2 chambres, M. de Bartillat, tél. 05 49 64 81 73
- Hôtel-restaurant *Le Relais du Chapeau Rouge*, 7 chambres, tél. 05 49 64 68 08.
- Gourgé (79200)
- Hors GR : les Grippeaux : gîte de groupe , 2 dortoirs, 15 places, M. Nerbusson, tél. 05 49 69 84 25
- Hors GR : camping à la ferme du Plessis-Rouget, 6 empl., de mars à octobre, M. Bernier, tél. 05 49 69 80 41

- Hors GR : parc résidentiel de loisirs de la Barre, chalets et bungalows, d'avril à novembre (sauf juillet-août), M. Robin, tél. 05 49 69 86 43
• Parthenay (79200)
- Chambre d'hôtes, 2 épis, 1 chambre, 10 rue du Château, M. Lavillauroy, tél. 05 49 64 19 69
- Nombreux hôtels, s'adresser à l'OT, 8 rue Vau-Saint-Jacques, tél. 05 49 64 24 24
• Germond (79220 Germond-Rouvre)
Hôtel-restaurant, 5 chambres, tél. 05 49 04 06 78.
• Breilbon (79220 Germond-Rouvre)
Chambre et table d'hôtes, 4 chambres, Mme Blanchard, 40 chemin de la Minée, tél. 05 49 04 05 01 ou 06 87 41 06 60
• Surimeau (Niort 79000)
Chambre d'hôtes, 1 chambre, 27 rue de la Mineraie, Mme Boudreault, tél. 05 49 24 51 93
• Niort (79000)
Nombreux hôtels, s'adresser à l'office de Tourisme, tél. 05 49 24 18 79
• Bessines (79000)
- Gîte d'étape Espace Noisy, 10 places, réservation en mairie, tél. 05 49 09 10 64
- Hôtel *Confort Hôtel*, 30 chambres, tél. 05 49 09 08 07
- Hôtel *Reix Hôtel*, 34 chambres, tél. 05 49 09 15 15
• Clairias (79270 Frontenay-Rohan-Rohan), hors GR
Chambre et table d'hôtes, 5 chambres, M. Calmel, Clairias, tél. 05 49 04 58 42
• Faugerit (79270 Frontenay-Rohan-Rohan), hors GR
Chambre d'hôtes *Le Logis de Faugerit*, 5 chambres, Mme Berthomé, chemin du Marais, Faugerit, tél. 05 49 77 55 51
• Vallans (79270), hors GR
Chambre et table d'hôtes *Le Logis d'Antan*, 5 chambres, Mme Ragouilliaux - Di Battista, tél. 05 49 04 86 75
• Le Cormenier (79360 Beauvoir-sur-Niort)
Chambre d'hôtes La Guilloterie, 4 chambres, Mme Richard-Lepinat, tél. 05 49 09 70 42

• Marigny (79360), hors GR
La Blotière, gîte d'étape 15 places, tél. 05 49 79 57 75
• Le Grand-Mauduit (79360 Marigny)
Chambre d'hôtes *Le Vieux Fournil*, 3 chambres, Mme Garnaud, tél. 05 49 09 72 20
• Villiers-en-Bois (79360)
Gîte de groupe *Le Prioulet*, 3 dortoirs, 8 chambres, 50 places, Mme Gibault, tél. 05 49 76 79 67
Camping P.A.J. Le Prioulet, ouvert d'avril à octobre, tél. 05 49 76 79 67
Auberge des Cèdres, 4 chambres, tél. 05 49 76 79 53
• Chizé (79170)
Chambre d'hôtes, 3 épis, 2 chambres, Mme Bonneau, 20 rue des Ponts-de-Boutonne, tél. 05 49 76 77 03

■ **GR® 48 (voie secondaire Est)**

Vienne

• Angles-sur-l'Anglin (86260)
Hôtel *Relais du Lion d'Or*, 4 rue d'Enfer, tél. 05 49 48 32 53
Camping municipal Les Coteaux, 40 emplacements, ouvert du 1/04 au 30/09, tél. 05 49 48 86 87

Indre

• Mérigny (36220), hors GR
- Chambre d'hôtes, M. Mme Guza, Le Bois-d'Haut, tél. 02 54 37 36 52
- Camping municipal, 32 emplacements, ouvert du 1/06 au 01/09, tél. 02 54 37 42 71

Vienne

• Saint-Germain (86310)
Hôtel du Pont-Neuf, 8 chambres, 7, avenue de l'Europe, tél. 05 49 48 00 74
• Saint-Savin (86310)
- Gîte d'étape Moulin, 25 lits en 2 gîtes, ouvert du 17/05 au 15/09 et du 20/12 au 06/01, tél. 05 49 48 18 02

- *Hôtel de France*, 15 chambres, 38 place de la République, tél. 05 49 48 19 03.
- *Hôtel de la Paix*, 5 chambres, 48, place de la Libération, tél. 05 49 48 00 83
- Chambre d'hôtes, M. et Mme Barbarin Jacky et Charline, 3 chambres (8 personnes), ouvert du 01/03 au 15/10, Siouvres, tél. 05 49 48 10 19
- Camping municipal *du Moulin de la Gassotte*, 10 rue du 8-Mai-1945, 50 emplacements, ouvert du 14/05 au 15/09, tél. 05 49 48 18 02

• La Cadrie (86500 Jouhet), hors GR
Chambre d'hôtes, M. et Mme Raban, 2 chambres (7 personnes), tél. 05 49 91 05 50

• Montmorillon (86500)
- *Hôtel de France*, 10 chambres, 4 boulevard de Strasbourg, tél. 05 49 84 09 09
- Chambre d'hôtes, M. et Mme Capillon, 3 chambres (7 personnes), La Loge-Monteil, tél. 05 49 91 33 11 ou 06 17 23 08 05
- Chambre d'hôtes, M. et Mme Ydier, 1 chambre (2 personnes), Boubrault, tél. 05 49 91 85 92
- Camping municipal de l'Allochon, 80 emplacements, ouvert du 01/03 au 31/10, 31 avenue Fernand-Tribot, tél. 05 49 91 02 33
- Gîte de la Jarrouie, réservations : Lycée agricole, château Ringuet, tél. 05 49 91 03 97

• Lussac-les-Châteaux (86320)
- Maison des jeunes et de la culture, 22 lits en 3 dortoirs, tél. 05 49 48 39 27
- Hôtel *Le Montespan*, 22 chambres, 1 avenue de Ham-sous-Varsberg, tél. 05 49 48 41 42
- Hôtel *Le Relais*, 8 chambres, 30 avenue du Recteur-Pineau, tél. 05 49 48 40 20
- Hôtel *Les Orangeries*, 10 chambres, 12 av. du Dr-Dupont, tél. 05 49 84 07 07
- Hôtel du *Connestable Chandos*, 7 chambres, pont de Lussac, 86320 Mazerolles, tél. 05 49 48 40 24
- Camping privé du Port, 50 emplacements, tél. 05 49 84 93 50
- Camping municipal de Mauvillant, 68 emplacements, ouvert du 01/06 au 15/10, route de Mauvillant, tél. 05 49 48 03 32

• Persac (86320), hors GR
Chambre d'hôtes, Mme Breton Alice, 1 chambre (4 personnes), La Porcelaine, tél. 05 49 48 33 12

• Moussac (86150), hors GR
Camping municipal *du Moulin Chauvet*, 30 emplacements, ouvert du 01/06 au 30/09, mairie, tél. 05 49 48 75 58

• L'Isle-Jourdain (86150)
- Chambre d'hôtes, Mme Desage, 2 chambres (5 personnes), 14, place d'Armes, tél. 05 49 84 00 58 / 06 88 41 84 83
- *Hôtel de la Paix*, 11 chambres, 9 place d'Armes, tél. 05 49 48 70 38
- Camping municipal du Lac de Chardes, 36 emplacements, ouvert du 15/05 au 15/10, rue de Chardes, tél. 05 49 48 72 46 / 05 49 48 70 54

• Bourpeuil (commune du Vigeant 86150)
Hôtel du Viaduc, 8 chambres, Bourpeuil, tél. 05 49 48 42 54

• Saint-Martin-l'Ars (86350)
Chambre d'hôtes, Mme Labonne Dany, 2 chambres (6 personnes), La Petite-Tangue, tél. 05 49 87 78 96

• Charroux (86250)
- *Hôtellerie Charlemagne*, 7 chambres, 7 rue de Rochemeau, tél. 05 49 87 50 37
- Chambre d'hôtes, M. et Mme Fournier Robert, 1 chambre (2 personnes), La Planche, 2 chemin de Gorse, tél. 05 49 87 57 07 ou 06 77 51 48 77

• Surin (86250)
Chambre d'hôtes, M. Corbin Jean-Claude, 2 chambres (5 personnes), château de Cibioux, tél. 05 49 87 04 89

Charente

• Nanteuil-en-Vallée (16700)
Camping municipal, 30 places, du 01/06 au 30/09, rue du Val-d'Argentor, tél. 05 45 31 82 67

• Verteuil-sur-Charente (16150)
Hôtel *La Paloma*, 14, rue de la Fontaine, tél. 05 45 29 04 49

- Les Nègres (16150 Verteuil)
Hôtel *Le Relais de Verteuil*, RN10, tél. 05 45 31 41 14
- Salles-de-Villefagnan (16700)
Chambres d'hôtes et table d'hôtes, M. Briggs Potter, 8 personnes, La Cochère, tél. 05 45 30 34 60
- Tusson (16140)
- Chambres d'hôtes et table d'hôtes, Mme Gaugin, 2 chambres (6 personnes), Le Bourg, tél. 05 45 31 72 16 ou 06 84 59 38 46
- Club Marpen, 50 lits en 3 gîtes, Le Bourg, tél. 05 45 31 71 55 (appeler le matin)
- Villejésus (16140)
Hors GR, *Auberge de l'Océan*, Les Granges, tél. 05 45 21 10 21
- Aigre (16140), hors GR
Hôtel-restaurant du Square, place des Halles, tél. 05 45 21 10 72
- Lanville (16140)
Halte jacquaire, Frères de la Résurrection, prieuré, tél. 05 45 21 07 78
- Marcillac (16140)
Bar-hôtel-restaurant *Les Nymphes*, Le Bourg, tél. 05 45 21 53 04
- Montignac-Charente (16330)
Gîte d'étape, 30 lits, parc de Marchot (hippodrome), mairie, 05 45 39 70 09
Camping municipal Les Platanes, du 01/06 au 31/08, avenue des Platanes, tél. 05 45 39 89 16 ou tél. 05 45 39 70 09
- Marsac (16570)
« Accueil paysan », M. et Mme Seguin, 2 chambres (4 personnes), tél. 05 45 21 42 59
- Saint-Yrieix-sur-Charente (16710)
- Hors GR : *Hôtel Première Classe*, 114 route de Royan, tél. 05 45 69 79 13
- Hors GR : Hôtel-restaurant *Campanile*, 114 route de Royan, tél. 05 45 69 78 95
- Angoulême (16000), hors GR
Nombreux hôtels, s'adresser à l'office du tourisme, pavillon de la Gare, tél. 05 45 92 27 57
- Saint-Michel (16470)
Hôtel-restaurant *L'Arrivée*, 35 avenue des Anciens-Combattants, tél. 05 45 25 95 76

- La Couronne (16400)
- Hôtel-restaurant *Le Barco*, 16 rue du Stade, tél. 05 45 67 78 33
- Hôtel *Première Classe*, La Croisade, tél. 05 45 61 89 89
- Hôtel *Etoile d'Or*, 66 av. de la Gare, tél. 05 45 67 20 44
- Mouthiers-sur-Boëme (16440)
- Café de la Boême, M. Goncalves, 5 chambres, 30 rue de la Boême, tél. 05 45 67 95 17
- Hôtel-restaurant *Le Saint-Christophe*, 6 place de la Gare, tél. 05 45 67 94 24
- Chez-Jambon (commune d'Aignes-et-Puypéroux 16190)
Chambres d'hôtes, Mme Le Roy Mireille, 3 chambres (5 personnes), tél. 05 45 60 20 32
- Montmoreau-Saint-Cybard (16190)
Camping municipal, du 01/05 au 30/09, 19 places, allée du Stade, tél. 05 45 60 33 19
- Abbaye de Maumont (commune de Juignac 16190)
Hébergement pèlerin, Sœur Raphaëlle, 23 lits et 2 dortoirs de 12, tél. 05 45 60 30 12
- Aubeterre-sur-Dronne (16390)
- Centre de découverte, accueil groupes, rue Moignard, tél. 05 45 98 50 40
- *Hôtel-restaurant du Périgord*, quartier Plaisance, tél. 05 45 98 50 46
- *Hôtel-restaurant de France*, place Ludovic-Tardieux, tél. 05 45 98 50 43
- Chambres d'hôtes, M. Vos, 5 personnes, place du Château, tél. 05 45 98 43 34
- Camping municipal, du 15/06 au 15/09, route de Ribérac, tél. 05 45 98 50 33
- Bonnes (16390)
Camping municipal, 10 places, du 15/06 au 15/09, tél. 05 45 98 51 74
- Saint-Aulaye (24410)
- *Hôtel du Champ de Foire*, place du Champ-de-Foire, tél. 05 53 90 42 95
- Camping municipal de la Plage, Les Ponts, ouvert du 15/06 au 15/09, tél. 05 53 90 62 20

▶ Pour faciliter la lecture, les communes sont citées dans le sens du parcours décrit dans le topo-guide. Pour calculer la longueur d'une étape, il suffit d'additionner les chiffres de la colonne de gauche et de rajouter, si votre lieu d'hébergement se situe hors GR, la distance figurant entre parenthèses.

kilomètres	RESSOURCES LOCALITÉS	Pages	🛏	🏠	🏨	⛺	🛒	🍴	🚌	🚆	ℹ️
	TOURS *GR® 655*	39	•	•	•	•	•	•	•	•	•
5	SAINT-AVERTIN	39		•			•	•	•		•
11,5	VEIGNE	43		•	•		•	•	•		•
8	SORIGNY	43	•		•			•			
15	SAINTE-CATHERINE-DE-FIERBOIS	47	•			•		•			
8	SAINTE-MAURE-DE-TOURAINE	47		•	•	•	•	•	•	•	•
9	DRACHÉ	47					•				
5	LA CELLE-SAINT-AVANT	49					•		•		
2,5	PORT-DE-PILES	49					•		•	•	
6	LES ORMES	53			•	•	•	•	•		•
6	▶ DANGÉ-SAINT-ROMAIN (Hors GR à 2 km)	53	•		•	•	•	•	•	•	•
12	INGRANDES	57	•			•	•	•	•		
9	CHATELLERAULT	59	•		•	•	•	•	•	•	•
7	CENON-SUR-VIENNE	63					•	•			
12	▶ SAINT-CYR (Hors GR à 2,5 km)	65		•		•	•	•			
4	▶ DISSAY (Hors GR à 1 km)	65	•		•	•	•	•	•		
5	SAINT-GEORGES-LES BAILLARGEAUX	65	•		•	•	•	•	•		
3	▶ CHASSENEUIL-DU-POITOU (Hors GR à 1 km)	67			•	•	•	•	•		•
4	▶ BUXEROLLES (Hors GR à 3 km)	67									
6,5	POITIERS (Notre-Dame)	71	•	•	•	•	•	•	•	•	•
6,5	SAINT-BENOÎT	71			•		•	•	•		•
6	LIGUGÉ	75		•	•	•	•	•		•	
8	CROUTELLE	75			•			•			
12	COULOMBIERS	77	•		•	•	•	•			•
3,5	LA VERRIE	77	•	•							
8,5	LUSIGNAN	81			•	•	•	•		•	•
10	SAINT-SAUVANT	83	•		•		•	•			
11	CHENAY	87	•		•			•	•		
11	SEPVRET	89	•			•					
9,5	SAINT-LEGER-DE-LA-MARTINIÈRE	89					•	•			
4	MELLE	93		•	•	•	•	•	•		•
7	SAINT-ROMANS-LES-MELLE	93					•	•			
11	BRIOUX-SUR-BOUTONNE	95	•	•	•	•	•	•	•		•
5	VILLEFOLLET	99	•								
10,5	LA VILLEDIEU	99	•								
7	AULNAY-DE-SAINTONGE	103	•		•		•	•			•
11,5	LES ÉGLISES-D'ARGENTEUIL	107					•				
6	COURCELLES	107						•			
6	SAINT-JEAN-D'ANGÉLY	111		•	•	•	•	•	•	•	•
18,5	▶ SAINT-HILAIRE-DE-VILLEFRANCHE (Hors GR à 3,5 km)	117			•			•		•	
10	FONTCOUVERTE	119					•				
8	SAINTES	123	•	•	•	•	•	•	•	•	•

kilomètres	LOCALITÉS / RESSOURCES	Pages	🛏	🏠	🏘	⛺	🛒	🍴	🚌	🚆	ℹ
10	PREGUILLAC	123	•								
3,5	BERNEUIL	125			•			•			
3	SAINT-LÉGER	125			•			•			
6,5	PONS	129			•	•	•	•	•	•	•
14,5	SAINT-GENIS-DE-SAINTONGE	131			•	•	•	•	•		•
18	MIRAMBEAU	135			•	•	•	•	•		•
	THOUARS *GR® 36*	137	•	•	•	•	•	•	•	•	•
11	MARANZAIS	137	•								
10	SAINT-GENEROUX	141		•	•	•		•			
10	AIRVAULT	143			•	•	•	•	•		•
8	SAINT-LOUP-SUR-THOUET	145	•	•	•	•	•	•	•		•
10,5	GOURGÉ	145		•		•	•	•			
11	CHATILLON-SUR-THOUET	149					•	•			
2	PARTHENAY	153	•		•	•	•	•	•	•	•
13	SAINT-PARDOUX	155					•	•			
17	CHAMPDENIERS	159					•	•	•		
5,5	GERMOND	161			•			•	•		
2,5	BREILBON	161	•					•	•		
14	SURIMEAU	163	•								
5	NIORT	163			•	•	•	•	•	•	•
9	SAINT-LIGUAIRE	167					•	•	•		
3	BESSINES	167		•	•			•	•		
4	▶ CLAIRIAS (Hors GR à 1,5 km)	167	•								
4	FRONTENAY-ROHAN-ROHAN	169					•	•	•		
7,5	▶ FAUGERIT (Hors GR à 1 km)	169	•								
1,5	▶ VALLANS (Hors GR à 2 km)	169	•				•	•	•		
6,5	LE CORMENIER	171	•								
1	BEAUVOIR-SUR-NIORT	171					•	•		•	
5,5	▶ MARIGNY (Hors GR à 1,5 km)	175		•		•			•		
1	LE GRAND MAUDUIT	175	•								
6,5	VILLIERS-EN-BOIS	175		•	•	•		•			
8	CHIZÉ	177	•				•	•			
11	LA VILLEDIEU (GR 655)	99		•							
	ANGLES-SUR-ANGLIN *GR® 48*	179		•	•	•	•	•	•		•
11	▶ MERIGNY (Hors GR à 1,5 km)	179	•			•			•		
10	SAINT-GERMAIN	183			•		•	•	•		
1	SAINT-SAVIN	183	•	•	•	•	•	•	•		•
7	ANTIGNY	185						•			
6	JOUHET	185	•					•			
11,5	MONTMORILLON	187	•	•	•	•	•	•	•	•	•
16	LUSSAC-LES-CHATEAUX	191		•	•	•	•	•	•	•	•
9	▶ PERSAC (Hors GR à 1,5 km)	193	•				•	•			
7	▶ MOUSSAC (Hors GR à 2 km)	195				•					
7	L'ISLE-JOURDAIN	195	•		•	•	•	•	•		•
0,5	BOURPEUIL	199			•			•			
2	▶ LE VIGEANT (à 1 km)	199						•			
17,5	▶ SAINT-MARTIN-L'ARS (Hors itinéraire à 1,5 km)	201	•				•	•	•		
7	MAUPREVOIR	201					•	•	•		
14	CHARROUX	207			•		•	•	•		•

19

kilomètres	LOCALITÉS	Pages	🛏	🏠	🏨	⛺	🛒	🍴	🚌	🚆	i
10	SURIN	207	•					•			
15	NANTEUIL-EN-VALLÉE	211					•	•	•		
9,5	VERTEUIL-SUR-CHARENTE	215			•			•	•		
4	LES NEGRES	217					•		•		
4,5	SALLES-DE-VILLEFAGNAN	217	•						•		
10	TUSSON	221	•	•				•	•		
7	VILLE JESUS	221			•						
	▶ AIGRE (Hors itinéraire à 1 km)	221			•				•		
5,5	LANVILLE	223		•							
2	MARCILLAC	223			•			•	•		
12	SAINT-AMANT-DE-BOIXE	227						•	•		
2	MONTIGNAC-CHARENTE	227		•			•	•	•		
9	MARSAC	229	•					•	•		
9	SAINT-YRIEIX-SUR-CHARENTE	229			•			•	•	•	•
2	▶ ANGOULEME (à 4 km)	233			•		•	•	•	•	•
2	FLEAC	233					•				
6	SAINT-MICHEL	233			•			•	•	•	
4	LA COURONNE	237			•			•	•		
8,5	MOUTHIERS-SUR-BOËME	239			•			•	•		
26,5	CHEZ JAMBON	245	•								
5	MONTMOREAU	245					•	•	•	•	
3	SAINT-AMAND	247						•			
2	ABBAYE de MAUMONT	247				•					
20	AUBETERRE-SUR-DRONNE	251	•	•	•		•	•	•		•
6,5	BONNES	253					•	•			
6	SAINT-AULAYE	253					•	•			

🛏 Chambre d'hôte 🏨 Hôtel 🛒 Ravitaillement 🚌 Car i OT/SI
🏠 Gîte d'étape et gîte de groupe ⛺ Camping 🍴 Restauration 🚆 Gare

S'équiper et s'alimenter pendant la randonnée

■ **S'équiper pour une randonnée**

Pour partir à pied plusieurs jours dans la nature, mieux vaut emporter un minimum d'équipement :
- des vêtements de randonnée adaptés à tous les temps (vent, froid, orage, pluie, neige, chaleur, etc.) ; des chaussures de marche adaptées au terrain et à vos pieds ; un sac à dos ; un sac et un drap de couchage pour certains gîtes d'étape ou refuges qui ne fournissent pas le nécessaire ou si vous campez. N'oubliez pas de demander lors de votre réservation.
- des accessoires indispensables (gourde, couteau, pharmacie, lampe de poche, boussole, grand sac poubelle pour protéger le sac à dos, chapeau, bonnet, gants, lunettes de soleil et crème solaire, papier toilette et couverture de survie).

Plus votre sac sera léger, plus votre randonnée sera agréable.

Dans le commerce, vous n'aurez que l'embarras du choix pour vous équiper. Demandez conseil à un vendeur.

■ **S'alimenter pendant la randonnée**
Pensez à vous munir d'aliments énergétiques riches en protéines, glucides et fructose, tels que des barres de céréales, pâtes de fruits, fruits secs. Le chocolat est également un bon aliment énergétique, mais il présente l'inconvénient de fondre à l'intérieur du sac.
Pensez aussi à boire abondamment, mais attention à ne pas prendre n'importe quelle eau en milieu naturel. Munissez-vous dans ce cas de pastilles purificatrices.

Adresses utiles

■ **Tourisme**

- Comité régional du Tourisme Région Centre, 37, avenue de Paris, 45000 Orléans, tél. 02 38 79 95 00. E, e-mail crtl.centre@crtlcentre.com. Site web: www.visaloire.com

- Comité régional du Tourisme Poitou-Charentes, 60 rue Jean-Jaurès, BP 56, 86002 Poitiers, tél. 05 49 50 10 50, e-mail: crt@poitou-charentes-vacances.com. Site web: http://www.poitou-charentes-vacances.com

- Comité départemental du Tourisme de la Vienne (CDT), tél. 05 49 37 48 48, 33 place Charles-de-Gaulle, BP 287, 86007 Poitiers Cedex.
E-Mail: cdt@tourisme-vienne.com, Site web: http://www.tourisme-vienne.com

- CDT des Deux-Sèvres, 15, rue Thiers, BP 8510, 79025 Niort cedex 9, tél. 05 49 77 87 79, e-mail: tourisme.deux.sevres@wanadoo.fr, site web: http://www.deux-sevres.com/cdt79/.

- CDT de Charente-Maritime, Maison de la Charente-Maritime, 85, boulevard de la République, 17076 La Rochelle Cedex 09, tél. 05 46 31 71 71, e-mail: info@evadez-vous17.com
http://www.charente-maritime.org

- CDT de Charente, 27, place Bouillaud, 16021 Angoulême Cedex, tél. 05 45 69 79 09, e-mail: info@lacharente.com

■ **Offices de tourisme et syndicats d'initiative**

Indre-et-Loire
Tours, tél. 02 47 70 37 37

Vienne
- Chasseneuil-du-Poitou, tél. 05 49 52 83 64
- Châtellerault, tél. 05 49 21 05 47
- Ligugé, tél. 05 49 55 21 24
- Lusignan, tél. 05 49 43 61 21
- Poitiers, tél. 05 49 41 21 24
- Saint-Benoit, tél. 05 49 88 42 12
- Angles-sur l'Anglin, tél. 05 49 48 86 87
- Saint-Savin, tél. 05 49 48 11 00
- Montmorillon, tél. 05 49 91 11 96
- Lussac-les-Châteaux, tél. 05 49 84 57 73
- L'Isle-Jourdain, tél. 05 49 48 80 36
- Charroux, tél. 05 49 87 60 12

Deux-Sèvres
- Melle, tél. 05 49 29 15 10
- Brioux-sur-Boutonne, tél. 05 49 07 48 42
- Thouars, tél. 05 49 66 17 65
- Airvault, tél. 05 49 70 84 03
  ou 05 49 64 70 13
- Saint-Loup-Lamairé, tél. 05 49 64 82 45
- Parthenay, tél. 05 49 64 24 24
- Champdeniers, tél. 05 49 25 86 54
- Niort, tél. 05 49 24 18 79

Charente-Maritime
- Aulnay-de-Saintonge, tél: 05 46 33 14 44
- Saint-Jean-d'Angély, tél. 05 46 32 04 72
- Saintes, tél. 05 46 74 23 82
- Pons, tél. 05 46 96 13 31
- Saint-Genis-de-Saintonge, tél. 05 46 49 01 42
- Mirambeau, tél. 05 46 49 62 85

Charente
- Tusson, tél. 05 45 30 32 87
- Montignac-Charente, tél. 05 45 22 71 97
- Ruffec (Pays ruffécois), tél. 05 45 31 05 42
- Angoulême, tél. 05 45 95 16 84
- Montmoreau-Saint-Cybard,
  tél. 05 45 24 04 07
- Aubeterre, tél. 05 45 98 57 18

Dordogne
Saint-Aulaye, tél. 05 53 90 63 74

■ Divers

- Société des Amis de Saint-Jacques, 8, rue des Canettes, 75006 Paris, tél. 01 43 54 32 90

- Association Les Amis des Chemins de Saint-Jacques en Vienne
16 rue des Fauvettes, 86000 Poitiers, tél. 05 49 53 62 28, e-mail: compostelle.vienne@laposte.net. Site Internet: http://perso.wanadoo.fr/compostelle.vienne

- Association des Amis de Saint-Jacques en Charente
22, boulevard de Bury, 16000 Angoulême

- Relais des Gîtes de la Vienne, 33 place Charles-de-Gaulle, 86007 Poitiers Cedex, tél. 05 49 37 48 54
e-mail : info@gitesdefrance-vienne.com

- Gîtes de France des Deux-Sèvres, 15, rue Thiers, BP 8524, 79025 Niort cedex 9, tél. 05 49 778 779, e-mail : gites-de-france-deux-sevres@wanadoo.fr, site web: http://www.gites-de-france-deux-sevres.com

- Association Atemporelle, 3, rue du Château, 79200 Parthenay, tél. 05 49 63 13 86, atemporelle@cc-parthenay.fr, www.cc-parthenay.fr.

■ Randonnée

- Comité régional de la Randonnée pédestre du Centre, c/o Alain Nevière, La Vilaise, 36370 Belabre, tél. 02 54 37 61 73, fax 02 54 37 73 86

- Comité régional de la Randonnée pédestre Poitou-Charentes, OMS, 22, place Charles-de-Gaulle, 86000 Poitiers

- Comité départemental de la Randonnée pédestre d'Indre-et-Loire, maison des Sports de Touraine, rue de l'Aviation, BP 100, 37210 Parçay-Meslay, tél. 02 47 40 25 26 ; e-mail : cdrp37@wanadoo.fr Permanence accueil à l'Office de tourisme de Tours, tél. 02 47 65 43 35

- Comité départemental de la Randonnée pédestre de la Vienne, 22 place Charles-de-Gaulle, 86000 Poitiers, tél. 05 49 88 93 48 ; e-mail: cdrp86@libertysurf.fr. Site Internet : http://www.rando86.org

- Comité départemental de la Randonnée pédestre des Deux-Sèvres, 31, rue Romaine, 79370 Celles-sur-Belle, tél. 05 49 79 91 73 ; e-mail: rando79@free.fr; site internet : http://rando79.free.fr

- Comité départemental de la randonnée pédestre de Charente-Maritime, c/o Claude Normand, L'Aubrée, 17350 Taillant, tél. 05 46 90 16 45 ; e-mail: rando17@laposte.net.

- Comité départemental de la randonnée pédestre de Charente, 22, boulevard de Bury, 16000 Angoulême, tél. 05 45 68 15 48 ; e-mail : rando16@club-internet.fr.

Bibliographie, cartographie

■ **Pèlerinage**

- *Le Guide du Pèlerin de Saint-Jacques de Compostelle*, traduit par Jeanne Vielliard, librairie philosophique, J. Vrin, Paris, 1997
- De la Coste-Messelière (R.), *Sur les chemins de Saint-Jacques*, Éditions Perrin, Paris
- *Pèlerinage d'un paysan picard à Saint Jacques de Compostelle*, publié par le Baron de Bonnault d'Houët, en 1890, réédité dernièrement par les Éditions Hachette
- *Eglises de Charente placées sur les voies du pèlerinage en Charente*, étude de l'abbé Richon
- Darras (Ch.), *Itinéraire des Pèlerins sur le Chemin de Saint-Jacques passant au Nord de l'Angoumois*
- Dubourg-Noves (P.), *Les traces de pèlerinage de Compostelle*
- Debril (J.) et Bernardin (D.), *Témoignages sur les Chemins de Compostelle*, chez l'auteur

■ **Connaissances géographiques et historiques de la région**

- *La Vienne, Paysages en liberté*, Éditions Brissaud
- Andrault (J.P.) et Rivaux (J.P.), *Châteaux, Manoirs et Logis de la Vienne*, éditions Patrimoines et Médias
- De Chasseloup-Laubat (F.), *La Saintonge romane*, éditions Jean Foucher et Cie, La Rochelle
- Cordebœuf (M.), *Vienne, des richesses à découvrir*, éditions Patrimoines et Médias
- Eygun (F.), *Saintonge romane*, Zodiaque
- Joanne (F.), *Eglises de Charente-Maritime*, Nouvelles Editions Latines.
- Mineau (R.) et Racinoux (L.), *Légendaire de la Vienne*, éditions Brissaud
- Mouraret A.et S., *Gîtes et refuges*, Rando Editions
- Prasteau (J.), *Charentes et Merveilles*, éditions France-Empire, Paris
- Le Touzé de Longuemar, *Département de la Vienne, Chroniques et légendes populaires du Poitou*, éditions Res Universis
- *Patrimoine de Poitiers, Deux millénaires d'Art et d'Histoire*, éditions Brissaud
- *Le Patrimoine des Communes de la Vienne*, éditions Flohic
- *Haut-Poitou*, ouvrage collectif, Christine Bonneton éditeur, Paris
- *Charente*, ouvrage collectif, Christine Bonneton éditeur, Paris
- *Le Guide Charente*, éditions Fanlac, Périgueux
- *Poitou-Charentes*, Guides Bleus, Hachette
- *Aunis Saintonge*, ouvrage collectif, Christine Bonneton éditeur, Paris
- *Charente-Maritime*, ouvrage collectif, Christine Bonneton éditeur, Paris
- Guides des départements, *La Charente-Maritime*, éditions du Terroir, Tours

■ **Cartographie**

• Cartes IGN au 1 : 100 000 : n° 34, 40
• Cartes IGN au 1 : 25 000 : n° 1527 E, 1528 E, 1529 E, 1530 E, 1530 O, 1531 O, 1531 E, 1532 O, 1533 O, 1534 O, 1624 O, 1625 O, 1625 E, 1626 E, 1626 O, 1627 O, 1628 E, 1629 E, 1629 O, 1630 O, 1727 E, 1727 O, 1728 O, 1730 E, 1730 O, 1731 O, 1732 O, 1733 O, 1734 E, 1734 O, 1822 E, 1823 E, 1824 E, 1825 E, 1826 O, 1828 E, 1829 E, 1829 O, 1830 O, 1923 O, 1926 O, 1926 E, 1927 O, 1928 O
• Cartes Michelin au 1 : 200 000 n° 232 et 233

Réalisation

Ce topo-guide est l'aboutissement d'un travail collectif coordonné par :
- Brigitte Bourrelier, vice-présidente du Pôle Aménagement du Territoire et Environnement à la FFRP
- Annie Hébras, présidente du Comité régional FFRP Poitou-Charentes
- Fabienne Manguy, chargée d'Etudes Patrimoine, Région Poitou-Charentes
- Hubert Ramel, président de la Commission régionale Sentiers FFRP Poitou-Charentes

Ont contribué à la rédaction de cette œuvre collective :

• **Balisage, description et étude des itinéraires :**

les Comités départementaux de la randonnée pédestre
- *Indre-et-Loire :* le Comité de Touraine de la randonnée pédestre, animé par Jean-Claude Raymond ; réalisation : Edmonde Dubreuil, Jean-François Leroy, Anne-Marie et Yves Ponsort, Hubert Legendre
- *Vienne :* Annie François, Gérard Clément, Jean Dervaux, Michel Doudelle, Yves Guérin, René Maurice, Gérard Plais, Guy Barbier, Bernard Griffier, Bernard Serres
- *Deux-Sèvres :* Dominique Bonnet, Arlette Jamoneau, Roland Girard et Dominique Marquet
- *Charente-Maritime :* Claude Normand, Jacques Tharaud
- *Charente :* Robert Tranchet, Michel Automne, Nathalie Godin, Fabrice Figuière, Michelle Dherbecourt, Jean-Pierre Marsault, Marie-Claude Moreux, Marion Schneid, Christian Texier, Gilbert Texier

• **Textes thématiques**

Sophie Martineaud, grâce aux informations fournies par :
Marie-Thérèse Camus, professeur honoraire à l'université de Poitiers, CESCM, spécialiste de l'art roman ; Robert Favreau, professeur honoraire à l'université de Poitiers, CESCM ; Laetitia Copin, chargée de mission, Association Via Patrimoine ; Nathalie Guillaumin, Association Via Patrimoine ; Béatrice Guyonnet et André Ventus, Chargés d'animation du Patrimoine, Pays d'art et d'histoire du Montmorillonnais ; Christian Gensbeitel, Atelier du Patrimoine de Saintonge ; Marie-Pierre Parthenay, Directrice de l'association Atemporelle ; Jean-Luc Tanguidé, Conseil Général Charente ; Dominique Marquet technicien randonnée du Conseil Général des Deux-Sèvres ; Dominique Bonnet, CDRP Deux-Sèvres ; Géraldine Brives, Chargée de mission, Conseil général Charente-Maritime, Direction Site et Nature ; Jean-Philippe Minier, paysagiste DPLG, Conservatoire régional des Espaces naturels Poitou-Charentes ; Daniel Bernardin, des Amis de Saint-Jacques en Charente ; le Comité régional de Tourisme Poitou-Charentes, les Comités départementaux du tourisme et les Comités régionaux et départementaux de la randonnée pédestre.

• **Relecture et corrections**

Marie-France Hélaers (pour les descriptifs), Brigitte Bourrelier, Jean-Pierre Feuvrier, Elisabeth Gerson, Anne-Marie Minvielle, Gérard Peter, Marie-Hélène Pagot, Michèle Rumeau

Cette opération a été réalisée avec le soutien de la Région Poitou-Charentes et des Conseils généraux de la Vienne, des Deux-Sèvres, de la Charente-Maritime et de la Charente.

La FFRP et les routes de Saint-Jacques

Pour satisfaire à ses engagements, la FFRP a entrepris, depuis plusieurs années, la création ou la réhabilitation d'anciens itinéraires connus pour avoir été empruntés par des pèlerins en route vers Saint-Jacques de Compostelle.

Le sentier GR® 65, qui commençait au Puy-en-Velay pour se terminer à Saint-Jean-Pied-de-Port au pied des Pyrénées, est intégralement balisé depuis une trentaine d'années et il est décrit dans un topo-guide en trois tomes.
Cet itinéraire est maintenant précédé d'un tronçon Genève-Le Puy que pourront emprunter les randonneurs pèlerins en provenance d'Europe.
Le topo-guide correspondant est publié pour cette année jacquaire.

Concernant la *via Turonensis* ou route de Paris, le présent topo-guide, correspondant au sentier GR® 655, est consacré à la partie centrale de cet itinéraire, à travers la Touraine et la région Poitou-Charentes. Les tronçons situés en amont et en aval de cette voie sont en cours d'aménagement et seront par la suite accompagnés également d'un topo-guide.

Le balisage du sentier GR® 654 débute en amont de Vézelay, à Namur en Belgique. Il suit un parcours jadis fréquenté par des pèlerins venus des Flandres, des Pays-Bas et du nord de l'Europe, puis il emprunte en partie la Voie de Vézelay jusqu'en Dordogne. Il la quitte alors pour rejoindre le GR® 65 à Montréal-du-Gers. Mais il est prévu par la suite de reprendre un itinéraire occidental plus fidèle au tracé historique. Un premier topo-guide couvre la partie Namur-Nevers, un deuxième tome, de Vézelay à Montréal-du-Gers, paraît pour cette année jacquaire.

Aménagé depuis longtemps, le sentier GR® 653 qui parcourt la voie d'Arles, a été débalisé en fin de parcours, entre Accous et le col du Somport, en raison des travaux routiers dans la vallée d'Aspe et pour garantir la sécurité des randonneurs. Néanmoins, le Conseil général des Pyrénées-Atlantiques travaille à l'élaboration d'une solution pédestre sûre. Un topo-guide a été co-édité par la FFRP et par Rando-Editions. Deux itinéraires sont en projet en amont d'Arles, au départ de l'Italie, correspondant aux deux voies historiques, la voie Domitienne au nord et la voie Aurélienne au Sud.

Les Sentiers GR® vers Saint-Jacques-de-Compostelle en France

Bienvenue sur les chemins de St-Jacques en Poitou-Charentes !

A la croisée des chemins de randonnées, laissez-vous porter par la découverte du patrimoine roman de Poitou-Charentes et des paysages inédits.

Région Poitou-Charentes

La Dynamique Atlantique

La via Turonensis

La *via Turonensis*, décrite par Aymeri Picaud dès le 12e siècle, s'inscrit dans l'histoire du pèlerinage de Compostelle, empruntée notamment par ceux qui partaient de Paris ou y faisaient étape en arrivant de plus loin. Si nul ne sait combien ils furent à l'emprunter par le passé, son attache jacquaire est attestée par la toponymie, par le vocable d'églises et de prieurés, par la présence d'hospices et d'aumôneries.

Pour traverser les terres du Poitou et des pays de la Charente, trois routes s'offrent au randonneur-pèlerin. Chacun choisira la sienne entre celle qui, venant de Tours, passant par Poitiers et Saintes, est la plus traditionnelle, ou celle qui, d'Anjou ou de Bretagne, rejoint cet axe, par Parthenay et Niort, ou enfin la troisième qui, à l'Est, propose une étape à Angoulême et descend vers l'Aquitaine par de blanches collines.

Sur ces chemins, le voyageur sentira battre le cœur d'une région chargée d'histoire, appréciera les villes et les campagnes paisibles, sera émerveillé par les multiples églises romanes qu'il découvrira, parfois intactes dans leur architecture et leur décor. Il comprendra là, mieux qu'ailleurs, que sa démarche, même s'il se déplace en solitaire, rejoint celle de tous ceux qui, avant lui, sont allés au bout de leur foi, au bout de leurs souffrances, au bout de leurs rêves, vers le Champ de l'Étoile.

Marie Thérèse Camus,
Professeur honoraire à l'Université de Poitiers,
Centre d'études supérieures de civilisation médiévale

Façade de l'église Saint-Pierre d'Aulnay-de-Saintonge.
Photo F. Roch/Photothèque Région Poitou-Charentes.

Un bref aperçu de la région

Le ruisseau de la Feuillante à Mézeaux, près de Ligugé. *Photo Hubert Ramel.*

La voie principale, du seuil du Poitou jusqu'en Saintonge

Malgré les bouleversements multiples engendrés par les activités humaines et notamment agricoles, les paysages qui s'offrent au regard du randonneur d'aujourd'hui gardent la mémoire vivante de ceux qui accompagnaient le pèlerin d'autrefois. Aujourd'hui comme hier, celui qui emprunte la *via Turonensis* se prépare à franchir le seuil du Poitou, sorte de gigantesque exhaussement de direction nord-est, sud-ouest, marquant la séparation entre Bassin Parisien et Bassin d'Aquitaine.

Au sortir de Tours, la Touraine déploie ses coteaux ensoleillés, parmi lesquels serpentent des chemins de campagne ourlés de haies d'aubépine. Après la traversée de cette plaine ancienne, la *via Turonensis* se hausse en douceur jusqu'au plateau de Sainte-Maure. Port-de-Piles marque l'entrée en Poitou, même si l'influence tourangelle se fait encore sentir : murs en tuffeau, hauts toits d'ardoises ou de tuiles plates. Aux Ormes, notre chemin se glisse le long de la Vienne sur l'ancien tracé d'une voie romaine.

Aux abords de Poitiers, les terres se font plus pauvres conservant quelques vestiges des paysages d'autrefois lorsque dominaient les brandes (landes). Ligugé marque les contreforts méridionaux du Seuil du Poitou. Au-devant s'étend la plaine, tapissée de grandes cultures céréalières, autorisant malgré tout la présence d'un maillage bocager. A l'approche de Lusignan, la vallée de la Vonne entaille le paysage de ses profonds méandres, ayant fait jaillir de spectaculaires éperons rocheux où les hommes n'ont pas manqué de venir s'implanter. Les chemins creux, fréquemment bordés de haies, forment parfois de véritables tunnels de verdure. A l'orée du pays mellois, les bois cèdent la place au bocage occupant des terres rouges à châtaigniers, tandis que des effluves océaniques commencent à baigner l'atmosphère. L'horizon se partage entre prairies, cultures, haies et bosquets d'arbres, et les hameaux se prolongent en murets de pierres sèches.

Poitiers : baptistère Saint-Jean. *Photo UDOTSI 86.*

31

Après Melle, l'horizon s'élargit, ponctué çà et là de bois et de vignes épars. Après les ombrages des forêts de Chizé et d'Aulnay, adieu Poitou, bonjour Saintonge ! La luminosité éclatante fait paraître plus blanche encore la fameuse pierre de Saintonge, tandis que grands porches et cours intérieures préparent à des ambiances plus méridionales. Tour à tour vertes ou jaune éclatant de la couleur des colzas et des tournesols, les plaines de l'Aunis et de la Saintonge prolongent sans rupture les grandes étendues du Poitou. Pour rompre la monotonie de ces grands espaces céréaliers, de longs rubans d'eau scintillante offrent leurs couloirs de verdure bordés de peupliers. Après la vallée de la Boutonne, de modestes reliefs font leur apparition, alternant parcelles boisées, champs cloisonnés et vignobles de plus en plus nombreux jusqu'à Saintes.

Tournesol. *Photo Nicolas Vincent.*

La voie secondaire de l'ouest

En laissant derrière soi les ondulations viticoles du Val de Loire, le voyageur pénètre en Poitou par le Thouarsais. Jadis, la brande du Poitou était ici omniprésente, avec ses bruyères, ses ajoncs et ses genêts. Le paysage actuel en a gardé quelques vestiges, parcelles accrochées au flanc des vallées, tandis que le décor prend des allures bocagères ou semi-bocagères.
Au détour des larges méandres du Thouet, le visiteur va son chemin, de rives abruptes en paisibles vallées, dépassant quelques vignobles colorés. La plaine de Thouars offre ses horizons très ouverts, avant que ne s'annonce le pays de Gâtine. À l'extrémité du massif Armoricain, celui-ci se caractérise par ses terres pauvres et argileuses sur un socle granitique.
De Thouars à Parthenay, le Thouet n'est jamais loin. Au gré de la promenade, le voyageur croise gués pierrés, ponts médiévaux, chaussées et moulins, tandis que l'habitat reste dispersé. Au fil de l'eau, les bois se succèdent où naissent de nombreux ruisseaux et le bocage fait son apparition vers Parthenay, mosaïque

Eglise Saint-Hilaire de Melle.
Photo P.Wall/CG 79.

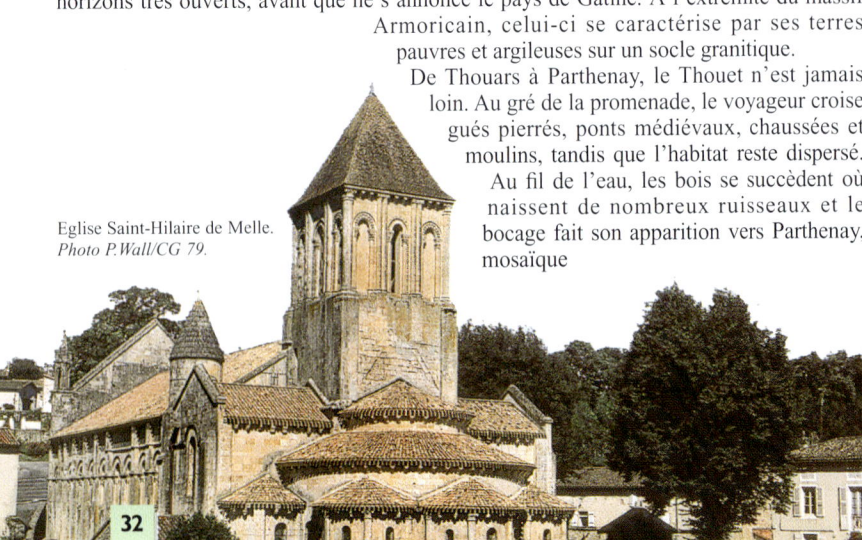

Le Thouet au gué pierré de Rolland. *Photo P.Wall/CG 79.*

de prés et de champs ceinturés de haies naturelles. La ville domine la campagne du haut de son éperon rocheux qui s'inscrit dans un méandre du Thouet. Les chemins creux serpentent entre les prairies bordées de haies d'aubépines et de genêts, accueillant les vaches parthenaises à la robe fauve. Ici et là, surgissent les vergers de pommiers et les champs de plantes fourragères. Passé Niort, la plaine du nord de la Saintonge mène le randonneur jusqu'aux portes de Saint-Jean-d'Angély. La

Marais poitevin. *Photo P.Wall./CG 79.*

progression se fait au fil d'immenses parcelles agricoles, ces grandes terres plates et ouvertes, sur lesquelles la lumière blanche océane s'impose de plus en plus. Les maisons se font plus méridionales, pourvues de porches et frontons, faites de pierre calcaire lumineuse, et coiffées de tuiles canal.

Pommiers en fleurs. *Photo P.Wall./CG 79.*

Moutons entre Antigny et Montmorillon.
Photo Hubert Ramel.

Montmorillon. Photo Gérald Buthaud.

Bruyère.
Photo Nicolas Vincent.

La voie secondaire de l'Est

D'Angles-sur-l'Anglin jusqu'à Charroux, le marcheur va son chemin à travers le Haut-Poitou, entre Creuse et Charente. Longtemps marquée par une grande pauvreté, cette région était autrefois le royaume des brandes du Poitou où bruyères, ajoncs et genêts se partageaient l'espace. De nos jours, ces landes subsistent en lambeaux, accueillant les moutons de race charmoise et les chèvres réputées grâce au chabichou. De Montmorillon à Charroux, le chemin côtoie les contreforts du massif Central, terres froides réunissant Vienne limousine et Charente limousine aux accents nettement plus bocagers. Jusqu'à Aigre, le pays ruffécois déploie une succession de paysages champêtres, aux reliefs modestes piqués de boisements et bosquets, accueillant un habitat varié où le calcaire règne en maître. Aujourd'hui recouverte de terres cultivées, la région accueillait jadis un immense pays boisé où se suivaient les grandes forêts de Tusson et de la Boixe. Le fleuve Charente vient se lover dans d'amples fonds plats, multipliant les méandres, générant des étendues fraîches et humides particulièrement favorables à une flore et une faune spécifiques, tel le râle des genêts. Après Angoulême, véritable « ville-paysage » installée en belvédère sur la campagne, les ambiances paysagères deviennent nettement plus intimistes. Plateaux, coteaux et vallées se succèdent de façon rapprochée. Après La Couronne, s'ouvre un paysage de collines boisées, alternant vignes, cultures céréalières et bois. A l'approche de Montmoreau, le Périgord n'est plus très loin et les pentes des toits s'accentuent, parfois égayées de tuiles colorées.

Pays de collines verdoyantes consacrées à la polyculture, le Montmorélien mène le marcheur jusqu'à Aubeterre. Peu à peu, l'habitat se fait plus dispersé et les pins de plus en plus présents annoncent déjà les grandes plantations de l'Aquitaine.

Angoulême, véritable ville-paysage.
Photo F. Roch/Photothèque Région Poitou-Charentes.

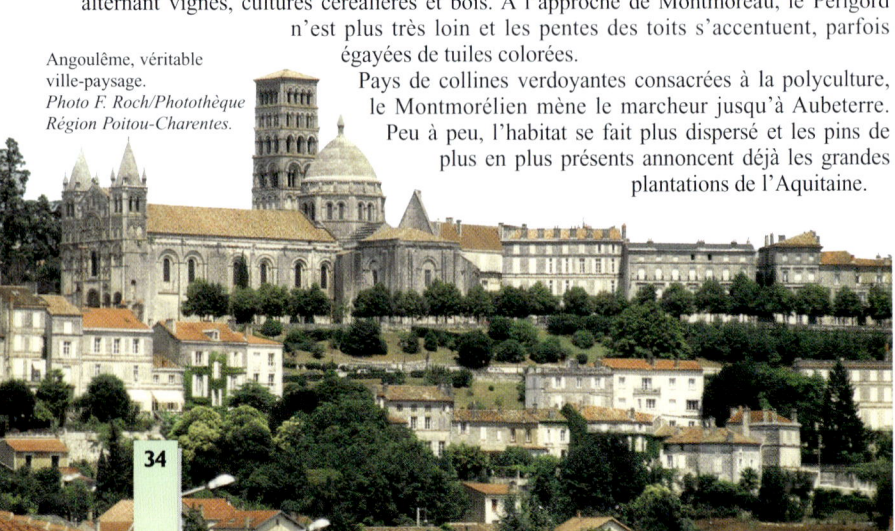

Poitou-Charentes : Un secteur primaire encore très actif

Vignoble. *Photo CNPC/Burdin.*

La région Poitou-Charentes qui accueille 2,8 % de la population française, ne possède pas de grandes métropoles mais plutôt un maillage de villes moyennes. Le secteur primaire avec l'agriculture, la sylviculture et la pêche, tient une place importante, deux fois plus élevée que dans le reste du pays. Outre une forte production de céréales, la région cultive le quart du tournesol français et fournit plus de la moitié du lait de chèvre. Tandis que les industries agroalimentaires sont encore très présentes, le cognac occupe une place prééminente. L'industrie régionale se porte plutôt bien, surtout le secteur naval, aéronautique et ferroviaire. L'activité tertiaire occupe deux travailleurs sur trois avec Niort, capitale de l'assurance mutualiste. La Charente-Maritime, elle, s'inscrit parmi les cinq départements les plus fréquentés en été.

Panier garni. *Photo CDT 86.*

Le cognac, fûts en chai. *Photo CRT Poitou-Charentes.*

DESTINATION NATURE EN TOURAINE

Une région aux mille visages

Géranium sanguin
Anémone pulsatille
Pin maritime
Castor d'Europe

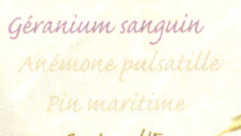

Si la Touraine possède un patrimoine historique qui en fait une des parties de la région Centre la plus visitée, elle recèle également un patrimoine naturel remarquable connu des naturalistes du monde entier.

Cette nature sauvage et secrète est mise en valeur notamment par le Parc Naturel Régional Loire-Anjou-Touraine situé dans le périmètre du Val de Loire inscrit au Patrimoine Mondial de l'Humanité par l'UNESCO. Pelouses, landes, étangs, forêts, rivières et champagnes accueillent une multitude d'êtres vivants dont des espèces emblématiques comme le Castor d'Europe, le Balbuzard pêcheur ou la Rosalie alpine.

Huppe fasciée
Cicindèle champêtre
Pie Grièche écorcheur
Fauvette pitchou
Alouette lulu
Cigale rouge
Belle dame

À vos jumelles
pour des observations exceptionnelles !

Comité Régional du Tourisme du Centre
37, avenue de Paris - 45000 Orléans
Tél. : 02 38 79 95 00 - Fax : 02 38 79 95 10
e.mail : crtl.centre@crtlcentre.com
www.visaloire.com

La Tour de l'Horloge,
Saint-Martin de Tours.
Photo Pierre-Yves Brun

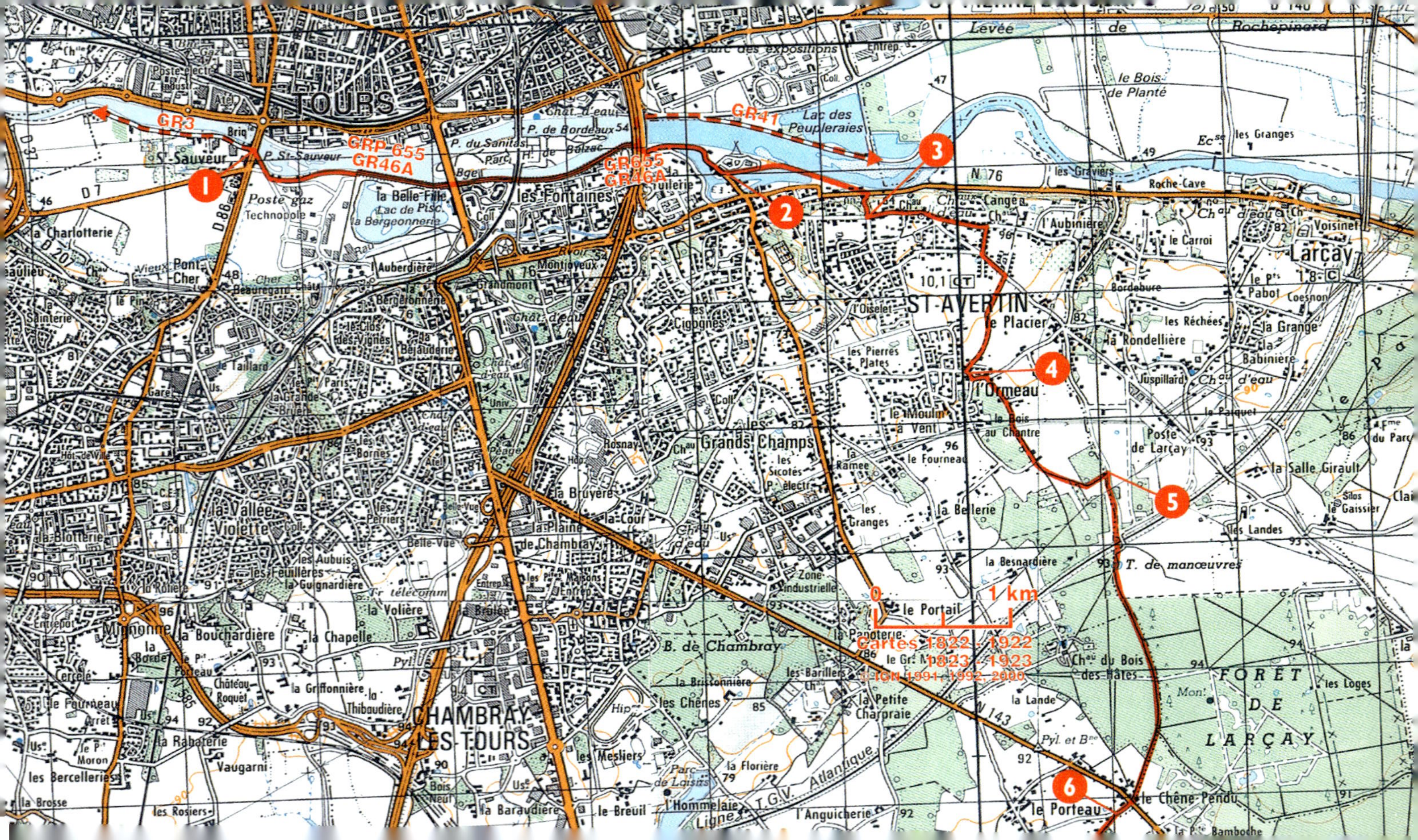

TOURS
ST AVERTIN
CHAMBRAY LÈS TOURS
Larçay
FORÊT DE LARÇAY
Lac des Peupleraies
GR3
GR41
GRP 655
GR46A
GR655
GR46A
1
2
3
4
5
6
0
1 km
Cartes 1822 - 1922
1823 - 1923
© IGN 1991, 1992, 2000

Les itinéraires

Le sentier GR® 655
La voie de Tours
de Tours à Mirambeau

De Tours à Saint-Avertin 5 km 1 h 15

A Tours :
A Saint-Avertin :

▶ Les GR® 655 et GR® 46A sont communs jusqu'au hameau de La Forêt.

Née entre Loire et Cher, occupée primitivement par la tribu gauloise des Turones, la ville de Tours devient la capitale de la Troisième Lyonnaise, puis un centre chrétien important grâce à saint Martin. Son tombeau, but de nombreux pèlerinages, constitue également une étape obligée sur le chemin de Saint-Jacques.

Gardienne d'un prestigieux passé, capitale de la Touraine et patrie de Balzac, Tours offre à ses visiteurs les attraits les plus divers : un vieux quartier pittoresque autour de la place Plumereau, la cathédrale, la basilique Saint-Martin, des églises, des cloîtres, des musées (Beaux-Arts, Gemail, Compagnonnage), le cellier Saint-Julien...

1 A la sortie Sud de **Tours**, quitter la passerelle du pont Saint-Sauveur et longer les quais du Cher à gauche. Passer sous le pont de la N 10, le pont ferroviaire, la passerelle du parc et le pont de l'A 10. Se diriger à droite, puis arriver au pont qui mène au camping.

2 Ne pas le franchir, mais virer à gauche et emprunter la digue qui longe le Cher. Monter à droite la rue de l'Ecorcheveau dans les faubourgs Est de **Saint-Avertin**.

De Saint-Avertin à La Forêt 8 km 2 h

3 Laisser le centre de **Saint-Avertin** à droite et suivre à gauche la rue de Cangé sur 800 m. Prendre à droite la rue Pourtales puis à gauche rue des Placiers. S'engager à droite sur un chemin en falun. A l'avenue du Général-De-Gaulle, tourner à droite puis, au rond-point, emprunter à gauche un chemin qui débouche dans la rue de l'Ormeau.

4 La prendre à gauche, puis s'engager à droite dans la rue de la Midi et continuer par un bon chemin.

5 Tourner à droite, franchir la ligne TGV, puis emprunter le chemin qui passe entre le bois des Hâtes et la forêt de Larçay.

▶ Attention ! Cette forêt n'est ouverte au public que de 9 h à 18 h (sauf de mai à août de 9 h à 21 h).

Utiliser le passage souterrain pour franchir la N 143 et poursuivre en face sur 150 m.

Tours et le tombeau de saint Martin

Pour entrer dans la ville, les pèlerins franchissaient la Loire par le double-pont appuyé sur l'île Saint-Jacques (disparue) dont l'église accueillait les jacquets. Intra-muros, ils trouvaient maints hospices et Maisons-Dieu édifiés depuis longtemps déjà pour les nombreux pèlerins de Saint-Martin. Car, avant d'être la route de Saint-Jacques, la *via Turonensis* fut celle de Saint-Martin. Celui qui fut évêque de Tours vécut au 4e siècle. Après sa mort, une première basilique est élevée à Tours au-dessus de son tombeau en 470. Le pèlerinage est si renommé que même à Paris, point de départ de cette voie de pèlerinage, une artère est baptisée en son honneur, la rue Saint-Martin. Depuis les premiers siècles de notre ère, des pèlerins venus d'Espagne ou du Portugal, se rendaient sur le tombeau de saint Martin, empruntant les chemins qui seront plus tard fréquentés par les jacquets. Lorsque Aymeri Picaud, l'auteur du *Guide du pèlerin de Saint-Jacques*

Cathédrale Saint-Gatien. *Photo Pierre-Yves Brun.*

de Compostelle [1], visite Tours vers 1120, il découvre une « *immense et vénérable basilique [...] à l'image de l'église de Saint-Jacques* » en Galice.
En effet, la cathédrale de Tours fut avec Saint-Jacques-de-Compostelle et Saint-Sernin de Toulouse, l'un des grands édifices à déambulatoire et chapelles rayonnantes conçus pour la circulation des foules. A l'époque, la châsse du saint « *resplendit d'une profusion d'or, d'argent et de pierres précieuses, elle est illustrée par de fréquents miracles* ». Celui qui avait un jour partagé son manteau en deux pour réchauffer un malheureux, faisait l'objet d'une telle vénération que les pèlerins affluaient par milliers.
De celle qui fut l'une des plus grandes églises romanes de l'Occident, subsistent aujourd'hui la tour de l'Horloge (jadis sur la façade occidentale de l'édifice) et la tour Charlemagne, dont l'éloignement donne une idée des dimensions de l'édifice disparu...

Statue de Saint-Martin. *Photo Pierre-Yves Brun.*

Si l'actuelle basilique est du 19e siècle, elle abrite une statue de saint Jacques de la fin du 15e siècle, dans le bas-côté ouest.
A quelque distance, la cathédrale Saint-Gatien édifiée entre le 13e et le 16e siècle, possède de précieuses verrières du 13e siècle où se déploient divers épisodes de la vie de saint Jacques, son martyre, sa légende, ses miracles. Au sud de la nef, on peut voir une statue moderne de saint Jacques. Haut perchée, une touchante statue de pierre de l'Apôtre s'accroche au flanc sud de l'édifice. En ville, rue du Change, un pèlerin est sculpté sur un poteau cornier, placé là pour les pèlerins de jadis venus visiter le tombeau de saint Martin.
Après l'étape de Tours, la route pèlerine empruntait à l'origine la voie romaine. Par la suite, les pèlerins préféreront passer plus à l'Est par le sanctuaire de Saint-Avertin et ses reliques à vénérer. Quant à Léon de Rozmital, un prince de Bohême en route vers Compostelle en 1465, en provenance d'Orléans, il déclare que c'est à Tours qu'il retrouve le « vrai chemin de Saint-Jacques ».

[1] *Le Guide du Pèlerin de Saint-Jacques de Compostelle*, traduit par Jeanne Vielliard

Rue Saint-Martin. *Photo Pierre-Yves Brun.*

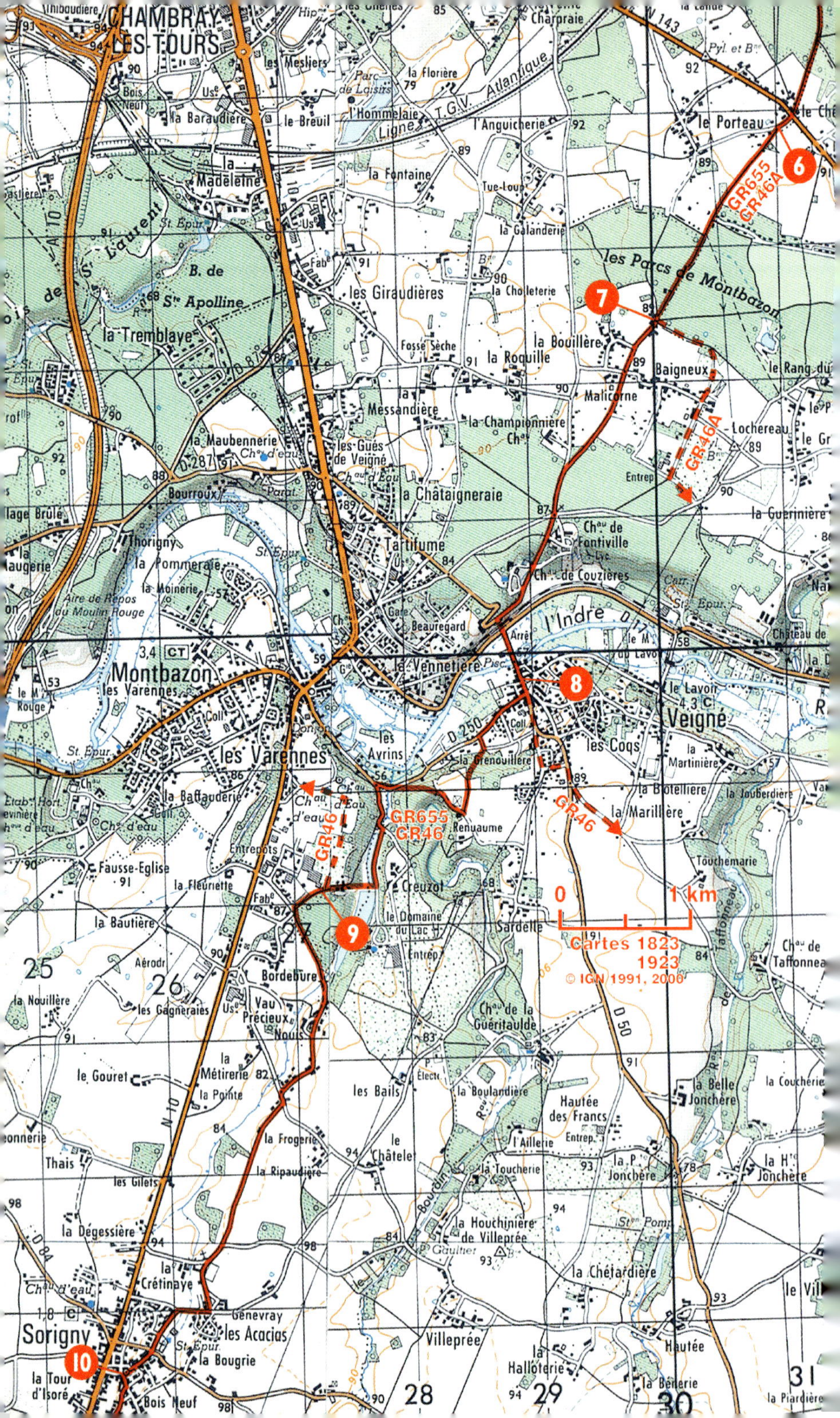

6 Bifurquer à gauche, passer à l'extrémité d'un lotissement, traverser le bois des Parcs de Montbazon et arriver au hameau de **La Forêt**.

▶ Séparation du GR® 46A qui part à gauche vers Esvres.

De La Forêt à Veigné `3,5 km` `1 h`

A Veigné :

7 A **La Forêt**, continuer tout droit par la route vers le château de Fontville. La route descend dans la vallée de l'Indre. Tourner à gauche, passer sous le pont ferroviaire, poursuivre par la D 50, franchir l'Indre et entrer dans **Veigné**.

▶ Jonction avec le GR® 46. Les deux GR® sont communs jusqu'à La Bretonnière.

De Veigné à La Bretonnière `3 km` `45 mn`

A Veigné : l'ancien moulin : centre d'activités associatives communales, musée des Moulins à eau.

8 Passer l'église de **Veigné** et, au carrefour suivant, prendre la rue à droite sur 400 m. Tourner à gauche puis dans le virage, s'engager sur le chemin qui monte dans le bois à droite. Traverser le plateau, puis suivre la route à droite et redescendre dans le bois. Emprunter la D 250 à gauche et passer le pont. A l'entrée de Montbazon, utiliser la route qui remonte le vallon à gauche. Après le pont, bifurquer à droite et longer l'étang du Creuzot. Se diriger à droite vers **La Bretonnière**.

▶ Séparation du GR® 46 qui part à droite vers Montbazon.

De La Bretonnière à Sorigny `5 km` `1 h 15`

A Sorigny :

9 Au croisement de **La Bretonnière**, continuer au Sud-Ouest. A la corne du bois, tourner à gauche en lisière, franchir le Mardereau et prendre la route à droite. Elle traverse Nouis. Au carrefour en T, emprunter la route à gauche sur 50 m, puis suivre la route à droite vers Sorigny. Au quartier des Acacias, virer à droite puis à gauche et gagner l'église de **Sorigny**.

Le grand moulin de Veigné.
Photo Comité de Touraine de la randonnée pédestre.

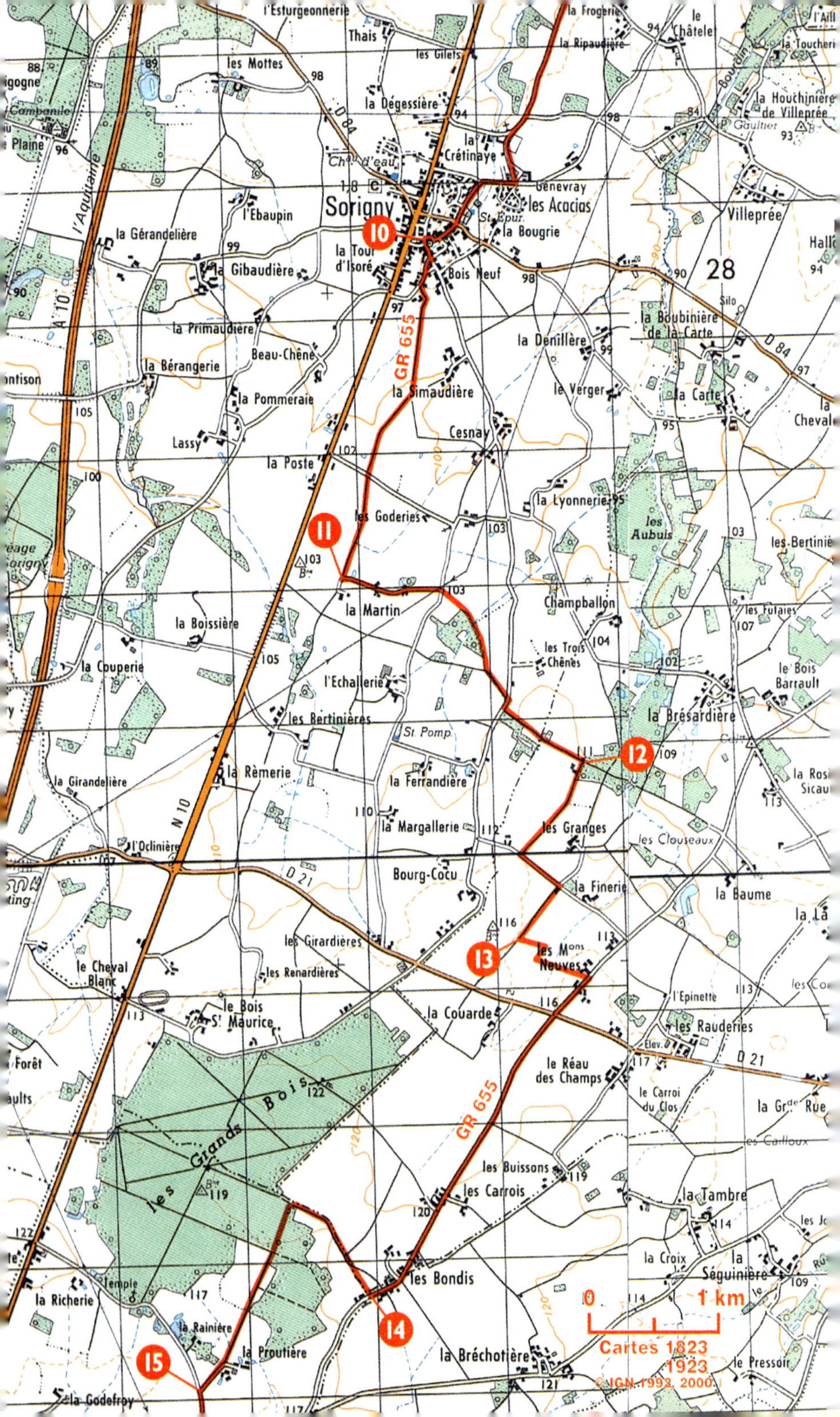
l'Esturgeonnerie
Thais
la Frogerie
la Ripaudière
le Châtelet
la Toucheri
les Mottes
les Gilets
la Dégessière
la Houchinière de Villeprée
Campanile
Plaine
l'Aquitaine
la Crétinaye
Ch. d'eau
Sorigny
Genevray
les Acacias
Villeprée
l'Ebaupin
St Epur.
la Bougrie
la Gérandelière
la Tour d'Isoré
la Gibaudière
Bois Neuf
28
A 10
la Primaudière
la Boubinière de la Carte
la Denillère
D 84
Beau-Chêne
la Bérangerie
GR 655
la Simaudière
le Verger
la Carte
la Pommeraie
Lassy
Cesnay
la Poste
la Lyonnerie
les Goderies
les Aubuis
les Bertinières
la Martin
Champballon
la Boissière
les Futaies
les Trois Chênes
la Couperie
l'Echallerie
le Bois Barrault
la Brésardière
les Bertinières
St Pomp.
la Girandelière
la Rèmerie
la Ferrandière
N 10
la Margallerie
les Granges
l'Oclinière
les Clouseaux
Bourg-Cocu
la Finerie
la Baume
D 21
les Girardières
les Mons Neuves
le Cheval Blanc
les Renardières
l'Epinette
le Bois St Maurice
la Couarde
les Rauderies
Forêt
le Réau des Champs
le Carroi du Clos
les Grands Bois
les Buissons
les Carrois
la Tambre
la Croix
la Séguinière
les Bondis
la Richerie
Temple
la Rainière
la Proutière
la Bréchotière
le Pressoir
la Godefroy
0
1 km
Cartes 1823
1923
©IGN 1993, 2000
10
11
12
13
14
15

Plaque commémorative du séjour de Jeanne d'Arc à Sainte-Catherine-de-Fierbois.
Photo Comité Touraine randonnée pédestre.

De Sorigny à Sainte-Catherine-de-Fierbois   15 km   3 h 45

A Sainte-Catherine-de-Fierbois :

Sorigny est érigé en paroisse au cours du 13e siècle. Un hôtel-Dieu y est fondé à cette époque, car l'un des chemins de Saint-Jacques passe à l'Est du bourg. Eglise Saint-Pierre-aux-Liens, ancien relais de poste, four à chaux (1857).

10 Contourner l'église de **Sorigny** par la droite. A la bifurcation, suivre la route à droite et, au niveau de l'école, s'engager sur le chemin en lisière du bosquet à gauche. Au croisement de chemins, se diriger légèrement à droite, couper la route, puis déboucher sur la route de L'Enfer.

11 La prendre à gauche, passer La Martin et, au carrefour, continuer tout droit par le sentier. Emprunter la route à droite sur 50 m, poursuivre par le chemin qui longe un bois à gauche et atteindre l'orée d'un second bois, aux Taillés-des-Granges.

12 Emprunter le chemin à droite, la petite route à gauche puis le premier chemin à droite sur 400 m.

13 Virer à gauche, franchir le pont et atteindre Les Maisons-Neuves. Suivre la route à droite, couper la D 21, passer Les Carrois puis Les Bondis.

14 A la dernière maison, prendre le sentier à droite. Longer la lisière sur 200 m, puis entrer dans le bois à gauche. Rejoindre L'Angelliénerie et continuer sur 250 m.

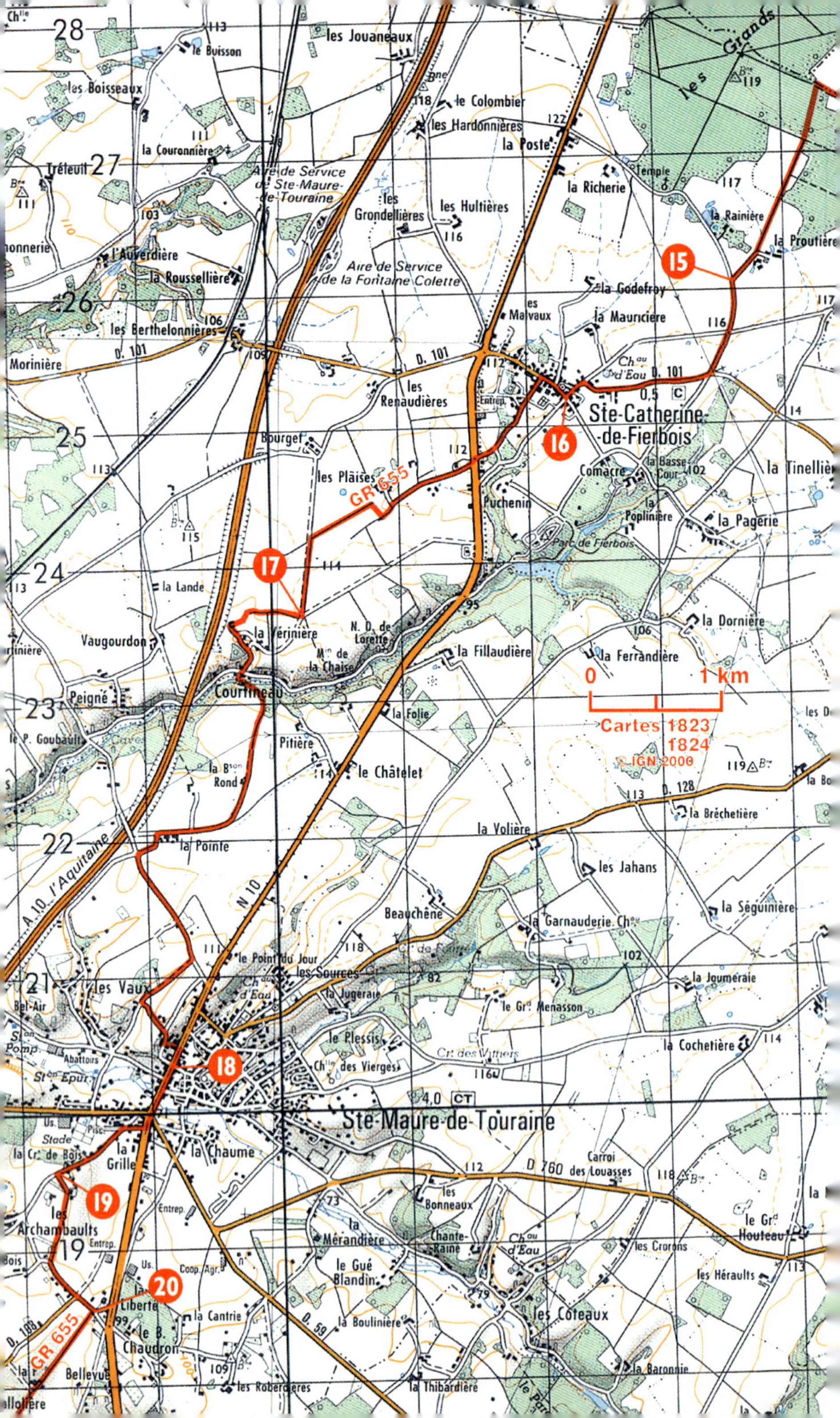

les Jouaneaux
le Buisson
les Boisseaux
le Colombier
les Hardonnières
la Poste
la Couronnière
Tréteuil
Aire de Service de Ste-Maure-de-Touraine
les Grondellières
les Hultières
la Richerie
Temple
la Rainière
la Proutière
l'Auverdière
la Roussellière
Aire de Service de la Fontaine Colette
la Godefroy
les Malvaux
la Mauricière
les Berthelonnières
D. 101
Morinière
les Renaudières
Ste-Catherine-de-Fierbois
Bourget
les Plaises
GR 655
Comacre
la Basse Cour
la Tinellière
Puchenin
la Poplinière
la Pagerie
Parc de Fierbois
la Lande
Vaugourdon
la Vérinière
N. D. de Lorette
Mln de la Chaise
la Fillaudière
la Dornière
la Ferrandière
0
1 km
Cartes 1823 1824
© IGN 2000
Peigné
Courtineau
la Folie
le P. Goubault
Pitière
la Bton Rond
le Châtelet
D. 128
la Bréchetière
la Volière
la Pointe
les Jahans
A 10 l'Aquitaine
N 10
Beauchêne
la Séguinière
la Garnauderie
le Point du Jour
les Sources
la Joumeraie
les Vaux
la Jugeraie
le Grd Menasson
Bel-Air
le Plessis
Cr. des Vitriers
la Cochetière
Abattoirs
Chlle des Vierges
Ste-Maure-de-Touraine
Stade
la Cr. de Bois
la Grille
la Chaume
Carroi des Louasses
D 760
les Archambaults
les Bonneaux
la Mérandière
Chante-Raine
le Grd Houteau
les Crorons
le Gué Blandin
les Hérault
Coop. Agr.
Liberté
la Cantrie
la Boulinière
les Coteaux
le B. Chaudron
D. 59
Bellevue
les Roberderies
la Thibardière
la Baronnie

15 Prendre la route à gauche, passer un carrefour et arriver à un croisement.

▶ La route à gauche permet de gagner La Tinellière *(chambres d'hôtes)*, situé à 1 km.

Emprunter la route à droite. Elle conduit à **Sainte-Catherine-de-Fierbois**.

De Sainte-Catherine-de-Fierbois à Sainte-Maure-de-Touraine   8 km   2 h

A *Sainte-Maure-de-Touraine* :

L'histoire de Sainte-Catherine-de-Fierbois est liée à l'accueil des pèlerins en route vers Saint-Jacques-de-Compostelle. L'histoire locale est également marquée par le séjour de Jeanne d'Arc qui y fit étape le 6 mars 1429 ; elle fut hébergée à l'aumônerie. Voir l'église Sainte-Catherine (15e siècle), l'ancienne aumônerie (15e siècle) et la Maison du Dauphin (15e siècle).

16 Contourner l'église de **Sainte-Catherine-de-Fierbois** par la gauche, puis emprunter la petite route à gauche en direction de la N 10. La traverser *(prudence)* et continuer vers Les Plaises. Zigzaguer sur des sentiers herbeux et tourner à gauche (Sud).

17 Au croisement, prendre le chemin à droite et gagner à gauche La Périnière. Descendre dans la vallée à Courtineau, franchir la Manse et remonter dans le bois. Par un joli chemin dans les prés, atteindre Le Buisson-Rond et continuer par la petite route qui conduit à La Pointe. Tourner deux fois à gauche en direction de Sainte-Maure, puis s'engager sur le deuxième chemin de terre à droite. Aux Vaux, monter par la route à gauche, aller à gauche et déboucher au bord de la N 10. La longer à droite, dans **Sainte-Maure-de-Touraine**.

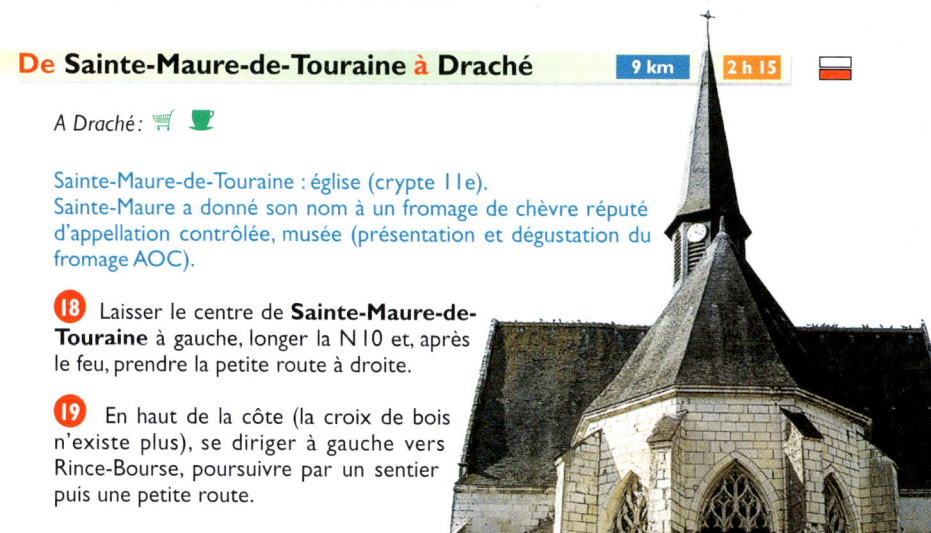

De Sainte-Maure-de-Touraine à Draché   9 km   2 h 15

A *Draché* :

Sainte-Maure-de-Touraine : église (crypte 11e).
Sainte-Maure a donné son nom à un fromage de chèvre réputé d'appellation contrôlée, musée (présentation et dégustation du fromage AOC).

18 Laisser le centre de **Sainte-Maure-de-Touraine** à gauche, longer la N 10 et, après le feu, prendre la petite route à droite.

19 En haut de la côte (la croix de bois n'existe plus), se diriger à gauche vers Rince-Bourse, poursuivre par un sentier puis une petite route.

Chevet de l'église Sainte-Catherine-de-Fierbois.
Photo Comité de Touraine de randonnée pédestre.

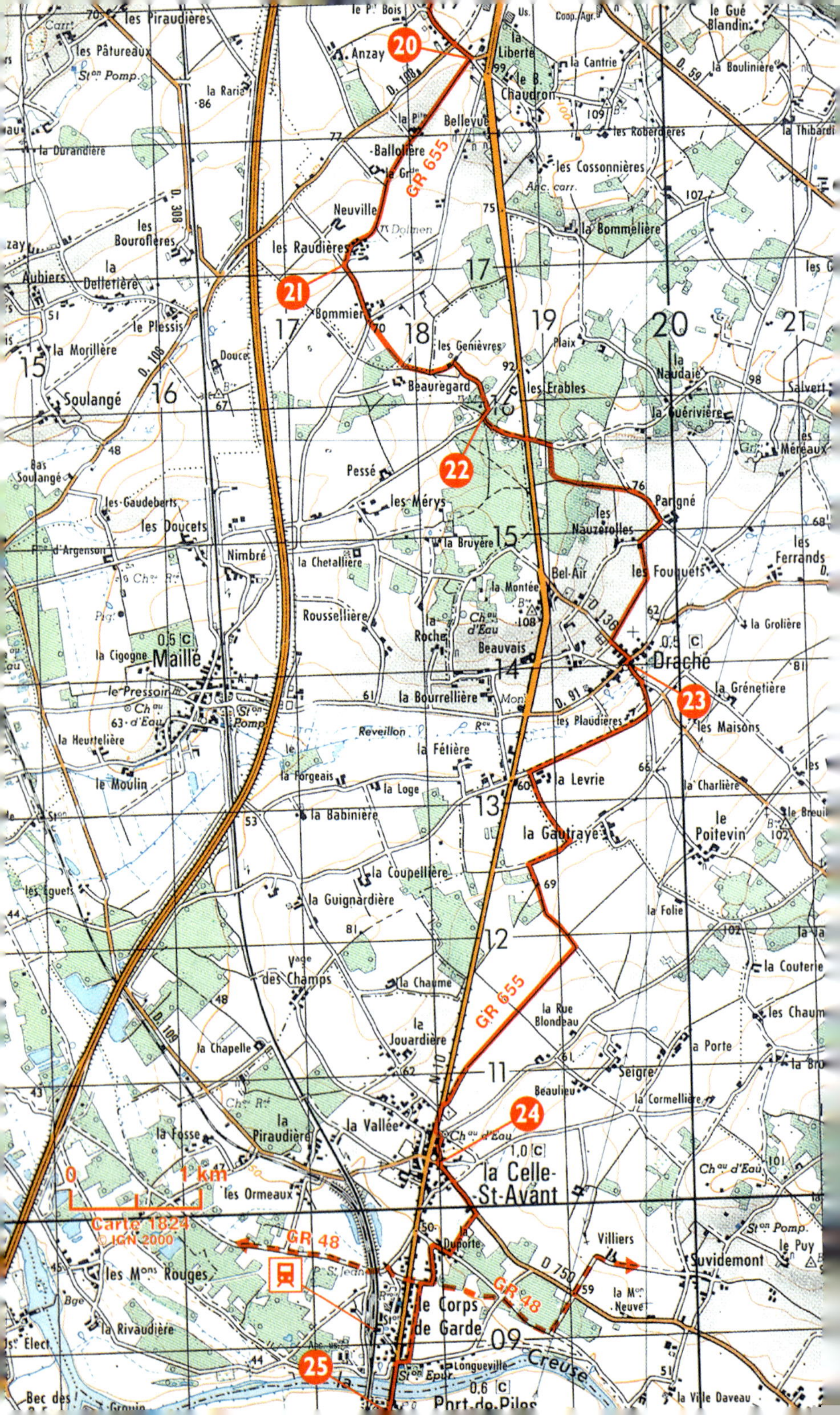

GR 655
GR 48
20
21
22
23
24
25
0
1 km
Carte 1824
© IGN 2000
Maillé
Draché
la Celle-St-Avant
le Corps de Garde
Port-de-Piles
Creuse
Anzay
Neuville
les Raudières
Bommier
Beauregard
les Genièvres
Pesssé
les Mérys
la Bruyère
Bel-Air
Parigné
les Nauzerolles
les Fouquets
Beauvais
la Bourrellière
la Levrie
la Gautraye
la Rue Blondeau
Seigré
Beaulieu
la Vallée
Villiers
Suvidemont
la Mon Neuve
Longueville

20 A la patte d'oie, avant la N 10, descendre à droite vers La Petite-Ballolière puis le dolmen de la Pierre Fondue et Les Raudières.

21 Emprunter la petite route à gauche vers Bommier et, au carrefour, poursuivre par le chemin en face. Il conduit au menhir de la Pierre Percée. Prendre la petite route à droite sur quelques mètres.

22 Partir à gauche, traverser la N 10 *(prudence)* et poursuivre en face sur 100 m. S'engager à droite, tourner à gauche et gagner à droite Parigné. Au croisement, prendre la route à droite sur 150 m, bifurquer à gauche et atteindre **Draché**.

De **Draché** à **La Celle-Saint-Avant**   5 km   1 h 15

A La Celle-Saint-Avant :

A Draché : église Saint-Sulpice (11e, 13e et 16e siècles). Son vaste porche porte une large coquille Saint-Jacques. Voir le vitrail " Figure des saints ".
Menhir dit " la Pierre Percée ", du néolithique.

23 Avant l'église de **Draché**, tourner à gauche, bifurquer sur la route à droite puis, à la sortie du village, s'engager sur le chemin à droite. A La Levrie, prendre le chemin à gauche. Au croisement en T, virer à droite puis à gauche. A l'embranchement, partir à droite et arriver au cimetière de **La Celle-Saint-Avant**. Gagner l'église à gauche.

De **La Celle-Saint-Avant** à **Port-de-Piles**   2,5 km   40 mn

A Port-de-Piles :

La Celle-Saint-Avant : église Saint-Avant, romane, des 11e et 12e siècles (à voir : le bénitier et la chaire) ; pont sur la Creuse (18e siècle) ; lavoir (19e siècle).

24 A l'église de **La Celle-Saint-Avant**, emprunter la D 750 à gauche sur 500 m. Partir à droite et suivre une série de petites routes parallèles à la N 10. La rejoindre pour franchir le pont sur la Creuse.

Le GR® quitte le département d'Indre-et-Loire pour entrer dans celui de la Vienne.

Arriver à **Port-de-Piles** et descendre les petits escaliers situés à gauche, 100 m après le pont.

Portail de l'église Saint-Sulpice à Draché.
Photo Comité départemental de Touraine de la randonnée.

49

la vienne,
tout pour vous séduire

tourisme

Partez à l'aventure dans la Vienne

Conseil Général de la Vienne

Hôtel du Département
BP 319
86008 POITIERS Cedex
Téléphone 05 49 55 66 00
Télécopie 05 49 88 77 36
www.cg86.fr

Émerveillement, avec le Futuroscope,
Parc européen de l'image, la Cité de l'Écrit
et des Métiers du Livre à Montmorillon,
la Vallée des Singes à Romagne,
l'Ile aux Serpents à La Trimouille
et les Géants du Ciel à Chauvigny.

Richesses du patrimoine,
avec les trésors de l'art roman,
la diversité des paysages préservés…

La coutellerie de Châtellerault

Au Moyen Age, Châtellerault était une ville prospère, notamment grâce à son commerce florissant bénéficiant de la navigation sur la Vienne donnant accès à la Loire, et du passage important de voyageurs sur la route de l'Espagne. Châtellerault développa également maintes activités, telles l'horlogerie, la tannerie, la teinturerie et la production de draps. Mais c'est surtout la coutellerie qui fera la renommée de la ville, particulièrement à partir du 16e siècle, alors que sa production gagne en qualité et en raffinement. Plusieurs rois de France, appréciant de venir se reposer dans la région, reçurent en cadeau de luxueux couteaux. Cette activité conduisit à l'implantation d'une manufacture d'armes en 1820. Châtellerault perdit son monopole en matière de coutellerie avec l'avènement du chemin de fer facilitant le transport dans tout le pays.

Préparation des lames de couteaux pour le montage. Reproduction d'une gravure du livre *Naintré et son passé*, aimablement autorisée par Bernard Raimbeau, de Naintré.

Des carrières de tuffeau autour de Châtellerault

La région de Châtellerault est fameuse pour ses gisements de tuffeau, cette roche sédimentaire marine, résultant de la cimentation de particules fossiles, affleurant au sud-ouest du bassin parisien. Cette pierre calcaire de couleur claire était autrefois très prisée pour la construction, en pierres de taille, tant pour les églises que pour les habitations modestes. En galeries souterraines ou à ciel ouvert, l'exploitation des carrières de tuffeau s'est poursuivie du 11e siècle jusqu'au début du 20e siècle. Dans les années soixante, certaines carrières ont été remises en activité. En effet, le camaïeu de teintes blondes et blanches du tuffeau est très recherché pour la restauration de monuments anciens.

Ancien logis du Cognet (en tuffeau, 15e siècle).
Photo Studio Ludo/Pays châtelleraudais.

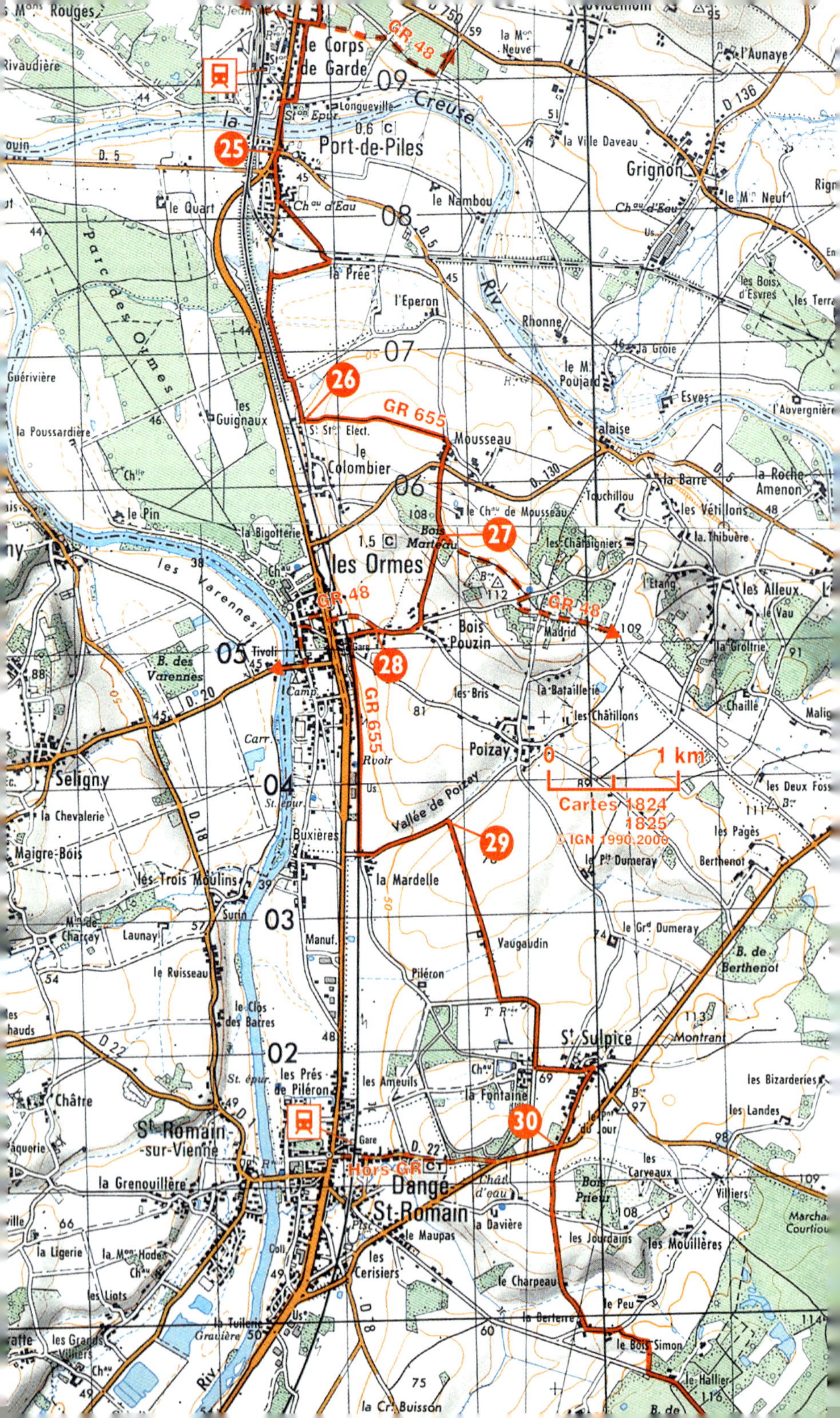

GR 48
le Corps de Garde
Port-de-Piles
la Creuse
Longueville
Grignon
le Nambou
Ch.au d'Eau
le Quart
Parc des Ormes
la Prée
l'Eperon
Rhonne
le M.in Poujard
Esves
la Groie
GR 655
Mousseau
le Colombier
les Guignaux
la Poussardière
Guérivière
Falaise
la Barre
la Roche Amenon
Touchillou
les Vétillons
le Ch.au de Mousseau
Bois Marteau
les Ormes
les Varennes
la Bigotterie
le Pin
les Chaligniers
l'Etang
les Alleux
Madrid
Bois Pouzin
Tivoli
B. des Varennes
la Grolrie
Chaille
la Bataillerie
les Châtillons
les Bris
Poizay
Vallée de Poizay
Seligny
la Chevalerie
Maigre-Bois
les Trois Moulins
Buxières
la Mardelle
0
1 km
Cartes 1824 1825
© IGN 1990-2000
les Deux Foss
les Pagès
Berthenot
le P.t Dumeray
le Gr.d Dumeray
B. de Berthenot
Vaugaudin
Piléron
Launay
le Ruisseau
le Clos des Barres
les Prés de Piléron
les Ameuils
Ch.au la Fontaine
St Sulpice
Montrant
les Bizarderies
les Landes
Châtre
St Romain-sur-Vienne
la Grenouillère
Hors GR
Dangé-St-Romain
la Davière
Bois Prieur
les Carveaux
Villiers
les Jourdains
les Mouillères
le Maupas
les Cerisiers
le Charpeau
le Peu
la Berterie
le Bois Simon
le Hallier
la Ligerie
les Liots
la Tuilerie
les Grands Villiers
la Cr.x Buisson
25
26
27
28
29
30

De **Port-de-Piles** aux **Ormes**   `6 km` `1 h 30`

Aux Ormes : 🏛 ⛺ 🛒 ✕ ☕ ℹ 🚌 🚆

Port-de-Piles : prieuré Saint-Nicolas 11e.

25 Dans **Port-de-Piles**, prendre à droite la rue Jules-Boisseau, puis à gauche la rue de la Prée et continuer jusqu'à La Prée. Avant le hameau, tourner à droite puis suivre la route à gauche. Elle longe la voie ferrée.

26 A la sous-station électrique, monter à gauche par le chemin herbeux qui mène à Mousseau *(points de vue sur les vallées de la Creuse et de la Vienne)*. Traverser le hameau à droite et continuer en direction de Bois-Pouzin.

▶ Jonction avec le GR® 48 qui arrive à gauche. Tout droit, les GR® sont communs sur 1 km jusqu'aux Ormes.

27 Poursuivre par la petite route qui descend à Bois-Pouzin *(vue sur la vallée de la Vienne, Les Ormes et son château)*. Tourner à droite et descendre jusqu'à la fourche des **Ormes**.

▶ Séparation du GR® 48 qui part à droite.

Des **Ormes** à la **D 58**   `6 km` `1 h 30`

Les Ormes : château (complexe architectural imposant 17e-20e), bâtiment appelé la Bergerie, face au château.

28 Suivre la branche de gauche vers la gare des **Ormes**, puis la route à gauche sur 200 m et longer la voie ferrée jusqu'à La Mardelle. Monter par la route de Poizay sur 750 m.

29 Prendre à droite le chemin herbeux qui s'élève au milieu des champs. Passer Vaugaudin, puis emprunter la petite route à gauche. Elle longe un grand mur et arrive à une tour d'angle. Tourner à droite et, face à l'entrée principale du château de la Fontaine, monter à gauche vers Saint-Sulpice *(chapelle du Prieuré 15e)*. Sur la place du Pilori, partir à droite par la rue d'Aubery et déboucher sur la **D 58**.

> **Hors GR® pour Dangé-Saint Romain :** `2 km` `30 mn`
> *A Dangé :* 🏛 🛏 ⛺ 🛒 ✕ ☕ 🍴 ℹ 🚌 🚆
> Longer la D 58 à droite *(prudence)*, puis emprunter la D 22 à droite pour gagner le centre de Dangé-Saint-Romain.
>
> Eglise Saint Romain 12e-17e-19e.

La via Turonensis, trois voies en une

Parmi les quatre routes citées par Aymeri Picaud dans son Guide du Pèlerin, la voie occidentale reliant Paris aux Pyrénées en passant par Tours, fut baptisée « Le Grand Chemin chaussé des Pérégrins » ou la *via Turonensis*. Si de nos jours, cette voie est un peu tombée dans l'oubli parce que son tracé disparaît à maintes reprises sous les portions d'autoroutes et de routes nationales, elle n'était jadis pas moins fréquentée. En effet, elle permettait aux Français du Nord, mais également aux Anglais, aux Allemands, aux Hollandais, et même aux Polonais, de se lancer sur la route de Compostelle au départ de Paris. Certains Anglais qui privilégiaient la voie maritime, débarquaient aussi à La Rochelle, pour emboîter le pas des *pieds-poudreux* sur la *Turonensis*.

Dès l'époque antique, les Romains avaient tracé une voie impériale reliant Bordeaux à Autun, traversant Blaye, Petit-Niort, Pons, Saintes, Aulnay et Poitiers. Au 10e siècle, ce tracé se déporta vers Melle, où l'on frappait la monnaie du royaume. Au 15e siècle, un recueil intitulé *Itinéraires de Bruges* cite un grand nombre d'étapes qui feront ensuite la *via Turonensis* : Paris, Tours, Sainte-Catherine-de-Fierbois, Châtellerault, Poitiers, Lusignan, Melle, Aulnay, Saint-Jean-d'Angély, Saintes, Pons, Mirambeau.

De nos jours, cet itinéraire se décline en trois voies. La voie centrale s'inscrit dans l'axe de Châtellerault, Poitiers, Saintes, Pons. Une route occidentale fait étape à Thouars, Parthenay, Niort pour rallier Saint-Jean-d'Angély. Elle accueille traditionnellement les pèlerins en provenance d'Angleterre

Pons. *Photo F. Roch/Photothèque Région Poitou-Charentes.*

ou encore partis de Caen, du Mont-Saint-Michel ou de Bretagne. Ceux-ci rejoignaient naguère la *via Turonensis* à Tours, Poitiers, Saint-Jean-d'Angély ou Bordeaux. Enfin, une troisième possibilité s'offrait aux pèlerins, dans l'axe de Bourges, traversant Saint-Savin, Montmorillon, Saint-Amant-de-Boixe, Angoulême, Montmoreau.
Si les hospices et commanderies qui accueillaient jadis les pèlerins ont fréquemment disparu, maints témoignages sont encore là : églises, statues, coquilles, etc.

Pèlerins du passé sur le Grand Chemin chaussé

Au cours de l'Histoire, un certain nombre de pèlerins vers Compostelle, ont rapporté un récit de leur pérégrination. Parmi eux, quelques-uns ont emprunté le Grand Chemin chaussé, à commencer par Aymeri Picaud, un moine de Parthenay-le-Vieux, qui effectua le pèlerinage vers 1123 et rédigea le très précieux Guide du Pèlerin de Saint-Jacques. En chemin, il ne manque pas de montrer un attachement particulier pour le pays poitevin *« fertile, excellent et plein de toutes félicités »*. Au 15e siècle, un jeune chevalier allemand, Arnold von Harff, de retour de Compostelle, emprunte la *via Turonensis* jusqu'à Paris, où il sera adoubé chevalier à la Sainte-Chapelle. Sur ses traces, c'est un tanneur flamand, Jean de Tournai qui revient lui aussi par cet itinéraire, soulignant notamment l'hospitalité saintongeaise. Il y a encore Guillaume Manier, ce tailleur picard qui prend la route de Compostelle avec trois compagnons en 1726 et rapportera de son voyage un récit plein de pittoresque. [1]

[1] *Pèlerinage d'un paysan picard à Saint-Jacques-de-Compostelle* publié pour la première fois en 1890 par le Baron de Bonnault d'Houët.

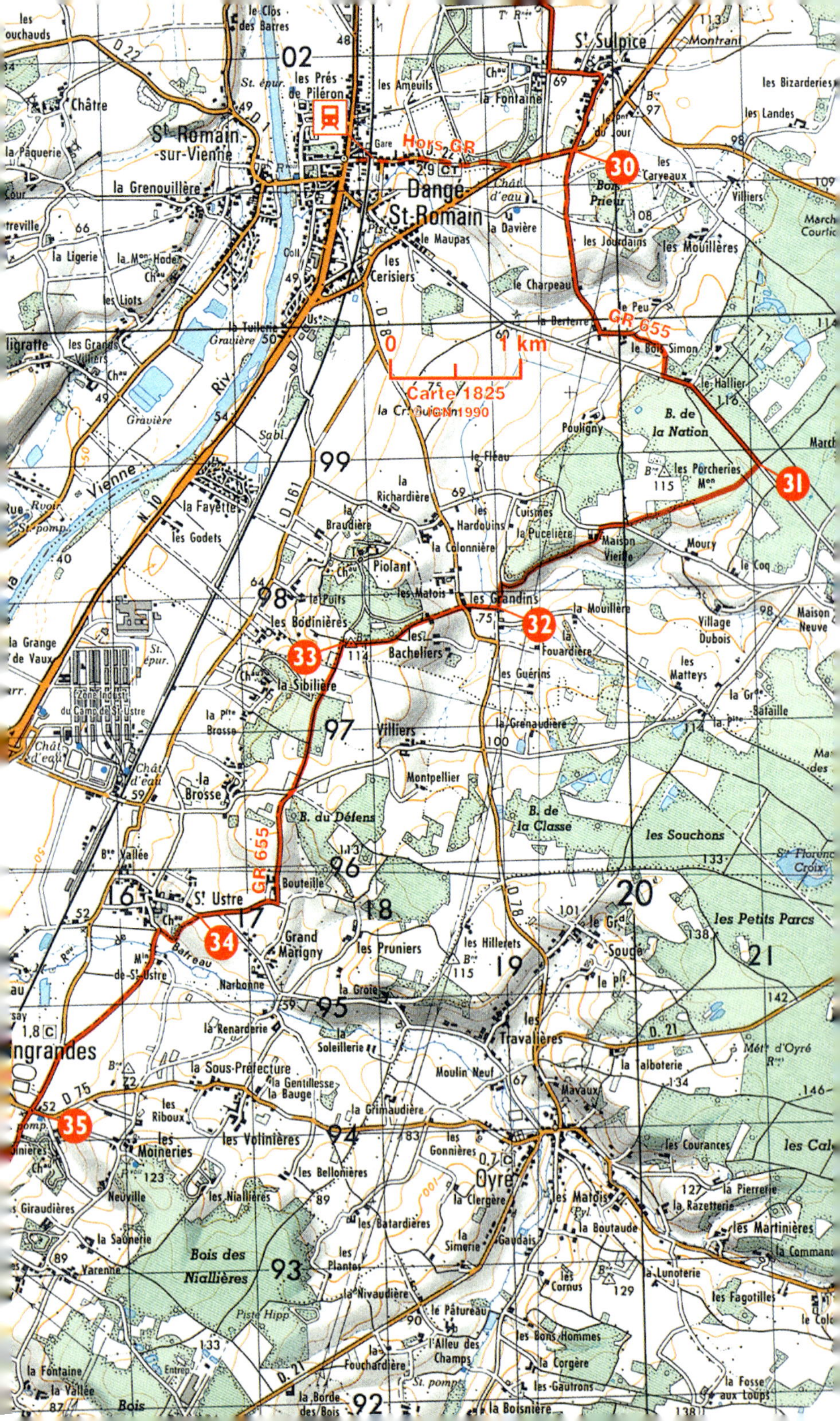

Hors GR
GR 655
0
1 km
Carte 1825
IGN 1990
30
31
32
33
34
35
St Sulpice
Dangé-St-Romain
St Romain-sur-Vienne
les Prés de Piléron
Gare
Châtre
la Grenouillère
la Fontaine
les Ameuils
Montrant
les Bizarderies
les Landes
les Carveaux
Bois Prieur
les Jourdains
les Mouillères
Villiers
la Davière
le Maupas
les Cerisiers
le Charpeau
la Berterre
le Peu
le Bois Simon
le Hallier
B. de la Nation
Pouligny
les Porcheries
le Fléau
la Richardière
la Braudière
les Hardouins
Cuisines
la Pucelière
Maison Vieille
Moury
le Coq
la Colonnière
Piolant
les Matois
les Grandins
le Puits
les Bodinières
les Bacheliers
la Mouillère
la Fouardière
Village Dubois
Maison Neuve
les Guérins
les Matteys
la Sibilière
Villiers
la Grenaudière
Montpellier
B. du Défens
B. de la Classe
les Souchons
la Brosse
Vienne
la Fayette
les Godets
la Ligerie
les Liots
la Tuilerie
Gravière
les Grands Villiers
Zone Indust. du Camp de St-Ustre
la Grange de Vaux
St Ustre
Bouteille
Grand Marigny
les Pruniers
les Hillerets
le Gd Soude
les Petits Parcs
Narbonne
la Groie
la Renarderie
Soleillerie
les Travalières
Moulin Neuf
Ingrandes
la Sous-Préfecture
la Gentillesse
la Bauge
les Riboux
la Grimaudière
la Talboterie
Mavaux
les Courances
les Moineries
les Volinières
les Gonnières
Oyré
les Bellonières
les Niallières
la Clergère
les Matois
la Boutaude
la Pierrerie
la Razetterie
les Martinières
Neuville
la Saunerie
les Batardières
la Simerie
Gaudais
Bois des Niallières
Varenne
les Plantes
la Nivaudière
les Cornus
la Lunoterie
les Fagotilles
le Pâtureau
l'Alleu des Champs
les Bons Hommes
la Corgère
la Fouchardière
les Gautrons
la Fontaine
la Vallée
la Borde des Bois
la Boisnière
les Fosse aux Loups

De la D 58 à Ingrandes

`12 km` `3 h`

A Ingrandes :

30 Traverser la **D 58** (prudence !) et s'engager en face dans le chemin qui mène tout droit à la ferme du Charpeau. Poursuivre jusqu'à La Berterre. Prendre la route à gauche. Après Bois-Simon, partir à droite sur un chemin herbeux et sinueux qui monte, puis tourner à droite pour gagner la route bordée de bois. L'emprunter à gauche sur 1 km (prudence).

31 Prendre à droite le chemin forestier, emprunter la petite route à droite sur 200 m vers la ferme de Maison-Vieille et s'engager à droite sur le chemin herbeux entre les bâtiments de la ferme. Descendre à gauche au fond du vallon.

32 Au premier bâtiment de Saint-Maurice, tourner à droite et rejoindre le hameau des Grandins. Traverser la D 78 et continuer en face sur le chemin qui monte aux Hauts-Bacheliers. Longer le mur de pierre du parc jusqu'à son angle et poursuivre tout droit sur 150 m.

33 Partir à gauche sur un chemin herbeux puis empierré qui traverse un bois de feuillus. Continuer sur un large chemin empierré et gagner le hameau de Bouteille. Au croisement, descendre par la route à droite et poursuivre vers Saint-Ustre.

Eglise d'Ingrandes. *Photo P. Potet.*

34 S'engager à gauche sur le chemin qui longe le terrain de camping et contourne le village. Au croisement, prendre la route à gauche et poursuivre par le chemin. Emprunter la D 161 à gauche (prudence) et atteindre le carrefour avec la D 75, près du stade d'**Ingrandes**.

▶ Le centre d'Ingrandes se trouve à 800 m à droite, par la D 75.

Ingrandes : église Saint-Pierre-et-Saint-Paul 10e-19e, château de la Groie 15e-17e.

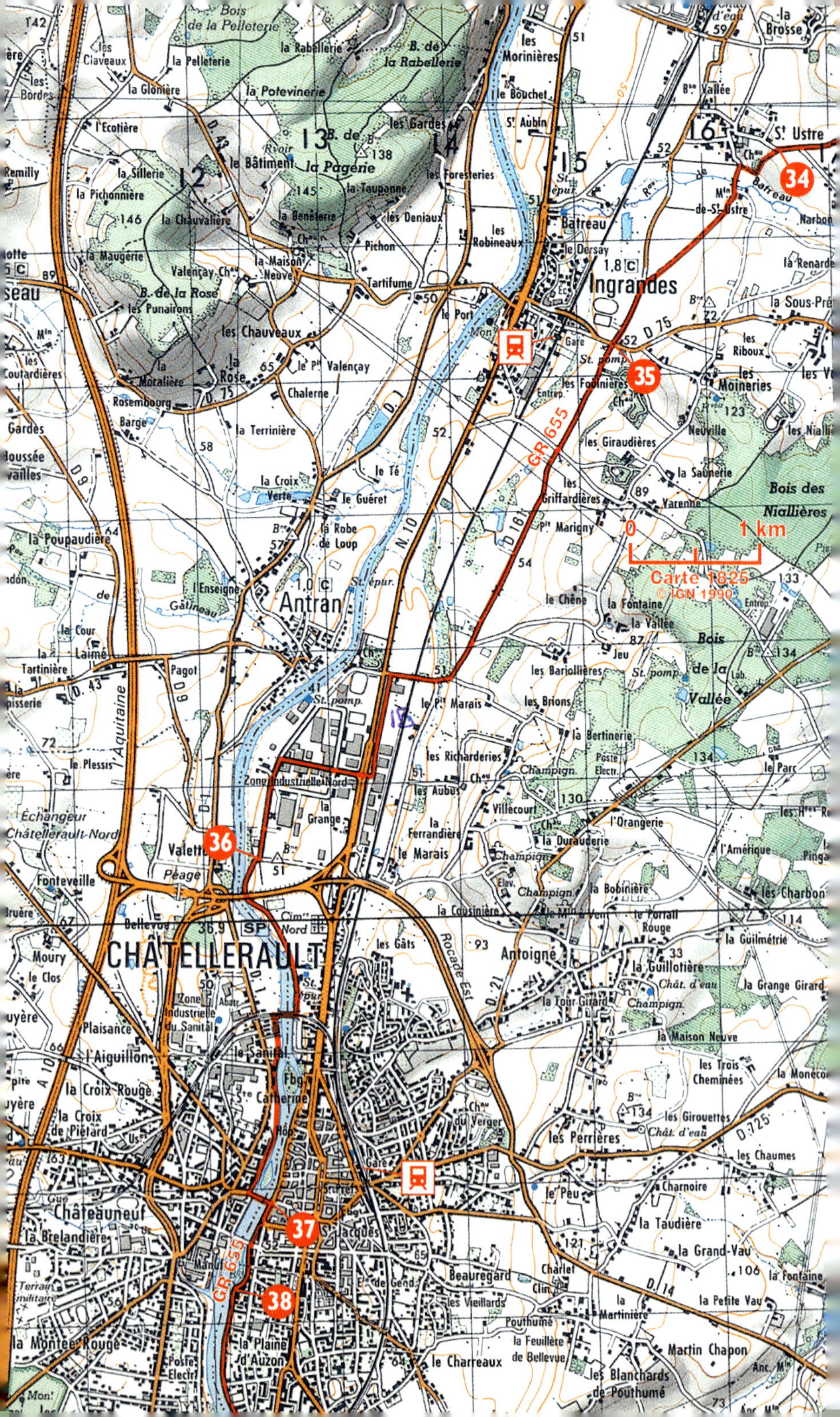

Bois de la Pelleterie
la Rabellerie
B. de la Rabellerie
les Claveaux
la Pelleterie
la Glonière
la Potevinerie
les Gardes
l'Ecotière
B. de la Pagerie
138
le Bâtiment
la Sillerie
la Taupanne
les Foresteries
la Pichonnière
146
la Chauvalière
la Benêterie
les Deniaux
Pichon
la Maugerie
Valençay Ch.au
la Maison Neuve
Tartifume
B. de la Rose
les Punairons
les Chauveaux
la Rose
la Motalière
Rosembourg
Barge
Chalerne
le P.t Valençay
la Terrinière
la Croix Verte
le Té
le Guéret
la Robe de Loup
la Poupaudière
l'Enseigne
Gâtineau
Antran
St. épur.
le Cour
Laimé
Tartinière
Pagot
le Plessis
l'Aquitaine
Échangeur Châtellerault-Nord
Valette
Fonteveille
Péage
Zone Industrielle Nord
la Grange
les Morinières
le Bouchet
St. Aubin
Batreau
les Robineaux
le Dorsay
Ingrandes
le Port
Gare
St. pomp.
les Fouinières
Entrep.
GR 655
St. Ustre
Bafreau
M.in de St. Ustre
Narbon
la Renarde
la Sous-Pré
les Riboux
les Moineries
Neuville
les Giraudières
la Saunerie
Bois des Niallières
Griffardières
Varenne
P.t Marigny
0
1 km
Carte 1825
© IGN 1990
le Chêne
la Fontaine
la Vallée
Bois de la Vallée
les Bariollières
les Brions
le P.t Marais
la Bertinerie
les Richarderies
Champign.
Villecourt
l'Orangerie
la Duraudière
la Ferrandière
le Marais
l'Amérique
la Bobinière
les Charbon
la Cousinière
le Portail Rouge
la Guilmétrie
Antoigné
la Guillotière
la Grange Girard
la Tour Girard
la Maison Neuve
les Trois Cheminées
les Gâts
Rocade Est
CHÂTELLERAULT
Bellevue
Moury
le Clos
Zone Industrielle du Sanital
Plaisance
l'Aiguillon
la Croix Rouge
la Croix de Piétard
le Sanital
Fbg Ste Catherine
Ch.au du Verger
les Perrières
les Girouettes
Châteauneuf
la Brelandière
St. Jacques
le Peu
Charnoire
la Taudière
la Grand-Vau
Beauregard
Charlet
les Vieillards
Pouthumé
la Feuillère de Bellevue
le Charreaux
la Plaine d'Auzon
la Montée Rouge
la Martinière
la Petite Vau
la Fontaine
Martin Chapon
les Blanchards de Pouthumé
34
35
36
37
38

D'Ingrandes à Châtellerault 9 km 2 h 15

A Châtellerault :

35 Laisser le centre d'**Ingrandes** à droite, passer le carrefour et continuer par la D161 sur 3 km *(prudence)*. Au carrefour, tourner à droite pour franchir le pont sur la voie ferrée, avancer jusqu'à la N10, puis virer à gauche pour suivre la voie de desserte de la zone industrielle jusqu'aux feux. Traverser la N10, aller au bout de la rue Louis-Blériot et prendre à gauche la rue Denis-Papin.

36 Après les établissements Fischer, prendre à droite la piste cyclable Fernand-Vercher *(prudence)*, puis suivre la Vienne jusqu'au pont métallique. Emprunter la passerelle pour franchir la rivière. Suivre la rive gauche et les quais de l'ancien port fluvial. S'engager entre les deux tours, franchir le pont Henri-IV et arriver à l'entrée du centre historique de **Châtellerault**.

▶ Par la rue Saint-Jacques en face, possibilité de rejoindre le cœur de la ville.

De Châtellerault à Cenon-sur-Vienne 7 km 1 h 45

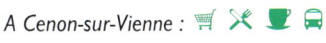

A Cenon-sur-Vienne :

Châtellerault : église Saint-Jacques 12e, église Saint-Jean-Baptiste 14e, pont Henri-IV 17e, hôtel Sully 16e, ancienne manufacture d'armes 19e.

37 A l'extrémité du pont Henri-IV, à **Châtellerault**, tourner à droite et suivre l'allée ombragée qui borde la rive droite de la Vienne *(vestiges des remparts)*. Continuer jusqu'au barrage *(vue sur les bâtiments de l'ancienne manufacture nationale d'armes en activité de 1819 à 1968 et ses cheminées aménagées, d'une passerelle d'où l'on découvre toute la ville)*.

38 Descendre les escaliers et longer la Vienne par une allée bordée d'arbres qui se prolonge par un sentier piétonnier.

Église Saint-Jacques-Châtellerault.
*Photo F. Roch/Photothèque
Région Poitou-Charentes.*

Châtellerault sous le signe de saint Jacques

Avant d'accueillir Jeanne d'Arc, le site Sainte-Catherine-de-Fierbois fut célèbre pour son sanctuaire dédié à Catherine d'Alexandrie. Attirés par de nombreux miracles, les pèlerins affluent et, en 1415, le maréchal Boucicaut fait construire une aumônerie pour les accueillir. Plus célèbre pour son fromage de chèvre que pour ses pèlerins, le village de Sainte-Maure compta pourtant un hôpital Saint-Jacques. Outre des coquilles ornant la façade de quelques maisons, l'ancien relais de *la Belle Image* est frappé d'un impressionnant pecten juste au-dessus du porche.

A Ingrandes, doté d'une église romane de tuffeau, les registres paroissiaux gardent le souvenir d'un couple de pèlerins ayant fait étape en 1657.

Châtellerault signe son attache au pèlerinage compostellan, avec son église Saint-Jacques, consacrée en 1066 et très restaurée au 19e siècle, qui dépendait de l'abbaye poitevine de Saint-Savin. Au portail, les saints Martin et Hilaire accueillent les pèlerins en route vers Tours et Poitiers. L'édifice abrite l'une des plus touchantes représentations de l'apôtre-pèlerin, en bois polychrome du 17e siècle, constellée de coquilles. Par ailleurs, Châtellerault réunit une rue Saint-Jacques, aux maisons à pans de bois, et une rue du Cygne Saint-Jacques, dont une ancienne « hostellerie Saint-Jacques ». Le marcheur quitte la ville en franchissant la Vienne sur le pont Henri IV, à l'architecture élégante, achevé en 1611, qui n'était qu'une passerelle de bois au 12e siècle.

Statue de saint Jacques en bois polychrome, église Saint-Jacques.
Photo Françoise Roch/Région Poitou-Charentes.

A la merci des brigands et des dangers de toutes sortes

De même que les autres itinéraires jacobites, la *via Turonensis* n'était pas sûre, que ce soit aux heures troublées de l'occupation anglaise ou en d'autres temps, alors que les chemins étaient infestés de bandits et gens malintentionnés. Ainsi, le récit de Guillaume Manier au 18e siècle, nous donne une idée des péripéties auxquelles les pèlerins avaient jadis à faire face.
A Châtellerault, Manier et ses compagnons sont interpellés par la maréchaussée qui leur fait savoir de ne pas marcher par quatre *« à cause de la quantité de voleurs qui passe par là »*. Une fois dépassées Poitiers, Lusignan, Melle, ils arrivent à Brioux-sur-Boutonne. Là, ils décident de s'en repartir avant le jour *« à cause que les archers arrêtaient chacun à cause des vols qui se faisaient fréquemment »*. Ils apprennent que l'on mène les gens à la Rochelle pour les embarquer vers les îles. *« Cela nous donna beaucoup de terreur, qui fit que nous avons passé ce pont deux à deux, pieds nus, à trois heures. »*

Quelques siècles plus tôt, les chansons de pèlerins sont là pour témoigner des difficultés auxquelles se heurtent les pieux voyageurs :
*« Quand nous fûmes en Saintonge
le meilleur pays du monde ;
Mais il y a de méchantes gens
Ils s'en vont sur les passages
Pour nous voler notre argent. »* [1]

Quant aux désordres engendrés par la propagation des idées protestantes en Saintonge, le pèlerin les craint plus que tout :
*« C'est pour la Saintonge passer,
Prions Jésus qu'il nous défende.
Des ennemis par sa puissance
Ceux qui voudroient par hérésie
Empêcher nos bons désirs… »* [1]

[1] *Les chansons des pèlerins de Saint-Jacques,*

Pont Henri IV à Châtellerault. *Photo Thierry Manuel.*

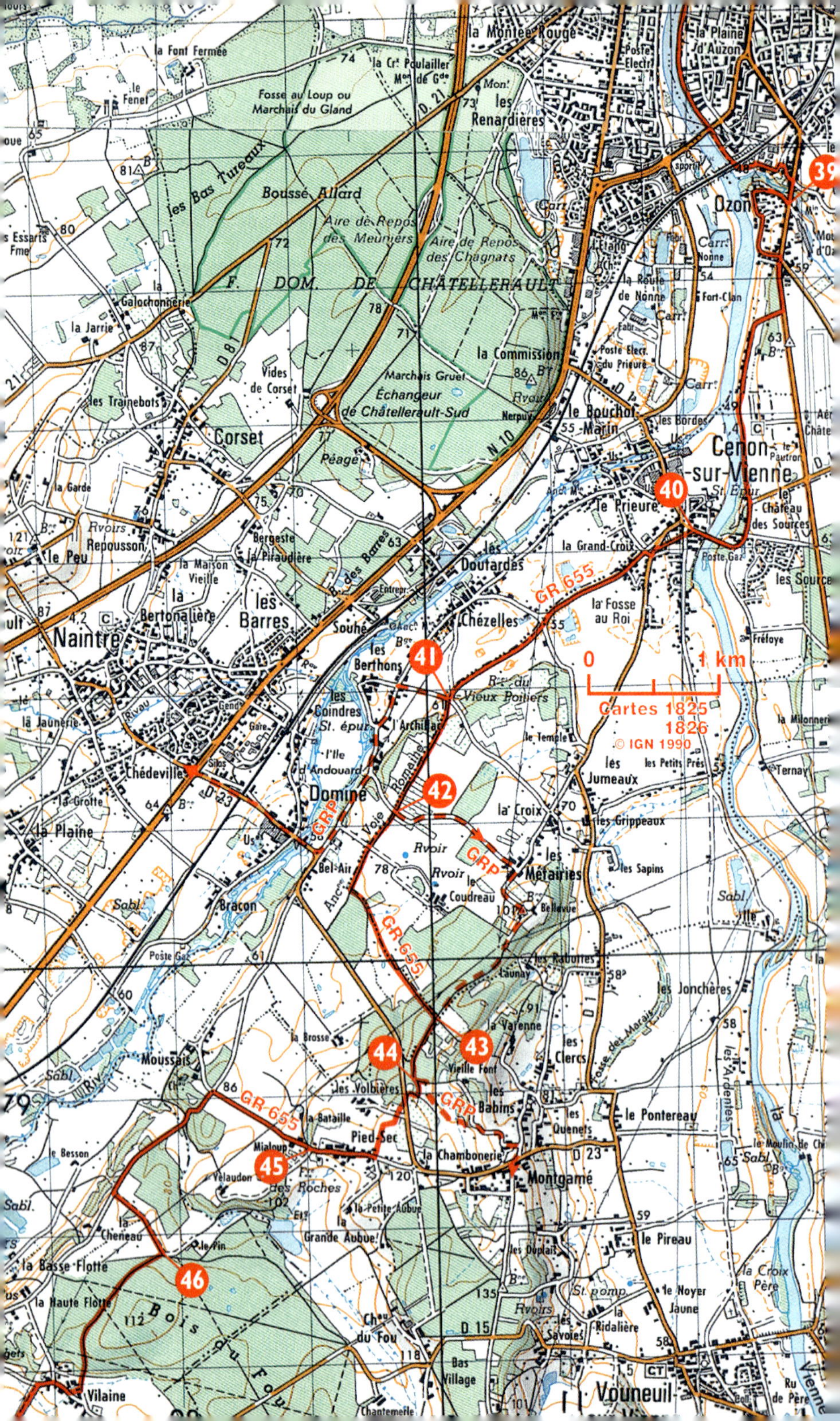

la Montée Rouge
la Plaine d'Auzon
la Font Fermée
la Cr. Poulailler
Fosse au Loup ou Marchais du Gland
les Renardières
Bossé Allard
les Bas Tureaux
Aire de Repos des Meuniers
Aire de Repos des Chagnats
F. DOM. DE CHÂTELLERAULT
Ozon
la Galochonnerie
la Jarrie
la Commission
Marchais Gruet
Échangeur de Châtellerault-Sud
Vides de Corset
les Trainebots
Corset
Péage
N 10
le Bouchot
Marin
Cenon-sur-Vienne
le Prieuré
la Grand-Croix
Repousson
le Peu
la Maison Vieille
Bergeste
la Piraudière
les Doutardes
la Bertonalière
les Barres
Naintré
Souhé
Chézelles
la Fosse au Roi
GR 655
les Berthons
Vieux Poiliers
0
1 km
Cartes 1825
1826
© IGN 1990
les Coindres
l'Archilliac
la Jaunerie
Chédeville
l'Ile d'Andouard
Domine
le Temple
les Jumeaux
les Petits Prés
Ternay
la Grotte
la Plaine
GRP
la Croix
les Grippeaux
les Métairies
les Sapins
Bel-Air
le Coudreau
Bellevue
Bracon
les Rabottes
Launay
les Jonchères
Moussais
la Brosse
la Varenne
les Clercs
Vieille Font
les Volbières
les Babins
la Bataille
le Pontereau
Pied-Sec
la Chambonerie
Mialoup
Vélaudon
des Roches
Montgamé
le Besson
la Petite Aubue
Grande Aubue
le Pireau
le Cheneau
le Pin
la Basse Flotte
la Haute Flotte
Bois du Fou
Ch. du Fou
les Savoies
la Ridalière
le Noyer Jaune
la Croix Père
Bas Village
Vouneuil
Vilaine
Chantemerle
39
40
41
42
43
44
45
46

Passer sous un pont routier puis sous un pont de chemin de fer. Remonter à gauche pour longer le camping municipal. Poursuivre à droite et emprunter la D 749 à droite. Elle franchit l'Ozon.

39 Juste après, s'engager à l'intérieur de la résidence Jules-Verne et la contourner par la droite. Retrouver la D 749 et la longer à droite sur 400 m *(prudence)*. Prendre à droite le chemin des Poutereaux, descendre jusqu'à la Vienne et la suivre à gauche. Continuer par la D 131. Elle enjambe la Vienne et arrive à **Cenon-sur-Vienne**.

De **Cenon-sur-Vienne** à la D 82   12 km   3 h

Cenon-sur-Vienne : pont métallique datant de 1912 et conçu par Eiffel.

40 A **Cenon-sur-Vienne**, prendre à gauche la rue en sens interdit puis la rue de Bourgogne. Suivre la D 1 à gauche sur quelques mètres, la rue à droite sur 100 m, puis partir à gauche. Couper la route des Goupillères et continuer par le chemin empierré conduisant au site du Vieux-Poitiers *(vestiges d'un vaste théâtre gallo-romain du 1er siècle)*.

▶ Jonction avec le GR® de Pays de *Moussais-la-Bataille* qui arrive à droite. Tout droit, les deux GR® sont communs sur 1 km.

41 Monter par le chemin empierré.

▶ Séparation du GR® de Pays qui part à gauche.

42 Au croisement de la petite route des Métairies, poursuivre tout droit, puis couper la route du Coudreau. A la lisière du bois, monter par le chemin à gauche et gagner le carrefour des Volbières.

▶ Jonction avec le GR® de Pays de *Moussais-la-Bataille* qui arrive à gauche.

43 Prendre le chemin forestier à droite sur 500 m.

▶ Séparation du GR® de Pays qui part à gauche.

44 Continuer tout droit puis à droite. Emprunter la D 23 à gauche sur quelques mètres, le chemin à droite qui mène aux Volbières sur 50 m et le chemin herbeux à gauche qui conduit au hameau de Pied-Sec. Prendre la route à droite sur 500 m et arriver à une intersection avec un chemin.

▶ Accès au site de Moussais-la-Bataille, à 250 m. à droite.

C'est à Moussais qu'aurait eu lieu en 732 la célèbre bataille de Poitiers opposant les troupes de Charles Martel à l'armée arabo-musulmane. Victoire aux conséquences capitales pour le monde occidental. Site aménagé (accès libre).

45 Poursuivre par la route en descente. Au carrefour, prendre la route à gauche *(prudence !)* sur 1 km, puis s'engager à gauche sur le chemin empierré vers Le Pin.

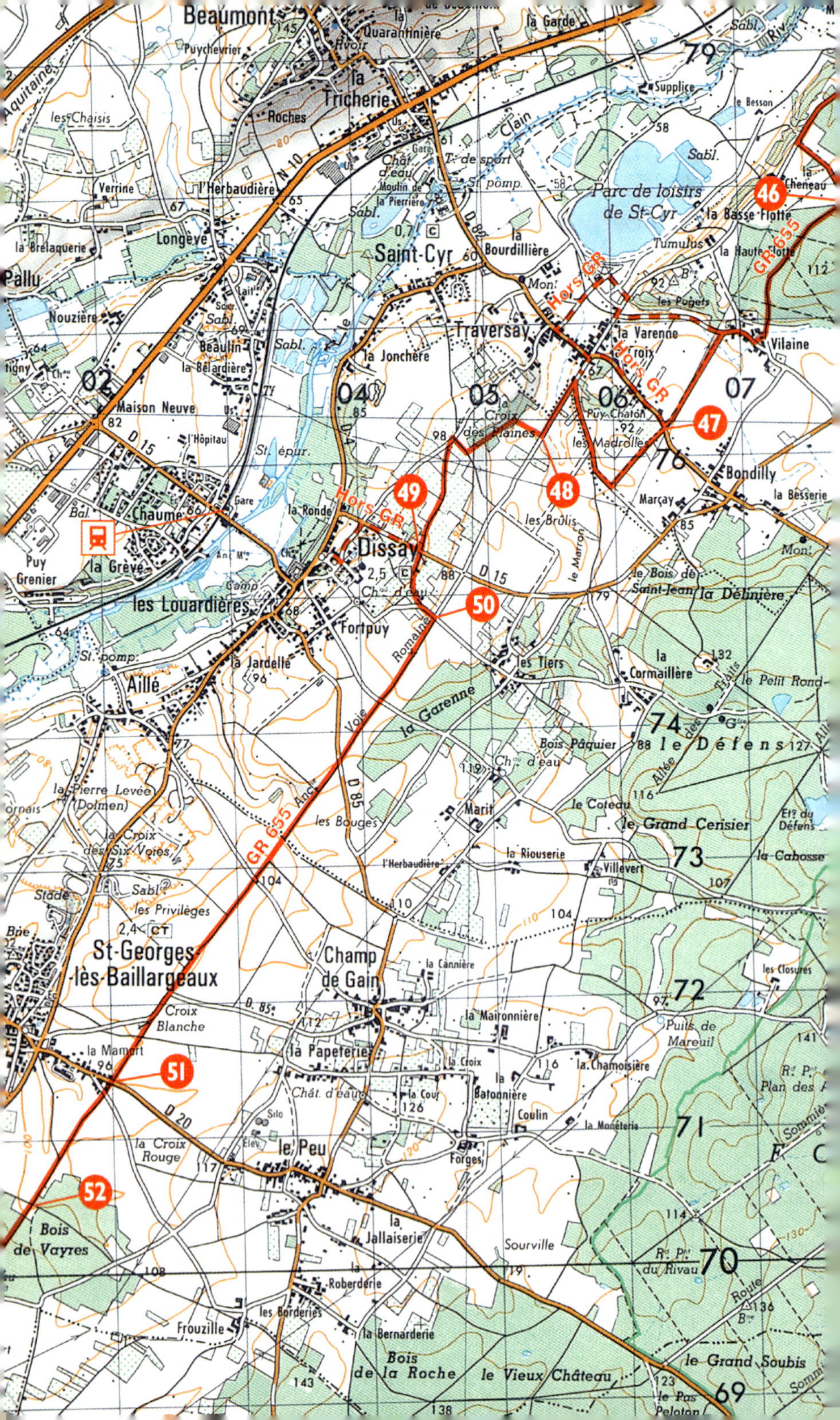
Beaumont
Puychevrier
la Quarantinière
la Garde
la Tricherie
Roches
les Chaisis
Supplice
le Besson
Clain
Sabl.
Parc de loisirs
de St-Cyr
la Basse Flotte
la Haute Flotte
Cheneau
46
GR 655
Verrine
l'Herbaudière
N 10
T. de sport
St. pomp.
Moulin de la Pierrière
Saint-Cyr
Bourdillière
la Brelaquerie
Longève
Pallu
Nouzière
Tumulus
les Pogets
Hors GR
la Varenne
Vilaine
Traversay
la Jonchère
Beaulin
la Bélardière
Maison Neuve
02
04
05
06
07
la Croix des Plaines
Puy Chaton
les Madrolles
47
Bondilly
la Besserie
D 15
l'Hôpital
St. épur.
la Ronde
49
48
les Brûlis
Marçay
Bal.
Chaume
Gare
Dissay
Puy
Grenier
la Grève
les Louardières
Fortpuy
50
le Bois de Saint-Jean
la Délinière
le Marron
Ch.au d'eau
Romaine
St. pomp.
Aillé
la Jardelle
les Tiers
la Cormaillère
le Petit Rond
la Garenne
74
le Défens
Bois Pâquier
Voie
la Pierre Levée
(Dolmen)
la Croix
des Six Voies
Marit
le Coteau
le Grand Cerisier
Et.g du Défens
les Bouges
D 85
GR 655 Anc.
l'Herbaudière
la Riouserie
Villevert
73
la Cabosse
Stade
Sabl.
les Privilèges
CT
St-Georges-
lès-Baillargeaux
Champ
de Gain
la Cannière
les Closures
72
Croix
Blanche
D. 85
la Maironnière
Puits de
Mareuil
la Mamort
la Papeterie
la Croix
la Chamoisière
51
Chât. d'eau
la Cour
la Batonnière
Coulin
D 20
Silo
la Moneterie
71
la Croix
Rouge
le Peu
Forges
52
Bois
de Vayres
la Jallaiserie
Sourville
R.d P.t du Rivau
70
Route
la Roberderie
les Borderies
Frouzille
la Bernarderie
Bois
de la Roche
le Vieux Château
le Grand Soubis
le Pas
Peloton
69

46 A la lisière du bois, partir à droite sur le chemin de terre qui conduit au hameau de Vilaine. Remonter à droite la rue de Vilaine puis, au début de la descente, emprunter à gauche un chemin d'exploitation rectiligne. Il débouche sur la **D 82**.

> **Hors GR® pour Saint-Cyr :** `2,5 km` `35 mn`
>
> *A Saint-Cyr :* 🏠 ⛺ 🛒 ✕ ☕
>
> Prendre la D 82 à droite.
>
> Saint-Cyr possède un parc de loisirs (plan d'eau, golf, camping).

De la D 82 à la D 15   `4 km` `1 h`

47 Traverser la **D 82** et continuer par le chemin d'exploitation sur 600 m. Au croisement, tourner à droite, laisser un chemin à gauche, puis emprunter la petite route à gauche sur 600 m.

48 Avant le haut de la côte, s'engager à droite sur le chemin herbeux. A l'intersection des chemins, tourner à droite, suivre la petite route à gauche sur 50 m, puis suivre à gauche le chemin d'exploitation qui aboutit à la **D 15**.

> **Hors GR® pour Dissay :** `1 km` `15 mn`
>
> *A Dissay :* 📅 🛏 ⛺ 🛒 ✕ ☕ 🗺 ℹ️ 🚌 🚆
>
> Prendre la D 15 à droite.
>
> Dissay : église 15e-17e, château 15e.

De la D 15 à Saint-Georges-les-Baillargeaux   `5 km` `1 h 15`

A Saint-Georges-les-Baillargeaux : 📅 🛏 ⛺ 🛒 ✕ ☕ 🗺 🚌 🚆

49 Traverser la **D 15** et prendre le chemin qui mène aux Grésils. Après les maisons, tourner à gauche sur le chemin de terre. Suivre la petite route à gauche sur 150 m.

50 S'engager à droite sur le chemin d'exploitation *(ancienne voie romaine)*. C'est le début d'un long parcours rectiligne. Couper une petite route, puis la D 85 et continuer tout droit. Poursuivre par la route de Champs-de-Gain sur 300 m jusqu'à la croix Blanche et utiliser à nouveau l'ancienne voie romaine. Elle débouche sur la D 20, à l'entrée Est de **Saint-Georges-les-Baillargeaux** *(château de Vayres et pigeonnier 16e-17e, dolmen de la Pierre Levée, église 19e)*.

▶ Suivre la D 20 à droite pour gagner le centre de Saint-Georges, à 1 km.

De Saint-Georges-les-Baillargeaux à Fontaine   `3 km` `45 mn`

51 Laisser **Saint-Georges** à droite, traverser la D 20 et continuer en face. Couper la C 5 et aller tout droit en direction de la pointe du bois de Vayres.

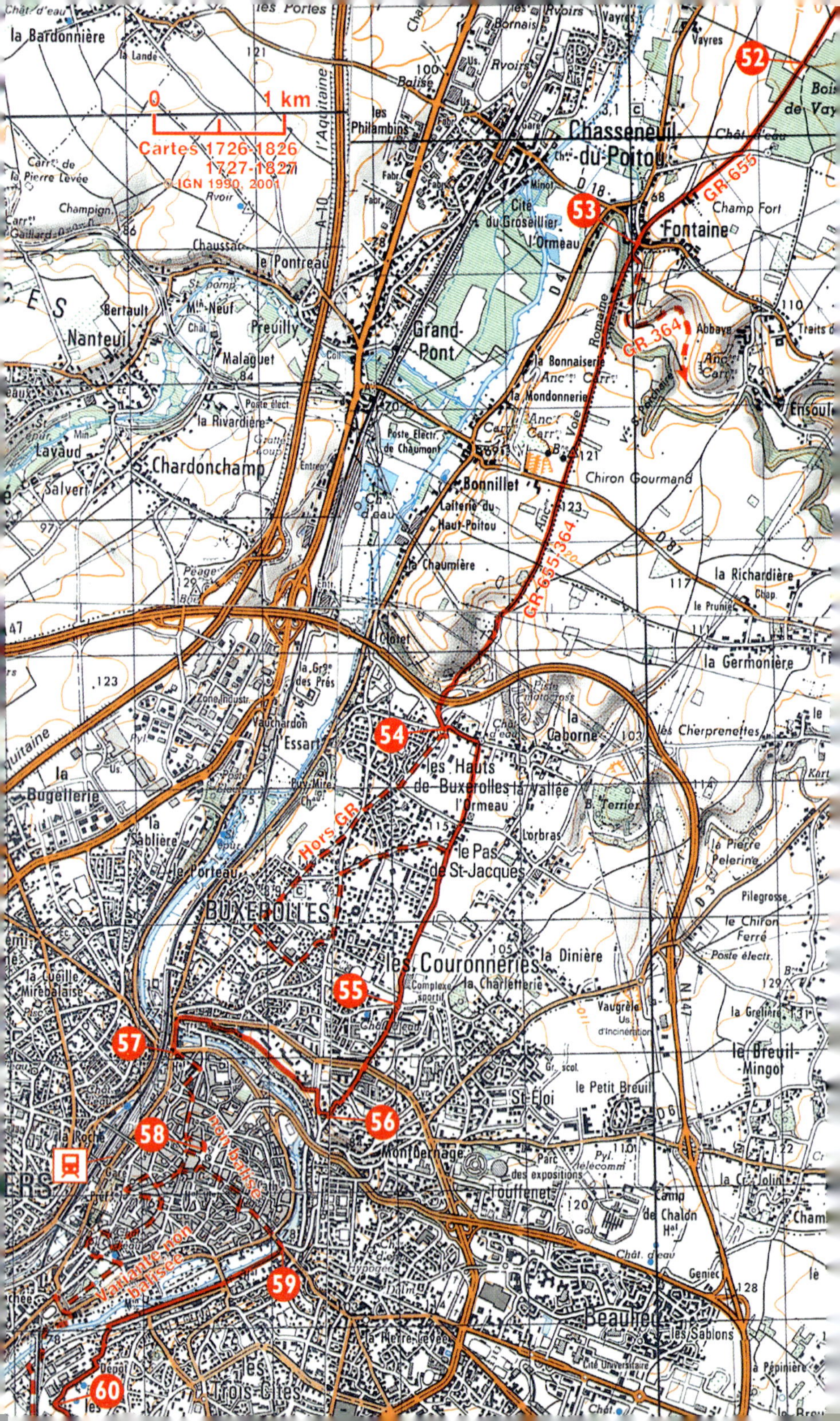

52 Traverser le bois *(point de vue sur le parc du Futuroscope)*, couper la petite route à la croix de Fontaine, poursuivre par le chemin herbeux puis par la route qui mène au cœur du village de **Fontaine**. Déboucher sur la D 18.

> **Hors GR® pour Chasseneuil-du-Poitou :** `1 km` `15 mn`
>
> A Chasseneuil :
>
> Descendre la D 18 à droite. Elle conduit au centre de Chasseneuil.
>
> Eglise Saint-Clément 11e-19e, site du moulin d'Anguitard, logis et parc du Clos-de-la-Ribaudière, musée de la Maison d'autrefois, parc du Futuroscope.

De Fontaine à Buxerolles `4 km` `1 h 15`

53 A **Fontaine**, continuer tout droit sur 200 m.

▶ Jonction avec le GR® 364 qui arrive à gauche. Tout droit, les GR® sont communs jusqu'à Poitiers.

Monter par le chemin empierré, traverser la D 87 et continuer sur l'ancienne voie romaine pour atteindre le fond de la vallée des Buis. A la patte d'oie, suivre le chemin herbeux qui s'élève à droite. Gagner la route, passer sous le pont de la voie rapide *(prudence)* et rejoindre le rond-point qui marque l'entrée de **Buxerolles**.

> **Hors GR® pour le centre de Buxerolles :** `3 km` `45 mn`
>
> A Buxerolles :
>
> Eglise Saint-Jacques, rocher du Pas-de-Saint-Jacques (légende populaire).

De Buxerolles à Poitiers (Couronneries) `2,5 km` `40 mn`

54 Prendre à gauche la rue de la Vallée. Au château d'eau, s'engager sur le chemin à droite, traverser la rue et continuer tout droit. Poursuivre par le chemin qui se prolonge par une allée piétonnière. Au rond-point, prendre l'avenue de la Fraternité, passer le complexe sportif de la Pépinière et gagner le carrefour des **Couronneries**.

▶ Interruption du balisage dans l'agglomération de Poitiers jusqu'au pont Neuf.

De Poitiers (Couronneries) à Poitiers (porte de Paris) `3 km` `45 mn`

55 Aux **Couronneries**, prendre la rue de Nimègue, traverser le carrefour de la rocade et continuer tout droit par les rues de Marbourg puis de la Cueille-Aigüe.

56 Partir à droite pour prendre l'avenue Georges-Pompidou. Après une courte montée, emprunter à gauche le chemin des Grandes-Dunes qui se prolonge par le boulevard des Hauteurs et l'allée bordant les résidences du Parc et Mozart. S'engager dans le chemin des Crêtes pour rejoindre la rocade. Descendre l'avenue de l'Europe et gagner la place Jean-de-Berry *(tour du Cordier 12e-14e)*, à la **porte de Paris**.

Poitiers, cité du bienheureux Hilaire

Vitrail de la cathédrale Saint-Pierre. Photo CRT Poitou-Charentes.

Au cours de l'Histoire, la dynastie des Guillaume, comtes de Poitiers et ducs d'Aquitaine, s'est assurément placée sous le sceau du pèlerinage compostellan. Déjà, au 11e siècle, Adhémar de Chabannes atteste que Guillaume le Grand accomplit chaque année le pèlerinage à Rome et à Compostelle. Plus tard, en l'an de grâce 1137, le duc Guillaume X, père d'Aliénor d'Aquitaine, tombe foudroyé au pied de l'autel de la cathédrale de Santiago, devenant le plus envié des pèlerins pour avoir trépassé en état de pureté.

L'étape de Poitiers s'ouvre sur le Pas de Saint-Jacques, à Buxerolles, où un rocher creusé de profondes entailles représenterait, selon la légende, l'empreinte d'un pied de l'apôtre.

« C'est le très saint corps du bienheureux Hilaire, évêque et confesseur, qu'il faut visiter dans la ville de Poitiers », recommande Aymeri Picaud, en son tombeau *« décoré à profusion d'or, d'argent et de pierres précieuses »*. Au Moyen Age, Poitiers ne comptait pas moins d'une quinzaine d'établissements d'accueil et un bon nombre d'auberges à l'enseigne de Saint-Jacques. Les jacquets se dirigeaient en priorité vers Saint-Hilaire où une basilique avait été édifiée à partir du 11e siècle, conçue pour recevoir des foules de pèlerins, avec sa nef à collatéraux, son chœur surélevé encadré d'un déambulatoire. Il y a quelques siècles, les chanoines de Saint-Hilaire-le-Grand exposaient aux pèlerins, le « berceau du saint », un tronc d'arbre évidé dans lequel on attachait les épileptiques pour une guérison miraculeuse.

[1] Aujourd'hui, les reliques sont toujours là.

L'église Sainte-Radegonde attirait au Moyen Age, des milliers de pèlerins au jour de la fête de la sainte. L'église Saint-Jean de Montierneuf rappelle l'ancien monastère où les moines de l'abbaye de Cluny, avaient fait édifier une aumônerie pour accueillir les pieux voyageurs.

Eglise Saint-Jean de Montierneuf. Photo UDOTSI de Poitiers.

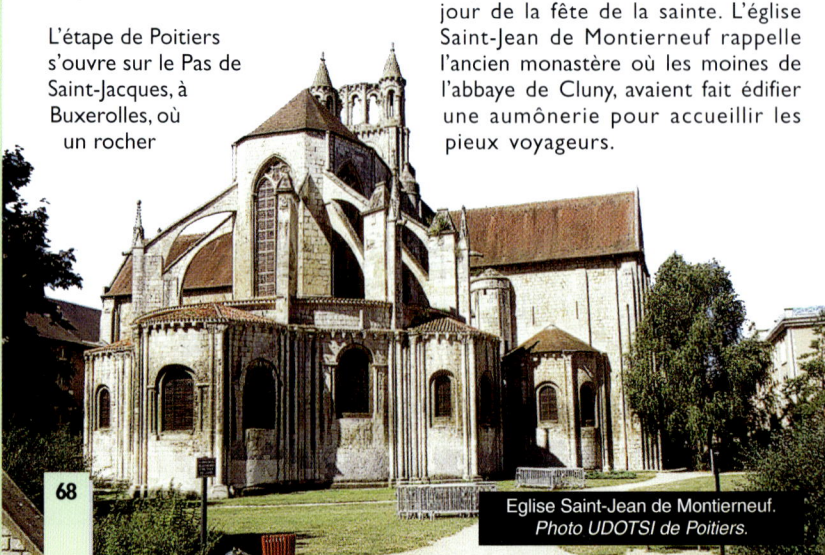

Notre-Dame-la-Grande offre l'un des chefs-d'œuvre de l'architecture romane. Sa façade, jadis illuminée de couleurs vives, déploie une exceptionnelle frise sculptée de scènes bibliques, où apparaissent Adam et Eve, Nabuchodonosor, les prophètes, l'Annonciation, l'arbre de Jessé, des épisodes de l'Enfance du Christ, véritable page de catéchisme pour les pèlerins dont peu savaient lire. En prenant la route de Bordeaux, les pèlerins pouvaient s'arrêter à la chapelle Saint-Jacques, siège d'une importante confrérie Saint-Jacques. C'est à proximité que l'on trouve encore aujourd'hui, le carrefour des Trois-Bourdons.

Notre-Dame-de-la-Grande. *Photo CDT de la Vienne.*

Un miracle de la légende jacobite

Aymeri Picaud ne manque pas de signaler dans son Guide que tout bon chrétien se doit d'accueillir le pèlerin : *« Nombreux sont ceux qui jadis encoururent la colère de Dieu, parce qu'ils n'avaient pas voulu recevoir les pèlerins de Saint-Jacques et les indigents »*. Pour illustration, le clerc rapporte l'histoire de deux vaillants pèlerins de retour de Compostelle, dénués de tout, qui s'en viennent demander l'hospitalité dans le quartier de Saint-Porchaire à Poitiers. Nul ne veut leur ouvrir sa porte sauf un pauvre dans la dernière maison. Dans la nuit, un violent incendie éclate, détruisant toutes les habitations de la rue, excepté celle qui a accueilli les deux pèlerins.

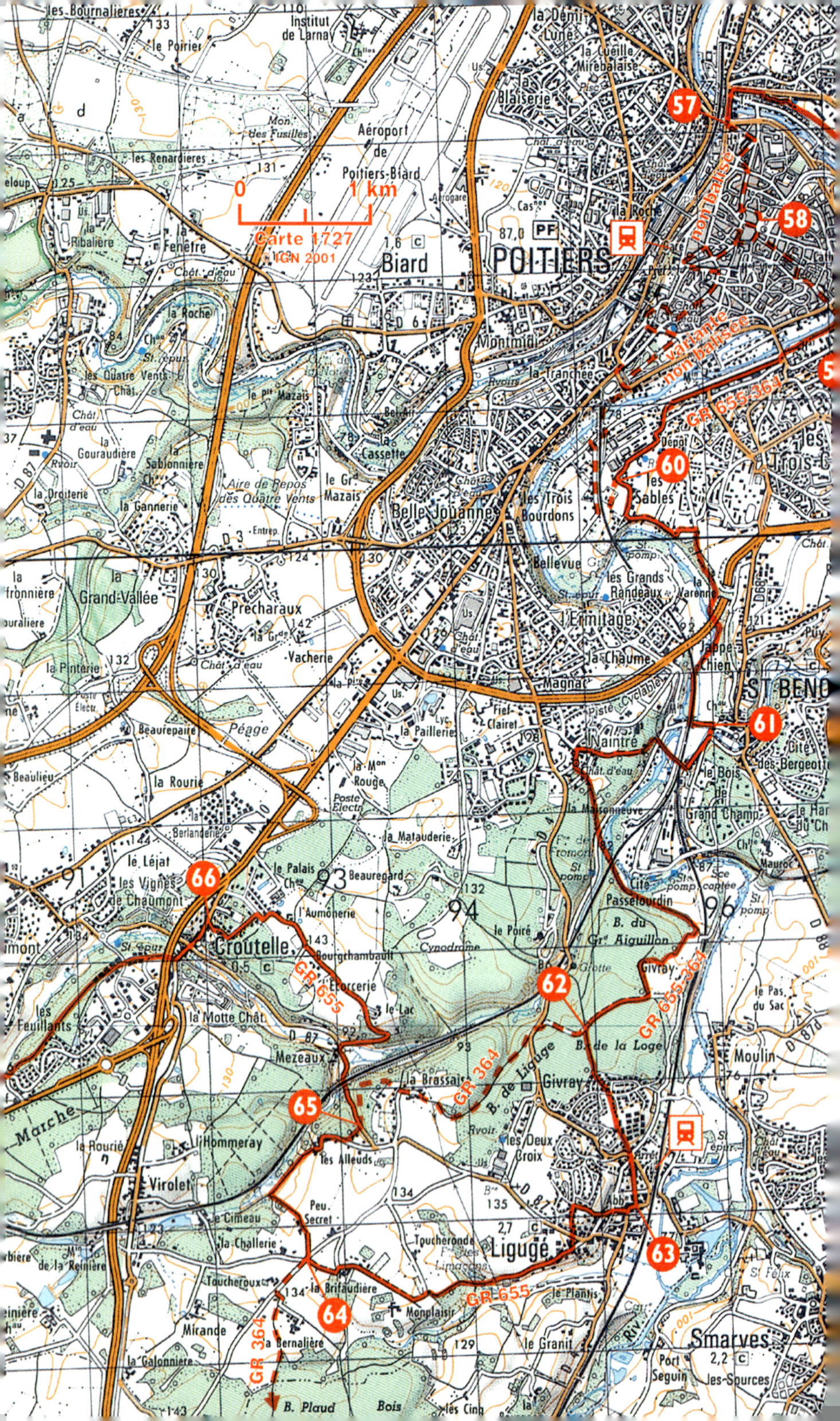

De Poitiers (porte de Paris) à Poitiers (Notre-Dame)

`1 km` `15 mn` Fil jaune au sol

A Poitiers :

57 A la **porte de Paris**, prendre la rue du Général-Sarrail pour trouver au carrefour le fil jaune marqué au sol. Suivre l'une des branches du circuit découverte de la ville pour parvenir place du Général-De-Gaulle, où se trouvent **Notre-Dame-la-Grande**, le Comité départemental du Tourisme et l'OTSI.

De Poitiers (Notre-Dame) à Poitiers (pont Neuf)

`1,5 km` `20 mn` Fil bleu au sol

Poitiers : ancienne cité riche en monuments.

▶ Variante non balisée de Poitiers (Notre-Dame) par l'église Saint-Hilaire et le parc de Blossac : suivre le *fil rouge* jusqu'à l'église Saint-Hilaire et gagner le parc de Blossac ; à la sortie Sud, descendre sur 100 m le boulevard, prendre à droite le raidillon de la Cagouillère et franchir le Clain. Rejoindre la rue, passer sous le pont ferroviaire et s'engager à gauche sur le chemin du Sémaphore. Utiliser la passerelle qui enjambe les voies et déboucher dans la rue de la Mérigotte pour *retrouver les GR® 364 et 655 qui arrivent à gauche.*

58 De l'église **Notre-Dame**, suivre le *fil bleu marqué au sol*. Il conduit rue de la Cathédrale puis au baptistère Saint-Jean, rue Jean-Jaurès. Descendre la rue, traverser le carrefour et franchir le **pont Neuf**.

De Poitiers (pont Neuf) à Saint-Benoit

`5 km` `1 h 15`

A Saint-Benoit :

59 Au bout du **pont Neuf**, descendre les escaliers menant à une allée qui longe le Clain. Traverser le carrefour et continuer par la promenade des Cours. A son extrémité Sud, obliquer à gauche pour suivre l'avenue du Parc-d'Artillerie *(arrivée de la variante non balisée).*

60 Continuer par la rue de la Mérigotte. En haut, partir à droite sur un chemin qui longe un mur sur 150 m, descendre à droite par le sentier à flanc de coteau, passer sous le pont et suivre les rives du Clain puis celles du Miosson. Le franchir sur une passerelle et aller à gauche sur 200 m jusqu'à l'entrée de **Saint-Benoît** *(église et logis abbatial 11e).*

De Saint-Benoit à Ligugé

`6 km` `1 h 30`

A Ligugé :

61 Gagner la gare de **Saint-Benoît** à droite. Grimper par le sentier qui mène au viaduc et le franchir. Après le viaduc, monter à gauche par le chemin, puis suivre à gauche la rue du Château-d'Eau. Après celui-ci, prendre à gauche la rue du Petit-Gué et descendre par le chemin escarpé. Traverser la route pour entrer dans le domaine de Givray au bord du Clain. Passer sous le pont et longer le pied du coteau. Monter rejoindre l'allée empierrée qui mène au centre de plein air de Givray et se diriger à droite jusqu'au portail.

▶ Séparation du GR® 364 qui continue tout droit par l'allée.

Émaux et musique sacrée à l'abbaye de Ligugé

Au 4e siècle, saint Martin vient à la rencontre de saint Hilaire dans la région de Poitiers. Ce dernier lui donne le domaine de Ligugé où il établit la première communauté monastique de Gaule, qui perdurera jusqu'à la Révolution. En dépit de maintes péripéties et interruptions, l'abbaye accueille, depuis 1923, une communauté de frères bénédictins. Aujourd'hui, ces moines s'adonnent au chant grégorien et font revivre l'art de l'émail, reproduisant notamment des vitraux de cathédrales. La galerie du Monastère expose des émaux d'art réalisés à partir d'œuvres de grands artistes, comme Chagall, Braque, Léger, Rouault ou Manessier. Chaque année, au mois de juillet, l'abbaye accueille un festival de musique sacrée, à l'initiative commune du père abbé et de l'ensemble Absalon de Manolo Gonzalez. Cet événement réunit des ensembles de traditions liturgiques et religieuses occidentales et orientales.

Abbaye Saint-Martin, 86240 Ligugé
Tél. 05 49 55 21 12.

Bouquet de fleurs.
Photo Abbaye de Ligugé

Le Futuroscope, parc européen de l'image

Entre vallée du Clain et autoroute Aquitaine (A 10), le Futuroscope dresse ses lignes futuristes aux portes de Poitiers. Né en 1987, à l'initiative de René Monory et du Conseil Général de la Vienne, ce parc européen de l'image s'est donné pour vocation de réunir en un même lieu, les loisirs, la création et le travail, comprenant notamment un complexe de formation et de recherche et une aire d'activité économique unique en

Vue d'ensemble du Futuroscope.
Photo CDT de la Vienne.

France. D'année en année, le site du Futuroscope continue à se développer autour du parc de loisirs, qui accueille près d'un million et demi de visiteurs par an.

Pénétrant à l'intérieur d'un univers architectural d'exception tout de verre et d'acier, le visiteur découvrira une vingtaine de spectacles les plus surprenants, utilisant tous les systèmes de projection d'images existant à l'heure actuelle (haute définition, trois dimensions, 360°). Enfin, un parc d'attractions pour enfants a pour vocation de sensibiliser les petits aux sons et aux images.

Le Futuroscope :
Informations, tél. 05 49 49 30 20 ;
Réservations, tél. 05 49 49 30 10

Le farci poitevin

« Il se tient mieux à table qu'une chèvre sur les cornes », dit-on en Poitou pour parler de quelqu'un qui a un bon coup de fourchette. *« Simple, honnête et directe, voire campagnarde »*, résume le *Curnonsky* à propos de la cuisine en Poitou-Charentes, dont l'emblème pourrait être le farci poitevin.

Recette

Émincer un gros chou vert, le même volume d'oseille et une poignée de persil.
• Ajouter 200 g de pain dur sur lequel on aura versé du lait bouillant (30 cl).
• Passer 200 g de poitrine de porc au hachoir et couper très fin 2 têtes d'ail, 5 oignons et de la ciboulette.
• Mélanger le tout à la main dans un grand récipient.
• Saler, poivrer.
• Mouler cette farce dans un plat creux, tapissé d'un filet de coton ou *poche à farci*.
• Disposer sur le fond une petite dizaine de grandes feuilles de chou vert blanchi, verser le mélange, refermer et ficeler bien serré.
• Cuire trois à quatre heures dans un grand faitout de bouillon de petit salé ou de poule.
Le farci poitevin se consomme froid ou encore tranché et poêlé.

Le farci poitevin. *Photo F. Roch/Région Poitou-Charentes.*

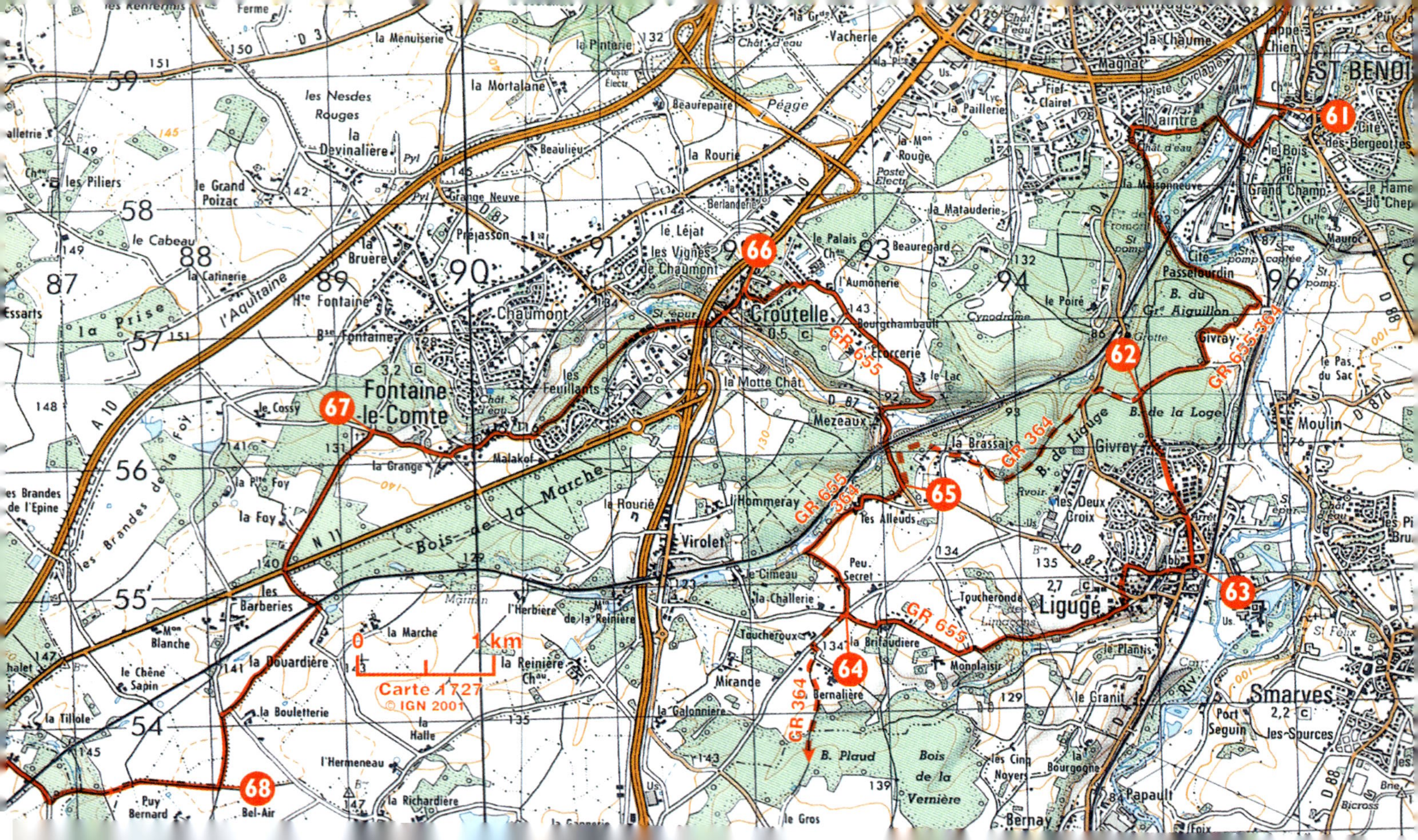

61
62
63
64
65
66
67
68
GR 655
GR 364
GR 655-364
0
1 km
Carte 1727
© IGN 2001
St-Benoît
Naintré
la Chaume
Magnac
Croutelle
Fontaine-le-Comte
Chaumont
Ligugé
Givray
Smarves
Mezeaux
la Brassais
les Alleuds
Virolet
l'Hommeray
Bois de la Marche
B. de Ligugé
B. de la Loge
B. du Gd Aiguillon
Passelourdin
les Deux Croix
Peu Secret
la Challerie
le Cimeau
Toucheroux
la Brifaudière
Bernalière
Montplaisir
B. Plaud
Bois de la Vernière
la Douardière
la Boulletterie
Bel-Air
Puy Bernard
les Barberies
la Grange
Malakof
le Cossy
la Foy
les Brandes de la Foy
l'Aquitaine
A 10
N 10
N 11
D 87
la Prise
Préjasson
Grange Neuve
le Léjat
les Vignes de Chaumont
Beauregard
Bourgchambault
Écorcerie
le Lac
la Motte Chât.
les Feuillants

62 Partir à gauche sur l'allée qui descend en sous-bois. Au lotissement, continuer tout droit par le chemin piétonnier puis, au rond-point, par la rue Charpentier en face et gagner l'abbaye de **Ligugé**.

De **Ligugé** à **Croutelle** `8 km` `2 h`

A Croutelle :

Ligugé : abbaye la plus ancienne connue en Gaule, fondée au IVe siècle par saint Martin. Chapelle de Mezeaux 15e, parc de loisirs de Givray.

63 A **Ligugé**, monter par la rue de la Chaîne. Dans la courbe, poursuivre à droite par l'allée piétonnière et utiliser le passage piétonnier qui part à gauche et se prolonge par l'impasse du Grand-Paradis. Descendre à gauche sur 40 m et prendre à droite la rue de Monplaisir qui devient un chemin. A Monplaisir, s'engager sur l'allée bordée de marronniers et gagner La Brifaudière. Quitter la petite route et emprunter le chemin empierré qui mène à un carrefour.

▶ Jonction avec le GR® 364 qui arrive à gauche. Les GR® sont communs sur 1 km.

64 Traverser et continuer en face par le chemin de Peu-Secret. En bas de la descente pierreuse, prendre à droite le chemin de terre jusqu'aux Alleuds. Au croisement, à la sortie du hameau, continuer en face et descendre jusqu'à la D 87. La suivre à gauche en descente.

▶ Séparation du GR® 364 qui continue en sous-bois vers Poitiers.

65 Poursuivre sur la route, passer sous le pont de la voie ferrée *(prudence)* et, après la chapelle de Mezeaux, prendre à droite la petite route de la Glanerie. La quitter à gauche pour une rue qui dessert un lotissement en sous-bois et gagner le centre de **Croutelle** *(lavoir sur le bord du ruisseau de la Feuillante)*.

De **Croutelle** à **Coulombiers** `12 km` `3 h`

A Coulombiers :

66 Descendre la Grand'Rue de **Croutelle**, passer devant le lavoir et monter jusqu'au n°86 pour emprunter le passage sous la N 10. Au croisement, continuer par la rue du Bois-de-la-Fontaine. Après le n°1, s'engager sur le sentier en sous-bois qui débouche dans la rue de Malakoff. Traverser le pré de l'Abbaye et gagner Fontaine-le-Comte *(ravitaillement, café, restaurant)*.

Ancienne abbaye augustine fondée vers 1130. Elle comprend une église de type cistercien avec de remarquables stalles et l'ancien prieuré.

Continuer la montée par la rue de l'Abbaye puis par la rue du Chêne-Blanc.

67 Au carrefour du nouveau cimetière, prendre la route à gauche. Traverser la N 11 *(prudence : circulation intense)* et continuer en face vers La Douardière. Franchir la voie ferrée, puis s'engager sur le chemin de terre à droite. Laisser la petite route de la Bouletterie à gauche et suivre le chemin à gauche (Sud) jusqu'à un croisement.

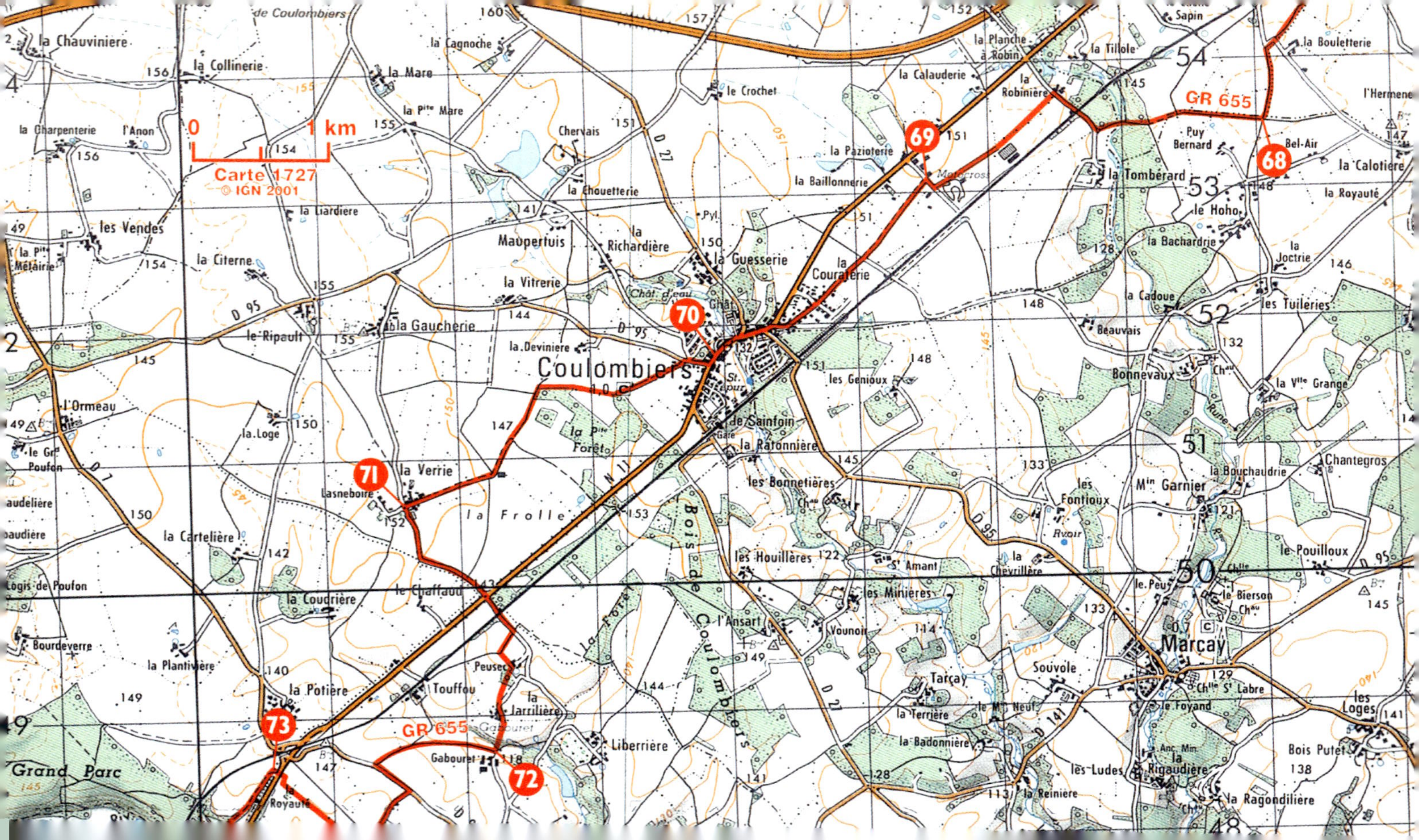

Coulombiers
Marçay
Bois de Coulombiers
GR 655
68
69
70
71
72
73
0
1 km
Carte 1727
© IGN 2001
la Chauvinière
la Collinerie
la Cagnoche
la Mare
la Pite Mare
la Charpenterie
l'Anon
les Vendes
la Citerne
la Liardière
Chervais
la Chouetterie
Maupertuis
la Richardière
la Vitrerie
la Guesserie
la Couraterie
le Crochet
la Calauderie
la Planche à Robin
la Robinière
la Paziotèrie
la Baillonnerie
la Tillole
Puy Bernard
Bel-Air
la Calotière
la Royauté
l'Hermenerie
la Bouletterie
la Tombérard
le Hoho
la Bachardrie
la Joctrie
les Tuileries
la Cadoue
Beauvais
Bonnevaux
la Vlle Grange
Chantegros
la Bouchaudrie
Min Garnier
les Fontioux
le Pouilloux
la Chevrillère
le Peu
le Bierson
la Gaucherie
le Ripault
la Deviniere
les Genioux
de Sainfoin
la Ratonnière
les Bonnetières
les Houillères
St Amant
les Minières
l'Ansart
Vounoir
la Pte Forêt
la Frolle
la Verrie
Lasneboire
la Loge
l'Ormeau
le Grd Poufon
Logis de Poufon
la Cartelière
la Coudrière
le Chaffaud
la Plantivière
Bourdeverre
la Potière
Touffou
Peusec
la Jarrilière
Gabouret
Liberrière
Grand Parc
Tarçay
la Terrière
le Mn Neuf
la Badonnière
Souvole
le Foyand
Chlle St Labre
les Loges
Bois Putet
la Rigaudière
les Ludes
la Reinière
la Ragondilière
la Forêt
la Pte Métairie
Rune
de Coulombiers
D 27
D 95
D 141
N 11

68 Prendre le chemin à droite (Ouest). A la sortie d'un petit bois, suivre la petite route à droite, franchir le passage à niveau et continuer par la route sur 250 m. S'engager à gauche sur le chemin qui conduit à la zone d'activité de la Pazioterie. Longer l'enceinte grillagée de la coopérative agricole, emprunter la voie de desserte puis la route en direction de la N 11 à droite.

69 S'engager à gauche sur le chemin blanc. Il mène aux premières maisons. Continuer par la rue qui le prolonge et déboucher sur la N 11 qui traverse Coulombiers *(au pied de la côte, remarquer le lavoir)*. Monter jusqu'à la mairie de **Coulombiers**.

De **Coulombiers** à **La Verrie** 3,5 km 50 mn

A La Verrie :

Coulombiers : ancienne étape jacquaire, église 19e.

70 Quitter **Coulombiers** à droite, en direction de Jazeneuil, puis s'engager à gauche sur le chemin gravillonné puis blanc. Au croisement de chemins, poursuivre sur celui de gauche et, à l'intersection suivante *(fabrique de charbon de bois)*, obliquer un peu à droite sur le large chemin de terre qui mène au hameau de **La Verrie**.

De **La Verrie** à **Lusignan** 8,5 km 2 h 10

A Lusignan :

71 A **La Verrie**, prendre la petite route à gauche. Traverser la N 11 *(prudence)*, continuer en face par la route de Cloué sur 150 m, puis s'engager sur le chemin de terre à droite et déboucher sur la petite route de la Jarrilière. Descendre par le sentier pentu.

72 Au fond du petit vallon de Gabouret *(fontaine)*, remonter à droite par le chemin. Prendre la D 97 à gauche puis la route qui mène à La Roche à droite. Passer le château, tourner à droite, poursuivre par la D 97 et rejoindre le carrefour aménagé de la N 11 tout proche.

Mélusine, fée serpentine et bâtisseuse

La fée Mélusine. *Photo A. Gouillardon.*

La cité de Lusignan est auréolée de la légende de la fée Mélusine, fille de la fée Pressine et d'Elinas, roi d'Ecosse ou d'Albanie. Dans des temps très anciens, le jeune chevalier Raymondin, chassant le sanglier, tue par accident son oncle, le comte de Poitiers. Errant, désespéré, le jeune homme parvient à la fontaine de Sé où lui apparaît la belle Mélusine. Raymondin l'épouse après lui avoir promis de ne pas chercher à la voir le samedi. Sur les conseils de Mélusine, Raymondin demande à son seigneur une terre qui tiendrait dans une peau de cerf ; la fée découpe alors la peau en une fine lanière qui délimitera la terre des Lusignan. Magicienne bâtisseuse, Mélusine fait surgir de sa baguette maints châteaux : Lusignan, Mervent, Vouvent, Parthenay, Melle, La Rochelle, Saintes, Pons. Un jour, Raymondin trahit sa promesse et découvre sa femme transformée en sirène. Trahie, Mélusine s'envole par la fenêtre sous forme d'un gigantesque serpent, pour errer sans fin dans les airs. La ville de Mélusine s'inscrit dans l'Histoire avec ses puissants seigneurs de Lusignan, dont deux d'entre eux furent sacrés rois de

Eglise de Lusignan. *Photo F. Roch/Région Poitou-Charentes.*

Jérusalem et de Chypre. Lusignan conserve sa belle église-halle romane construite en grande partie au 12e siècle. La ville était jadis une étape sur la route de Compostelle, comptant aumônerie et auberges où s'arrêtaient les jacquets. La route des pèlerins passait à proximité de la Font de Sé, là où la légende situe la rencontre entre Raymondin et Mélusine.

Des spécialités pâtissières...

Parmi les desserts traditionnels de la région, le broyé du Poitou est une galette au beurre et à l'eau-de-vie, à texture dense et dure, traditionnellement brisé d'un bon coup de poing dans le plat... Une autre des spécialités de la région est le *tourteau fromager*, gâteau rustique moelleux au fort goût de chèvre, rituelle pâtisserie de mariage reconnaissable à son originale calotte noire.

L'année 1999 a vu naître à Poitiers, la Confrérie du Compostelle, qui a conçu trois spécialités pâtissières en l'honneur de la route de Saint-Jacques : le *Compostelle*, biscuit aux amandes, chocolat, crème vanille et Cognac, le Compostelle glacé à base de chocolat et Cognac-raisin et enfin, le *Compostelle Voyage*, cake aux raisins et amandes, conçu pour soutenir le marcheur.
Contact : 05 49 41 10 74

Recette du tourteau fromager

- Faire une pâte brisée avec 200 g de farine
- 130 g de beurre mou
- 2 cuillers à soupe de crème fraîche et une pincée de sel.

Étaler dans un moule rond à bords hauts.
Délayer dans une terrine :
- 250 g de fromage frais de chèvre dans 5 cl de lait froid, additionné de 175 g de sucre vanillé, auquel on incorpore délicatement six blancs battus en neige.

Étaler ce mélange sur la pâte et laisser cuire dix minutes minimum à 180°, jusqu'à ce que la pâte se soulève en dôme tandis que le dessus prend sa couleur brune caractéristique.
Une fois refroidi, le tourteau fromager se marie fort bien au vin rouge.

Tourteau fromager. *Photo F. Roch/Région Poitou-Charentes.*

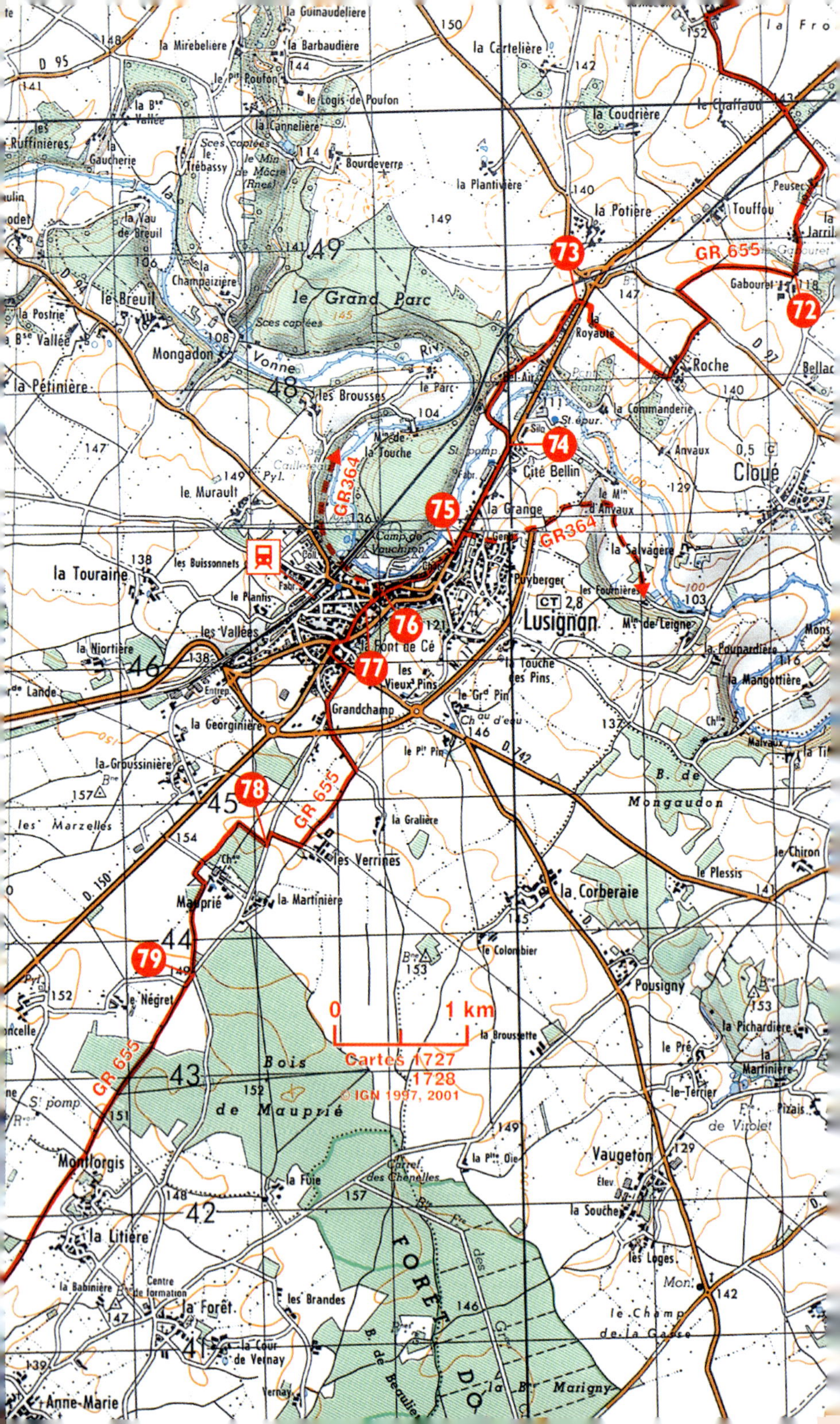

Lusignan
Cloué
le Grand Parc
GR 655
GR364
72
73
74
75
76
77
78
79
Vonne
les Brousses
la Touraine
les Vallées
Grandchamp
la Georginière
les Verrines
Mauprié
la Corberaie
Pousigny
Vaugeton
Bois de Mauprié
Montforgis
la Litière
la Forêt
Anne-Marie
Mongadon
le Breuil
Roche
la Commanderie
la Potière
la Coudrière
la Cartelière
la Plantivière
Bourdeverre
la Pétinière
le Murault
les Buissonnets
la Niortière
la Groussinière
les Marzelles
la Martinière
le Négret
la Fuie
les Brandes
la Souche
les Loges
0
1 km
Cartes 1727
1728
© IGN 1997, 2001

73 Contourner le carrefour par la gauche pour traverser la N 11 *(prudence : circulation intense)*. S'engager en face sur la petite route qui descend à Bel-Air, puis virer à gauche. Franchir le Vieux pont sur la Vonne et rejoindre la N 11 à l'entrée de Lusignan.

74 Longer la N 11 vers la droite et arriver au niveau de la rue qui conduit au camping.

▶ Jonction avec le GR® 364 qui arrive à gauche. Les deux GR® sont communs dans Lusignan.

75 Après cette rue, quitter la N 11 à droite et monter les marches qui permettent de rejoindre la promenade de Blossac. Suivre l'allée centrale bordée de tilleuls, passer devant l'OTSI et la Maison de pays pour gagner la rue Saint-Louis. Au n° 8, tourner à gauche pour prendre la rue Galice. Longer les halles, continuer tout droit et s'engager à droite dans la Petite rue Galice *(ruelle étroite bordée de maisons anciennes)*. La ruelle coupe la rue commerçante et se poursuit, sinueuse, pour déboucher près de l'église *(maison à colombages à l'angle)*. De l'entrée principale de l'église *(panorama sur la vallée de la Vonne)*, descendre par le sentier goudronné jusqu'à mi-pente et arriver au croisement avec le chemin allant au camping.

▶ Séparation du GR® 364 qui part le long de la Vonne.

76 Monter par le chemin goudronné puis la rue de Vauchiron et déboucher sur la place du 11-Novembre, à **Lusignan**.

De **Lusignan** à **Saint-Sauvant**   10 km   2 h 30

A Saint-Sauvant :

La petite cité de Lusignan constituait au Moyen Age un lieu de passage et de séjour incontournable pour les pèlerins. Ils y trouvaient le gîte et la protection des puissants seigneurs de Lusignan, descendants selon la légende de la fée Mélusine, qui sont devenus rois de Jérusalem et de Chypre. Une forteresse érigée sur le promontoire dominait la vallée de la Vonne.
A son emplacement se trouve maintenant un jardin datant du 18e siècle : la promenade de Blossac. Eglise Notre-Dame-et-Saint-Junien 12e (art roman poitevin).

77 Traverser la place de **Lusignan**, laisser la mairie à gauche pour descendre la rue Raimondin (poste). En bas, tourner à droite et avancer jusqu'au carrefour. Prendre la rue à gauche sur quelques mètres, puis la rue de Vivonne. A mi-côte, s'engager à droite dans l'allée des Tilleuls et continuer par le chemin empierré qui passe sous la déviation routière. Emprunter à droite le chemin qui longe la ferme de Verrines, la route à droite, puis la route à gauche sur 50 m.

78 S'engager à droite sur le chemin qui contourne la propriété du château de Mauprié.

79 Suivre la route à droite sur 50 m, continuer tout droit par le chemin de terre puis par une série de chemins très gras par temps de pluie.

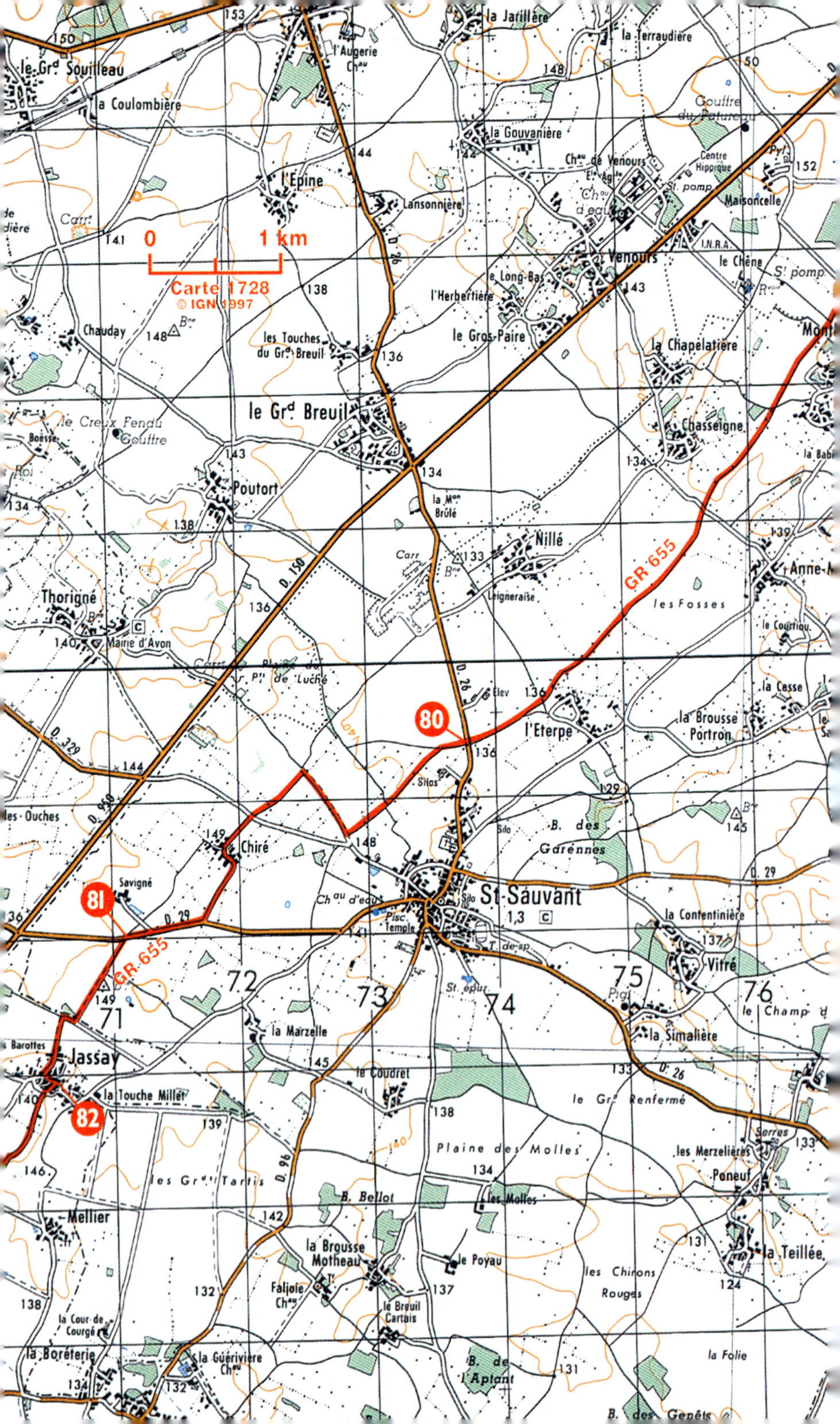

0
1 km
Carte 1728
© IGN 1997
GR 655
80
81
82
le Grd Souilleau
la Coulombière
l'Augerie Chau
la Jarillière
la Terraudière
Gouffre du Pâtureau
la Gouvanière
Chau de Venours
Centre Hippique
Maisoncelle
l'Epine
Lansonnière
Venours
I.N.R.A.
le Chêne
le Long-Bas
l'Herbertière
le Gros-Paire
la Chapelatière
Chauday
les Touches du Grd Breuil
le Grd Breuil
Chasseigne
le Creux Fendu Gouffre
Boësse
Poutort
la Mon Brûlé
Nillé
Thorigné
Mairie d'Avon
Leigneraise
les Fosses
Anne-M
le Courtiou
Plaine de Pt de Luché
D. 150
D. 26
D. 329
D. 29
D. 96
l'Eterpe
la Cesse
la Brousse Portron
Silos
B. des Garennes
les Ouches
Chiré
Savigné
St-Sauvant
Chau d'eau
Pisc. Temple
la Contentinière
Vitré
St. épur.
la Simalière
Jassay
les Barottes
la Marzelle
le Coudret
la Touche Millet
le Grd Renfermé
Plaine des Molles
les Merzelières
Poneuf
Serres
les Grds Tartis
B. Bellot
les Molles
Mellier
la Brousse Motheau
le Poyau
les Chirons Rouges
la Teillée
Faljoie Chau
le Breuil Cartais
la Cour de Courgé
la Boreterie
la Guérivière Chau
B. de l'Aptant
la Folie
B. des Genêts

Couper deux routes et poursuivre dans la même direction. Passer à proximité du hameau de L'Eterpe et déboucher sur la D 26, à l'entrée Nord de **Saint-Sauvant**.

▶ Le centre du bourg se trouve à 800 m à gauche par la route.

De Saint-Sauvant à Jassay `5 km` `1 h 15`

Saint-Sauvant : église 12e-13e-15e, temple protestant 1835, cimetières familiaux.

80 Laisser **Saint-Sauvant** à gauche, traverser la D 26 et continuer sur le chemin empierré. Peu avant la route, virer à droite puis à gauche. Au croisement, prendre la route en face, passer dans le hameau de Chiré, poursuivre par la petite route, puis emprunter la D 29 à droite sur 600 m *(prudence)*.

81 S'engager sur le chemin à gauche.

L'itinéraire quitte le département de la Vienne pour entrer dans celui des Deux-Sèvres.

Au bout, virer à droite puis, à la mare, emprunter le chemin empierré à gauche et entrer dans le village de **Jassay** *(remarquer dans les jardins les nombreuses tombes protestantes)*.

Cimetière protestant. *Photo P.Wall/CG 79*.

Essayez donc d'arrêter Simon quand il vous parle de son Marais Poitevin …

CONSEIL GÉNÉR*
DEUX-SÈVRE

LES DEUX-SÈVRES
Réserve naturelle de vacances authentique

Le baudet du Poitou

En parcourant la région Poitou-Charentes, le promeneur a des chances de croiser quelques baudets du Poitou paissant tranquillement dans les herbages. On suppose que cet âne de grande taille, à robe baie-brun, fit son apparition en Poitou-Charentes au 17e siècle. Ce quadrupède, reconnaissable à ses longs poils bruns frisés, sa grosse tête et ses longues oreilles bien ouvertes, était alors fort prisé pour son croisement avec la jument mulassière poitevine. Ces deux races engendraient ainsi des *mules poitevines*, animaux hybrides stériles, particulièrement recherchés pour leur capacité de travail, leur endurance et leur rusticité. Ces mules étaient notamment reconnues pour acheminer de lourdes charges dans des conditions difficiles. Au 19e siècle, les agriculteurs de toute l'Europe se pressaient aux grandes foires poitevines pour se procurer les fameuses mules.

Jusqu'au début du 20e siècle, les baudets du Poitou firent l'objet d'un commerce important, très demandés en France et à l'étranger, en Espagne notamment. Taxés jadis de méchanceté et de paresse, ils furent à l'origine de nombreuses anecdotes raillant leur caractère peu commode.

Menacés d'extinction depuis les années cinquante, suite à la motorisation des travaux agricoles (moins de cinquante animaux recensés dans les années 1980 !), les baudets du Poitou font aujourd'hui l'objet de mesures pour tenter d'enrayer leur disparition. À proximité de Dampierre-sur-Boutonne et de notre itinéraire principal, se tient l'asinerie du baudet du Poitou consacrée à la sauvegarde de cette race unique au monde.

Baudet du Poitou.
Photo P. Wall/CG 79

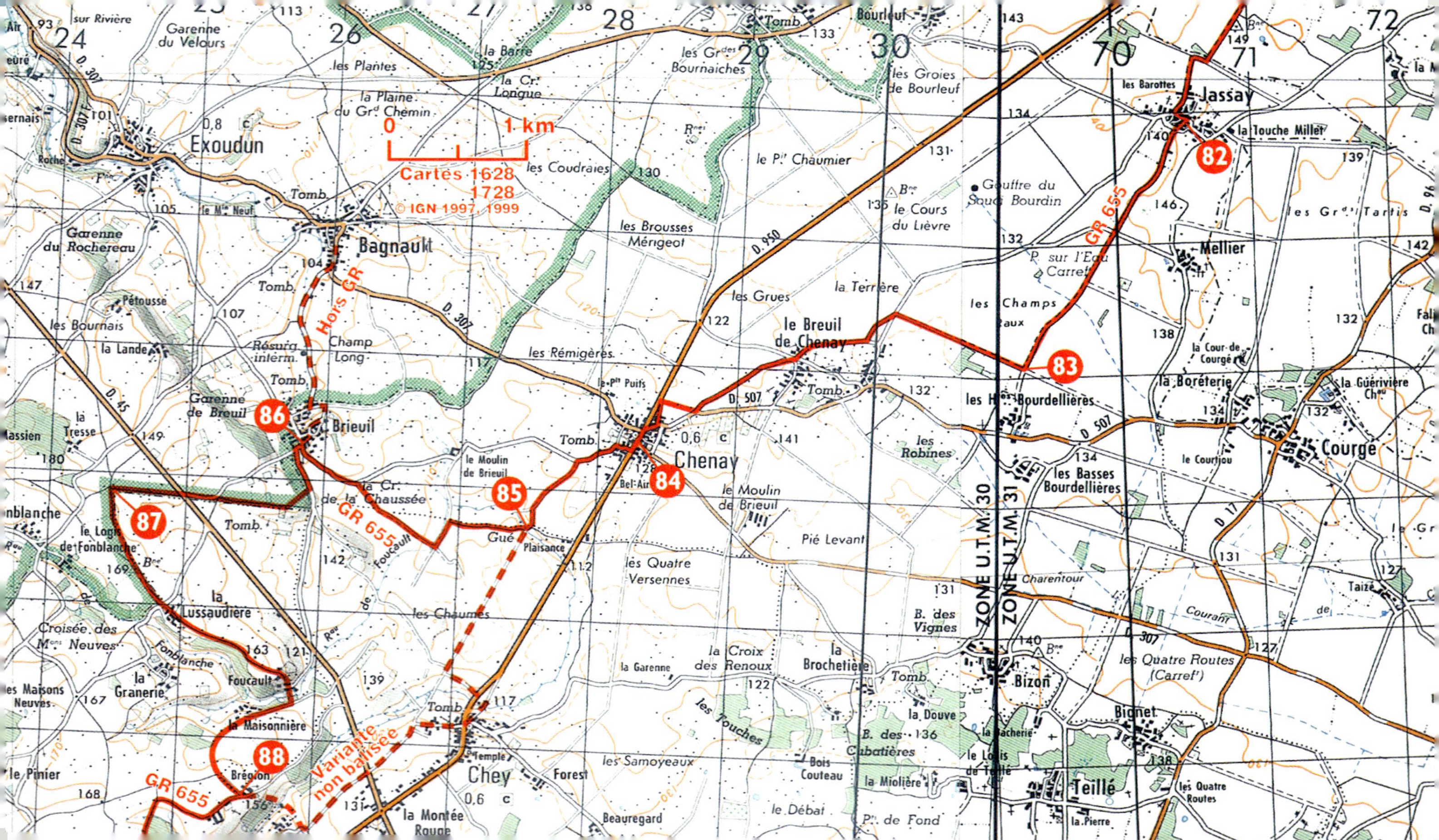
Cartes 1628
1728
© IGN 1997, 1999
0
1 km
GR 655
Hors GR
Variante non balisée
ZONE U.T.M. 30
ZONE U.T.M. 31
82
83
84
85
86
87
88
Jassay
la Touche Millet
les Barottes
Mellier
Gouffre du Souci Bourdin
P. sur l'Eau Carref
les Champs
le Cours du Lièvre
la Terrière
le Breuil de Chenay
les Grues
les Brousses Mérigeot
le Pt Chaumier
les Coudraies
les Gr des Bournaiches
les Groies de Bourleuf
Bourleuf
la Barre
la Cr. Longue
la Plaine du Grd Chemin
les Plantes
Garenne du Velours
Exoudun
Bagnault
Garenne du Rochereau
les Bournais
la Lande
Pétousse
Champ Long
Résurg. interm.
les Rémigères
Garenne de Breuil
Brieuil
la Tresse
le Logis de Fonblanche
la Lussaudière
Croisée des Mons Neuves
Fonblanche
la Granerie
les Maisons Neuves
Foucault
la Maisonnière
Bréjon
le Pinier
la Cr. de la Chaussée
le Moulin de Brieuil
Gué
Plaisance
Chenay
Bel-Air
le Pt Puits
les Quatre Versennes
les Chaumes
Chey
Temple
Forest
la Montée Rouge
les Samoyeaux
Beauregard
le Débat
Bois Couteau
la Garenne
la Croix des Renoux
les Touches
la Brochetière
Pié Levant
le Moulin de Brieuil
les Robines
les Hes Bourdellières
les Basses Bourdellières
la Boréterie
la Cour de Courgé
le Courtiou
Courgé
la Guérivière
les Grds Tartis
Charentour
B. des Vignes
la Douve
B. des Cabatières
la Miolière
Pts de Fond
Bizon
Bignet
les Quatre Routes (Carref)
Teillé
le Logis de Teillé
la Pierre
les Quatre Routes
Taizé
D. 950
D. 507
D. 307

De Jassay à Chenay   `6 km` `1 h 30`

A Chenay :

82 Quitter **Jassay** par une petite route au Sud et continuer par le large chemin de plaine. Couper une route et arriver à un croisement avant Les Hautes-Bourdellières.

83 Tourner à droite, couper la route, se diriger en face, puis à droite, et contourner ainsi Le Breuil par le Nord-Ouest. Poursuivre par la route au Sud-Ouest. Aux premières maisons de Chenay, partir à droite puis emprunter la rue des Pèlerins et déboucher sur la D 950, près de l'église de **Chenay**.

De Chenay à la Sèvre Niortaise   `1 km` `15 mn`

Chenay : église 11e remaniée, aumônerie Notre-Dame très active au 16e siècle (les registres de l'état civil mentionnent l'inhumation le 16 novembre 1741 d'un pèlerin de Compostelle).

84 A **Chenay**, poursuivre par la D 950, puis prendre à droite la rue de Brieuil. Descendre par le chemin empierré à gauche et franchir le pont sur la **Sèvre Niortaise**.

▶ Variante (non balisée) par Chey *(ravitaillement, café, restaurant, car)* : continuer par la route, tourner à gauche et gagner Chey. Chey comptait une léproserie et une aumônerie. Eglise Saint-Pierre 19e, au bord d'un coteau de la Sèvre Niortaise. Aller à droite vers Le Tertre *(balisage jaune)*, virer à gauche, descendre à droite vers La Serpe, franchir la Sèvre Niortaise et rejoindre le GR® à Brégion *(4 km, 1 h ; voir tracé en tirets sur la carte)*.

De la Sèvre Niortaise à Brégion   `8 km` `2 h`

85 Après la **Sèvre Niortaise**, prendre à droite le chemin des Chaussées *(ancienne voie gallo-romaine qui reliait Nantes à Périgueux, par Rom)*. Au bout, tourner à gauche puis à droite sur le chemin blanc qui mène à Brieuil.

▶ Possibilité de gagner Bagnault *(2 km, 30 mn ; voir tracé en tirets sur la carte)*.

Bagnault est un ancien bourg templier (commanderie Saint-Georges), plus tard surnommé la " Petite Genève des Huguenots ".
L'hôtel Saint-Jacques accueillait les pèlerins venant de Poitiers ou de Saint-Maixent. Fontaines et anciennes hôtelleries ornées de fenêtres à meneaux et de frontons sculptés. Les fouaces (ou fougasses), galettes de pain à base de fleur de farine, cuites sous la cendre, étaient réputées et très appréciées des pèlerins.

86 Au carrefour, aller à gauche sur quelques mètres, puis suivre la route à gauche sur 300 m. Grimper à droite, couper la D 45 et arriver à un carrefour de quatre chemins.

87 Tourner à gauche vers La Lussaudière puis Chassandré et Foucault *(logis 16e, fenêtre à décor gothique flamboyant)*. Franchir le pont sur le ruisseau, prendre la route à droite, passer La Maisonnière et gagner à gauche **Brégion**.

▶ Arrivée à gauche de la variante non balisée passant par Chey.

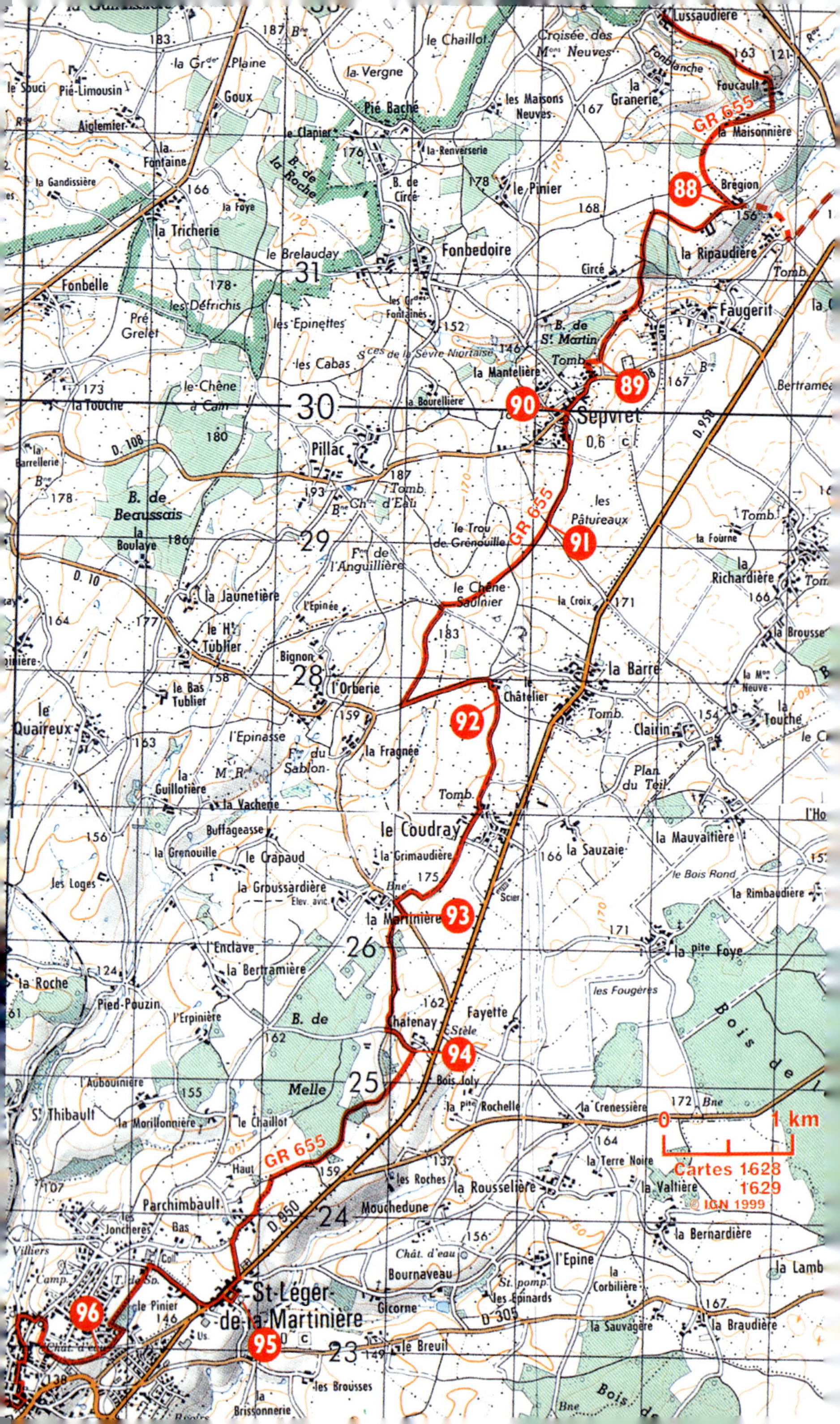

GR 655
88
89
90
91
92
93
94
95
96
Lussaudière
Foucault
la Maisonnière
Brégion
la Ripaudière
Faugerit
Sepvret
les Pâtureaux
le Trou de Grenouille
le Chêne Saulnier
la Barre
le Châtelier
la Fragnée
le Coudray
la Grimaudière
la Martinière
Chatenay
Fayette
Bois Joly
Melle
Parchimbault
St-Léger-de-la-Martinière
Bournaveau
Mouchedune
la Rousselière
Pillac
Fonbedoire
Circé
la Manteliére
B. de St Martin
B. de Beaussais
la Tricherie
Fonbelle
Goux
Piè Baché
le Pinier
la Granerie
les Maisons Neuves
Croisée des Mons Neuves
le Chaillot
la Vergne
la Jaunetière
le Ht Tublier
l'Orberie
le Quaireux
la Guillotière
le Crapaud
la Groussardière
l'Enclave
la Bertramière
la Roche
Pied-Pouzin
St Thibault
la Morillonnière
la Sauzaie
la Mauvaitière
la Rimbaudière
la pite Foye
les Fougères
Clairin
la Richardière
la Brousse
la Crenessière
la Terre Noire
la Valtière
la Bernardière
l'Epine
la Corbilière
les Epinards
la Sauvagère
la Braudière
le Breuil
les Brousses
la Brissonnerie
D. 950
D. 108
D. 10
D. 305
0
1 km
Cartes 1628
1629
© IGN 1999

De Brégion à Sepvret 2 km 30 mn

A Sepvret : 🛏 ⛺

88 Prendre la route à droite, passer devant le logis de **Brégion** (16e-17e, pigeonnier) et poursuivre par le chemin qui longe un champ puis descend à gauche. En lisière de bois, emprunter le sentier botanique et franchir la Sèvre Niortaise.

Les sources de la Sèvre Niortaise se trouvent à moins de 2 km.

89 Après Le Grand-Moulin, quitter la route pour s'engager à droite sur le sentier qui mène à la fontaine du Bireau et, par la D 108, entrer dans **Sepvret**.

Dans de nombreux villages du Mellois (dont Sepvret ou Chenay), s'élèvent l'église et le temple. Les deux lieux de culte rappellent que, jusqu'à la révocation de l'Édit de Nantes, le culte protestant s'était développé dans la région. Vint l'époque du « désert », de 1685 à 1787, avec les temples détruits, les persécutions, les dragonnades et la pratique du culte dans des lieux reculés. A la fin du 18e siècle, la religion protestante étant à nouveau autorisée, les temples furent reconstruits. Dans le paysage, les pins parasols marquent les anciens lieux de ralliement des adeptes de la Réforme. Avec les cimetières familiaux, ils sont les témoins du protestantisme dans la région.

De Sepvret à Saint-Léger-de-la-Martinière 9,5 km 2 h 30

A Saint-Léger-de-la-Martinière : 🛒 ✕ 🗺

90 En face de la mairie de **Sepvret**, s'engager dans une venelle. Au bout, tourner à gauche puis à droite et emprunter la route de la Barre sur 600 m.

91 Dans le virage, poursuivre tout droit (Sud-Ouest) sur de larges chemins empierrés. Passer deux croisements, puis emprunter la petite route à gauche sur 300 m. Laisser le chemin de la source du Triangle. A l'entrée du Châtelier, tourner à droite.

92 Bifurquer à droite sur le chemin empierré qui rejoint Le Coudray. Laisser le hameau à gauche et suivre la petite route qui se prolonge par un large chemin. Il mène à La Martinière. Prendre la route à gauche sur 30 m.

93 Emprunter à droite un chemin herbeux, parfois assez gras. Au carrefour, obliquer à gauche sur un chemin caillouteux, en lisière d'un bosquet puis enfoui entre deux haies. Prendre la petite route à gauche vers Chatenay.

94 S'engager sur le large chemin, bordé de chênes, puis en lisière d'un bois. Dépasser la mare, continuer sur 300 m, puis suivre le sentier à gauche jusqu'à la fontaine des Places. Tourner à droite, emprunter la route à gauche puis la D 950 à droite. Après l'aumônerie Sainte-Catherine, se diriger à gauche vers l'église de **Saint-Léger-de-la-Martinière**.

Eglise Saint-Léger de plan simple (portail occidental refait à l'époque gothique), ancienne auberge installée par les moines de Saint-Jean-d'Angély, active au 17e siècle ; maisons 16e-18e dont l'ancienne auberge de l'Ecu de France, aujourd'hui mairie (à l'étage, cheminée ornée de deux coquilles Saint-Jacques).

Les trois joyaux romans de Melle

Peu avant Melle, le pèlerin pouvait faire étape à Saint-Léger-de-la-Martinière, dont l'église possédait un autel Saint-Jacques. Au bord de la route, se dressait une aumônerie Saint-Jacques-et-Sainte-Catherine, qui accueillait pèlerins, malades et pauvres. Aujourd'hui, la mairie, située dans l'ancienne auberge de l'Ecu de France, possède justement une cheminée ornée de deux coquilles Saint-Jacques.

Plusieurs itinéraires anciens recommandent de « *Laisser Melle, bonne ville, à droite* ». [1] La ville s'inscrit pourtant au cœur du pèlerinage compostellan avec ses trois églises romanes qui présentent diverses étapes de l'art roman. Seule église à avoir été implantée dans les murs de la ville, Saint-Savinien est la plus ancienne, avec sa nef du 11e siècle couverte d'une simple charpente, contrastant avec l'abside voûtée en pierre. Ancienne église monastique dépendant de l'abbaye de Saint-Jean-d'Angély, Saint-Hilaire s'impose comme l'un des joyaux du Poitou. Avec son étagement de toitures arrondies que vient couronner le clocher, le chevet est un modèle d'équilibre et d'harmonie.

Façade de l'église Saint-Hilaire : le cavalier.
Photo CRT Poitou-Charentes

Église Saint-Pierre de Melle.
Photo P. Wall/CG.79.

Au portail Nord, un cavalier dans une niche, très restauré, évoque la lutte contre le paganisme et l'hérésie, ou encore l'image des seigneurs au service de l'Eglise. Selon un plan bien adapté aux communautés d'hommes, l'église a été pourvue d'un déambulatoire et de chapelles rayonnantes. Dans la nef, s'alignent d'admirables chapiteaux, parmi lesquels une chasse au sanglier.

Plus sobre, l'église Saint-Pierre offre son chevet décoré d'étoiles, de billettes, de losanges, de palmettes. Outre le portail sud, les chapiteaux à l'intérieur de l'édifice recèlent des motifs sculptés : des oiseaux dans des feuilles en forme de barque, un ange et, enfin, un tireur d'épine.

[1] René de la Coste-Messelière, *Sur les chemins de Saint-Jacques* – Éditions Perrin

Les mines des rois Francs

Dès l'époque antique, la région de Melle fut réputée pour ses mines de plomb argentifère (et non d'argent, comme souvent indiqué) à partir duquel on pouvait extraire de l'argent. L'exploitation de ces minerais se développe surtout au Haut Moyen Age, dès lors que l'on maîtrise la technique pour séparer l'argent du plomb. A l'époque de Charlemagne, la cité s'impose comme le premier centre monétaire du comté du Poitou. Ces mines donneront leur nom *(Metallum ou Metullo)* à la ville de Melle. On y fond deniers et oboles ayant cours jusqu'aux confins de l'Empire. Mais à l'approche de l'an mille, l'atelier monétaire est transféré à Poitiers, à Niort et à Saint-Jean-d'Angély. La mine et ses vingt kilomètres de galerie sont désaffectés et tombent dans l'oubli. Aujourd'hui, il est possible de visiter les Mines d'Argent des Rois Francs, soit 350 mètres de galeries redécouvertes à la fin du 19e siècle. Au nombre d'une vingtaine, remontant à l'époque romaine, ce sont les plus anciennes mines visitables en Europe.
Du 1er juin au 30 septembre.

Tél. 05 49 29 19 54

Mine d'argent de Melle. *Photo P.Wall/CG 79.*

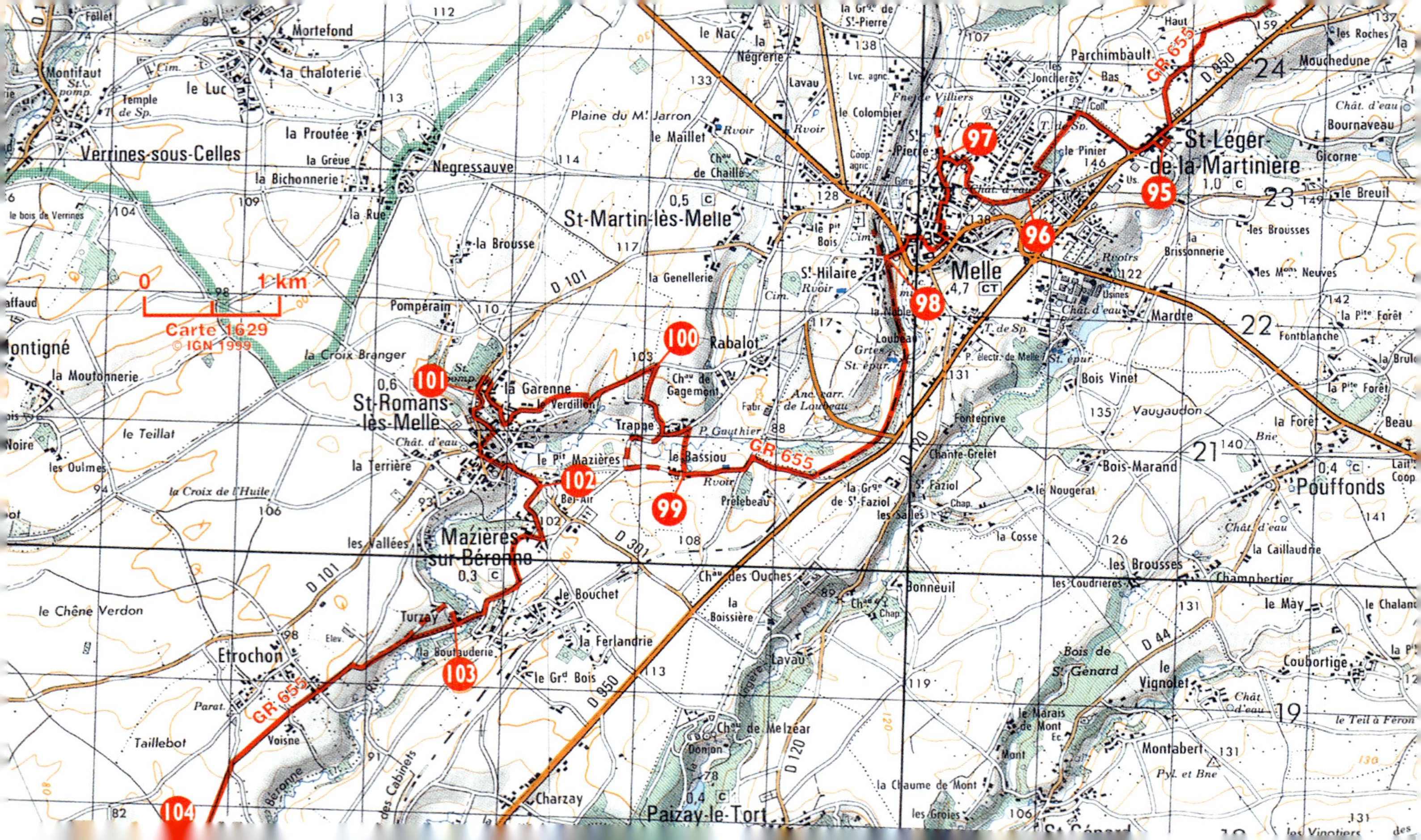

St-Léger-de-la-Martinière
Melle
St-Martin-lès-Melle
St-Romans-lès-Melle
Mazières-sur-Béronne
Verrines-sous-Celles
Pouffonds
Paizay-le-Tort
Etrochon
St-Hilaire
Rabalot
GR 655
95
96
97
98
99
100
101
102
103
104
0
1 km
Carte 1629
© IGN 1999

De Saint-Léger-de-la-Martinière à Melle   4 km   1 h

A Melle :

95 Revenir à la D 950. Au rond-point de **Saint-Léger**, descendre à droite au collège et tourner à gauche vers les gymnases. Passer le carrefour de la Fosse-aux-Chevaux.

96 Peu après, monter à droite et suivre le parcours botanique du « Chemin de la Découverte ». Il passe à l'arrière du lycée (château d'eau) et atteint le temple. Descendre à gauche par la rue Foucaudrie puis dévaler la rue du Puits qui mène à l'église Saint-Pierre.

▶ Le terrain de camping se trouve à 500 m, par la rue de Villiers à droite puis par le chemin qui mène à la fontaine et au lavoir *(19e)*.

97 Se diriger à gauche sur 50 m, puis monter par la rue Guillotière. A l'entrée du lycée, tourner à droite rue Crève-Cœur et poursuivre par la rue Saint-Jean. Juste avant la tour Saint-Jean *(tour de l'enceinte médiévale 12e-13e)*, utiliser les escaliers qui rejoignent la place Bujault. Laisser les halles de style Baltard à gauche *(coup d'œil sur la tour de l'Horloge, beffroi de l'ancien collège)* et descendre par la rue de la Traverse. Prendre à gauche la Grand'rue *(maisons à colombages)* et gagner, par la rue Emilien-Traver, l'hôtel de Ménoc, en face de l'O.T., puis l'église Saint-Savinien. Devant le portail Ouest, traverser la place Saint-Savinien et laisser à droite la rue Tireboudin pour s'engager entre des murs de pierres dans la rue de la Petite-Motte *(ancien chemin de ronde)*. Dévaler la rue Virecourt *(portique de l'Orangerie)*, virer à gauche puis à droite et monter le long de l'église Saint-Hilaire de **Melle**. Arriver au chemin de la Découverte.

▶ Le gîte d'étape se trouve à 400 m, par le « Chemin de la Découverte » à droite.

De Melle à Saint-Romans-lès-Melle   7 km   1 h 45

A Saint-Romans-lès-Melle :

98 Suivre le « Chemin de Découverte » à gauche. Quitter **Melle** par l'ancienne ligne de chemin de fer de Niort à Ruffec sur 2 km *(à gauche, lavoir de Loubeau, près des mines d'argent)*. Continuer en faisant un écart pour passer sous la rocade par un marchepied le long de la Béronne. Au bout du chemin piétonnier, descendre à droite par la route, laisser Prélebeau à gauche, tourner à gauche, puis monter à droite au Bassiou.

▶ En cas de crue, faire le détour par le pont Bourdeau.

99 Descendre à droite et franchir la Béronne sur une passerelle. Le chemin herbeux conduit à Trappe. Tourner à gauche et monter à droite en contournant un jardin. Rester sur la route sans passer par Chancelée (propriété privée).

100 Au carrefour, virer à gauche. Après le vallon de Bel-Air, monter à droite par un chemin herbeux. Descendre à gauche au lotissement du Verdillon et tourner à droite pour rejoindre La Garenne. Utiliser la venelle aux Rats et déboucher sur l'esplanade de l'église de **Saint-Romans-lès-Melle** *(église romane 12e dédiée à saint Romain - linteau de porte portant un écusson avec trois coquilles Saint-Jacques et une croix latine, lavoir et « ponnes à bujaie » - auges en pierre pour faire la lessive)*.

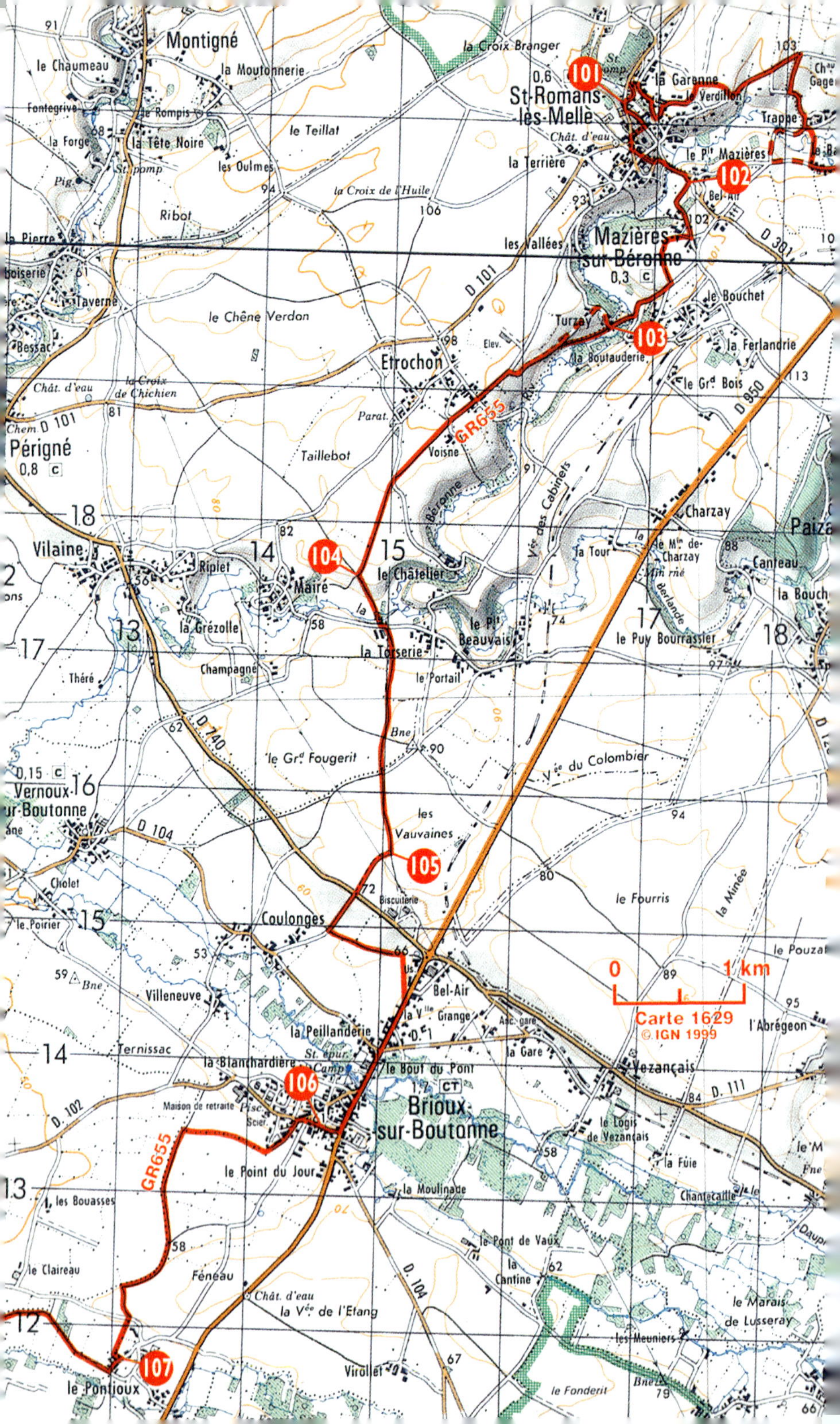
Montigné
la Moutonnerie
le Chaumeau
la Croix Branger
St-Romans-lès-Mellè
la Garenne
le Verdillon
Trappe
le Pt Mazières
Bel-Air
la Terrière
le Teillat
la Forge
la Tête Noire
les Oulmes
la Croix de l'Huile
Ribot
Mazières-sur-Béronne
les Vallées
le Bouchet
le Chêne Verdon
Turzay
la Boutauderie
la Ferlandrie
le Grd Bois
Etrochon
la Croix de Chichien
Périgné
Taillebot
Voisne
GR655
Béronne
Charzay
Vilaine
Riplet
Mairé
le Châtelier
la Tour
le Mn de Charzay
Canteau
la Grézolle
le Pt Beauvais
le Puy Bourrassier
la Torserie
Champagné
Théré
le Portail
le Grd Fougerit
Vee du Colombier
Vernoux-sur-Boutonne
D 104
D 740
D 950
D 101
D 301
les Vauvaines
Cholet
Biscuiterie
Coulonges
le Fourris
la Minée
le Poirier
Villeneuve
Bel-Air
la Vlle Grange
la Peillanderie
Ternissac
la Blanchardière
le Bout du Pont
la Gare
Vezançais
l'Abrégeon
le Pouzat
Brioux-sur-Boutonne
Maison de retraite
le Point du Jour
le Logis de Vezançais
la Fuie
la Moulinade
Chantecaille
les Bouasses
le Pont de Vaux
le Claireau
Féneau
la Cantine
Chât. d'eau
la Vve de l'Etang
le Marais de Lusseray
les Meuniers
le Pontioux
Virollet
le Fonderit
0
1 km
Carte 1629
© IGN 1999

De Saint-Romans-les-Melle à Brioux-sur-Boutonne

11 km — 2 h 45

A Brioux-sur-Boutonne :

101 Longer l'église de **Saint-Romans** et, en face d'un logis (15e siècle), grimper vers le bourg par la venelle aux Papillons *(maisons avec pigeonniers sous les toits)*. Sur la place du Champ-de-Foire, descendre à gauche et suivre un chemin caillouteux. Franchir le pont du Grand-Siaume sur la Béronne et continuer par la D 301 sur 200 m.

102 Tourner à droite vers La Cure et longer la propriété.

Site de l'ancien archiprêtré de Melle. Ensemble architectural remarquable (aqueduc gallo-romain, chapelle romane 12e, vestiges d'un prieuré 13e, colombier autour du logis). Le jardin abrite des ifs dont l'un serait millénaire.
A 2 km à l'Est de Mazières, château des Ouches (propriété du marquis René de La Coste-Messelière, co-fondateur de la Société française des Amis de Saint-Jacques, qui a consacré sa vie au pèlerinage).

Laisser, à l'arrière, un lavoir près d'une aire de pique-nique et monter à gauche par la route vers Mazières-sur-Béronne. Au carrefour, tourner à droite, passer le hameau et continuer par le chemin empierré, bordé de murs puis de haies. Descendre à droite par une petite route au lavoir de Turzay, franchir la Béronne et gagner le hameau.

▶ En cas de crue, monter par la route et prendre le premier chemin à gauche.

103 Longer la Béronne par un chemin herbeux, sujet aux crues, et continuer sur le coteau par un chemin empierré. Emprunter la route à gauche et gagner Etrochon. Laisser Voisne à gauche et s'engager sur le chemin empierré. Couper une route.

104 Au deuxième carrefour de chemins, tourner à gauche pour franchir la Béronne à l'ancien moulin de Gennebrie. Prendre la route à gauche puis à droite le chemin empierré qui s'élève sur le plateau mellois avant de rejoindre la vallée de la Boutonne.

105 Prendre le quatrième chemin à droite, couper la D 740 puis, avant Coulonges *(ancienne colonie fondée par les Romains)*, suivre le large chemin empierré à gauche. Juste avant l'aire de repos de La Mine-d'Or, tourner à droite et continuer par la D 950.
Par la rue du Commerce à droite, gagner la mairie de **Brioux-sur-Boutonne** puis l'église et longer la place du Champ-de-Foire.

De Brioux-sur-Boutonne à Villefollet

5 km — 1 h 15

A Villefollet :

Brioux, point de franchissement de la Boutonne, à la jonction de deux voies romaines, fut un centre commercial important jusqu'à l'époque carolingienne avant d'être supplanté par Melle. Une aumônerie accueillait les pèlerins. La porte Saint-Jacques (cavalière et piétonne), rappelle leur passage. Eglise reconstruite au 20e siècle.

106 A **Brioux-sur-Boutonne**, poursuivre par la D 102 et prendre la rue des Glycines à gauche. Elle se prolonge par un parcours de santé, bordé de «palisses» *(haies de frênes, érables et merisiers)*. Au carrefour, emprunter à gauche (Sud) le chemin blanc, couper la route et continuer par le chemin herbeux qui débouche dans Le Ponthioux.

Goulebenèze et le parler saintongeais

Goulebenèze. *Photo et collection J.L. Neveu.*

On peut parler du poitevin-saintongeais comme d'une langue vivante de nos jours, en usage dans les campagnes du sud de la Loire-Atlantique et au nord de la Gironde. C'est un parler où la langue d'oïl prédomine, tout en restant fortement imprégnée de langue d'oc, celle-ci trouvant ses limites septentrionales en Charente.

Né en 1877 à Burie, Évariste Poitevin, à la fois chansonnier et compositeur, fit beaucoup pour le renouveau du parler saintongeais, cette langue à part entière ayant des points communs avec les parlers du Poitou. Il entreprit de sillonner sa chère Saintonge sous le pseudonyme de Goulebenèze, distrayant grands et petits avec ses centaines de chansons et textes patoisants. Rempli d'humour, il était de toutes les fêtes, repas de noces et autres soirées récréatives et folkloriques. Il collabora à diverses revues régionales dont le *Subiet*, créé en 1901 et prit une part active à *La Mérine à Nastasie*, pièce de théâtre clé pour le parler saintongeais. Il sera suivi d'autres *Subiards*, récitants et conteurs « patoisants » : le Docteur Jean, Burgaud des Marets, Paul Yvon, Jhustin Coutrillon ou Odette Commandon.

Bonjour Saintonge ! (Extraits)

… « C'est le pays joyeux où la grive d'automne
Se grise de fruits d'or parmi les pampres roux,
Où le gai vendangeur sous la hotte chantonne
A l'appel des « coupeurs » qui boivent le vin doux ;
[…]
C'est le pays sacré des mangeurs de « chaudrée »,
Des mangeurs de « cagouilles », de « mongettes » aussi.
[…]
Et c'est aussi la terre à la liqueur divine
Où croît la Sainte Vigne au pays du Cognac. »

Évariste Poitevin dit Goulebenèze, juin 1942

La « quichenotte », contre le soleil et les Anglais

La coiffure traditionnelle des femmes charentaises, notamment dans le Marais poitevin et dans les îles, porte le nom de *quichenotte* ou *kichenotte*, sorte de bonnet rigide à baleines avançant loin en avant du visage, destiné à protéger ces dames de l'injure du vent et du soleil. Daniel Hervé, fondateur de la Société d'Études folkloriques du Centre-Ouest, dira de la coiffe charentaise : « Pour moi, je ne sais, […] l'envol du bavolet d'une kissenote ressemble au battement d'aile d'une mouette. » [1] Pour expliquer cette appellation, une explication fut couramment avancée au 19e siècle : « Cette coiffure, qui entoure la tête et se prolonge en avant des joues et du front, est pour la vertu une espèce d'armure défensive ». En effet, peu à peu, cette coiffe longue et étroite fut utilisée pour décourager les soldats de sa Majesté britannique installés sur les côtes françaises, qui s'aventuraient à vouloir séduire les charentaises. En effet, ces dames avaient appris à dire « kiss me not », qui devint « kiss not », puis kichenotte. Par la suite, au 18e siècle notamment, la kichenotte devint une coiffure à la mode, jusqu'en Bourgogne, pour les dames de la noblesse. Aujourd'hui, on la porte encore pour le travail dans les vignes, dans les champs ou dans les parcs à huîtres.

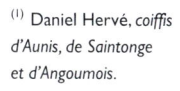

[1] Daniel Hervé, *coiffis d'Aunis, de Saintonge et d'Angoumois*.

Quichenotte. *Photo SEFCO.*

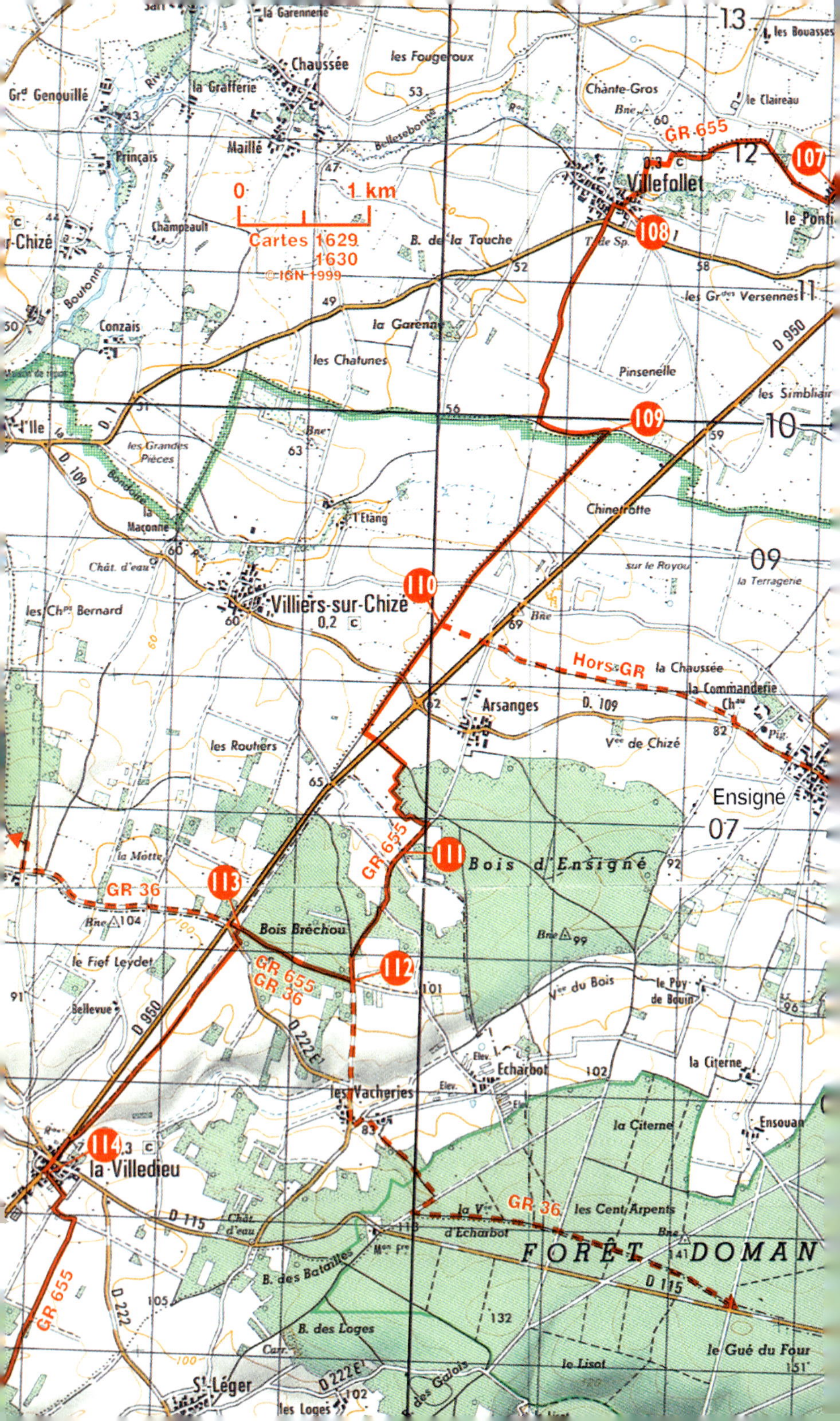

0 1 km
Cartes 1629
1630
© IGN 1999
GR 655
GR 36
Hors GR
107
108
109
110
111
112
113
114
la Garennerie
Chaussée
les Fougeroux
les Bouasses
Grd Genouillé
la Grafferie
Chante-Gros
le Claireau
Maillé
Princais
Bellesebonne
Villefollet
le Pont
Champeault
B. de la Touche
les Grdes Versennes
Conzais
la Garenne
Boutonne
les Chatunes
Pinsenelle
les Simbliar
D 950
l'Ile
les Grandes Pièces
Bondoire
la Maçonne
Chinetrotte
l'Etang
Chât. d'eau
sur le Royou
la Terragerie
Villiers-sur-Chizé
les Chps Bernard
la Chaussée
la Commanderie
Arsanges
D. 109
Vee de Chizé
les Routiers
Ensigné
la Motte
Bois d'Ensigné
Bois Bréchou
le Fief Leydet
Bellevue
Vee du Bois
le Puy de Bouin
D 222E
Echarbot
la Citerne
les Vacheries
Ensouan
la Villedieu
la Vee d'Echarbot
les Cent Arpents
D 115
FORÊT DOMAN
B. des Batailles
B. des Loges
le Lisot
le Gué du Four
D 222
St Léger
les Loges
des Galois

107 Se diriger à droite sur 100 m. Dans le virage, prendre à droite le chemin blanc bordé de haies sur 1,3 km. Après une zone inondable, emprunter le chemin à gauche. Il contourne, par une section herbeuse, la modeste colline du Pibreau. Franchir le ruisseau du Ponthioux et, par la rue de l'Eglise, entrer dans **Villefollet**.

De Villefollet à un croisement de chemins   4 km   1 h

108 Passer devant la mairie de **Villefollet** puis tourner dans la rue du Buisson-Laurent. Dépasser le stade et poursuivre par la petite route qui devient un chemin cailouteux. Après une légère montée, prendre le chemin blanc à gauche.

109 Après une vigne, virer à droite, le long d'un champ, pour utiliser un chemin herbeux *(ancienne voie romaine de Saintes à Rom)* puis empierré bordé d'une haie à droite. Laisser trois chemins à gauche, couper la route et gagner un **croisement de chemins**.

▶ Possibilité de gagner Ensigné, à 3,5 km *(voir tracé en tirets sur la carte)*.

La commanderie des Templiers d'Ensigné était située sur une voie du chemin de Compostelle. Elle a été fondée au 12e siècle par Hugues de Payns, premier maître de l'ordre religieux et militaire du temple créé pour la défense des pèlerins en Terre sainte. L'ensemble des bâtiments (manoir, chapelle romane) est en état de délabrement (logis privé). Dans le bourg, l'église Sainte-Radegonde possède une chapelle Saint-Jacques.

Du croisement de chemins au chemin du Loup   3 km   45 mn

110 Au **croisement de chemins**, poursuivre tout droit. Couper la D 109 et atteindre un carrefour où le vieux chemin est bouché. Tourner à gauche et traverser la D 950 *(prudence)* pour atteindre un bois d'où émergent quelques sapins Douglas. Le chemin empierré longe la lisière par la droite en de multiples virages. Au carrefour, descendre à droite vers le pont Boulard.

L'itinéraire entre en Charente-Maritime (borne départementale : les randonneurs en trouveront désormais à chaque carrefour dans ce département).

111 Poursuivre par un large chemin blanc sur 450 m. Dans une courbe, partir à droite, puis entrer à gauche en forêt. Continuer en lisière et déboucher sur le **chemin du Loup**.

▶ Jonction avec le GR® 36 qui arrive en face. A droite, les GR® sont communs sur 1 km.

Du chemin du Loup au bois Bréchou   1 km   15 mn

112 Suivre le chemin du Loup à droite (Ouest) jusqu'à la lisière du bois Bréchou.

▶ Séparation du GR® 36 qui continue tout droit vers Niort *(voir pages 176 et 177)*.

Du bois Bréchou à La Villedieu   2,5 km   40 mn

A La Villedieu : hébergement chez l'habitant

113 Avant la D 950, tourner à gauche en lisière du **bois Bréchou**, traverser la D 222E vers la gauche, et poursuivre à droite par le chemin empierré jusqu'à **La Villedieu**.

Découvrez le patrimoine de la Charente-Maritime

Le Chemin de Saint-Jacques-de-Compostelle

Aujourd'hui cet itinéraire légendaire revit à travers un nouveau balisage permettant la découverte de haltes "jacquaires" d'un grand intérêt, comptant de nombreux monuments inscrits au **patrimoine mondial de l'UNESCO** :

- l'église d'Aulnay
- l'abbaye Royale de Saint-Jean-d'Angély
- l'église Saint-Eutrope de Saintes
- l'Hôpital Neuf de Pons

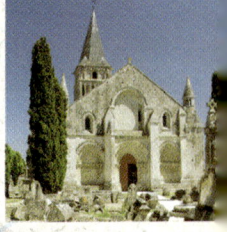

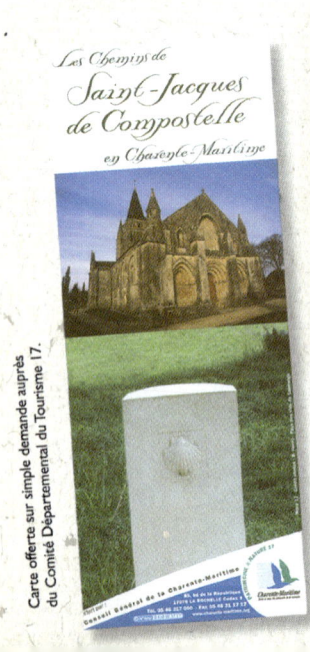

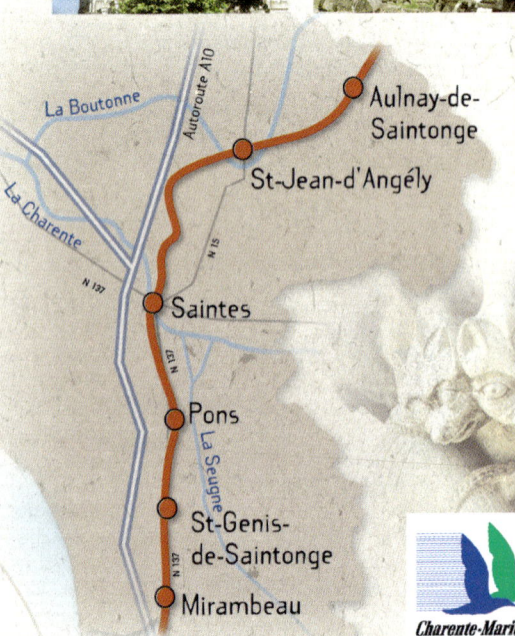

Lanternes de morts

La région Poitou-Charentes est fameuse pour ses lanternes des morts et ses croix hosannières, à proximité des églises ou dans les cimetières. Au centre et à l'ouest de la France, des lanternes des morts se dressent dans les cimetières. Lointaines héritières des piles antiques, ces tours de pierre élancées, surmontées d'un lanternon et d'une croix intègrent parfois un escalier. Au sommet de la tour était parfois placé un fanal allumé, veillant sur l'âme des défunts, entouré d'ouvertures qui projetaient la lumière aux quatre points cardinaux. Le village de Fenioux présente une belle lanterne des morts, soit onze colonnes surmontées de treize colonnettes formant lanterne, coiffées d'un lanternon ajouré. Fenioux possède également une église romane au superbe portail de la fin du 12e siècle, dont le programme sculpté s'inscrit dans la lignée de Saint-Pierre d'Aulnay.

Lanterne des morts à Fenioux.
Photo CRT Poitou-Charentes.

Croix hosannières

Le jour des Rameaux, les paroissiens se réunissaient autrefois autour de croix dites « hosannières ». Le prêtre psalmodiait l'évangile du jour commémorant l'entrée du Christ à Jérusalem aux acclamations de la population. Après la bénédiction des rameaux de buis et de laurier, une procession se dirigeait vers l'église tandis que l'on chantait l' « hosanna ». Du fait de cette tradition, ces croix furent baptisées hosannières, monuments propres à la région Poitou-Charentes. La croix hosannière trônant dans le cimetière d'Aulnay se distingue par son pupitre destiné à la lecture des évangiles. Elle s'entoure de quatre statues sous dais, saint Pierre, saint Paul, saint Jean et saint Jacques, en pèlerin.

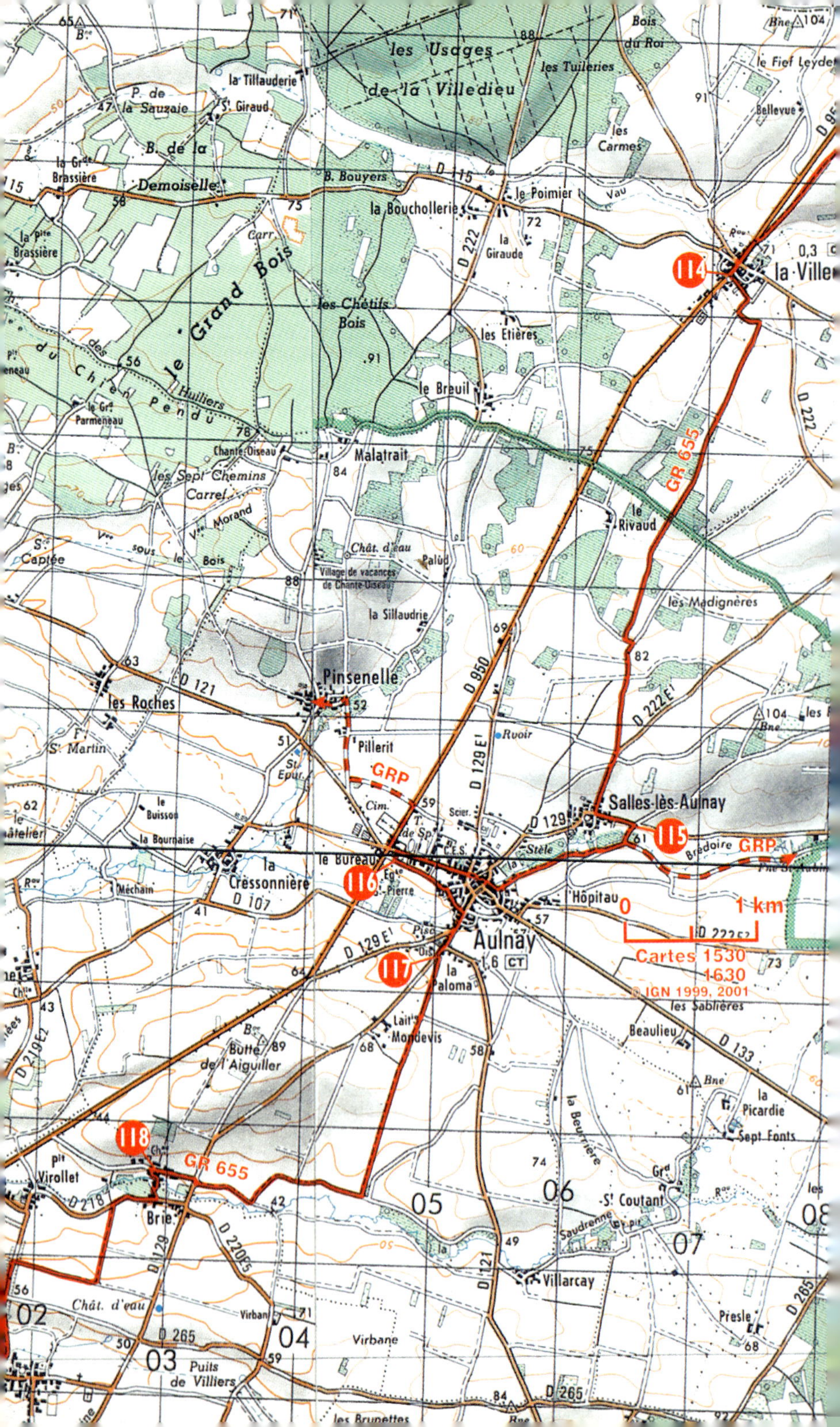

les Usages de la Villedieu
les Tuileries
Bois du Roi
le Fief Leyde
Bellevue
les Carmes
la Tillauderie
P. de la Sauzaie
St Giraud
B. de la Demoiselle
la Grde Brassière
la Pte Brassière
B. Bouyers
D 115
le Poimier
la Bouchollerie
la Giraude
D 222
la Ville
114
le Grand Bois
les Chétifs Bois
les Etières
le Breuil
des Huiliers
du Chien Pendu
le Grd Parmeneau
Chante-Oiseau
Malatrait
GR 655
les Sept Chemins Carref.
Vve Morand
le Rivaud
sous le Bois
Ste Captée
Chât. d'eau
Palud
Village de vacances de Chante-Oiseau
la Sillaudrie
les Madignères
les Roches
Pinsenelle
D 121
D 950
D 222 E1
St Martin
Pillerit
Rvoir
D 129 E1
St Eutr.
GRP
Cim.
le Buisson
la Bournaise
Salles-lès-Aulnay
D 129
115
Stèle
Brédoire
la Cressonnière
Méchain
D 107
le Bureau
116
Egse St Pierre
Hôpitau
0
1 km
D 129 E1
Aulnay
CT
117
la Paloma
Cartes 1530
1630
© IGN 1999, 2001
les Sablières
Beaulieu
D 133
Laitie Mondevis
Butte de l'Aiguiller
D 219 E2
la Picardie
Sept Fonts
la Beurrière
118
Pit Virollet
GR 655
D 218
Brie
05
06
St Coutant
07
08
Saudrenne
D 220 E5
Villarcay
D 121
Chât. d'eau
02
Virbane
04
D 265
03
Puits de Villiers
Presle
les Brunettes
D 265

De La Villedieu à Aulnay-de-Saintonge   7 km   1 h 45

A Aulnay : hébergement de pèlerins

La Villedieu : église construite en 1878 avec nef voûtée d'ogives et clefs de voûte (l'église romane a été détruite au 19e siècle pour améliorer la traversée du bourg), château 19e.

114 Juste avant l'église de **La Villedieu**, prendre la rue à gauche. Virer à droite, à gauche, puis emprunter la petite route à droite (Sud-Sud-Est). Continuer tout droit et, par la D 222E1, arriver à Salles-les-Aulnay. Au carrefour, suivre la D 129 à gauche sur 300 m.

115 S'engager à droite sur la petite route, franchir le ruisseau, puis bifurquer à droite et atteindre l'entrée d'Aulnay.

▶ A gauche, possibilité de gagner le centre du bourg *(tout ravitaillement)*.

Par les rues de l'Abreuvoir et de Beaulieu, puis par la gauche, rejoindre la rue des Carmes. Continuer jusqu'à l'église d'**Aulnay-de-Saintonge**, au Nord-Ouest du bourg.

D'Aulnay-de-Saintonge aux Eglises-d'Argenteuil   11,5 km   3 h

Aux Eglises-d'Argenteuil :

L'église d'Aulnay est un véritable chef-d'œuvre de l'art roman.

▶ Jonction avec le GR® de Pays *Sylve d'Argenson*.

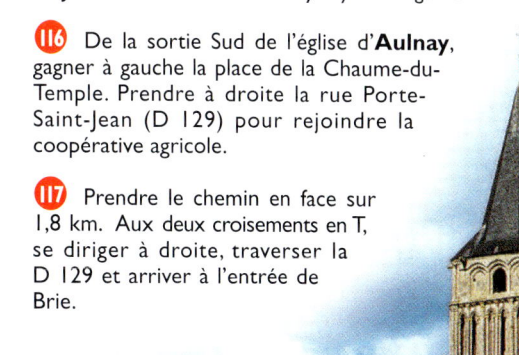

116 De la sortie Sud de l'église d'**Aulnay**, gagner à gauche la place de la Chaume-du-Temple. Prendre à droite la rue Porte-Saint-Jean (D 129) pour rejoindre la coopérative agricole.

117 Prendre le chemin en face sur 1,8 km. Aux deux croisements en T, se diriger à droite, traverser la D 129 et arriver à l'entrée de Brie.

Vue d'ensemble de l'église d'Aulnay.
Photo Christian Garnier/CG17.

Détail du portail latéral de l'église Saint-Pierre. Photo CRT Poitou-Charentes.

Aulnay, joyau roman au bord du Grand Chemin chaussé

Voilà trois jours que le pèlerin a quitté le tombeau de Saint-Hilaire à Poitiers. Cheminant à travers la campagne poitevine, il découvre, émerveillé, l'église Saint-Pierre d'Aulnay, dressée au bord du Grand Chemin chaussé des Pérégrins, à la limite des diocèses de Poitiers et de Saintes.

Chef-d'œuvre de l'art roman de l'Ouest construit probablement vers 1120-1150 par les soins de l'évêque de Poitiers, l'édifice brille par l'élégance et la finesse de sa construction. L'église se distingue surtout par la qualité ornementale de sa sculpture, à commencer par le portail central dont les voussures illustrent, de l'extérieur vers l'intérieur, les travaux des mois et les signes du zodiaque, la parabole des Vierges folles et des Vierges sages, le combat des Vices et des Vertus, enfin un groupe d'anges encadrant le médaillon de l'Agneau.

Détail du portail latéral de l'église Saint-Pierre. Photo CRT Poitou-Charentes.

Ce programme présentait la vie comme une sorte de pèlerinage vers la félicité suprême et incitait le fidèle à abandonner les valeurs terrestres pour répondre à l'appel de son créateur. Sur les côtés, apparaissent le Christ, Pierre et Paul, ainsi que le crucifiement de Pierre, saint patron de l'édifice. La sculpture du chevet est d'une grande finesse et le portail sud s'orne de quatre voussures richement décorées, dont la plus originale décrit un fabuleux bestiaire né de l'imagination et de l'habileté d'un sculpteur anonyme. A l'intérieur, le plan très simple en croix latine avec nef épaulée de deux collatéraux met en valeur les chapiteaux rehaussés de fin feuillage, notamment Samson et Dalila ou encore un étonnant groupe d'éléphants.

Pour les accueillir, les pèlerins trouvaient ici une aumônerie et deux hôpitaux et, plus tardivement, le couvent des Carmes. En 1726, Guillaume Manier cite à Aulnay *« les ruines d'une belle église »* ainsi qu'un *« cimetière où se voit un nombre infini de tombeaux, de pierre dure, fermés »*. Aujourd'hui encore, une atmosphère particulière règne dans le cimetière où sont alignés d'étranges sarcophages sur pilotis.

Une jonchée de sanctuaires romans

« Nulle part en France, l'Art roman n'a connu plus de séduction » écrivait l'historien Emile Mâle à propos de la Saintonge. La région Poitou-Charentes est sans conteste l'une des terres romanes d'élection, réunissant des édifices d'une grande luxuriance et d'autres frappant par leur sobriété. On y trouve plus d'un millier d'églises des 11e et 12e siècles, ravissant le visiteur par l'élégance de leurs formes, l'exécution soignée des maçonneries, le pittoresque de la décoration. Malgré leur variété, les églises de Saintonge offrent un air de famille, avec leurs *façades-écrans*, divisées en niveaux, découpées d'arcatures, savamment rythmées par un jeu de colonnes et d'archivoltes. Certains clochers, aérés et coniques, sont couronnés de pierres imitant les écailles. Ce florilège de sanctuaires témoigne d'un art créateur qui a su assimiler toutes sortes d'apports, à commencer par l'art antique, mais aussi des échos plus lointains venus de la Méditerranée orientale et de ses civilisations anciennes.

Portail central de l'église d'Aulnay.
Photo CRT Poitou-Charentes.

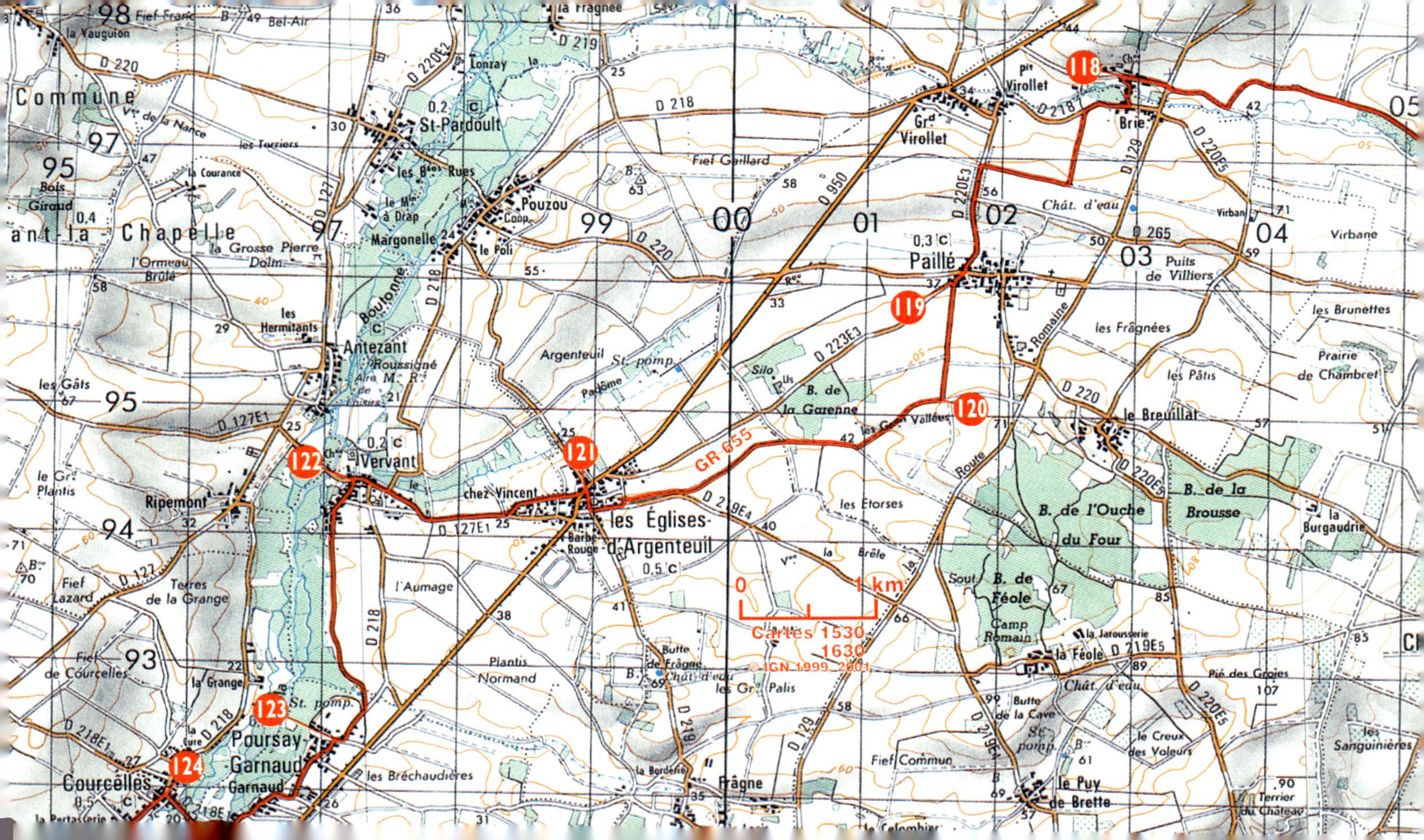

118
119
120
121
122
123
124
GR 655
0
1 km
Cartes 1530
1630
© IGN 1999, 2001
Paillé
les Églises-d'Argenteuil
Vervant
Antezant
St-Pardoult
Pouzou
Brie
Virollet
Grd Virollet
le Breuillat
la Féole
le Puy de Brette
Fràgne
Poursay-Garnaud
Courcelles
Ripemont
chez Vincent
Margonelle
Tonzay
la Vauguion
Bel-Air
Commune
la Chapelle
Bois Giraud
la Courance
les Torriers
la Grosse Pierre Dolm.
l'Ormeau Brûlé
les Hermitants
Roussigné
les Gâts
le Gd Plantis
Terres de la Grange
Fief Lazard
Fief de Courcelles
la Grange
les Bréchaudières
Plantis Normand
l'Aumage
Butte de Fràgne
les Gd Palis
la Borderie
Fief Commun
Butte de la Cave
les Creux des Voleurs
Pié des Grojes
les Sanguinières
Terrier du Château
la Jarousserie
Camp Romain
B. de Féole
B. de l'Ouche du Four
B. de la Brousse
la Burgaudrie
Prairie de Chambret
les Brunettes
les Frágnées
les Pâtis
Puits de Villiers
Virbane
Fief Gaillard
B. de la Garenne
les Gdes Vallées
les Etorses
la Brèle
Argenteuil
Boutonne
Barbe Rouge
Châl. d'eau
D 220
D 218
D 219
D 127E1
D 223E3
D 219E4
D 219E5
D 220E5
D 220E3
D 129
D 265
D 950
Route Romaine

118 Avant le château, descendre à gauche par la petite route. Franchir un petit pont, prendre la D 218 à droite, puis monter à gauche par le chemin blanc. En haut, tourner à droite, puis emprunter la D 220E3 à gauche pour gagner Paillé. Laisser le centre du village à gauche.

Le petit portail roman de l'église est enserré entre des contreforts triangulaires. La façade sud a conservé un portail en plein cintre au milieu de contrefort-colonnes.

119 Dès la sortie du bourg, monter à gauche par la petite route.

120 Au sommet, prendre à droite le chemin de Saint-Jean et conserver la même direction Ouest jusqu'à l'entrée des **Eglises-d'Argenteuil** par la D 219E4. Virer à droite pour atteindre l'église du bourg.

Des Eglises-d'Argenteuil à Courcelles   6 km   1 h 30

A *Courcelles* : hébergement chez l'habitant

Les Eglises-d'Argenteuil : ruinée au cours des guerres de religion, l'église Saint-Vivien a conservé un petit portail roman aux chapiteaux sculptés ; deux autres églises existaient au Moyen Âge, l'église Saint-Martin et une commanderie des Hospitaliers de Jérusalem.

121 Au carrefour routier des **Eglises-d'Argenteuil**, traverser la D 950 *(prudence)*, la longer à gauche sur 30 m, et prendre la route à droite. Continuer à droite par la D 127E1 et gagner Vervant. Rester à droite pour arriver au château.

122 Prendre à gauche la rue qui lui fait face. Elle longe la vallée de la Boutonne et rejoint Poursay-Garnaud.

Le portail de l'église présente deux voussures à motifs géométriques surmontées d'une fenêtre romane. Une corniche à modillons sépare cette fenêtre du mur-pignon percé d'une baie à clocher.

123 Traverser le village à gauche, passer Garnaud-Petit et Garnaud-Grand, puis emprunter la D 218E1 à droite pour franchir les ponts sur la Boutonne et gagner **Courcelles**.

Saint-Jean d'Angély : la relique de saint Jean-Baptiste

« Il faut aller voir aussi le chef vénérable de saint Jean-Baptiste qui fut apporté par des religieux depuis Jérusalem jusqu'en un lieu appelé Angely en pays poitevin » conte Aymeri Picaud dans son Guide du Pèlerin. *« Là une grande basilique fut construite magnifiquement sous son patronage… »*
Malheureusement, rien ne subsiste de l'ancienne basilique fondée au 9e siècle, ni de la deuxième abbatiale élevée vers 1010. Reconstruit à l'époque gothique, le sanctuaire qui atteignait 100 mètres de long et portait six tours, sera de nouveau détruit par les guerres de Religion. Une partie du chevet gothique subsiste, trois fenêtres orientales intégrées à la nouvelle église. Selon la légende, c'est Pépin roi d'Aquitaine qui, en 817, aurait reçu le chef de saint Jean-Baptiste et fait bâtir pour l'accueillir, une abbaye en un lieu baptisé Angeriacum lui appartenant.
Au 9e siècle, le monastère est dévasté par les Normands, la relique disparaît. Vers 1010, on retrouve la tête de Saint-Jean-Baptiste. Rois et grands seigneurs s'empressent de venir vénérer la précieuse relique. Dès lors, les pèlerins affluent et l'abbaye devient un maillon essentiel sur le Grand Chemin.
Tour à tour anglaise puis française, acquise à la Réforme, bastion du protestantisme, Saint-Jean d'Angély subit de nombreuses destructions. L'église sera plusieurs fois pillée et incendiée au cours des guerres de Religion ; la relique du saint disparaît dans les flammes vers 1568.

L'abbaye royale de Saint-Jean d'Angély héberge aujourd'hui le Centre de Culture Européenne Saint-Jacques-de-Compostelle, qui accueille des lycéens venus de toute l'Europe, et reçoit les pèlerins. Tél. 05 46 32 60 60

Abbaye de Saint-Jean-d'Angély.
Photo Comité départemental de la randonnée Charente-Maritime.

La maison saintongeaise sous toutes ses facettes

La campagne saintongeaise se caractérise par ses habitations modestes et basses auxquelles on accède par une cour ouverte. Chaque village possède généralement son logis de maître, plus élevé. La maison des Vals de Saintonge, au nord, se distingue par son corridor central à porte pleine avec imposte. Bandeau, corniches et linteaux sont travaillés en pierre de taille, tandis que les murs sont en moellons, de cette belle pierre locale dont on dit qu'elle blanchit au fil des ans. Lorsqu'on aborde les terroirs viticoles, les maisons se font cossues, articulées autour d'une grande cour close par un portail monumental. On y trouve un grand logis à étage, des chais de stockage, un hangar et divers bâtiments, souvenir de l'essor de la production des eaux-de-vie au 19e siècle. De faible pente, les toits de tuiles rondes et roussies sont fréquemment à quatre pans, portant haut leur épi de faîtage. Fantaisie architecturale, cette poterie de terre

Maison à pans de bois de Haute-Saintonge, Bonnin. *Photo et collection J.L. Neveu.*

vernie verte ou bleue, était destinée à protéger le *poinçon* de la charpente. En allant vers l'intérieur des terres, les maisons se dotent d'un étage pourvu de fenêtres à persiennes et surmonté d'un grenier éclairé d'œils-de-bœuf. A l'approche de Mirambeau, les moulins se multiplient à l'horizon et les habitations se font plus basses. Un toit unique recouvre l'ensemble de la bâtisse, pièces d'habitation et grange-étable. A l'arrière, la toiture se prolonge pour recouvrir le chai. On trouve encore des maisons à pans de bois, badigeonnées d'un torchis fait d'un mélange de végétaux et de terre argileuse.

Epi de faîtage, Rioux-Saint-Martin. *Photo et collection J.L. Neveu.*

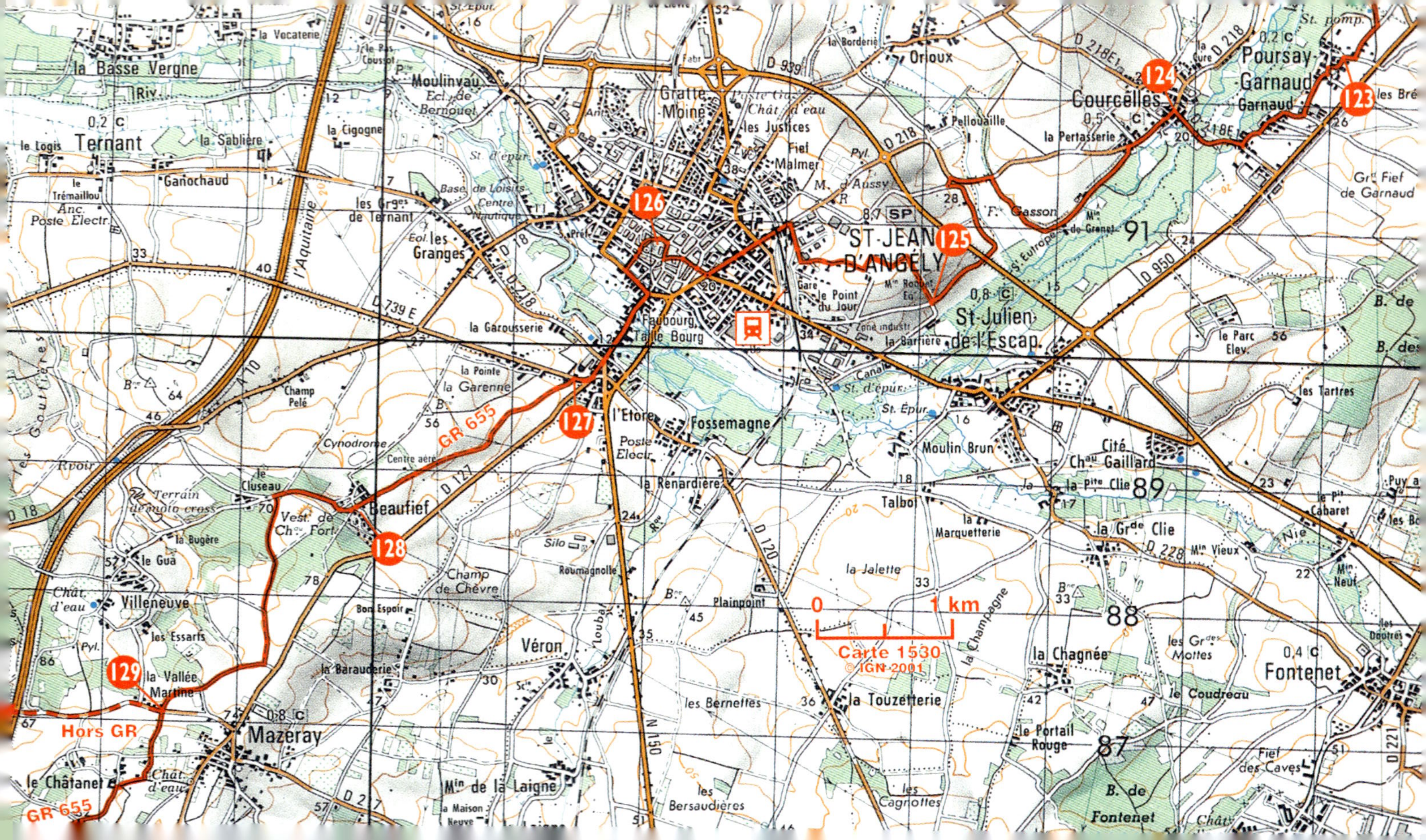

ST JEAN D'ANGELY
St-Julien de l'Escap.
Courcelles
Poursay-Garnaud
Ternant
la Basse Vergne
Gratte-Moine
Fossemagne
Beaufief
Mazeray
Villeneuve
le Châtanet
Véron
la Touzetterie
la Chagnée
Fontenet
GR 655
Hors GR
123
124
125
126
127
128
129
0
1 km
Carte 1530
© IGN 2001

De Courcelles à Saint-Jean-d'Angély   6 km   1 h 40

A Saint-Jean-d'Angély : hégergement de pèlerins

124 Au carrefour de **Courcelles**, emprunter la D 218 à gauche, puis bifurquer sur la route à gauche et passer le moulin de Grenet. La route tourne à droite. Prendre la D 218 à gauche pour franchir la Madeleine, puis virer à gauche sur la route qui longe le vallon puis qui passe sous la voie rapide.

125 S'engager à droite sur le chemin pierreux puis herbeux qui monte au moulin du Roque. Après quelques virages, rejoindre par la droite la zone commerciale de la Sacristinerie. Par l'avenue Georges-Brossard, les allées d'Aussy, les rues Pascal-Bourcy, puis de la Grosse-Horloge, pénétrer dans le quartier de l'Abbaye-Royale, à **Saint-Jean-d'Angély**.

De Saint-Jean-d'Angély à la D 217   7 km   1 h 45

Bâtie sur un coteau de la Boutonne, Saint-Jean-d'Angély possède une abbaye reconstruite aux 17e et 18e siècles, après la destruction de l'ancien monastère par les Huguenots en 1562, mais restée inachevée. La ville ancienne présente un dédale de ruelles et des placettes triangulaires autrefois appelées cantons.

126 Quitter **Saint-Jean-d'Angély** par la rue Coybo ou la rue Louis-Audouin-Dubreuil et rejoindre la chaussée de l'Eperon. La suivre à gauche. A la place de la Liberté, prendre à droite la rue du Faubourg-Taillebourg et franchir le pont Saint-Jacques qui enjambe la Boutonne. Emprunter la D 739E à droite sur 50 m.

127 S'engager à gauche sur le chemin de la Princesse.

Ce chemin doit son nom à une princesse de Condé accusée d'avoir empoisonné son mari. Elle emprunta ce chemin à pied, durant l'été 1588, pour aller voir son fils mis en nourrice à Mazeray.

Il mène au château de Beaufief.

Construit en 1768 par Auguste Perrodeau, maire de Saint-Jean-d'Angély, il comprend un pavillon central entouré de servitudes. Au nord, un grand parc dont une partie est devenue publique.

128 Au croisement, prendre la route à droite. Elle passe au nord des vestiges d'un ancien château-fort *(non visible, dans le petit bois)*. Juste avant la fourche, s'engager à gauche sur le chemin empierré qui se dirige plein Sud. Emprunter la petite route à droite, laisser à gauche une route qui conduit à Mazeray et déboucher sur la **D 217**, près de La Vallée-Martine.

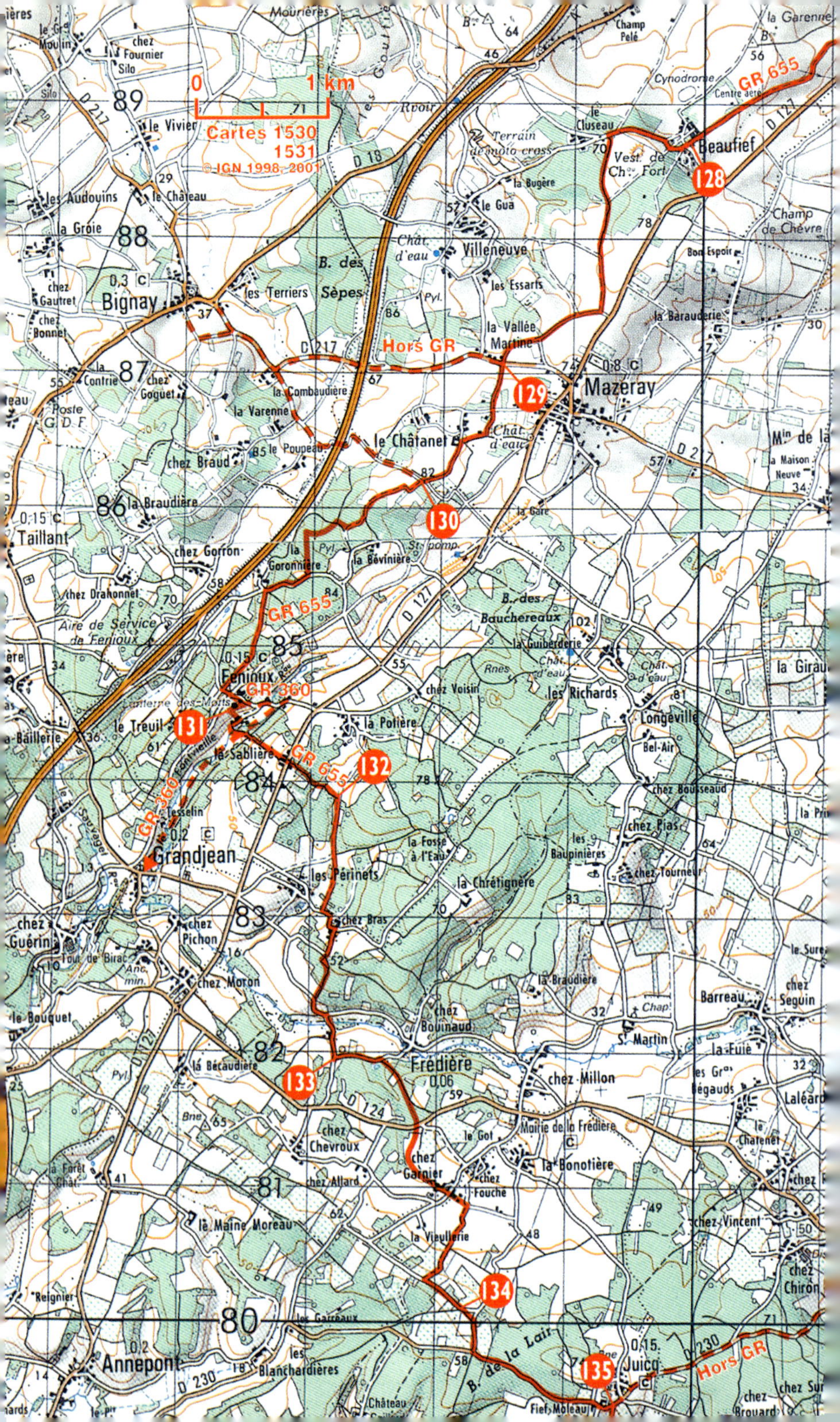

0
1 km
Cartes 1530
1531
© IGN 1998, 2001
GR 655
Hors GR
GR 360
128
129
130
131
132
133
134
135
Beaufief
Mazeray
Bignay
Fenioux
Grandjean
Frédière
Annepont
Juicq
Villeneuve
Longeville
Taillant
le Châtanet
les Terriers
B. des Sèpes
la Vallée Martine
la Combaudière
la Varenne
le Poupeau
la Goronnière
la Bevinière
B. des Bauchereaux
la Guiberderie
les Richards
la Potière
la Sablière
le Treuil
les Périnets
chez Bras
la Fosse à l'Eau
la Chrétignère
chez Bouinaud
la Bécaudière
chez Chevroux
chez Garnier
chez Fouche
la Vieullerie
la Bonotière
Mairie de la Frédière
chez Millon
le Maine Moreau
les Garreaux
les Blanchardières
B. de la Lair
Fief Moleau
le Cluseau
Vest. de Chau Fort
Champ de Chèvre
la Barauderie
les Audouins
la Groie
le Vivier
le Château
chez Gautret
chez Bonnet
la Contrie
chez Goguet
chez Braud
la Braudière
chez Gorron
chez Drahonnet
Aire de Service de Fenioux
chez Guérin
chez Pichon
chez Moron
le Bouquet
Barreau
chez Seguin
la Fuie
S. Martin
chez Vincent
chez Chiron
chez Brouard
la Giraudière
Bel-Air
chez Bousseaud
chez Pias
chez Tourneur
les Baupinières
la Braudière
chez Voisin
Mourières
chez Fournier
Champ Pelé
Cynodrome
Centre aéré
la Garenne
le Gua
la Bugère
les Essarts
Bon Espoir
Terrain de moto cross
la Gare
la Maison Neuve
chez Allard
Reignier
Tour de Birac
D 217
D 18
D 127
D 124
D 230

De la D 217 à Fenioux

`4 km` `1 h`

129 Traverser la **D 217** puis une autre route, tourner à droite et arriver au Grand-Châtanet. Prendre la route à gauche et gagner un croisement.

130 Continuer en face par le chemin blanc, atteindre la zone boisée bordant l'A 10 *(bien suivre le balisage)*. Prendre la route à droite. Juste avant La Goronnière, s'engager sur le chemin à gauche (Sud). Emprunter la route à gauche et entrer dans **Fenioux**.

▶ Jonction avec le GR® 360. Les deux GR® sont communs vers le Sud jusqu'aux environs de Vénérand.

De Fenioux à La Frédière

`3,5 km` `1 h`

L'église de Fenioux est un véritable chef-d'œuvre de l'art roman. Lanterne des morts.

131 Après la lanterne des morts de **Fenioux**, descendre dans le vallon, tourner à droite le long d'une maison et monter à gauche. Franchir le pont au-dessus de l'ancienne voie ferrée et atteindre La Sablière. Suivre la D 127 à gauche sur quelques mètres, puis descendre par le chemin à droite.

132 En bas, virer à droite, passer un carrefour de chemins, prendre la route à gauche et monter à Chez-Bras. Tourner à droite entre les maisons, puis continuer par le chemin en sous-bois. Descendre par la route, franchir à droite le Bramerit et monter à l'église de **La Frédière**.

De La Frédière à Juicq

`4 km` `1 h`

La Frédière : petite église romane au portail à deux voussures reposant sur de remarquables chapiteaux (dragons ailés, démons acrobates). L'intérieur à l'abside arrondie a conservé des consoles à masques humains.

133 Après l'église de **La Frédière**, emprunter la route à gauche *(calvaire 15e)*. Bifurquer sur la petite route à droite, suivre la D 124 à droite sur 100 m et partir à gauche sur le chemin herbeux. Traverser Chez-Garnier. Se diriger à droite (Sud) vers un coteau boisé. En haut, prendre la route à gauche.

134 Bifurquer à droite entre les vignes, tourner à droite, puis emprunter la D 230 à gauche sur 1,250 km jusqu'à l'entrée de **Juicq**.

▶ Par la route de Bois-Moreau à droite, possibilité de voir à 300 m l'église de Juicq *(façade à pignon, cadrans solaires dans le mur sud)*.

La pierre blanche de Saintonge

Après que la mer se fut retirée de Saintonge, il y a quelque cent millions d'années, des sédiments se sont accumulés sur place sous forme de calcaire. Par la suite, plusieurs carrières ont fait la réputation de la Saintonge, fournissant une belle pierre de taille de teinte claire. Ainsi, plusieurs villages comme Saint-Savinien, Port-d'Envaux, Plassay ou Crazannes accueillirent vingt siècles durant, l'activité des carriers et des tailleurs de pierre. L'exploitation s'y faisait généralement à ciel ouvert, parfois en galeries souterraines.

Au 18e siècle, les gabarres descendent la Charente jusqu'à Rochefort et La Rochelle, lourdement chargées. Tendre à sculpter, la pierre de Saintonge est renommée pour sa blancheur, la finesse de son grain, sa grande résistance à l'érosion de l'air, du sel et de la pluie. L'air salin du large durcit le minéral comme du bronze, patinant la pierre de teintes diverses sous la lumière du ciel. On la retrouve omniprésente dans les églises, les châteaux, logis, moulins, pigeonniers, lavoirs et fontaines. Mais la pierre de Saintonge s'exporte aussi en Belgique, dans les églises d'Anvers et de Gand, en Allemagne aux chapiteaux de la cathédrale de Cologne, en Angleterre sur les quais de Londres et même à New York, pour le socle de la statue de la Liberté. Aujourd'hui, quelques carrières sont encore exploitées pour alimenter les chantiers de restauration des Monuments Historiques. D'autres ont été aménagées en champignonnières. A Crazannes, un sentier de découverte et un écomusée permettent de pénétrer ce monde étonnant.

Pigeonnier en pierre blanche, La Vergne.
Photo Atelier du Patrimoine de Saintonge.

Bernard Palissy et la poterie saintongeaise

Vase trompeur du 17e siècle inventorié dans les collections du musée Dupuy-Mestreau. *Photo J.Y. Hugoniot. Musées de la ville de Saintes.*

de la Chapelle-des-Pots, réputée très fermée. Le jeune Bernard est si motivé qu'un jour où il n'a pas été livré en bois, il n'hésite pas à jeter au feu, meubles et planchers pour alimenter son four. En fait, il tente de percer le secret des émaux dont il a admiré un spécimen provenant d'Italie. Il cherchera seize années durant, étudiant entre-temps le monde de la mer, îles, fossiles, coquillages, qui imprègneront son œuvre céramique.

Dès le 13e siècle, la région de Saintes est le centre d'un artisanat de céramique très actif, réputé jusque dans les îles Britanniques. Alors que la région fournit aux artisans le bois, les sols argileux et les cours d'eau nécessaires, la terre très blanche permet aux ateliers saintongeais de produire des pièces de haute qualité. Au 16e siècle, Bernard Palissy, né en 1510, compagnon verrier dès son jeune âge, épouse une Saintaise, nièce d'un potier, et installe son atelier près des remparts. Il a alors la chance de pénétrer la corporation des potiers

Tôt converti au protestantisme, le céramiste devra sa liberté aux protections des plus hautes instances, Catherine de Médicis en l'occurrence. Celui qui fut à la fois, savant, naturaliste et écrivain, mourra néanmoins abandonné dans les cachots de la Bastille en 1590.

Un moment disparue, la poterie saintongeaise retrouve son dynamisme au 18e siècle, jusqu'en 1939. Enfin, dans les années soixante, un nouvel atelier reprendra le flambeau à La Chapelle-des-Pots.

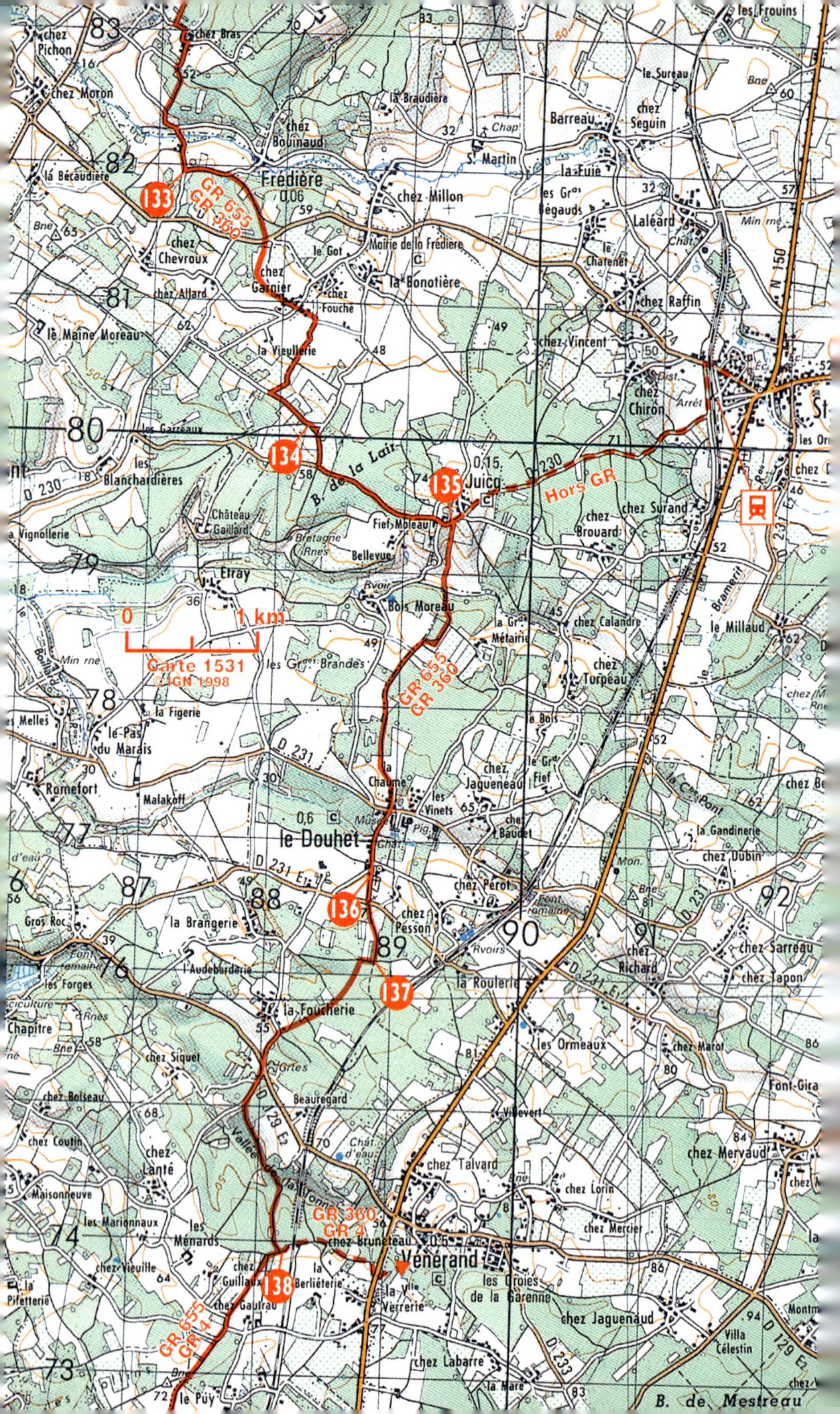

GR 655
GR 360
GR 4
Hors GR
133
134
135
136
137
138
0
1 km
Carte 1531
© IGN 1998
chez Pichon
chez Bras
chez Moron
la Braudière
les Frouins
le Sureau
Barreau
chez Seguin
chez Bouinaud
S. Martin
la Bécaudière
Fredière
la Fuie
chez Millon
les Gds Bégauds
Laléard
chez Chevroux
le Got
Mairie de la Fredière
la Bonotière
le Chatenet
chez Garnier
chez Allard
chez Fouché
chez Raffin
le Maine Moreau
la Vieullerie
chez Vincent
chez Chiron
les Garreaux
les Blanchardières
Juicq
Château Gaillard
Fief Moleau
chez Brouard
chez Surand
la Vignollerie
Bretagne
Bellevue
Etray
Bois Moreau
la Gde Métairie
chez Calandre
le Millaud
les Gdes Brandes
chez Turpeau
les Mellés
le Pas du Marais
la Figerie
le Bois
le Gd Fief
la Chaume
chez Jagueneau
Romefort
Malakoff
les Vinets
chez Baudet
le Douhet
la Gandinerie
chez Dubin
chez Perot
Font romaine
Gros Roc
la Brangerie
chez Pesson
chez Sarreau
chez Richard
chez Tapon
l'Audebarderie
la Roulerie
les Forges
la Foucherie
Chapitre
les Ormeaux
chez Marot
chez Siquet
Font-Gira
Beauregard
chez Boiseau
Villevert
chez Coutin
chez Lanté
chez Talvard
chez Mervaud
Vallée de Dallonne
chez Lorin
Maisonneuve
les Marionnaux
les Ménards
chez Mercier
chez Bruneteau
Vénérand
chez Vieuille
chez Guillaux
la Berliêterie
la Vlle Verrerie
les Groies de la Garenne
chez Jaguenaud
la Pifetterie
chez Gautrau
Villa Célestin
chez Labarre
le Puy
la Mare
B. de Mestreau
B. de la Lair
Bramerit
D 230
D 231
D 124
D 129 E2
D 233
N 150

Hors GR® pour Saint-Hilaire-de-Villefranche : `3,5 km` `50 mn`

A Saint-Hilaire :

Poursuivre tout droit par la D 230.

De Juicq au Douhet `3 km` `45 mn`

Au Douhet : hébergement de pèlerins

135 Ne pas entrer dans **Juicq**, mais descendre à droite par le chemin empierré *(à mi-pente dans le bosquet, lavoir)* et remonter en sous-bois. Continuer et déboucher sur la D 231, près du château du Douhet.

Bâti sur l'emplacement d'un château féodal, il fut une résidence des évêques de Saintes. Intérieur du 17e siècle dont un curieux salon de la lanterne. Pièces d'eau encore alimentées par le conduit souterrain d'un aqueduc gallo-romain qui alimentait Saintes au 1er siècle.

Poursuivre par la route au Sud le long du mur d'enceinte du château *(lavoir à droite)* et passer devant l'église *(romane)* du **Douhet**.

La façade richement sculptée de l'église présente des sujets religieux : une descente de Croix, l'Agneau pascal entre quatre anges superposés par paires, douze apôtres entourant un Christ en majesté. Y figurent aussi des sujets assez énigmatiques que les historiens se contentent de décrire.

Du Douhet au croisement de la Tonne `3,5 km` `1 h`

136 Passer devant la mairie du **Douhet** puis le cimetière. Au calvaire, couper la D 231E1 et continuer vers le bois.

137 A la croisée des chemins, tourner à droite, puis virer brusquement à gauche en sous-bois et longer la lisière au niveau de La Foucherie. Poursuivre par la route, couper la D 129 E et continuer sur 300 m. Bifurquer à gauche dans le bois, puis monter et parvenir en lisière au **croisement de la Tonne**.

▶ Séparation du GR® 360 qui part à gauche.

▶ Jonction avec le GR® 4 *(Sentier de la Méditerranée à l'Atlantique)* qui arrive à gauche de Vénérand et Cognac. A droite, les GR® 4 et GR® 655 sont communs jusqu'à Saintes.

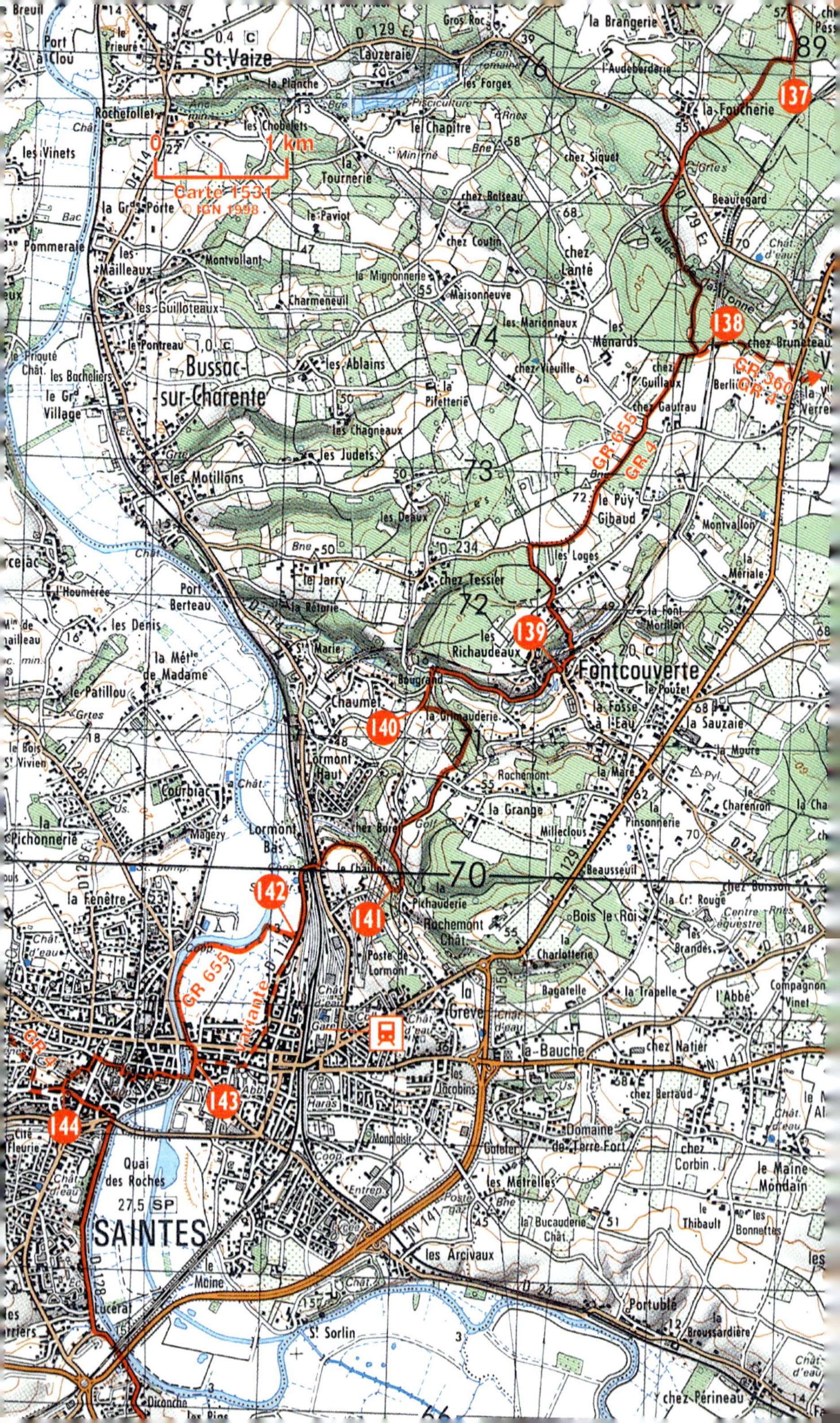

0
1 km
Carte 1531
IGN 1998
137
138
139
140
141
142
143
144
GR 655
GR 4
GR 360
GR 4
GR 655
Variante
GR 4
St-Vaize
Bussac-sur-Charente
Fontcouverte
SAINTES
Port à Clou
Rochefollet
les Vinets
la Gde Porte
Pommeraie
les Mailleaux
Montvollant
les Guilloteaux
Charmeneuil
le Pontreau
les Bacheliers
le Gd Village
les Ablains
les Chagneaux
les Judets
les Motillons
les Deaux
le Jarry
chez Tessier
les Richaudeaux
l'Houmerée
Port Berteau
les Denis
la Mét. de Madame
le Patillou
Chaumet
la Grimauderie
Lormont Haut
Lormont Bas
Courbiac
la Pichonnerie
la Fenêtre
le Chaillot
la Pichauderie
Rochemont Chât.
Poste de Lormont
la Grève
la Bauche
les Jacobins
Haras
Monplaisir
Quai des Roches
Cité fleurie
les Arcivaux
St Sorlin
Portublé
la Broussardière
chez Périneau
le Moine
Lucérat
Diconche
les Métrelles
la Bucauderie
Domaine de Terre Fort
chez Corbin
le Maine Mondain
le Thibault
les Bonnettes
chez Bertaud
chez Natier
l'Abbé
Compagnon Vinet
la Trapelle
Bagatelle
la Charlotterie
les Brandes
Bois le Roi
la Cr. Rouge
Centre équestre
chez Boisson
Beausseuil
Milleclous
la Grange
Rochemont
la Pinsonnerie
la Mare
la Fosse à l'Eau
la Sauzaie
la Moure
le Charenton
le Pouzet
la Font Morillon
les Loges
le Puy Gibaud
Montvallon
la Mériale
chez Gautrau
chez Guillaux
Berlin
chez Bruneteau
les Ménards
chez Vieuille
les Marionnaux
Maisonneuve
la Mignonnerie
chez Coutin
chez Lanté
chez Boiseau
chez Siquet
Beauregard
Vallée de Lastronne
la Foucherie
l'Audeberderie
la Brangerie
Gros Roc
Lauzeraie
les Forges
le Chapitre
la Tournerie
le Paviot
les Chobelets
la Planche
le Prieuré
la Pifetterie
Bougrand
chez Boret
St Marie
la Retorie
D 129 E2
D 114
D 234
D 129
N 150
N 141
D 24
D 128
D 131

Du croisement de la Tonne à Fontcouverte   3,5 km 50 mn

A Fontcouverte :

138 Au **croisement de la Tonne**, prendre le chemin à droite sur 300 m, puis le chemin à gauche en direction du Sud-Ouest. Continuer par la route sur 200 m et, toujours dans la même direction, poursuivre par le chemin. Emprunter la D 234 à gauche. Dans un virage à angle droit à droite, descendre tout droit, tourner à droite, passer sous la voie ferrée et entrer dans **Fontcouverte**.

De Fontcouverte à la Charente   5 km 1 h 15

Fontcouverte doit son nom à une source, la font Couverte *(fons copertus)*, qui alimentait *Mediolanum* (Saintes) par un aqueduc. L'église rassemble quelques éléments romans et gothiques.

139 Avant l'église de **Fontcouverte**, franchir à droite le ruisseau de l'Escambouille *(lavoir)*, puis le longer par la route sur 1 km. Au croisement, monter par la route à gauche.

140 Emprunter à gauche le sentier en sous-bois qui conduit au golf de Saintes *(bien suivre le balisage)* et permet de passer près des vestiges de l'aqueduc qui franchissait le vallon. Sortir du golf et continuer par la route *(vue sur Saintes)*.

141 Au point le plus bas *(source)*, s'engager à droite sur le sentier qui monte vers le remblai d'une ancienne voie ferrée. Suivre le chemin qui emprunte son tracé à droite, franchir le pont au-dessus des voies ferrées et utiliser le passage herbeux puis en remblai parallèle à la D 114 sur 500 m, dans la vallée de **la Charente**.

▶ Variante obligatoire en cas d'inondation *(2 km, 30 mn)* : poursuivre par la D 114, la rue de Taillebourg, la rue du Pérat, puis à droite la rue de l'Arc-de-Triomphe pour atteindre l'abbaye aux Dames *(auberge de jeunesse à proximité)*.

Fondée en 1047, l'abbaye aux Dames fut la première communauté de femmes de la région.

Rejoindre l'arc de triomphe sur les bords de Charente par la rue du même nom et retrouver l'itinéraire principal.

De la Charente à l'arc de triomphe (Saintes)   2 km 30 mn

142 Partir à droite vers **la Charente** et longer la berge à gauche. Passer sous le pont Palissy pour arriver à l'**arc de triomphe** de Saintes.

▶ Arrivée à gauche de la variante en cas d'inondation.

Ville gallo-romaine (dont il reste l'arc de triomphe, les arènes et les thermes) qui vit mourir le poète latin Ausone, Saintes se couvre de monuments religieux au Moyen-Age. L'abbaye aux Dames en rive droite de la Charente, l'église Saint-Eutrope et l'ancienne cathédrale Saint-Pierre en sont les témoins.

Saintes, une visite au bienheureux Eutrope

Eglise Saint-Eutrope.
Photo Atelier du Patrimoine de Saintonge.

Après l'étape de Saint-Jean-d'Angély, les jacquets arrivaient à Saintes, traversant la Charente sur une passerelle en bois et passant sous l'arc de Germanicus. Aux grandes heures du pèlerinage, la cité drainait des cohortes de voyageurs venus de tous horizons. C'est ici qu'ils convergeaient de Bretagne et du Bas-Poitou via La Rochelle, de l'Est et de la Bourgogne via Angoulême et Cognac.

Le premier sanctuaire dressé sur la rive droite était l'Abbaye-aux-Dames, monastère bénédictin de femmes fondée au 11e siècle par Agnès de Bourgogne et son époux, Geoffroy Martel, comte d'Anjou. Le sanctuaire est fameux pour sa façade, l'une des plus ornées de Saintonge, et son clocher, tour coiffée d'une flèche conique à écailles. La cathédrale gothique Saint-Pierre s'ouvre sur son portail de style flamboyant dominé par le clocher de 72 mètres de hauteur.

A proximité, un touchant pèlerin, sculpté avec coquille et besace, soutient une gargouille. Son aumônerie accueillait et prenait en charge les pèlerins.

« *Sur le chemin de Saint-Jacques, à Saintes, les pèlerins doivent dévotement rendre visite au corps du bienheureux Eutrope, évêque et martyr* », conseille Aymeri Picaud avant de décrire longuement la passion de l'évangélisateur de la Saintonge, qui mourut le crâne fendu d'un coup de hache après avoir converti Eustelle, fille du gouverneur. Sur la rive gauche du fleuve, les jacquets découvraient effectivement Saint-Eutrope où les bénédictins de Cluny avaient un prieuré dès la fin du 11e siècle. Une vaste église est édifiée sur le tombeau du saint, premier grand chef-d'œuvre de l'architecture et de la sculpture romanes en Saintonge. Pèlerins et malades accourent en foule. En effet, saint Eutrope a le don de guérir l'hydropisie ou *le mal de l'enflure*. Conçu de façon originale, pour accueillir simultanément une grande communauté de moines et de nombreux pèlerins, le sanctuaire superposait deux vaisseaux reliés par une nef unique intermédiaire (disparue). L'église haute était réservée aux moines, tandis que l'immense crypte romane (encore visible aujourd'hui), abritant les reliques de saint Eutrope et de sainte Eustelle, accueillait les pèlerins acheminés depuis la nef, grâce à un ingénieux système d'escaliers.

Au 18e siècle, Guillaume Manier visite les reliques, et remarque que *« dedans se montre la tête, qu'en la touchant, l'on est guéri de plusieurs maux »*. La sculpture remarquable de Saint-Eutrope, extérieure et intérieure, a inspiré les artisans de maintes églises de Saintonge.

Arc de Germanicus à Saintes. *Photo CRT Poitou-Charentes.*

L'hospitalité saintongeaise

En 1489, le Flamand, Jean de Tournai, de retour de Compostelle avec un compagnon fait étape à Saintes. Là, surprise ! Un gentilhomme vient cueillir nos deux pèlerins au sortir de l'office dominical, et les invite à venir « tâter de son vin ». Le marchand poursuit : « Nous fit apporter d'une bonne cuisse de chapon, du lard, aussi du mouton, et nous fit donner du vin ». Plus tard, le pèlerin sort sa bourse, mais l'hôte saintais refuse : « Vous, sire, m'avez réfectionné de la viande spirituelle, et vous deux, vous ai réfectionnés de la viande corporelle ».

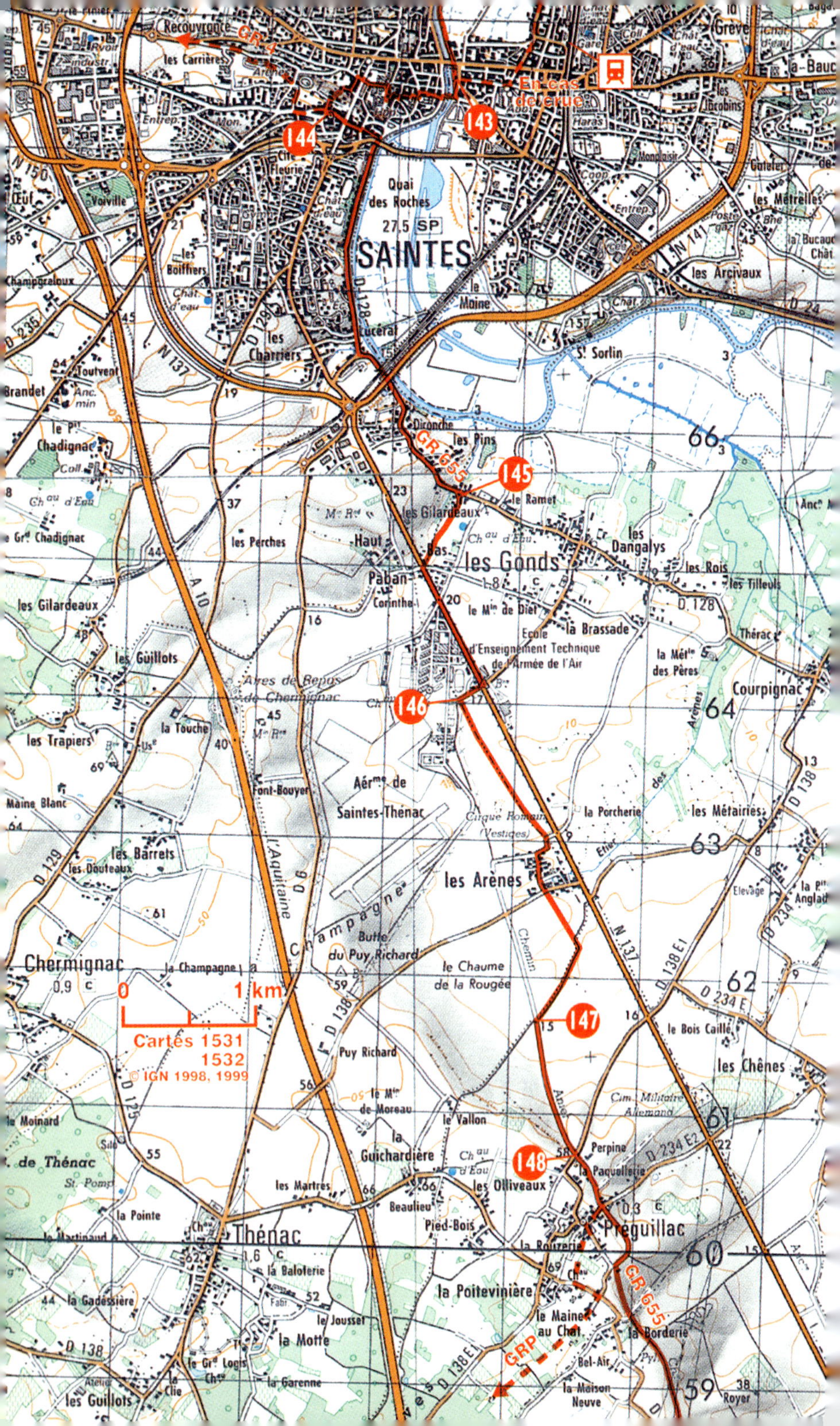
Recouvrance
GR 4
les Carrières
Arènes
En cas de crue
143
144
Cité Fleurie
Grève
la Bauc
Jacobins
Haras
Montplaisir
Quai des Roches
27,5 SP
SAINTES
les Métrelles
N 141
les Arcivaux
D 24
N 150
Voiville
les Boiffiers
Champgreloux
D 128
le Moine
Lucérat
St Sorlin
les Charriers
D 129
N 137
D 235
Toutvent
Brandet
le Pt Chadignac
Dironche
les Pins
GR 655
145
le Ramet
les Gilardeaux
Haut
Bas
les Gonds
les Dangalys
les Rois
les Tilleuls
le Gd Chadignac
les Perches
Paban
Corinthe
le Mln de Diet
la Brassade
D 128
Thérac
les Gilardeaux
A 10
les Guillots
Ecole d'Enseignement Technique de l'Armée de l'Air
la Métie des Pères
Courpignac
Aires de Repos de Chermignac
146
la Touche
les Trapiers
Aérme de Saintes-Thénac
Font-Bouyer
Maine Blanc
Cirque Romain (Vestiges)
la Porcherie
les Métairies
D 138
les Barrets
les Douteaux
D 129
les Arènes
L'Aquitaine
Champagne
Butte du Puy Richard
Chemin
N 137
D 138 E1
la Pt Anglad
D 234
Chermignac
la Champagne
0
1 km
le Chaume de la Rougée
D 234 E
Cartes 1531
1532
© IGN 1998, 1999
147
le Bois Caillé
Puy Richard
les Chênes
D 125
le Mln de Moreau
Cim. Militaire Allemand
le Moinard
le Vallon
D 234 E2
de Thénac
la Guichardière
Perpine
148
la Paquetterie
les Martres
les Olliveaux
la Pointe
Beaulieu
Pied-Bois
Préguillac
la Martinaud
Thénac
la Rouzerie
la Baloterie
la Poitevinière
GR 655
la Gadessière
le Maine au Chat
la Borderie
le Jousset
la Motte
D 138
le Gd Logis
GRP
Bel-Air
D 138 E1
la Clie
la Garenne
les Guillots
la Maison Neuve
Royer

De l'arc de triomphe (Saintes) à Saint-Eutrope (Saintes)

`1 km` `15 mn`

A Saintes : hébergement de pèlerins

143 Au Sud de l'**arc de triomphe**, franchir la Charente par la passerelle piétonne. Continuer par la rue Saint-Pierre *(cathédrale)*, la place du Synode, la rue de l'Evêché, la ruelle de l'Hospice, la rue Bernard et traverser le cours Reverseau *(prudence)*. Poursuivre par le rue Pallu-de-la-Barrière et la rue Louis-Audiat qui descend dans le vallon des Arènes.

▶ Possibilité d'accéder aux arènes en allant à droite dans le vallon.

Monter par la rue des Arènes pour accéder à l'église **Saint-Eutrope** *(hébergement de pèlerins)*.

▶ Séparation du GR® 4 qui part à l'Ouest vers Royan.

De Saint-Eutrope (Saintes) à Préguillac

`10 km` `2 h 30`

A Préguillac : (hébergement chez l'habitant)

144 A l'église **Saint-Eutrope**, descendre par les rues Saint-Eutrope et Saint-François jusqu'à la Charente. La longer à droite par la D 128. La route s'écarte du fleuve et arrive à l'entrée des Gonds (borne).

145 S'engager à droite sur le chemin herbeux qui longe l'Etier de Paban. Traverser la N 150 *(prudence)* et la suivre à gauche. Après les bâtiments militaires, partir à droite.

146 Se diriger Sud - Sud-Est et gagner les vestiges des arènes de Thénac. Traverser le hameau des Arènes et tourner à droite.

147 Prendre la route appelée chemin Anier à gauche, couper la D 138E1, puis déboucher sur la D 234E2, à l'entrée Nord-Est de **Préguillac**.

▶ Le centre du bourg se trouve à droite par la route.

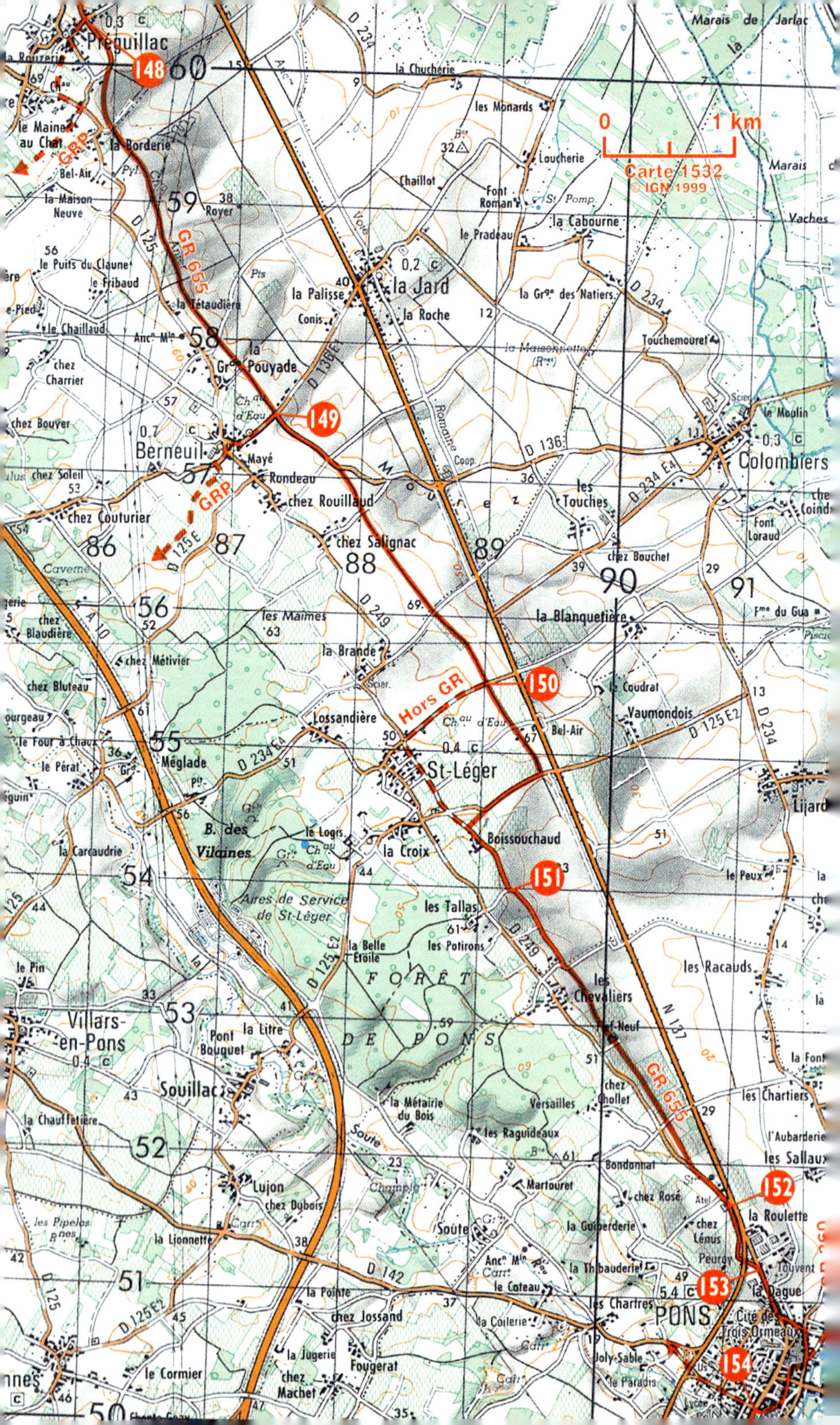
0
1 km
Carte 1532
© IGN 1999
148
149
150
151
152
153
154
GR 655
GRP
Hors GR
Préguillac
la Borderie
le Maine au Chat
Bel-Air
la Maison Neuve
Royer
le Puits du Claune
le Fribaud
la Tétaudière
le Chaillaud
la Gde Pouyade
chez Charrier
chez Bouyer
Berneuil
Mayé
Rondeau
chez Soleil
chez Couturier
chez Rouillaud
chez Salignac
la Chucherie
les Monards
Loucherie
Chaillot
Font Roman
St Pomp.
la Cabourne
le Pradeau
la Palisse
la Jard
la Roche
Conis
la Grge des Natiers
Touchemouret
la Maisonnette
Voie Romaine
le Moulin
Colombiers
les Touches
Font Loraud
chez Bouchet
la Blanquetière
Fme du Gua
les Maimes
la Brande
le Coudrat
Vaumondois
Bel-Air
Lossandière
St-Léger
Lijard
Méglade
le Pérat
le Four à Chaux
chez Bluteau
chez Métivier
chez Blaudière
Caverne
B. des Vilaines
le Logis
la Croix
Boissouchaud
le Peux
la Carcaudrie
Aires de Service de St-Léger
les Tallas
les Potirons
la Belle Etoile
FORÊT DE PONS
les Racauds
les Chevaliers
Fief-Neuf
le Pin
Villars-en-Pons
Pont Bouquet
la Litre
Souillac
la Chauffetière
la Métairie du Bois
Versailles
chez Chollet
les Chartiers
l'Aubarderie
les Sallaux
les Raguideaux
Bondonnat
Lujon
chez Dubois
Martouret
chez Rosé
la Roulette
la Guiberderie
chez Lénus
Peurgy
Soute
Champlo
les Pipelos
la Lionnette
la Thibauderie
le Coteau
Touvent
la Dague
les Chartres
PONS
Cité des Trois Ormeaux
la Pointe
chez Jossand
la Coilerie
Joly-Sable
le Paradis
la Jugerie
Fougerat
le Cormier
chez Machet
Marais de Jarlac
Marais
Vaches
N 137
A 10
D 234
D 136
D 136 E1
D 234 E4
D 125
D 125 E
D 125 E2
D 234 E4
D 249
D 142

De Préguillac à Berneuil   3,5 km 50 mn

A Berneuil :

148 Laisser **Préguillac** à droite et poursuivre par le chemin Anier qui longe le haut d'un coteau. Déboucher sur la D 136E1, à l'entrée Nord-Est de **Berneuil**.

▶ Le centre du bourg se trouve à droite par la route.

De Berneuil à Saint-Léger   3 km 45 mn

A Saint-Léger :

149 Laisser **Berneuil** à droite, continuer par la D 136 sur 500 m et poursuivre par le chemin Anier à droite. Déboucher sur la D 234E4, à l'Est de **Saint-Léger**.

▶ Le centre du bourg se trouve à 500 m par la route à droite.

De Saint-Léger à Pons   6,5 km 1 h 40

A Pons : hébergement chez l'habitant

150 Laisser **Saint-Léger** à droite, poursuivre, passer le château d'eau, puis emprunter la D 125E2 à droite. Bifurquer sur le chemin à gauche pour atteindre Boissouchaud. Prendre la route à gauche.

151 Au croisement, poursuivre par le chemin à gauche (Sud-Est). Laisser Les Chevaliers à droite, passer Fief-Neuf, couper une route, puis emprunter la D 249 à gauche, près de la statue du Sacré-Cœur.

152 Ne pas suivre la N 137, mais rester à droite sur la D 249 pour passer sous la voie express.

153 Prendre à droite l'avenue Gambetta sur 500 m, puis bifurquer à gauche rue du Moulin-Conteau. Emprunter à droite la rue Font-Pissotte *(fontaine)*, la rue Saint-Jacques, le passage Glemet *(chapelle Saint-Gilles)* et arriver au donjon de **Pons**.

L'Hôpital Neuf de Pons

Hôpital des pèlerins de Pons. *Photo Atelier du Patrimoine de Saintonge.*

Lorsqu'il arrive à Pons en 1726, Guillaume Manier, le tailleur picard, se rend chez le procureur de l'hôpital pour y montrer son passeport et celui de ses compagnons. Là, il reçoit un billet pour aller coucher à l'hôpital, *« où nous y avons eu chacun chopine de vin et une livre de pain, et mal couchés »*. Le Baron de Bonnault d'Houët qui a publié le récit de Guillaume Manier en 1890, confirme qu'à son époque l'hôpital de Pons existe encore.

De nos jours, au sortir de la ville de Pons, un passage voûté enjambe la route des pèlerins qui file en direction de Blaye. Ce long passage couvert est la partie la mieux conservée de l'ensemble hospitalier baptisé « Hôpital-Neuf de Pons », construit vers 1160 à l'initiative du seigneur Geoffroy de Pons. Coiffée d'une superbe croisée d'ogives, la voûte voit ses parois latérales creusées d'enfeux. De chaque côté, des bancs de pierre servaient au repos des pèlerins. Au fil du temps, les cohortes de voyageurs ont laissé dans la pierre quelques graffitis, croix, armoiries et surtout fers de chevaux ou de mules rappelant les sujets de préoccupation des voyageurs. Les murs ont gardé les guichets qui permettaient de déposer de la nourriture pour les pèlerins. Le portail de la grande salle des Pèlerins s'arrondit en une voussure en plein cintre encadrée de chapiteaux sculptés de palmettes et feuillages. Le passage voûté reliait à l'origine une grande église à l'Est (disparue) et, à l'Ouest, une vaste salle d'hébergement divisée en trois par une double colonnade, destinée, entre autres, *« aux pèlerins allant et venant »*. Surmontée d'une charpente du 13e siècle, la salle dite « des pèlerins » ou « des malades » a récemment fait l'objet d'une minutieuse restauration. L'établissement, qui était administré par une communauté hospitalière, comportait, au 16e siècle, quinze lits et distribuait plus de 15 000 pains chaque année. Un texte d'archives de l'époque concernant l'Hôpital-Neuf de Pons, prescrit au prieur de faire « *l'aumosne à tous allans et venans, tous les jours, tant à ceux du païs que des pèlerins qui vont à Saint-Jacques, sur le chemin duquel Saint-Jacques est situé son dit hôpital* ». [1]

[1] *Déclaration faite au roi en 1547*, archives de M. Georges Musset

Saint Roch, pèlerin de Saint-Jacques

L'église Saint-Martin de Pons abrite une statue de saint Roch du 17e siècle, représenté en jacquet comme c'est la coutume. Originaire de Montpellier, saint Roch partit en pèlerinage à Rome au 13e siècle, alors que sévissait en Europe la grande peste. Après avoir soigné et guéri de nombreuses personnes, le pèlerin-voyageur tomba malade et ne dut sa survie qu'à un chien qui chaque jour lui apportait à manger dans son refuge. Pour sa vie de pèlerin, saint Roch est souvent présent sur les itinéraires compostellans, identifiable à ses attributs de pèlerin (coquille, bourdon, cape), ainsi qu'à la présence de son chien et à la marque de la peste sur sa jambe.

e Saint-Vivien de Pons.
o Annie Hébras.

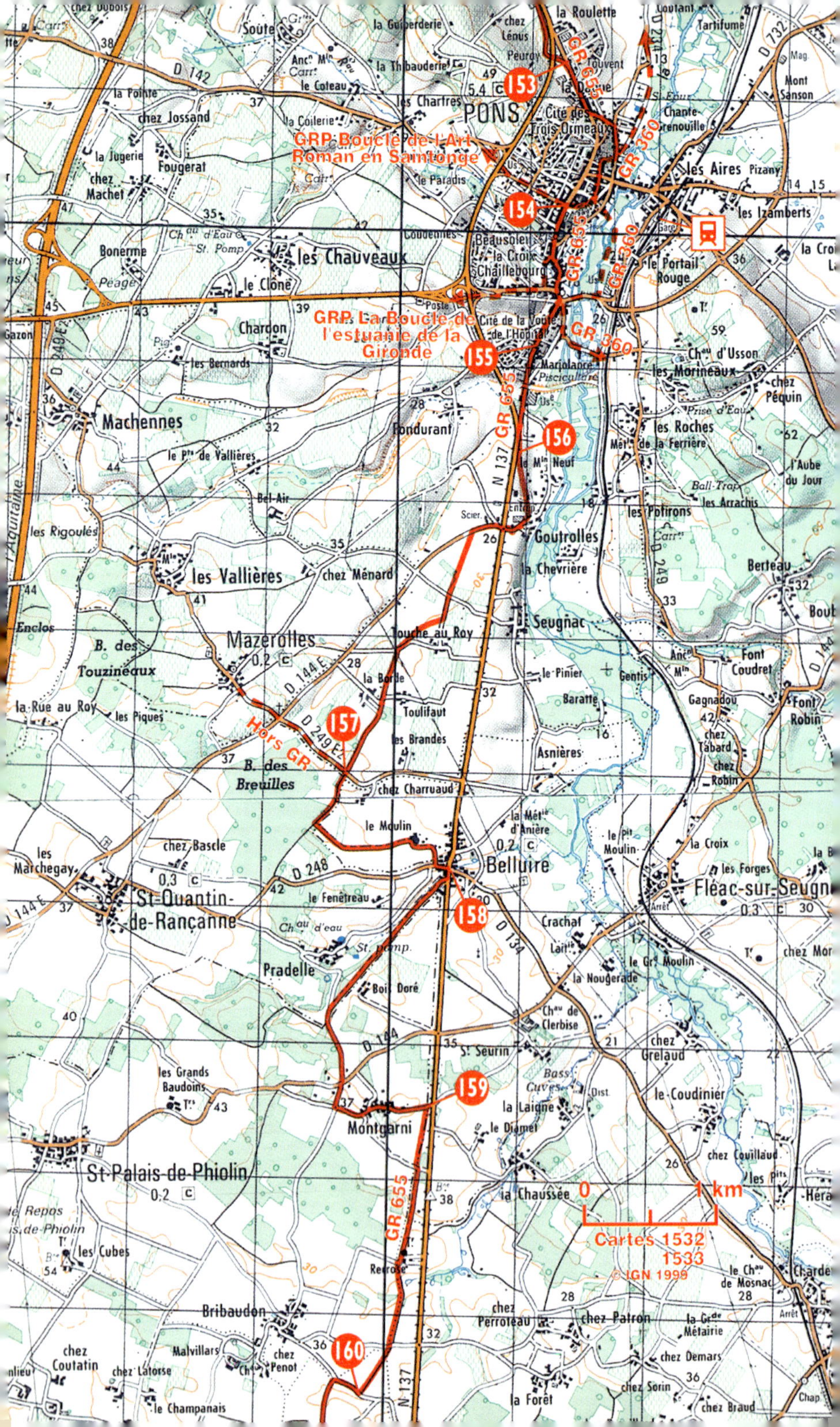

la Roulette
Tartifume
Soute
la Guiberderie
chez Lénus
Peuroy
la Thibauderie
le Coteau
les Chartres
PONS
153
GR 655
la Dame
Cité des Trois Ormeaux
GR 360
Chantegrenouille
Mont Sanson
la Pointe
chez Jossand
la Coilerie
GRP Boucle de l'Art Roman en Saintonge
la Jugerie
Fougerat
chez Machet
le Paradis
les Aires
Pizany
154
les Izamberts
Bonerme
Péage
les Chauveaux
Beausoleil
la Croix Chailleboura
le Portail Rouge
le Clone
Chardon
GRP La Boucle de l'estuaire de la Gironde
Cité de la Voute de l'Hôpital
155
Mariolance
Pisciculture
Chau d'Usson
les Morineaux
chez Péquin
les Bernards
Machennes
Fondurant
156
les Roches
Mlt de la Ferrière
le Pt de Vallières
le Mln Neuf
N 137
l'Aube du Jour
Bel-Air
Ball-Trap
les Arrachis
les Pofirons
les Rigoulés
Goutrolles
la Chevrière
Berteau
les Vallières
chez Ménard
Seugnac
Enclos
Touche au Roy
Mazerolles
B. des Touzineaux
la Borde
le Pinier
Gentis
Font Coudret
Baratte
Toulifaut
Gagnadou
Font Robin
la Rue au Roy
les Piques
157
les Brandes
chez Tabard
Hors GR
Asnières
chez Robin
B. des Breuilles
chez Charruaud
la Mét. d'Anière
le Moulin
le Pit Moulin
la Croix
chez Bascle
Belluire
les Forges
les Marchegay
D 248
Fléac-sur-Seugne
St-Quantin-de-Rançanne
le Fenêtreau
158
Crachat
Pradelle
Lait
le Gd Moulin
chez Mor
la Nougerade
Boit Doré
Chau de Clerbise
D 144
St Seurin
chez Grelaud
les Grands Baudoins
159
la Laigne
le Coudinier
Montgarni
le Diamet
chez Couillaud
St-Palais-de-Phiolin
la Chaussée
0
1 km
Cartes 1532
1533
© IGN 1999
les Cubes
Recrose
le Chau de Mosnac
Bribaudon
chez Perroteau
chez Patron
la Gde Métairie
Malvillars
chez Penot
160
chez Coutatin
chez Latorse
chez Demars
la Forêt
chez Sorin
le Champanais
chez Braud

De Pons à la D 249E2 `5 km` `1 h 15`

Pons (ne pas prononcer le « s ») : donjon des Sires de Pons 12e dominant la ville et la vallée de la Seugne. Dans la ville basse, église romane Saint-Vivien 12e.

▶ Jonction avec le GR® 360.

154 A **Pons**, traverser la place et continuer par les rues Emile-Combes, du Président-Roosevelt, du Maréchal-Leclerc *(au rond-point, représentation de pèlerins)*. Poursuivre en face par la rue Georges-Clemenceau et arriver à l'hôpital des Pèlerins.

Sous la voûte, de remarquables portes romanes s'ouvraient, l'une sur l'église (détruite), l'autre sur une vaste salle (en cours de restauration), où l'on soignait les malades et on hébergeait les pèlerins.

155 Passer sous la voûte, poursuivre au Sud, puis longer la N 137 en utilisant la berme à gauche *(prudence !)*.

156 Partir à gauche sur la petite route en sens interdit en direction de Goutrolles. Tourner à droite, franchir la N 137 *(prudence !)*, continuer par la D 144E, puis s'engager à gauche (Sud-Ouest) sur le chemin herbeux. Couper la route, bifurquer à droite, laisser Touche-au-Roy à gauche, traverser Toulifaut, puis déboucher sur la **D 249E2**.

Hors GR® pour Mazerolles : `1 km` `15 mn`

A Mazerolles : hébergement chez l'habitant

Suivre la D 249E2 à droite.

De la D 249E2 à Belluire `1,5 km` `20 mn`

157 Traverser la **D 249E2** et continuer sur 500 m. En lisière du bois des Breuilles, prendre la petite route à gauche pour rejoindre **Belluire**.

De Belluire à Saint-Genis-de-Saintonge `8 km` `2 h`

A Saint-Genis-de-Saintonge :

158 A **Belluire**, suivre la N 137 à droite sur quelques mètres, puis la quitter pour une petite route rectiligne à droite sur 1,5 km. Après deux changements de direction à gauche, atteindre Montgarni. Traverser le hameau vers l'Est jusqu'à la N 137.

159 Juste avant la N 137, virer à droite et poursuivre au Sud. Après Recrose, couper une route, puis déboucher sur une deuxième route.

GR 655
160
161
162
163
164
165
166
167
Bribaudon
Malvillars
chez Penot
chez Perroteau
chez Patron
chez Coutatin
Bonlieu
chez Latorse
la Chapelle
le Champanais
chez Pierre Lys
chez Delavaud
le Logis du Pin
chez Gabard
la Mon Neuve
chez Sorin
la Forêt
chez Drouillard
chez Jean Gros
France
le Pin
chez Jean Lys
chez Fleuret
les Burettes
le Clône
Moulonges
D 146
Bois
Barde
le Chavan
la Tuilerie
chez Bascle
la Paublière
D 143
le Bizet
Coop.
St-Genis-de-Saintonge
chez Gabory
St Révérend
le Creuset
les Ouzenauds
les Pits Bernards
chez Bonneau
la Romade
le Luth
la Bourrelière
D 2
Institut médico-prof.
le Seutre
chez Papin
les Bourgeais
les Grds Bernards
la Lambinerie
Tende
Tête-Vert
le Mon de la Tonnelle
Scie
Chau de Plassac
la Loge
les Ro
l'Aiguillon
P. de Rouston
Chassac
Chau d'eau
chez Mars
le Grd
le Pit
Domne de Fontraud
Logis de St Antoine
Ecole d'Agre
le Souillard
Plassac
St Antoine
D 253
la Verrerie
chez Savary
Fombelle
le Pontet
le Pit
le Grd
Marvillard
chez Poislane
chez Baurion
chez Baurut
la Corne de Cerf
St Julien Chau
Ségord
chez Ravet
la Mon Neuve
le Tort
chez Clion
le Touilloux
les Landes
la Tenaille
le Pont
D 252 E1
le Mon du Plessis
Chau de la Tenaille
chez Beuroy
le Maine Bonneau
chez Perreau
chez Rigolet
chez Gueffier
chez Giraudeau
les Arnaudeaux
la Tuilerie
le Touzinard
Chautignac
chez Doré
chez Trébuchet
chez Sablereau
la Griffonnerie
chez Guignet
D 148
chez Jouet
l'Etage
la Bergerie
chez Pabureau
Guérineau
0
1 km
Carte 1533
© IGN 1999
chez Joussant
chez Tancheraud
chez You
le Buchaud
Bois Charmant
chez Vieulle
Bourdejaud
la Giberderie
Bois-Rond
D 252
les Hilairets
le Bois Epais
la Fragnée
Consac
Couis
chez les Rois
chez Poirier
chez Massias
A 10

160 Emprunter la route à droite puis la route à gauche. Passer entre Le Logis-du-Pin et Chez-Gabard, puis prendre la route à gauche.

161 Suivre la route à droite, puis tourner à gauche (Sud-Est) et arriver au cimetière de Saint-Genis. Gagner à droite le bourg de **Saint-Genis-de-Saintonge**.

De Saint-Genis-de-Saintonge à Mirambeau   18 km   4 h 30

A Mirambeau :

162 Contourner **Saint-Genis-de-Saintonge** par la droite en passant près de la coopérative agricole. Traverser la D 2 et poursuivre par le chemin en direction du Sud-Ouest. Se diriger à droite vers Les Grands-Bernards.

163 Avant le hameau, partir à gauche, tourner à gauche, puis emprunter la route à droite sur 100 m en direction du Souillard, et se diriger à gauche pour gagner La Verrerie.

164 Entrer dans le bois en face, tourner à gauche (Sud-Est) et continuer en sous-bois sur 2 km. Traverser la N 137 *(prudence)* et poursuivre vers le château de la Tenaille.

165 Après le château, partir à droite le long de l'enceinte de la propriété. Prendre la route venant de Chez-Trébuchet à gauche puis la D 148 à gauche sur 100 m.

166 S'engager à droite sur le chemin qui s'enfonce dans la forêt et conduit au Bouchaud. Emprunter la D 153 à gauche sur quelques mètres puis, à droite, le chemin ouvert qui se dirige vers des vignes. Suivre la D 252 à gauche sur 400 m.

Église de Saint-Genis-de-Saintonge. *Photo CDCHSV.*

Courbet et Corot, amoureux des paysages de Saintonge

Au cours de l'été 1862, Gustave Courbet et Jean-Baptiste Corot sont les hôtes du fils d'un riche notaire en son château de Rochemont, près de Saintes, Etienne Baudry. Ensemble, ils vont sur les chemins bordant la Boutonne, armés de leur pliant, boîte et chevalet. Courbet parle de la Saintonge comme du *« plus beau pays qu'on puisse voir »*, tandis que Corot la voit comme ses Champs-Elysées : *« Quand j'aurai quitté la vie »* dira-t-il, *« c'est là que viendra errer ma pauvre ombre. Ce sera ma promenade éternelle ! »*. Inspirés par les paysages saintongeais, les deux peintres se plaisent à brosser de concert la nature qui les environne. Là où Courbet dessine les gabarres sur la Charente, Corot s'attache à croquer les parterres de fleurs. Ils peindront par exemple la même *Vue de Saintes*, Corot s'appliquant à une description classique et naturaliste, tandis que son ami se distingue par son réalisme coloré. Courbet restera une année entière, brossant notamment les bords de Charente et ces dames de la bourgeoisie locale. En 1863, l'hôtel de ville de Saintes accueille une exposition de ses œuvres à l'initiative d'Etienne Baudry.

A Saintes, Courbet fait la connaissance du peintre Louis-Augustin Auguin. Originaire de Rochefort, puis formé à Paris dans l'atelier de Coignet, disciple de Corot, Auguin a élu domicile à Port-Berteau, à proximité de Saintes. Après avoir participé activement à la révolution de 1848, il vient travailler à Saintes, où il rencontrera les deux artistes parisiens.

Paysage, école française du 19e siècle, huile sur toile de Corot, conservée au musée Bernard d'Agesci. *Photo B. Renaud, musées de Niort.*

Sur les pas des pèlerins à travers la Haute Saintonge

Après l'étape de Pons, les jacquets se dirigeaient vers Mirambeau. Sur cet itinéraire, le village de Belluire offre son église romane aux lignes épurées qui abrite une intéressante statuette de saint Jacques du 17e siècle. Plus au sud, Plassac se distingue par sa tour du Pèlerin. Certains pieux voyageurs choisissaient sans doute la route de Jonzac pour visiter le sanctuaire d'Avy-en-Pons dont une chapelle latérale présente une peinture murale de dévotion du 14e siècle. On y voit des pèlerins armés de bourdons, agenouillés devant une Vierge protectrice à l'Enfant. A hauteur de Petit-Niort, une croix de carrefour sculptée de coquilles du 19e siècle porte quatre statues dont un saint Roch représenté en pèlerin. Après Petit-Niort, les pèlerins choisissaient de poursuivre leur route vers Bordeaux ou de se diriger vers Blaye où les attendait l'épreuve périlleuse de la traversée de la Gironde, ainsi en témoigne la Grande chanson des pèlerins :

« *Quand nous fûmes au port de Blaye Près de Bordeaux [...] Marinier passe promptement De peur de la tourmente* » [1]

[1] *Cancionero de los perestroïkas de Santiago*, de Pedro Etchevarria Bravo.

Statue de saint-Roch à Plassac. *Photo CDCHS/C. Menier.*

Un pèlerin du 15e siècle à Plassac

De retour de Galice en 1489, le marchand flamand Jean de Tournai s'arrête à Plassac pour la nuit. Alors qu'il s'apprête à se coucher, l'hôtelier découvre que le Flamand est un pèlerin au long cours qui a déjà visité les sanctuaires de Rome, Jérusalem et Saint-Jacques en Galice. Sur-le-champ, il insiste pour rembourser le repas du voyageur et lui fait apporter un second souper accompagné de son meilleur vin.

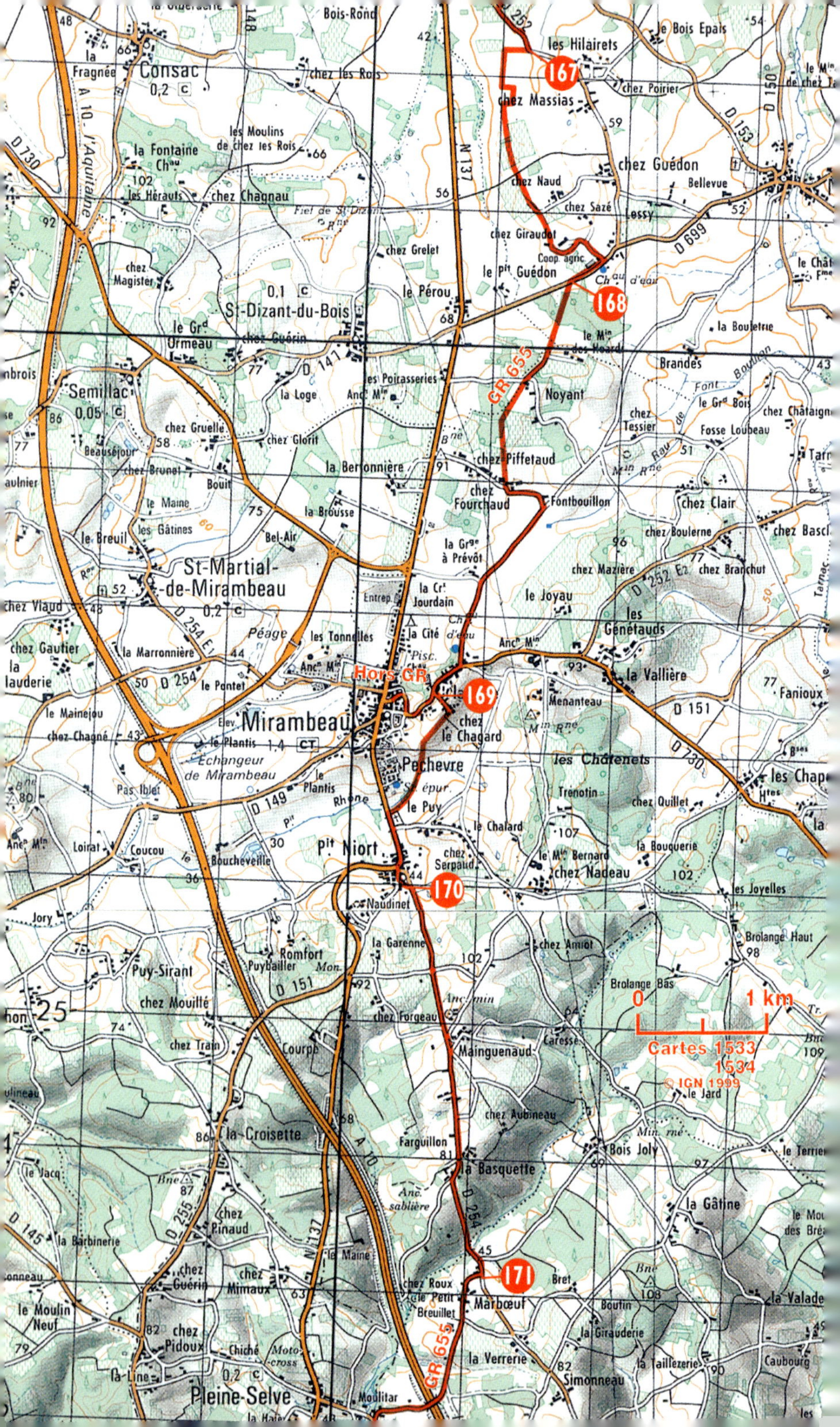

167
168
169
170
171
Hors GR
GR 655
0
1 km
Cartes 1533
1534
© IGN 1999
les Hilairets
chez Massias
le Bois Epais
chez Poirier
chez Guédon
Bellevue
Lessy
chez Naud
chez Sazé
chez Giraudet
Coop. agric.
le Pᵗ Guédon
Chᵃᵘ d'eau
la Bouterie
Brandes
Noyant
le Grᵈ Bois
chez Tessier
Fosse Loubeau
chez Châtaigne
chez Piffetaud
Fontbouillon
chez Fourchaud
chez Clair
chez Boulerne
chez Mazière
chez Branchut
le Joyau
les Génétauds
la Vallière
Fanioux
Menanteau
chez le Chagard
les Châtenets
Trenotin
chez Quillet
les Chapelles
la Bouquerie
chez Nadeau
le Mⁱⁿ Bernard
les Joyelles
Brolange Haut
Brolange Bas
chez Amiot
Caresse
le Jard
Bois Joly
la Gâtine
le Terrier
la Valade
Boutin
la Giraudière
la Taillezerie
Caubourg
Simonneau
Bret
Marbœuf
la Verrerie
chez Roux
le Petit Breuillet
la Basquette
Farguillon
chez Aubineau
Mainguenaud
chez Forgeau
la Garenne
Naudinet
Pᵗ Niort
chez Serpaud
le Chalard
le Puy
Pechevre
Mirambeau
Echangeur de Mirambeau
le Plantis
Pas Iblet
Loirat
Coucou
Boucheveille
Romfort
Puybailler
Puy-Sirant
chez Mouillé
chez Train
Courpe
la Croisette
le Jacq
chez Pinaud
la Barbinerie
chez Guérin
chez Mimaux
le Maine
le Moulin Neuf
chez Pidoux
Chiché
Moto-cross
la Line
Pleine-Selve
Moulitar
Anc. sablière
les Tonnelles
la Cité
la Crᵗ Jourdain
Entrep.
Péage
la Marronnière
le Pontet
le Mainejou
chez Chagné
chez Gautier
chez Viaud
St-Martial-de-Mirambeau
le Breuil
les Gâtines
le Maine
Bel-Air
la Brousse
la Bertonnière
Bouit
chez Brunet
Beauséjour
chez Gruelle
chez Glorit
Semillac
la Loge
les Poirasseries
St-Dizant-du-Bois
le Grᵈ Ormeau
chez Guérin
chez Magister
le Pérou
chez Grelet
Fief de St-Dizant
chez Chagnau
les Hérauts
la Fontaine
les Moulins de chez les Rois
chez les Rois
Consac
la Fragnée
Bois-Rond
A 10 l'Aquitaine
N 137
D 730
D 699
D 141
D 254
D 151
D 149
D 255
D 145
D 252 E2

167 Prendre à droite (plein Ouest) le chemin herbeux sur 250 m puis, à gauche (Sud), le chemin de terre qui zigzague entre les vignes sur plus de 1,5 km *(suite à un remembrement réalisé en 2001)*. Poursuivre par une petite route qui débouche sur la D 699, près d'une coopérative agricole. Emprunter la route à droite sur 150 m.

168 Rejoindre à gauche un petit bois, le traverser, puis monter en direction de Noyant. Par un chemin herbeux en lisière, se diriger vers Chez-Piffetaud. Prendre la route à gauche, passer Fontbouillon, puis emprunter la route à droite et continuer jusqu'au château d'eau de Mirambeau. Suivre la D 730 à droite *(prudence !)* sur 250 m vers l'entrée Est de **Mirambeau**.

▶ Par la D 730 à droite, possibilité de gagner le centre de Mirambeau situé à 800 m.

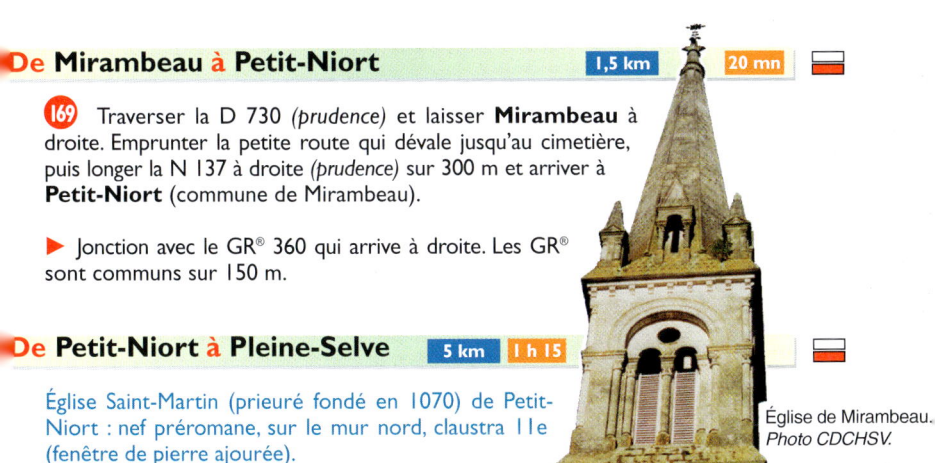

De Mirambeau à Petit-Niort   1,5 km   20 mn

169 Traverser la D 730 *(prudence)* et laisser **Mirambeau** à droite. Emprunter la petite route qui dévale jusqu'au cimetière, puis longer la N 137 à droite *(prudence)* sur 300 m et arriver à **Petit-Niort** (commune de Mirambeau).

▶ Jonction avec le GR® 360 qui arrive à droite. Les GR® sont communs sur 150 m.

De Petit-Niort à Pleine-Selve   5 km   1 h 15

Église Saint-Martin (prieuré fondé en 1070) de Petit-Niort : nef préromane, sur le mur nord, claustra 11e (fenêtre de pierre ajourée).

Église de Mirambeau.
Photo CDCHSV.

170 Contourner l'église de **Petit-Niort** par le Sud.

▶ Le GR® 360 part à gauche.

Prendre à droite la D 254 sur 2,5 km.

171 Par Marbœuf, partir plein Ouest sur la route qui descend vers l'A 10 et qui passe au-dessus de l'autoroute. Par des changements de direction à gauche puis à droite, arriver à la limite départementale entre la Charente-Maritime et la Gironde, près de **Pleine-Selve**.

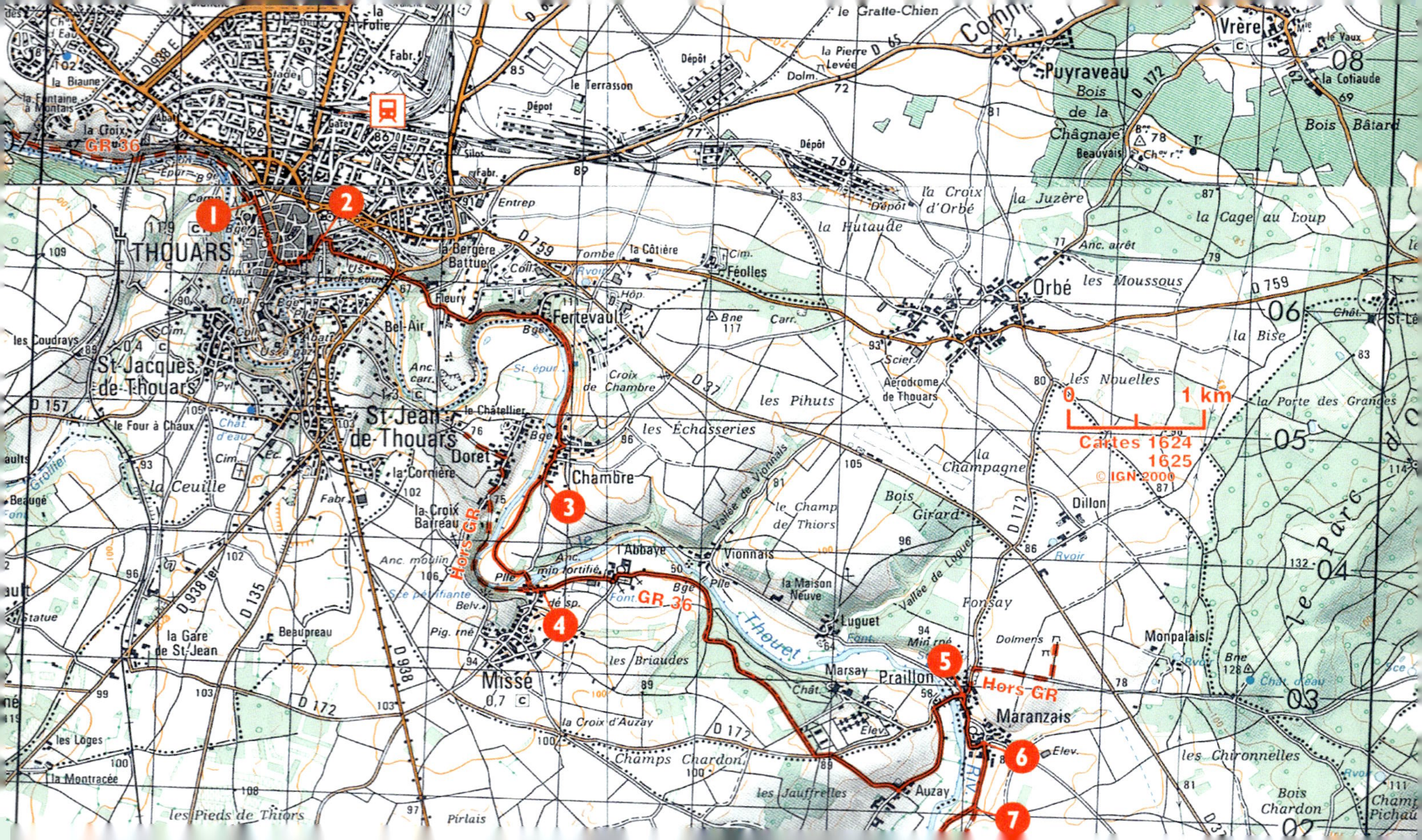
THOUARS
St-Jacques de Thouars
St-Jean de Thouars
Fertevault
Chambre
Missé
Praillon
Maranzais
Auzay
Orbé
Puyraveau
Vrère
Luguet
Vionnais
Marsay
Doret
GR 36
Hors GR
Thouet
0
1 km
Cartes 1624
1625
© IGN 2000
1
2
3
4
5
6
7

Les itinéraires

Le sentier GR® 36
La voie secondaire Ouest de Thouars au bois Bréchou

▶ Le GR® 36 (Sentier Manche-Pyrénées) vient du port de Ouistreham en Normandie. Par Caen, Le Mans, Saumur et Montreuil-Bellay, il atteint Thouars.

De **Thouars à Maranzais**   11 km   2 h 45

A Thouars :
A Praillon :
A Maranzais :

❶ Partir *(sans balisage)* de l'Office de Tourisme de **Thouars**, place Flandres-Dunkerque, et rejoindre, à l'arrière de la poste, le GR® qui débouche de la Grande-Côte-de-Crevant. A l'angle Sud-Est du parc floral Imbert *(espèces rares, point de vue sur la vallée du Thouet)*, descendre dans le centre ancien par les rues Pascal, Drouyneau-de-Brie et de l'Hôtel-de-Ville *(à l'arrière, église Saint-Laon)* pour gagner la place de l'Eglise-Saint-Médard *(possibilité d'accéder au château par la rue du Château, maisons à pans de bois)*.
Longer l'église par la gauche, suivre les rues du Grenier-à-Sel, Bernard-Palissy *(point de vue sur la vallée du Thouet)* puis Félix-Gélusseau et passer au pied de la tour de Galles.

❷ Sortir de la ville par la rue de la Mare-aux-Canards, passer sous la D 938 puis emprunter la rue du Moulin-de-Fertevault jusqu'à Fertevault. Poursuivre par le chemin empierré de Bateloup qui conduit à Chambre. Laisser toutes les routes à gauche.

❸ Prendre à droite le chemin qui devient herbeux, puis franchir à droite le pont de Missé.
A côté du pont, rive gauche, le moulin fortifié 15e fut construit, dit la légende, par un seigneur de Thouars pour remercier l'accorte meunière de son accueil chaleureux...

▶ Hors GR à 2 km : gîte de groupe du Châtelier : voir tracé sur carte.

❹ Tourner à gauche vers la mairie et passer près de l'église *(clocher-mur)*.
Des coquilles Saint-Jacques, sculptées à la base d'un pilier de l'église, attestent du passage des pèlerins à Missé (Villa Miseria en 973).

La route se rapproche du Thouet puis devient un chemin empierré qui s'élève, traverse le bois d'Enfer et longe le mur du parc du château de Marsay *(19e)*. Emprunter à gauche la D 172 sur 100 m *(panorama sur la vallée du Thouet et, à l'Est, le parc d'Oiron)*, puis descendre à droite. A Auzay, tourner à gauche, franchir le Thouet et arriver à Praillon.

▶ Possibilité de gagner le site des mégalithes situé à 1 km *(voir tracé en tirets sur la carte)*. Taizé est la commune des Deux-Sèvres la plus riche en mégalithes, dont cinq dolmens qui constituent une nécropole datant d'environ 4000 ans avant J.-C.

❺ Virer à droite, aller à droite vers la chapelle et gagner le carrefour de **Maranzais**.

Clins d'œil jacquaires au fil de la vallée du Thouet

Aux grandes heures du pèlerinage compostellan, les Angevins, les Bretons, les Normands et les Anglais avaient la possibilité de rejoindre la via Turonensis en empruntant une branche parallèle reliant Thouars, Parthenay, Niort, avant de rallier Aulnay ou Saint-Jean-d'Angély. Un certain nombre de commanderies, monastères, aumôneries, jadis implantés le long de cet itinéraire en Deux-Sèvres, des églises et chapelles sous le patronage de Saint-Jacques, attestent de l'importance et de la fréquentation de cette voie dite secondaire.

Dormant dans l'ombre du château des ducs de La Trémoïlle, Thouars, l'ancienne citadelle du Thouet, offre au visiteur son dédale de ruelles ponctuées de maisons à pans de bois, tandis qu'aux toitures alternent tuiles romanes et ardoises angevines. Malgré d'excessives restaurations au 19e siècle, l'église Saint-Médard, à la fois romane et gothique, a gardé son portail roman aux quatre voussures sculptées, en cintre brisé. A la porte nord, un arc outrepassé et polylobé rappelle bien d'autres portails ornant les églises de Poitou et de Charente. L'église Saint-Laon se distingue par son très beau clocher roman carré. Pour sortir de la ville, les pèlerins avaient à franchir le Thouet par le gué Saint-Jacques qui se trouvait justement au pied d'un prieuré dont subsiste l'église romane Saint-Jacques de Thouars du 11e siècle. On s'accorde à penser que le prieuré recevait les pèlerins de Saint-Jacques. A l'est de la ville, l'abbaye de La Madeleine accueillait elle aussi les pieux voyageurs.

Église Saint-Médard à Thouars. *Photo P.Wall/CG 79.*

La Gâtine, berceau de la Reinette de Parthenay

Au Moyen Age déjà, pèlerins et voyageurs pouvaient trouver, en traversant la Gâtine, nombre d'arbres fruitiers poussant à l'état sauvage. Au fil du temps, les habitants de la région «apprivoisèrent» certaines races de pommes pour se nourrir, parmi lesquelles la pomme Clochard. Cette pomme du terroir par excellence appelée aussi Reinette de Parthenay est un peu le vilain petit canard de toutes les pommes. Rustique, avec sa peau jaune et rugueuse, c'est une petite pomme sucrée, légèrement acidulée, qui se conserve particulièrement bien. Cette variété se cueille sur des pommiers à hautes tiges. Sur les marchés de la Gâtine, on l'apprécie pour son calibre, sa résistance et sa belle coloration. A la saison froide, un lit de fagots et une couche de paille suffisent à la protéger. Depuis l'introduction des variétés américaines dans les années 60, elle est fréquemment croisée avec la golden, beaucoup plus productive.

Pommes Clochard. *Photo P.Wall/CG 79.*

Les melons du Thouarsais, du Cantaloup au Charentais

Melons. *Photo P.Wall/CG 79.*

Depuis quelques décennies, le Poitou-Charentes a mis l'accent sur la production de melons pour tenter de compenser la diminution des revenus agricoles. Alors que le melon était présent en Europe au Moyen Age, il en disparut pour y revenir au 15e siècle, rapporté d'Italie par Charles VIII sous le nom de Cantaloup. D'abord cultivé dans le Midi, il sera ensuite exploité sur les terres argilo-calcaires du Haut Poitou, notamment entre Thouars et Loudun. Aujourd'hui, le Poitou-Charentes assure le quart de la production nationale de melon.
Bien rond, le Cantaloup-Charentais a l'écorce lisse et les côtes marquées. Sa chair orangée est particulièrement juteuse, sucrée et parfumée.

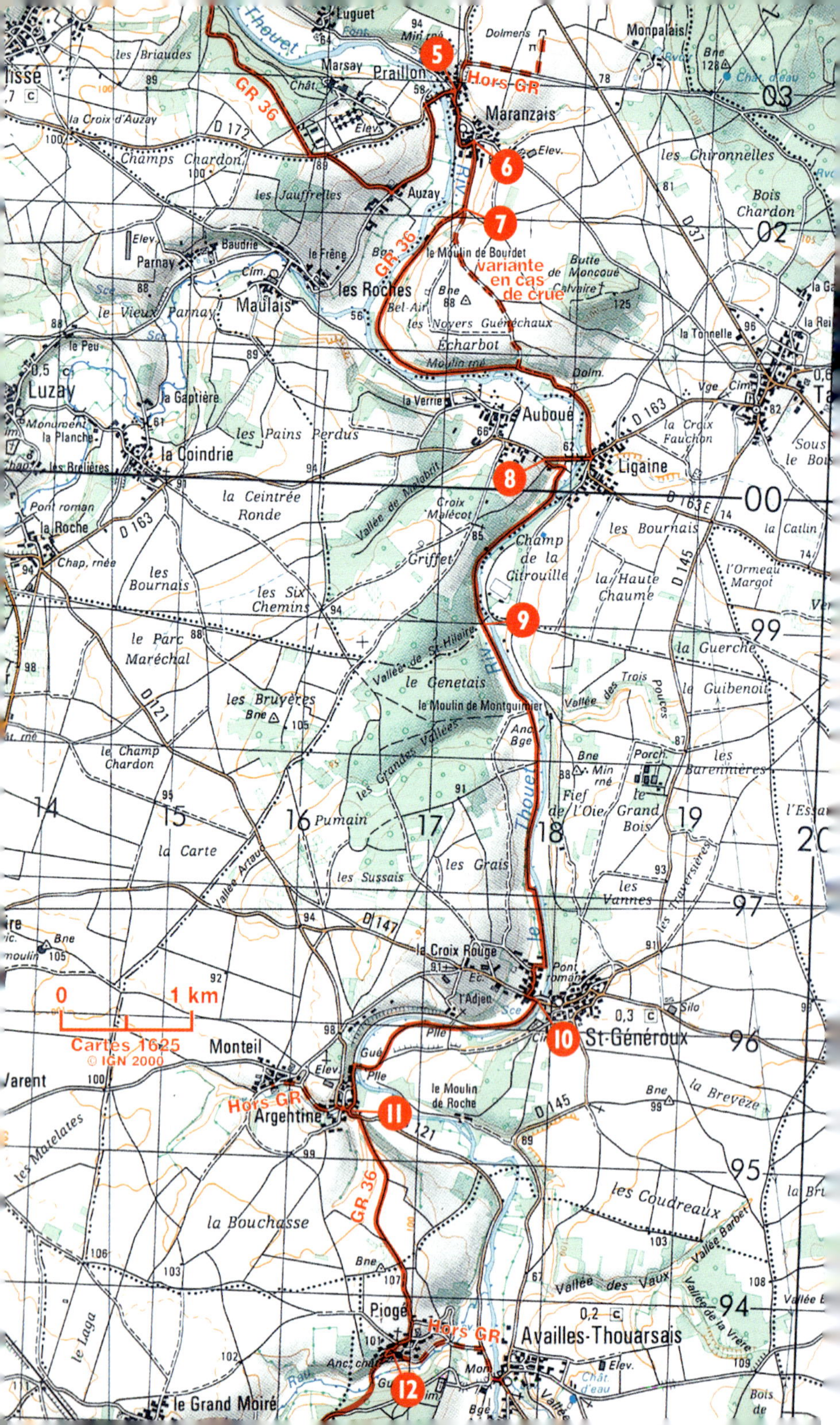

Luguet
Thouet
Dolmens
Monpalais
Marsay
Praillon
Hors GR
GR 36
Maranzais
Auzay
les Briaudes
la Croix d'Auzay
Champs Chardon
les Jauffrelles
les Chironnelles
Bois Chardon
Parnay
Baudrie
le Frêne
le Moulin de Bourdet
variante en cas de crue
Butte de Moncoué
Maulais
les Roches
le Vieux Parnay
les Noyers
Guéchaux
Échabot
la Tonnelle
Luzay
la Gaptière
la Verrie
Auboué
la Coindrie
les Pains Perdus
les Brelières
la Croix Fauchon
Ligaine
la Ceintrée Ronde
Pont roman
la Roche
Croix Malécot
Vallée de Malabrit
Griffet
Champ de la Citrouille
les Bournais
la Haute Chaume
les Six Chemins
l'Ormeau Margot
le Parc Maréchal
la Guerche
Vallée de St-Hilaire
le Genetais
le Moulin de Montguimier
les Bruyères
le Guibenoit
Vallée des Trois Poules
le Champ Chardon
les Grandes Vallées
les Barennières
Fief de l'Oie
le Grand Bois
Pumain
la Carte
les Sussais
les Grais
Vallée Artaud
les Vannes
les Traversières
la Croix Rouge
l'Adjeu
0
1 km
Cartes 1625
© IGN 2000
Monteil
St-Généroux
Argentine
le Moulin de Roche
la Brevèze
les Matelates
la Bouchasse
les Coudreaux
Vallée des Vaux
Vallée Barbet
Vallée de la Vrère
Piogé
Availles-Thouarsais
le Laga
le Grand Moiré

De **Maranzais** à **Saint-Généroux** 9 km 2 h 15

A Saint-Généroux :

6 Au carrefour de **Maranzais** (puits), tourner à droite et arriver à une patte d'oie.

▶ Variante en cas de crue du Thouet (voir tracé en tirets sur la carte). A l'Est, la butte témoin de Moncoué a été protégée de l'érosion par le grès du sommet.

7 Partir à droite vers les ruines du moulin de Bourdet. Le chemin décrit une courbe, puis longe la rivière (arrivée de la variante) au pied du coteau et gagne Ligaine. Franchir le Thouet et poursuivre par la D 163 sur 250 m.

8 Partir en angle aigu à gauche (ancien four à chaux) pour retrouver le Thouet, en rive gauche. Le chemin herbeux, bordé de peupliers, croise le chemin de Saint-Hilaire (ancienne voie gallo-romaine de Poitiers à Nantes ; bateau à chaîne).

Saint Hilaire, premier en date des pères de l'Église Latine, a évangélisé le Poitou. Evêque de Poitiers en 353, sa renommée et son autorité furent considérables. Il meurt en 367. Sur son tombeau, aussitôt vénéré, s'élèvera l'église Saint-Hilaire-le-Grand à Poitiers. Son culte est demeuré vivace dans la région comme en témoignent les chemins qui portent son nom ou les nombreuses églises qui lui sont consacrées.

9 Poursuivre plein Sud pour atteindre, entre deux murets de pierres sèches, le bourg de **Saint-Généroux** (maisons restaurées).

De **Saint-Généroux** à **Piogé** 4 km 1 h

Généroux, moine de Saint-Jouin-de-Marnes, s'est retiré au bord du Thouet jusqu'à sa mort, en 521. Les pèlerinages sont à l'origine du développement du bourg et de l'église préromane 9e-10e, du pont roman 13e.

10 Juste avant les ponts de **Saint-Généroux**, emprunter le chemin qui suit la rive gauche du Thouet, franchit par deux fois la rivière sur des passerelles et arrive à Argentine (les hauteurs des crues sont portées sur le mur d'un ancien moulin).

▶ Possibilité de gagner Monteil dans la vallée à droite à 500 m.
Source dont le bassin alimentait un aqueduc de 8 km, suivant la rive gauche du Thouet et desservant les villas gallo-romaines d'Auboué. Ancien hôtel de la Prévoté.

11 Quitter le village par la D 121 sur 100 m, puis monter à droite le long de la ligne de crête (point de vue, à l'Est, sur des vallées sèches et des plantations de chênes truffiers). Le chemin bascule ensuite vers **Piogé**. Aller à droite, puis suivre la rue du Château qui dévale vers l'ancien château féodal (détruit par Philippe Auguste en 1207, il a gardé une porte en plein cintre entre deux tours rustiques, propriété privée).

▶ Possibilité de rejoindre Availles-Thouarsais situé à 1 km sur l'autre rive (voir tracé en tirets sur la carte). Église d'Availles-Thouarsais 12e, lavoir et fontaine Saint-Hilaire, vallée sèche aménagée de Fourbeau.

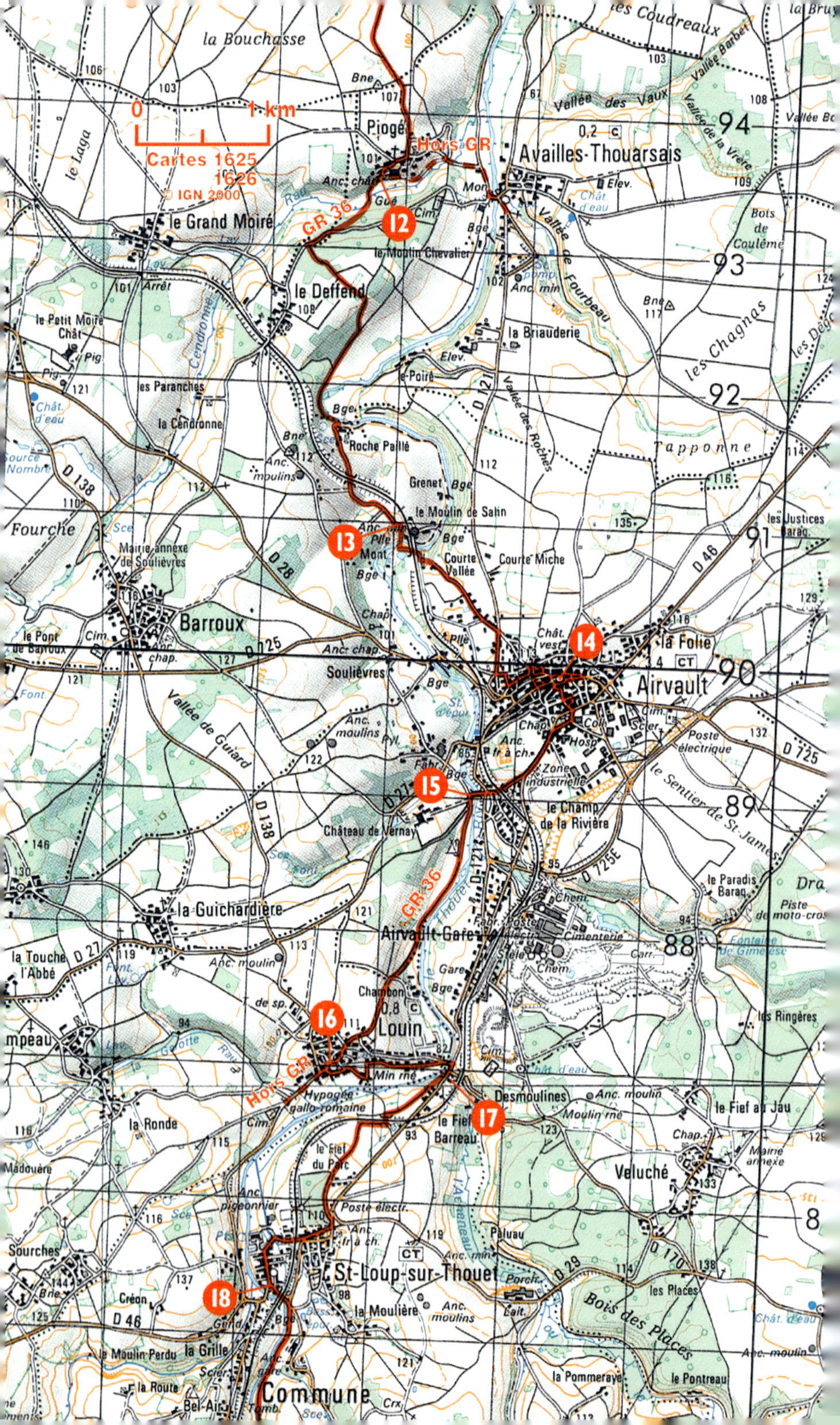

la Bouchasse
0 1 km
Cartes 1625
1626
© IGN 2000
Piogé
Hors GR
Availles-Thouarsais
Vallée des Vaux
12
GR 36
le Grand Moiré
le Moulin Chevalier
le Deffend
Vallée de Fourbeau
la Briauderie
le Petit Moiré
les Paranches
la Cendronne
le Poiré
les Chagnas
Tapponne
Roche Paillé
Grenet
le Moulin de Salin
13
Fourche
Mairie annexe de Soulièvres
Courte Vallée
Courte Miche
les Justices
Barroux
14
la Folie
Airvault
le Pont de Barroux
Soulièvres
Vallée de Guiard
15
Zone industrielle
le Champ de la Rivière
le Sentier de St-James
Château de Vernay
GR 36
la Guichardière
Airvault-Gare
Cimenterie
le Paradis
la Touche l'Abbé
les Ringères
16
Louin
Chambon
Hors GR
Hypogée gallo-romaine
Desmoulines
17
le Fief au Jau
la Ronde
le Fief Barreau
le Fief du Parc
Veluché
Sourches
Paluau
St-Loup-sur-Thouet
18
Créon
la Moulière
les Places
Bois des Places
le Moulin Perdu
la Grille
la Pommeraye
le Pontreau
la Route
Bel-Air
Commune

De Piogé à Airvault   6 km 1 h 30

A Airvault :

12 Obliquer à droite devant le château de **Piogé**, descendre, franchir la Cendronne, puis remonter. Emprunter la petite route à droite sur 180 m, puis monter à gauche dans le bois. Descendre à droite dans la vallée du Thouet et atteindre l'ancien moulin de Roche-Paillé. Monter par la petite route, passer sous le pont ferroviaire, puis rejoindre un passage à niveau, près du site de l'ancien moulin à vent de Salin.

13 Ne pas traverser la voie ferrée, mais descendre à droite par le sentier rocailleux qui conduit à la passerelle du viaduc de Monts sur le Thouet. Peu après le pont, monter à gauche sous la ligne de chemin de fer et arriver à Courte-Vallée *(camping)*. Continuer par la petite route qui mène à un lotissement et permet de gagner les quartiers anciens d'Airvault par la rue Tartifume, la rue de la Chapelle-Saint-Jérôme *(point de vue)* et la porte Saint-Jérome *(bien suivre le balisage)*. Une série de ruelles et d'escaliers conduit au cœur d'**Airvault**.

D'Airvault à Saint-Loup-sur-Thouet   8 km 2 h

A Saint-Loup-sur-Thouet :

Airvault : cité médiévale construite sur les rives escarpées du ruisseau de la Fontaine, château (privé) 13e, église abbatiale Saint-Pierre 10e-13e (narthex roman, nef de style angevin aux chapiteaux historiés, enfeu de Pierre de Sainte-Fontaine, autel roman), musée des Arts et Traditions populaires dans l'ancienne abbaye commencée en 990, fontaine souterraine et parvis restaurés, halles 19e.

14 Quitter le parvis de l'église d'**Airvault** par le haut de la place et la rue du Dépôt-à-Sel pour contourner l'édifice. Par de petites rues et escaliers, gagner la place des Promenades et la chapelle des Trois-Marie. Prendre la rue de Saint-Loup *(qui sépare les vestiges de la chapelle et de l'aumônerie Saint-Jacques où étaient accueillis les pèlerins de Compostelle)*. Descendre par la petite rue de la Croix-Barbouine et franchir le pont de Vernay sur le Thouet *(construit par les moines d'Airvault au 13e siècle, il doit son surnom de «pont viré» à une légende de la fée Mélusine qui l'aurait changé de sens d'un coup de pied)*.

15 Au bout du pont, prendre à gauche le chemin qui passe entre le camping municipal et la rive gauche du Thouet puis qui s'élève sur le coteau. Poursuivre en face au carrefour de la Croix Barrault et parvenir à une croix (1836), rue du Gué-aux-Loups *(point de vue sur l'ancien terril aménagé de la cimenterie d'Airvault)*. Dévaler en face la rue du Four-Banal jusqu'à l'église Saint-Martin, de Louin *(café)*.

▶ Possibilité de voir l'hypogée de Louin, à 400 m.
Hypogée gallo-romain 4e (chambre funéraire à deux sarcophages, semi enterrée et surmontée des substructures d'un ancien temple hexagonal).

16 Prendre la rue des Genêts à gauche, puis la rue des Rivières. Près du moulin ruiné *(pas de gué)*, se diriger vers le pont de Desmoulines *(car)* et franchir le Thouet. Suivre la D 46 à droite *(prudence !)* sur 150 m.

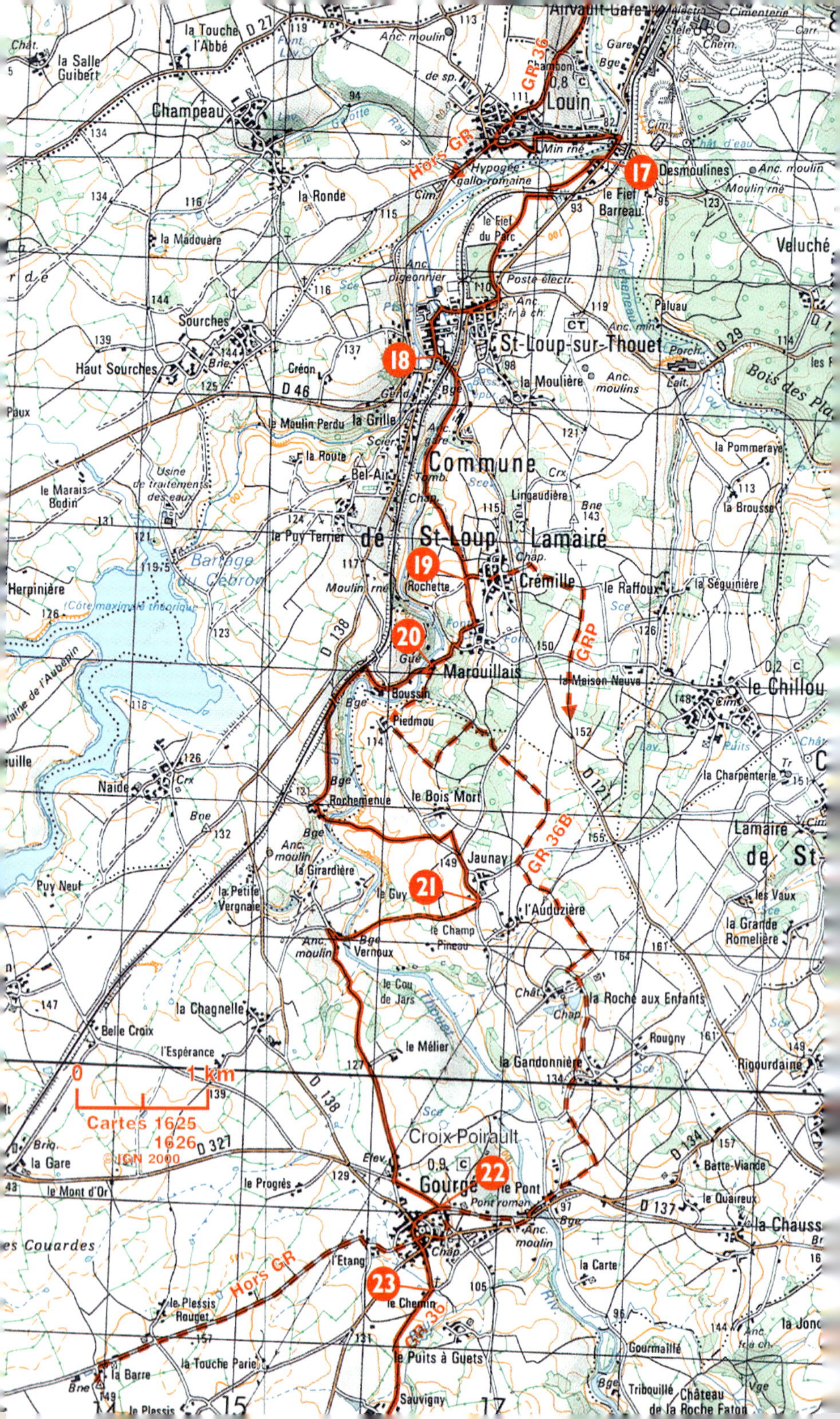
GR 36
Louin
Hors GR
17
Desmoulines
le Fief Barreau
le Fief du Parc
Veluché
Champeau
la Touche l'Abbé
la Salle Guibert
la Ronde
la Madouère
Sourches
Haut Sourches
Créon
D 46
18
St-Loup-sur-Thouet
la Moulière
Paluau
D 29
Bois des Pla
la Grille
le Moulin Perdu
la Route
Bel-Air
Usine de traitements des eaux
le Marais Bodin
Commune
de
St-Loup
Lamairé
le Puy Terrier
Barrage du Cébron
la Pommeraye
la Brousse
Lingaudière
19
Rochette
Crémille
le Raffoux
la Séguinière
Herpinière
20
Gué
Marouillais
GRP
la Maison Neuve
le Chillou
D 138
Boussin
Piedmou
la Charpenterie
Naide
Rochemenue
le Bois Mort
GR 36B
D 121
Lamaire
de
St
Jaunay
la Girardière
21
le Guy
l'Audouzière
les Vaux
la Grande Romelière
Puy Neuf
la Petite Vergnaie
le Champ Pineau
Vernoux
le Cou de Jars
la Roche aux Enfants
la Chagnelle
Belle Croix
l'Espérance
le Mélier
Rougny
la Gandonnière
Rigourdaine
0
1 km
Cartes 1625
1626
© IGN 2000
Croix Poirault
22
Gourgé
le Pont
Pont roman
Batte-Viande
le Quaireux
la Chauss
D 327
la Gare
le Mont d'Or
le Progrès
D 137
D 134
es Courardes
l'Etang
Hors GR
23
le Chemin
la Carte
le Plessis Rouget
la Touche Parie
le Puits à Guets
Gourmaillé
la Jonc
la Barre
le Plessis
Sauvigny
Triboullé
Château de la Roche Faton

17 S'engager sur le chemin herbeux à droite. Il passe à l'arrière du Fief-Barreau, puis sous le pont ferroviaire et longe un lotissement. Prendre la D 46 à droite sur 20 m et descendre à droite par la Grand'rue de Brard. Franchir le passage à niveau, dépasser l'orangerie et le château puis emprunter la rue médiévale Théophane-Vénard qui mène à l'église de **Saint-Loup-sur-Thouet**.

De **Saint-Loup-sur-Thouet** à **Rolland** 3,5 km 1 h

Saint-Loup : cité de caractère, autrefois fortifiée, parfois inondée. Rue médiévale restaurée, musée Théophane-Vénard, place des Poulies des anciens tisserands. L'ensemble (privé) du château à la française 17e (orangerie, parc, gloriette et jardins) est restauré avec le souci de respecter les archives du 18e siècle, donjon remanié au 15e.

18 Quitter la place de la Mairie de **Saint-Loup-sur-Thouet** par la D 121 et passer le pont ferroviaire. Tourner à droite pour suivre la rive droite du Thouet au plus près sur 1 km. Le sentier s'élève et parvient au niveau de Crémille.

▶ Séparation du GR® de Pays des *Marches de Gâtine* qui monte vers Crémille *(chapelle Saint-Michel de 1501 avec croix, clocheton et fresque)* et conduit, dans la Vienne, à Chalandray où il rejoint le GR® de Pays de *Vouillé-la-Bataille*.

19 Poursuivre par le chemin qui mène à Marouillais. Tourner à droite pour gagner le bas du village puis, à gauche, vers l'ancien moulin à farine de **Rolland**.

▶ Variante en cas de crue *(traversée du gué impossible)* par le GR® 36B (7 km, 1 h 45) : 100 m en amont du moulin de Rolland, partir à gauche et, par le bois de Beauflux, le château de la Roche-aux-Enfants et le pont roman, rejoindre l'itinéraire principal au carrefour de la Croix Poirault *(balisage blanc-rouge)*.

De **Rolland** à **Gourgé** 7 km 1 h 45

A Gourgé :

20 A **Rolland**, bifurquer à droite et franchir le gué « pierré » *(typique du cœur de la vallée du Thouet)*. En rive gauche, le chemin monte vers Boussin, laissant un chemin à droite. Passer deux fois sous la voie ferrée et parvenir à Rochemenue. Utiliser le gué « pierré » qui permet de gagner la rive droite et monter par le chemin empierré. Couper la route et effectuer un crochet au Nord sur un sentier ombragé de grands chênes. Poursuivre par la route et bifurquer à droite avant Jaunay *(vue : au Sud, sur le Terrier de Saint-Martin-du-Fouilloux (271 m, point culminant des Deux-Sèvres), à l'Ouest, sur les bois d'Amailloux et la vallée du Thouet, au Nord-Ouest, sur le lac du Cébron)*.

21 A la sortie de Jaunay, descendre à droite jusqu'au Thouet et franchir le gué « pierré » qui permet de gagner Vernoux. Au carrefour, prendre le chemin à gauche. Il se prolonge par une route. Au carrefour de la Pointe *(croix)*, emprunter à gauche l'ancien chemin de Saint-Hilaire et arriver à la croix Poirault, au Nord de **Gourgé**.

▶ Jonction avec le GR® 36B *(variante en cas de crue)* qui arrive en face.

▶ A 2,5 km à l'Ouest du bourg : hébergements au Plessis-Rouget et à La Barre.

La Fine Fleur parthenaise

Aux grandes heures du pèlerinage, la place du Vauvert résonnait chaque semaine du piétinement d'innombrables sabots lors du marché aux bestiaux de Parthenay. Par la suite, le marché se déplacera à plusieurs reprises dans l'enceinte de la ville. Il n'était pas rare qu'une bête plus futée que les autres parvienne à s'échapper, déclenchant une véritable corrida dans les rues de Parthenay… A l'époque, un cheptel de quelque 3 000 bovins prenait la route de Paris chaque mois, gardé par des chiens dressés, les *toucheurs de bœufs*. La *race de Parthenay* était alors particulièrement prisée pour sa robustesse légendaire, sa résistance aux maladies et ses qualités de laitière. Au 19e siècle, le marché prend place tous les mercredis hors des murs de fortification, près des anciens fossés. Après la Seconde Guerre mondiale, Parthenay devient le premier marché de France en bovins de boucherie et, en 1973, le marché aux bestiaux est une fois encore déplacé vers le champ de foire, dans des installations toutes neuves. Chaque mercredi, à 7 h 30, une animation intense s'empare de l'immense halle métallique, au milieu des rugissements assourdissants et des piétinements énervés. Armés de leur aiguillon, les hommes se frayent un chemin entre les impressionnants bestiaux, à la croupe couleur de blé et aux flancs généreux nourris à l'herbe grasse de la Gâtine. Les discussions vont bon train entre éleveurs et négociants. Depuis une vingtaine d'années, Parthenay a perdu un tiers de son activité. Face à la concurrence, la capitale de la Gâtine s'oriente désormais vers la production de viande de haute qualité, récompensée en 1994 par le label rouge Fine Fleur parthenaise.

Marché aux bestiaux de Parthenay.
Photo J.L. Neveu. Coll. UPCP-Métive/CERDO

Vaches parthenaises.
Photo P. Wall/CG 79

Angélique. *Photo P.Wall/CG 79.*

L'angélique ou l'herbe aux anges

Si l'angélique est cultivée de longue date dans les marais et prairies humides entourant Niort, certains pensent qu'elle serait arrivée dans nos contrées en provenance de Scandinavie, tandis que d'autres penchent plutôt pour la Syrie. De la famille des ombellifères, cette plante possède des vertus médicinales : stimulante, antispasmodique et favorisant l'élimination des toxines. On raconte qu'au Moyen Age, les populations utilisaient l'angélique pour se défendre contre la peste. La légende prétend également qu'elle pourrait allonger la durée de la vie. Par la suite, au 17e siècle notamment, l'angélique était cultivée dans les jardins des monastères pour concocter des infusions ou encore la laisser macérer dans de l'eau-de-vie.

Plus tard, des religieuses eurent l'idée de confire l'angélique pour en faire une friandise, sous forme d'une tige fibreuse d'un beau vert tendre. Cette longue herbe fibreuse, qui atteint plus de deux mètres de haut, possède des feuilles très découpées et une tige cannelée gravée de profonds sillons. Elle se sème en juillet, pour être transplantée en novembre et coupée l'été suivant, éventuellement en plusieurs récoltes.

Les Lapons la consomment cuite sous la cendre ou confite au vinaigre, les Chinois l'apprécient pour adoucir l'âcreté du gingembre. Aujourd'hui, c'est à Niort que l'on confectionne la plus réputée. Cette plante aromatique sert également à agrémenter brioches et galettes, chocolats, confitures et sorbets.

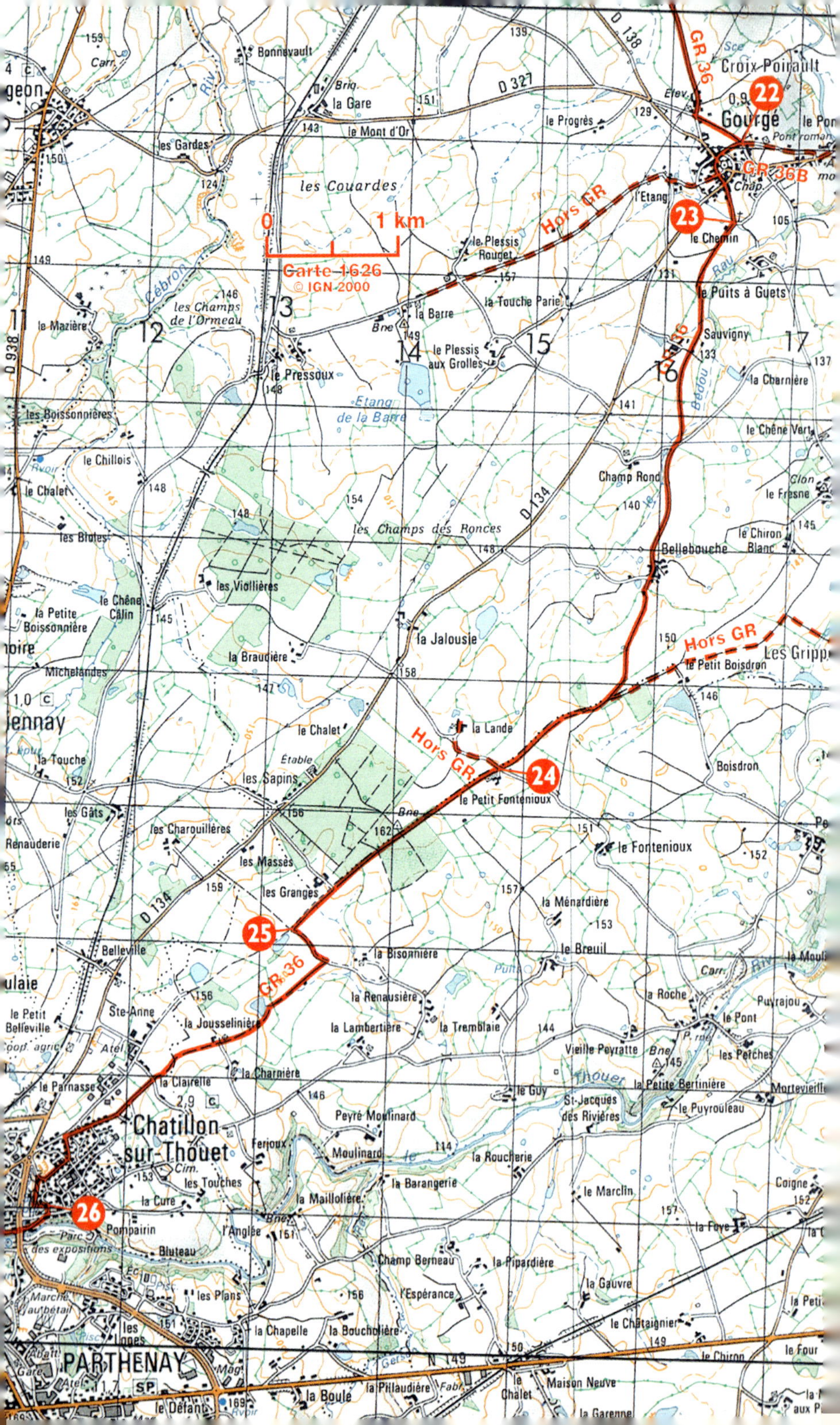

0
1 km
Carte 1626
© IGN 2000
GR 36
GR 36B
Hors GR
22
23
24
25
26
Croix Poirault
Gourgé
Pont roman
le Progrès
Bonnevault
la Gare
le Mont d'Or
les Gardes
les Couardes
l'Etang
le Chemin
le Plessis Rouget
la Touche Parie
le Puits à Guets
Sauvigny
la Barre
le Plessis aux Grolles
les Champs de l'Ormeau
le Mazière
le Pressoux
Etang de la Barre
la Charnière
le Chêne Vert
les Boissonnières
le Chillois
le Chalet
Champ Rond
le Fresne
les Champs des Ronces
les Blotes
le Chiron Blanc
Bellebouche
les Viollières
la Petite Boissonnière
le Chêne Câlin
la Jalousie
la Braudière
Michelandes
le Petit Boisdron
Les Gripp
la Lande
le Chalet
la Touche
les Sapins
Boisdron
le Petit Fontenioux
les Gâts
les Charouillères
le Fontenioux
Renauderie
les Massés
les Granges
la Ménardière
Belleville
le Breuil
la Bisonnière
la Renausière
la Roche
le Petit Belleville
Ste-Anne
la Jousselinière
la Lambertière
la Tremblaie
le Pont
Puyrajou
les Perches
Vieille Peyratte
le Parnasse
la Clairelle
la Charnière
le Guy
St-Jacques des Rivières
la Petite Bertinière
le Puyrouleau
Chatillon-sur-Thouet
Peyré Moulinard
Ferjoux
Moulinard
la Roucherie
les Touches
la Barangerie
la Cure
la Maillolière
le Marclin
Coigne
Pompairin
l'Anglée
la Foye
Parc des expositions
Bluteau
Champ Berneau
la Pipardière
les Plans
l'Espérance
la Gauvre
les Loges
la Chapelle
la Boucholière
le Châtaignier
PARTHENAY
N 149
le Chiron
le Four
la Boule
la Pillaudière
le Chalet
Maison Neuve
le Défant
la Garenne
D 938
D 327
D 138
D 134
Thouet
Cébron

De Gourgé à Châtillon-sur-Thouet   11 km   2 h 45

A Châtillon-sur-Thouet :

Gurgiacum en 898, construit sur une butte naturelle, Gourgé était une halte importante sur la branche Sud de la voie romaine Poitiers-Nantes, appelée localement chemin de Saint-Hilaire. L'église romane 9e-10e, de style préroman carolingien, est dédiée à saint Hilaire, évêque de Poitiers qui a évangélisé les populations au 4e siècle. Son « ballet », narthex extérieur, s'ouvre sur la place du village. A l'intérieur, les piliers de la nef sont ornés de peintures des armoiries de plusieurs seigneurs dont celles de Philippe de Commynes, conseiller de Louis XI. Sur la place, logis de la Vergnée 15e (tour polygonale et clocheton).

22 A la croix Poirault, monter à droite par la rue du Theil, et gagner le centre de **Gourgé**. De l'église, suivre, en bas de la place, la rue de la Commanderie (D 134) sur 200 m, puis tourner à gauche vers le hameau du Chemin *(construction traditionnelle en granit)*.

23 Prendre à droite le large chemin empierré, bordé de haies, qui longe le vallon du Bédou. A la patte d'oie de Champ-Rond, laisser à droite un étang et continuer à gauche par la petite route qui mène à Bellebouche. Poursuivre par le large chemin de terre sur 800 m.

▶ Accès au gîte de groupe des Grippeaux (à 2 km hors GR).

Bifurquer à droite (Sud-Ouest) et déboucher sur la route, à l'entrée du Petit-Fontenioux.

▶ Possibilité de gagner La Lande à droite, à 500 m.

Pierres tombales de l'ancienne chapelle de la commanderie de Saint-Georges de la Lande, fondée au 12e siècle par l'ordre du Temple pour accueillir les pèlerins de Saint-Jacques.

24 Continuer tout droit, traverser le bois privé des Sapins-de-la-Mare et suivre une allée bordée de chênes plusieurs fois centenaires.

25 Se diriger à gauche sur 400 m, puis emprunter à droite le chemin empierré qui débouche à La Clairelle et traverse un lotissement. Au bas de l'avenue Sainte-Anne, prendre à gauche l'avenue de l'Ermitage puis, à droite, la rue de l'Ebeaupin et entrer dans le jardin public de la vallée du Moulin-du-Milieu pour rejoindre *(bien suivre le balisage)* l'église Saint-Pierre de **Châtillon-sur-Thouet** *(construite sur la butte du château Mailloche, ancien oppidum gaulois).*

Le pont sur le Thouet à Gourgé.
Photo P.Wall/CG 79.

Parthenay, la ville d'Aymeri Picaud

Parthenay s'inscrit en grandes lettres dans l'histoire du pèlerinage de Compostelle en premier lieu parce que l'auteur du fameux Guide du Pèlerin de Saint-Jacques, Aymeri Picaud, selon la tradition, serait originaire de Parthenay. Il n'est qu'à voir l'admiration qu'il voue à ses compatriotes : « Les Poitevins sont des gens vigoureux et de bons guerriers, habiles au maniement des arcs, des flèches et des lances à la guerre, courageux sur le front de bataille, très rapides à la course, élégants dans leur façon de se vêtir, beaux de visage, spirituels, très généreux, larges dans l'hospitalité ». Cette description, il faut bien le dire, se distingue fort de celle des Gascons, par exemple, « légers en paroles, bavards, moqueurs, débauchés, ivrognes... » ou encore des Navarrais, « peuple barbare [...] plein de méchanceté, noir de couleur, laid de visage, débauché, pervers, perfide, déloyal, corrompu, voluptueux, ivrogne... ».

Église de Parthenay-le-Vieux.
Photo D. Bonnet.

Rue Vau Saint-Jacques.
Photo P.Wall/CG 79.

Sur les traces des pèlerins à travers la ville

Avant de pénétrer dans la ville qu'ils traversaient du nord au sud, les pèlerins faisaient étape à la Maison-Dieu où, le cas échéant, ils pouvaient laisser leurs malades en toute confiance. Le seigneur Guillaume IV de Parthenay aurait fait construire cet établissement en 1174 à son retour de Compostelle. Aujourd'hui, l'église romane abrite des peintures murales du 12e siècle et des vitraux contemporains évoquant le pèlerinage. Guillaume IV aurait également fondé l'église Saint-Jacques dont quelques vestiges sont encore visibles. Ensuite, le jacquet franchissait le pont Saint-Jacques sur le Thouet qu'un pont-levis reliait à la porte Saint-Jacques. Passant sous le passage voûté encadré de deux tours en éperon, le voyageur se trouvait brusquement de plain-pied dans la cité marchande, déambulant entre les larges étals des échoppes, interpellé par les commerçants et les artisans tenant boutique. Les tisserands du quartier Saint-Jacques étaient renommés jusqu'en Angleterre pour la confection de leurs draps. Enfin les marcheurs fatigués s'en allaient chercher le souper et un lit pour la nuit dans l'une des nombreuses auberges jalonnant la rue de la Vau-Saint-Jacques, axe majeur de la ville au Moyen Age. A l'heure du départ, les jacquets pouvaient rejoindre, par la Maladrerie, l'abbaye de Saint-Maixent ou suivre le vieux chemin de Niort proche de l'église de Saint-Pierre-de-Parthenay où aurait vécu le clerc Aymeri Picaud. Chef-d'œuvre de l'art roman poitevin, le sanctuaire se distingue par son portail au riche programme sculpté, dont le fameux Cavalier roman caractéristique du Poitou surmonté d'une voussure ornée de silhouettes qui représenteraient Mélusine au bain. A l'intérieur de ses trois lignes de fortifications, Parthenay a gardé une centaine de maisons à pans de bois et une superbe enfilade de façades à colombages émaillant l'étroite et sinueuse rue de la Vau-Saint-Jacques. Ici et là, quelques clins d'œil au pèlerinage : statue de la Vierge Noire, coquille sculptée, enseigne d'artisan. Le musée expose une statue de saint Jacques pèlerin en bois polychrome du 17e siècle. A proximité, la salle du patrimoine propose une découverte de l'histoire de la ville à travers une présentation artistique multimédia évoquant le pèlerinage de Compostelle.

Office de tourisme, 8, rue de la Vau-Saint-Jacques, 79200 Parthenay
Tél. 05 49 64 24 24

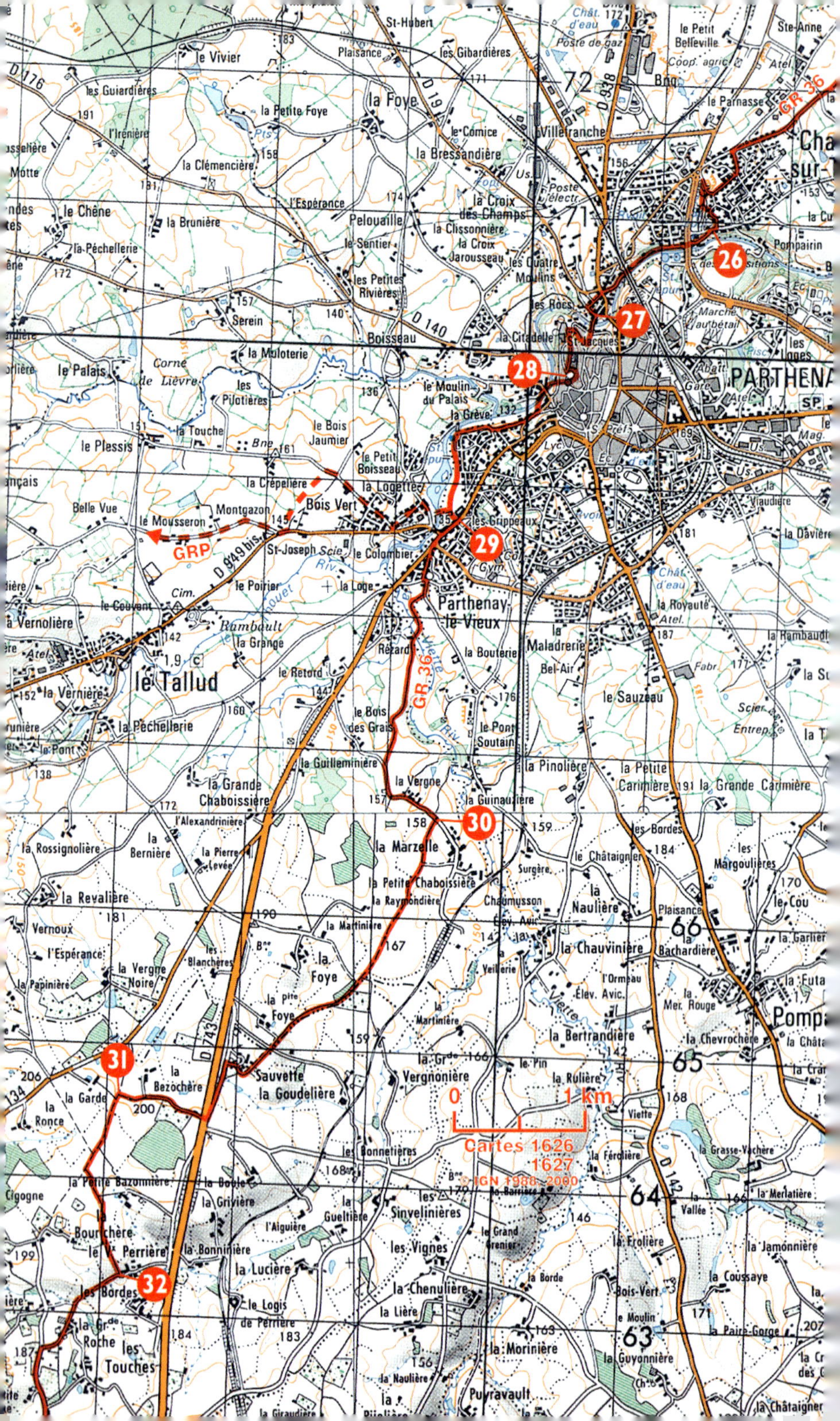
PARTHENAY
GR 36
GRP
26
27
28
29
30
31
32
0
1 Km
Cartes 1626
1627
© IGN 1988 - 2000
le Vivier
St-Hubert
Plaisance
les Gibardières
les Guiardières
la Petite Foye
la Foye
le Comice
Villefranche
la Bressandière
la Clémencière
la Croix des Champs
la Clissonnière
la Croix Jarousseau
les Quatre Moulins
l'Espérance
Pelouaille
le Sentier
les Petites Rivières
le Chêne
la Brunière
la Pechellerie
Serein
Boisseau
la Citadelle
St-Jacques
la Moloterie
le Palais
Corne de Lièvre
les Pilotières
le Moulin du Palais
la Grève
la Touche
le Plessis
le Bois Jaumier
le Petit Boisseau
la Logette
la Crépelière
Bois Vert
Belle Vue
Montgazon
le Mousseron
St-Joseph
le Colombier
les Grippeaux
le Poirier
la Loge
Parthenay-le-Vieux
le Couvent
Rambault
la Grange
Rézard
la Bouterie
la Maladrerie
Bel-Air
la Vernolière
le Tallud
le Retord
la Vernière
la Pechellerie
le Bois des Grois
le Pont Soutain
le Sauzeau
la Guilleminière
la Pinolière
la Petite Carimière
la Grande Carimière
la Grande Chaboissière
la Vergne
la Guinaudière
l'Alexandrinière
la Bernière
la Pierre Levée
la Marzelle
les Bordes
le Châtaignier
les Margoulières
la Rossignolière
la Petite Chaboissière
la Raymondière
Chaumusson
Surgère
la Naulière
Plaisance
le Cou
la Revalière
la Martinière
la Chauvinière
la Bachardière
Vernoux
l'Espérance
les Blanchères
la Foye
la Vergne Noire
la Papinière
la Pte Foye
Yeillerie
Elev. Avic.
Mer Rouge
la Bertrandière
la Chevrochère
Sauvette
la Goudelière
la Gde Vergnonière
le Pin
la Rulière
la Bezochère
la Garde
la Ronce
Viette
la Férolière
la Grasse-Vachère
les Bonnetières
la Petite Bazonnière
la Boule
la Grivière
les Sinvelinières
la Barrière
la Merlatière
Cigogne
la Bourchère
la Guéltière
l'Alguière
la Bonninière
le Grand Grenier
la Vallée
le Perrière
la Lucière
les Vignes
la Frolière
la Jamonnière
les Bordes
la Chenulière
la Borde
Bois-Vert
la Coussaye
le Logis de Perrière
la Lière
le Moulin
la Paire-Gorge
la Gde Roche
les Touches
la Morinière
la Guyonnière
la Naulière
Puyravault
la Giraudière
la Châtaigner
D 938
D 140
D 949 bis
D 743
D 142
D 176

De Châtillon-sur-Thouet à Parthenay   2 km   30 mn

A Parthenay :

26 Contourner l'église de **Châtillon-sur-Thouet** et descendre la côte du Moulin-du-Rouget pour retrouver le Thouet. Emprunter le pont suspendu sous la rocade et poursuivre par le sentier, en rive gauche de la rivière. Il longe les coteaux, passe le moulin de Rochette, le viaduc du chemin de fer, et l'ancien moulin de la Maison-Dieu.

A droite, l'aumônerie et l'église de la Maison-Dieu, fondées par Guillaume IV de Parthenay en 1174 au retour d'un pèlerinage à Saint-Jacques-de-Compostelle, accueillaient les pèlerins venant du Nord du département.

Traverser la D 938 *(prudence)*. En face, les rues du Rosaire et du Four conduisent à l'église Saint-Jacques *(12e)* puis à la porte Saint-Jacques *(célèbre pont avec ses deux tours en amande)*, qui marque l'entrée dans **Parthenay**.

De Parthenay à Parthenay-le-Vieux   2,5 km   40 mn

27 De la porte Saint-Jacques de **Parthenay**, gagner le carrefour *(chambre d'hôtes à droite)* de la Vierge-Noire *(statue nichée dans une façade)* et monter par la rue de la Vau-Saint-Jacques sur 100 m. Tourner à droite, rue Parmentier et emprunter les escaliers. Monter par la rue de la Citadelle.

A droite, vestiges du château et, à gauche, façade de Notre-Dame-de-la-Coudre (cinq voussures sculptées mettent l'accent sur la place du Christ dans l'histoire du monde).

28 A la porte de l'Horloge, tourner à droite, au pied de la tour de droite, pour descendre par des escaliers jusqu'à la rue du Moulin dans le faubourg Saint-Paul *(fondé en 1070)*. Poursuivre en rive droite jusqu'à la base de loisirs.

▶ Séparation du GR® de Pays *du Thouet* qui se dirige à l'Ouest vers Secondigny.

29 Traverser *(prudence !)* les routes de la Roche-sur-Yon et de Niort en entrant dans **Parthenay-le-Vieux**.

De Parthenay-le-Vieux à Saint-Pardoux   10,5 km   2 h 40

A Saint-Pardoux :

Contourner l'église de **Parthenay-le-Vieux** par l'Est et suivre, à droite, la route des Papillons-Blancs sur 100 m. Descendre à droite et franchir la Viette par le gué du Rezard. Poursuivre le sentier, puis emprunter la route à gauche et passer La Vergne.

30 S'engager à droite sur le vieux chemin de Niort et continuer en direction Sud-Ouest. A un carrefour, poursuivre par la route qui conduit à Sauvette. Contourner le hameau par le Sud, puis suivre à gauche l'ancienne route départementale. Traverser la D 743 *(prudence ! circulation intense)* en direction de La Bézochère. Laisser le hameau à droite et arriver à une intersection.

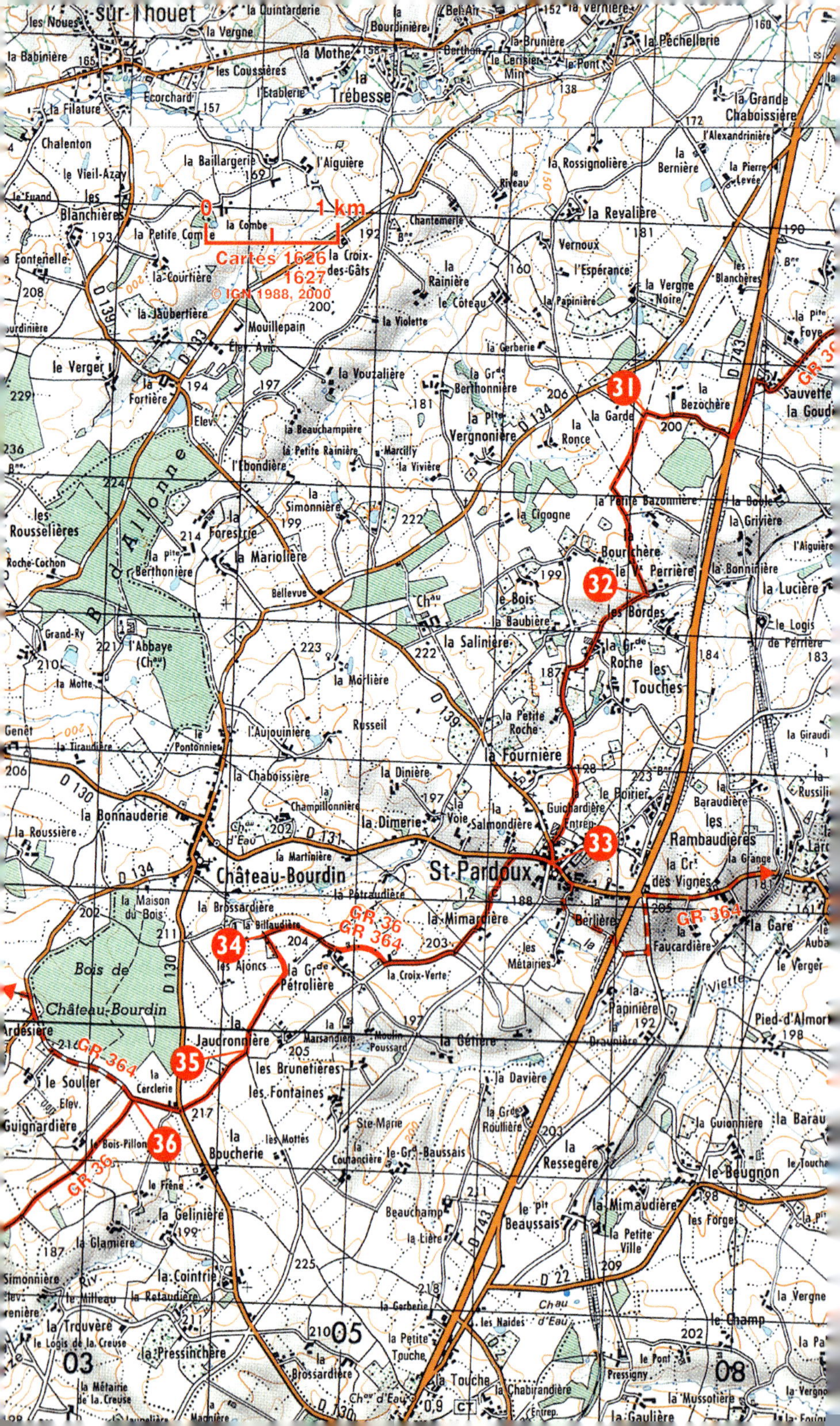

0
1 km
Cartes 1626
1627
© IGN 1988, 2000
31
32
33
34
35
36
GR 36
GR 364
GR 36
GR 364
GR 364
GR 36
sur-Thouet
les Noues
la Quintarderie
la Vergne
la Bourdinière
Bel-Air
la Verrière
la Babinière
la Mothe
la Trébesse
la Brunière
Berthon
le Cerisier
le Pont
la Pechellerie
les Coussières
l'Etablerie
Ecorchard
la Filature
la Grande Chaboissière
l'Alexandrinière
Chalenton
le Vieil-Azay
la Baillargerie
l'Aiguière
la Rossignolière
la Bernière
la Pierre Levée
les Blanchières
la Petite Combe
la Combe
la Croix-des-Gâts
Chantemerle
la Revalière
la Fontenelle
la Courtière
la Rainière
le Coteau
Vernoux
l'Espérance
la Papinière
la Vergne Noire
les Blanchères
la Jaubertière
Mouillepain
la Violette
la Gerberie
la Foye
le Verger
la Fortière
la Vouzalière
la Gde Berthonnière
la Pte Vergnonière
la Garde
la Ronce
la Bezochère
Sauvette
la Goudi
la Beauchampière
la Petite Rainière
Marcilly
la Vivière
l'Ebondière
la Petite Bazonnière
la Boule
la Grivière
les Rousselières
la Simonnière
la Forestrie
la Mariolière
la Pte Berthonière
la Cigogne
la Bourichère
le Vx Perrière
la Bonninière
l'Aiguière
Roche-Cochon
Bellevue
Châu
le Bois
la Baubière
les Bordes
la Lucière
le Logis de Perrière
Grand-Ry
l'Abbaye (Châu)
la Motte
la Morlière
la Salinière
la Gde Roche
les Touches
la Petite Roche
Russeil
l'Aujouinière
la Fournière
la Giraudi
Genêt
la Tiraudière
le Pontonnier
la Chaboissière
la Dinière
le Poirier
la Baraudière
la Bonnauderie
la Roussière
la Champillonnière
Châu d'Eau
la Dimerie
la Voie
la Salmondière
Guichardière
Entrée
les Rambaudières
la Martinière
Château-Bourdin
St-Pardoux
la Pétraudière
la Crx des Vignes
la Grange
la Maison du Bois
la Brossardière
la Billaudière
la Mimarderie
la Berlière
la Faucardière
la Gare
Auba
les Métairies
le Verger
les Ajoncs
la Gde Pétrolière
la Croix-Verte
Bois de Château-Bourdin
la Papinière
la Draunière
Pied-d'Almort
Ardésière
la Jaudronnière
Marsandière
Moulin Poussard
la Gétière
les Brunetières
les Fontaines
la Davière
le Soulier
la Cerclerie
la Gde Roullière
la Guionnière
la Barau
Guignardière
Ste-Marie
le Bois-Pillon
la Boucherie
les Mottes
la Coutancière
le Gd Baussais
la Ressegère
le Beugnon
le Frêne
Beauchamp
le Pt Beaussais
la Mimaudière
les Forges
la Gelinière
la Glamière
la Lière
la Petite Ville
Simonnière
la Cointrie
Riv.
le Milleau
la Retaudière
la Gerberie
Chau d'Eau
la Vergne
le Champ
la Trouvère
le Logis de la Creuse
la Pressinchère
la Petite Touche
les Naides
le Pont
Pressigny
la Brossardière
la Touche
la Chabirandière
la Mussotière
la Métairie de la Creuse
Chau d'Eau
la Gaulière
Magnière
D 139
D 133
D 134
D 743
D 130
D 131
D 22
Allonne
03
05
08

31 Laisser à droite le chemin privé de La Garde. Le chemin empierré devient herbeux, puis ombragé sous les noisetiers. Laisser à droite le chemin qui mène à la croix de la Demoiselle, poursuivre sur 100 m, puis emprunter à gauche le sentier étroit, sinueux *(et malaisé en hiver)* qui débouche sur le large chemin du Vieux-Perrière.

32 Emprunter la route à droite, passer La Grande-Roche et suivre la route à gauche vers La Petite-Roche. Dans un virage à droite de la route, continuer tout droit par le chemin herbeux bordé de chênes centenaires. Par la rue du Stade (calvaire), gagner le carrefour de **Saint-Pardoux**.

Les sols profonds et fertiles sont propices à la culture des pommiers : ancienne variété plein vent de Clochard, vergers industriels de nouvelles variétés colorées. Des chênes, autrefois taillés en têtards tous les 25 ans pour le bois de chauffage, occupent les haies bocagères.

▶ Jonction avec le GR® 364 *(sentier de la Gâtine et du Bocage vendéen)* qui vient à gauche de Verruyes, Ménigoute et, dans la Vienne, Lusignan et Poitiers. Les GR® sont communs jusqu'à un carrefour au-delà de La Cerclerie.

De Saint-Pardoux au chemin des Chaussées   5 km   1 h 15

Saint-Pardoux : église (1671), retable orné des statues de saint Pardoux (né en 648 dans le Limousin), saint François et saint Jacques. Les croix de carrefour de la commune, certaines sur le parcours du GR®, ont été remises en valeur par les Aînés ruraux.

33 Sur la place du village de **Saint-Pardoux**, prendre la route d'Allonne (D 131) sur 300 m. S'engager à gauche sur le chemin caillouteux *(bordé de châtaigniers et de pommiers de plein vent dans les haies bocagères)* qui franchit la Viette. Passer La Mimardière et arriver à La Croix-Verte. Bifurquer sur le chemin à droite, laisser La Grande-Pétrolière à gauche, croiser un chemin et atteindre un second carrefour.

34 Tourner à gauche sur un étroit sentier *(jalonné des barrières traditionnelles de Gâtine)*, puis suivre à droite le large chemin empierré.

35 Au carrefour de la croix de l'Humais *(qui signifie ormeau)*, virer à droite. Traverser la D 130 à La Cerclerie et poursuivre par le **chemin des Chaussées** (route) sur 400 m jusqu'à l'embranchement d'un large chemin de terre.

Le chemin des Chaussées est une ancienne voie romaine secondaire de Périgueux à Nantes, par Rom (Sud-Est des Deux-Sèvres). Il épouse la ligne de crête qui sépare le bassin versant du Thouet au Nord de celui de la Sèvre Niortaise au Sud. Soumis aux vents atlantiques, le versant Sud-Gâtine est fortement arrosé (900 mm/an) et les chemins du secteur sont parfois difficiles.

▶ Séparation du GR® 364 qui se dirige en face vers Secondigny, L'Absie et, en Vendée, Château-d'Olonne au bord de l'Océan atlantique.

L'or blanc des Deux-Sèvres

La région Poitou-Charentes se place au premier rang pour la production de lait de chèvre, et le département des Deux-Sèvres décline la gamme des fromages caprins.

Le Chabichou, que Rabelais considérait comme le *« meilleur fromage de chèvre »*, tient son nom du mot *chebli* ou *chabi*, qui signifie *chèvre*. En effet, après la fuite des armées sarrasines défaites en l'an 732 à Poitiers, des Maures s'établissent sur place avec leurs troupeaux. De là, naquit le *Chabichou*. Ce fromage de chèvre au lait entier est placé dans un moule tronconique prend la forme d'une bonde. L'affinage dure entre dix jours et quatre semaines. Pesant environ 150 g, le Chabichou se caractérise par une pâte molle blanche non pressée et par une croûte fine. Son aire de production correspond au Haut-Poitou calcaire, partagée entre la Vienne, les Deux-Sèvres et la Charente. Melle accueille chaque année le festival du Chabichou. Traditionnellement, les fromages de la région se dégustent accompagnés de vins du pays des Deux-Sèvres. Lorsque le chèvre est affiné, on recommande un blanc sec, de type sauvignon ou sancerre, alors qu'avec un chèvre plus jeune, un muscadet ou gros-plant est plus approprié. Avec un fromage plus tendre, un rouge léger du Poitou ou de Touraine est le bienvenu.

La *jonchée niortaise* est un « caillé égoutté », spécialité au lait de vache coagulé, que l'on présente sur un réseau de roseaux ou d'osier tressé, ou encore enveloppé de paillons de jonc. Ce fromage se consomme salé ou sucré, au choix, et se trouve parfois mélangé à des plantes. Le fin du fin est de le consommer arrosé d'eau de laurier amandée.

Chabichou. *Photo P.Wall/CG 79.*

Échiré fait son beurre

Il n'est plus besoin de vanter la qualité du beurre en région Poitou-Charentes. Parmi les diverses variétés, le beurre d'Echiré a acquis une renommée dans le monde entier. Au début du 19e siècle, le beurre des Deux-Sèvres s'exportait déjà hors du département et, vers 1900, le beurre d'Échiré se vendait aux halles de Paris dans sa bourriche de peuplier. Entre 1888 et 1904, la production est passée de 31 à près de 9 000 tonnes et a doublé par la suite. L'année 1979 apportera l'appellation AOC au beurre Charentes-Poitou d'une part, et au beurre d'Échiré d'autre part.

Pour commencer, la crème doit subir un temps de maturation d'au moins douze heures, pour laisser le temps aux arômes de se développer. Le beurre n'est pas coloré artificiellement, aussi sa couleur peut-elle varier du jaune au printemps à une teinte plus claire en hiver. Même si l'on dit que ce n'est pas la race bovine qui fait la saveur du beurre d'Échiré mais la qualité de l'herbe qu'elle broute, c'est quand même la vache maraîchine qui est requise pour la circonstance ! Chaque jour, on procède à l'écrémage et la crème est impérativement battue dans les vingt-quatre heures, dans des barattes en teck du Vietnam, réputé imputrescible et sans tanin. Lorsque le « grain de beurre » est formé, on extrait le *babeurre*, avant de le laver trois fois à l'eau de source. Enfin, le beurre est malaxé et frappé pour donner au beurre sa forme caractéristique de motte cylindrique que l'on présente dans sa bourriche en bois de peuplier.

Motte de beurre d'Echiré. Photo P. Wall/CG79.

0
1 km
Cartes 1527
1627
© IGN 1988, 2000
la Villatière
la Brochetière
la Gautelière
l'Embruinière
la Martinière
Beaussais
la Bourgouillère
la Daginière
la Clémenchère
Bellevue
la Villonnière
les Belles Fontaines
le Boismontant
le Chêne Cassé-Tête
la Gilbourgère
le Lac
Boissoudan
la Grenouillère
la Pinière
la Soultière
la Burlière
la Tufferie
la Roche Hudon
les Gâts
la Boutrochère
la Pile
la Baraudière
les Groseillers
la Donnelière
la Sauzière
la Pulsière
le Pont Jarno
la Fontinière
la Bonnaudière
la Grange
la Grugère
l'Audemarière
la Bougrie
l'Étang
la Gilbertière
la Touche
les Rousselières
la Fuyère
les Essarts
le Pâtis
la Grue
la Pizonnière
Cours
la Méminière
la Chauvinière
la Ferrandière
l'Allier
Crapaudine
la Chambinière
le Bouchet
la Pleige
Bourdigal
la Chaise
Rochard
l'Aumônerie
la Marzelle
les Ritraisses
le Genêt
la Lionnière
la Haute Boissière
Hervy
la Boissière-en-Gâtine
la Jallière
la Resnière
la Caillonnière
la Roche Marot
l'Aurière
la Garnerie
Puy Robin
la Barbotinière
Chambord
le Verger
la Gobinière
Noivaux
Pied Fourré
Relais téléph.
la Vellière
la Pierre Blanche
Herbeloye
St-Marc-la-Lande
la Bourse
Chanteloup
le Bois Finaud
le Bois Gibert
la Boule
le Poteau
la Galangerie
la Brochetière
la Faucherie
la Métivière
la Poupardière
Neufchaise
la Rouvelière
la Proutière
Us. d'équarrissage
la Rigaudière
Champeaux
Champdeniers-St-Denis
St-Denis
le Poirier
la Grange Laide
la Doretière
la Gacomière
Puyraveau
Château-Bo
l'Ardésière
le Soulier
la Guignardière
la Glamie
la Simonnière
la Grenière
la Trouvère
le Logis de la Creuse
la Marchandière
la Mercerie
Savatière
Yanderie
la Chandellerie
la Bévinière
les Forges
St-Marc
la Folie
la Gr. Montant
les Berthomières
la Favrelière
Rochefollet
Chabirandière
Ligonnière
la Socquetière
la Mercerie
GR 36
GRP
D 748
D 134
D 745
D 128
D 6
36
37
38
39
40
41
42
43
97
98
99
00
01
02
03

Du chemin des Chaussées à Saint-Marc-la-Lande

`6 km` `1 h 30`

36 Quitter le **chemin des Chaussées**, tourner à gauche et suivre la direction Sud-Ouest jusqu'à La Petite Marchandière *(croix de carrefour)*. Continuer en face par la D134.

37 A la croix de Puy-Robin, descendre à droite, franchir le ruisseau du Moulin-Blanc et prendre le chemin à gauche qui conduit à La Barbotinière. Tourner à gauche et monter par la route. Emprunter la D134 à droite, passer le pont sur l'Autize et partir à gauche.

▶ L'itinéraire longe une carrière de diorite en extension. Bien suivre le balisage car des modifications de chemins peuvent survenir.

Au bout du chemin, monter par la route à droite vers **Saint-Marc-la-Lande**.

De Saint-Marc-la-Lande à Champdeniers

`6 km` `1 h 30`

A Champdeniers :

L'ancienne chapelle de la commanderie des Antonins, à Saint-Marc-la-Lande, est une des plus remarquables églises des Deux-Sèvres par son style gothique flamboyant. Fondée en 1260, la commanderie avait pour missions d'accueillir les pèlerins et de soigner les malades atteints du terrible « mal des ardents » dû au charbon du seigle. Ruinée par les protestants, restaurée au 19e siècle, elle est aujourd'hui totalement rénovée (sur la corniche du toit, « moine lisant » et, sur la façade, « T » des Antonins). Maison du Patrimoine dans les locaux d'habitation des Antonins (musée des Habits sacerdotaux et tapisserie géante). Verger conservatoire et jardin des plantes médicinales.

38 A **Saint-Marc-la-Lande**, prendre à droite la route des Groseillers jusqu'aux Messes, puis le large chemin empierré à gauche sur 2 km. Laisser un chemin à gauche.

Les murets de pierres calcaires sont les symboles de la transition du schiste et du granite de Gâtine avec la plaine de Niort.

39 Emprunter le chemin à gauche. A La Vergne, poursuivre par la route sur 100 m.

40 Avant La Grue, prendre le chemin à gauche. Laisser un chemin à gauche, franchir le ruisseau de Gachet et négliger un chemin à gauche. Aborder la traversée parfois difficile du ruisseau, puis monter au Champ-Bonnet. Par la rue du Stade et la route de Bressuire, atteindre **Champdeniers**.

▶ Jonction avec le GR® de Pays *Sud-Gâtine* qui arrive de Verruyes et du GR® 364.

Champdeniers (« colline courbée », en celte) est situé sur un promontoire. Crypte sous l'église Notre-Dame (fin 11e, porche roman) qui domine la vallée de l'Egray, lavoir de la Grande-Fontaine et rivière souterraine.

De Champdeniers au hameau des Ritraisses

`3,5 km` `1 h`

41 Dans **Champdeniers**, poursuivre par la rue de Genève sur 150 m et descendre la rue Pineau à droite. Prendre à gauche une allée qui débouche sur la D12.

159

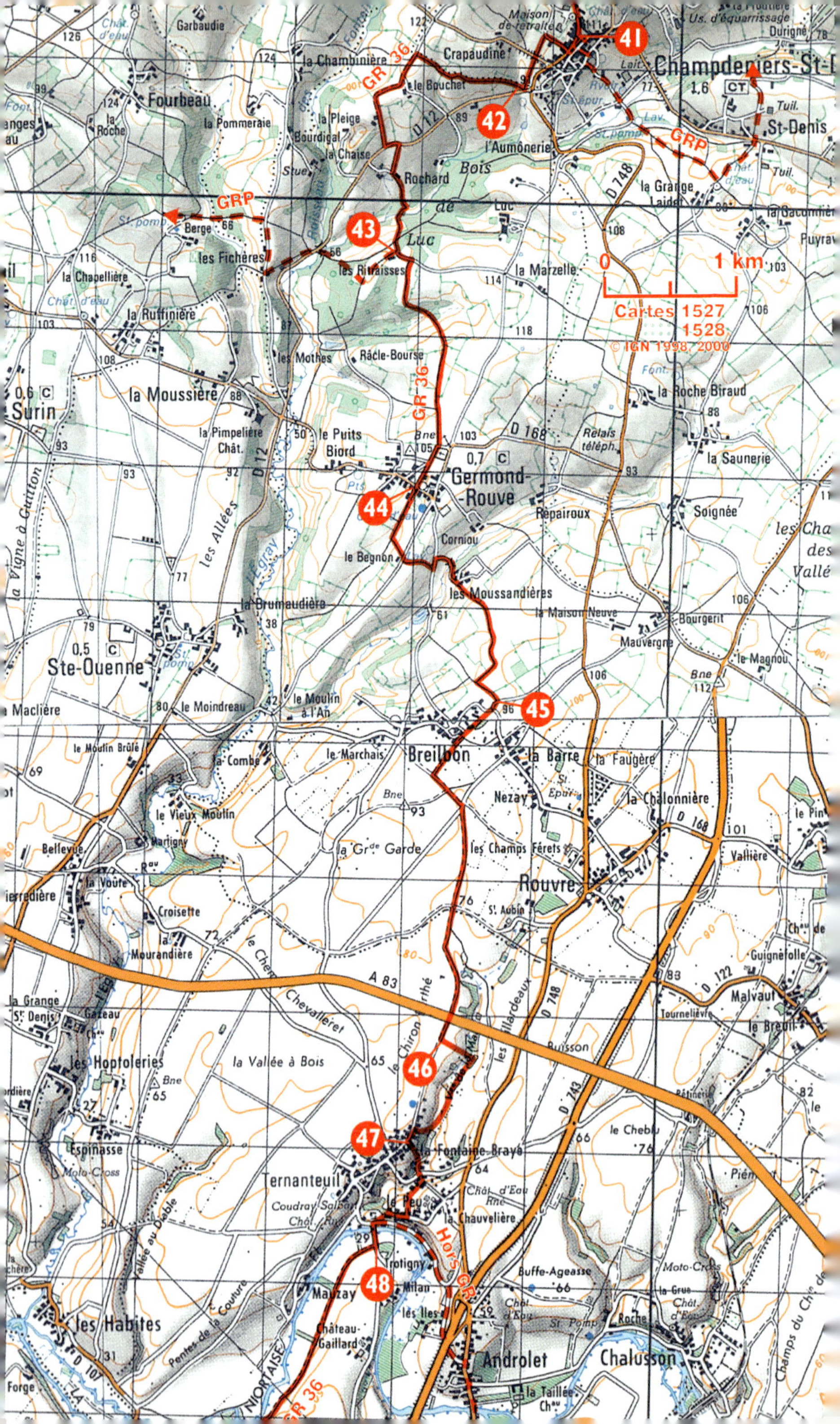

Champdeniers-St-Denis
St-Denis
Crapaudine
la Chambinière
le Bouchet
GR 36
GRP
Fourbeau
la Pommeraie
la Pleige
Bourdigal
la Chaise
l'Aumônerie
Rochard
Bois de Luc
la Grange Laidet
Berge
les Fichères
les Ritraisses
la Marzelle
0
1 km
Cartes 1527
1528
© IGN 1998, 2000
la Chapellière
la Ruffinière
les Mothes
Râcle-Bourse
la Roche Biraud
Surin
la Moussière
la Pimpelière
le Puits Biord
D 168
Relais téléph.
la Saunerie
Germond-Rouve
Repairoux
Soignée
le Begnon
Corniou
les Moussandières
la Maison Neuve
Bourgerit
Mauvergne
le Magnou
la Brumaudière
Ste-Ouenne
le Moulin à l'An
le Moindreau
Maclière
le Marchais
Breilbon
la Barre
la Faugère
la Combe
Nezay
la Chalonnière
le Vieux Moulin
Martigny
la Gr^de Garde
les Champs Férets
Vallière
Bellevue
la Voûte
Rouvre
St Aubin
Croisette
la Mourandière
A 83
Guignefolle
Malvaut
le Breuil
la Grange
St Denis
Gâteau
les Hoptoleries
la Vallée à Bois
Buisson
la Chebu
Espinasse
Moto-Cross
Ternanteuil
la Fontaine Brayé
la Chauvelière
Coudray Salbart
le Peu
Hors GR
Trotigny
Milan
Buffe-Ageasse
Mauzay
les Iles
les Habites
Château-Gaillard
Androlet
Chalusson
Roche
la Taillée
Forge
41
42
43
44
45
46
47
48

42 Ne pas emprunter la route, mais monter à droite. Suivre le large chemin à gauche et atteindre la carrière de quartzite rose de la Pleige. Longer la D 12 *(prudence!)* à gauche et descendre à droite vers Rochard. Franchir la passerelle sur l'Egray et grimper au hameau des **Ritraisses**.

▶ Séparation du GR® de Pays *Sud-Gâtine* qui part à droite devant une maison vers Coulonges-sur-l'Autize, la Vendée et Puy-de-Serre où il rejoint le GR® 364.

Du hameau des Ritraisses à Germond 2 km 30 mn

A Germond :

43 Aux **Ritraisses**, suivre la route sur 100 m, puis emprunter à droite le chemin qui franchit le ruisseau de Fombouc près du bois de Racle-Bourse. Gagner **Germond**. Créé vers l'an 1000, Germond fut rapidement supplanté par Champdeniers. L'église Saint-Médard, 12e, massive et dominée par un clocher octogonal à l'image de Saint-Pierre de Parthenay-le-Vieux, possède une acoustique excellente.

De Germond à Breilbon 2,5 km 40 mn

A Breilbon :

44 Du parvis de l'église de **Germond**, emprunter le chemin de Midard. Au Beugnon, couper la route, poursuivre en face, puis monter par la route à gauche sur 50 m. Descendre à droite, franchir le ruisseau de Saint-James et laisser à gauche Les Moussandières. Le chemin blanc conduit à la fontaine de Naimbouc, tourne à gauche et monte. Prendre la route à droite sur 50 m et arriver à l'entrée de **Breilbon**.

De Breilbon à Ternanteuil 4 km 1 h

45 Ne pas entrer dans **Breilbon** mais prendre le chemin en face. Tourner à gauche pour emprunter le chemin de la Minée *(chambre d'hôtes)*. Au carrefour en T, virer à gauche, couper la route et poursuivre en face par le chemin blanc (Sud). Croiser un chemin, franchir le pont sur l'A 83 et continuer sur 150 m.

46 Descendre à gauche dans la vallée de la Maie et suivre le talweg en rive gauche du ruisseau sur 500 m. Monter à droite par un chemin caillouteux et prendre la Grand'rue à gauche dans **Ternanteuil** *(car)*.

De Ternanteuil à Surimeau 10 km 2 h 30

A Surimeau :

47 Après le n°540 Grand'rue à **Ternanteuil**, descendre à gauche par une venelle puis un sentier qui plonge vers La Fontaine-Braye. Traverser la route et monter par le chemin au hameau du Peu. Aller à droite sur 100 m, utiliser le chemin de contrescarpe du château du Coudray-Salbart et atteindre une route.

▶ Entrée du château à 100 m à droite. Echiré *(ravitaillement, car)* à 2 km à gauche.

Franchir le pont sur la Sèvre Niortaise.

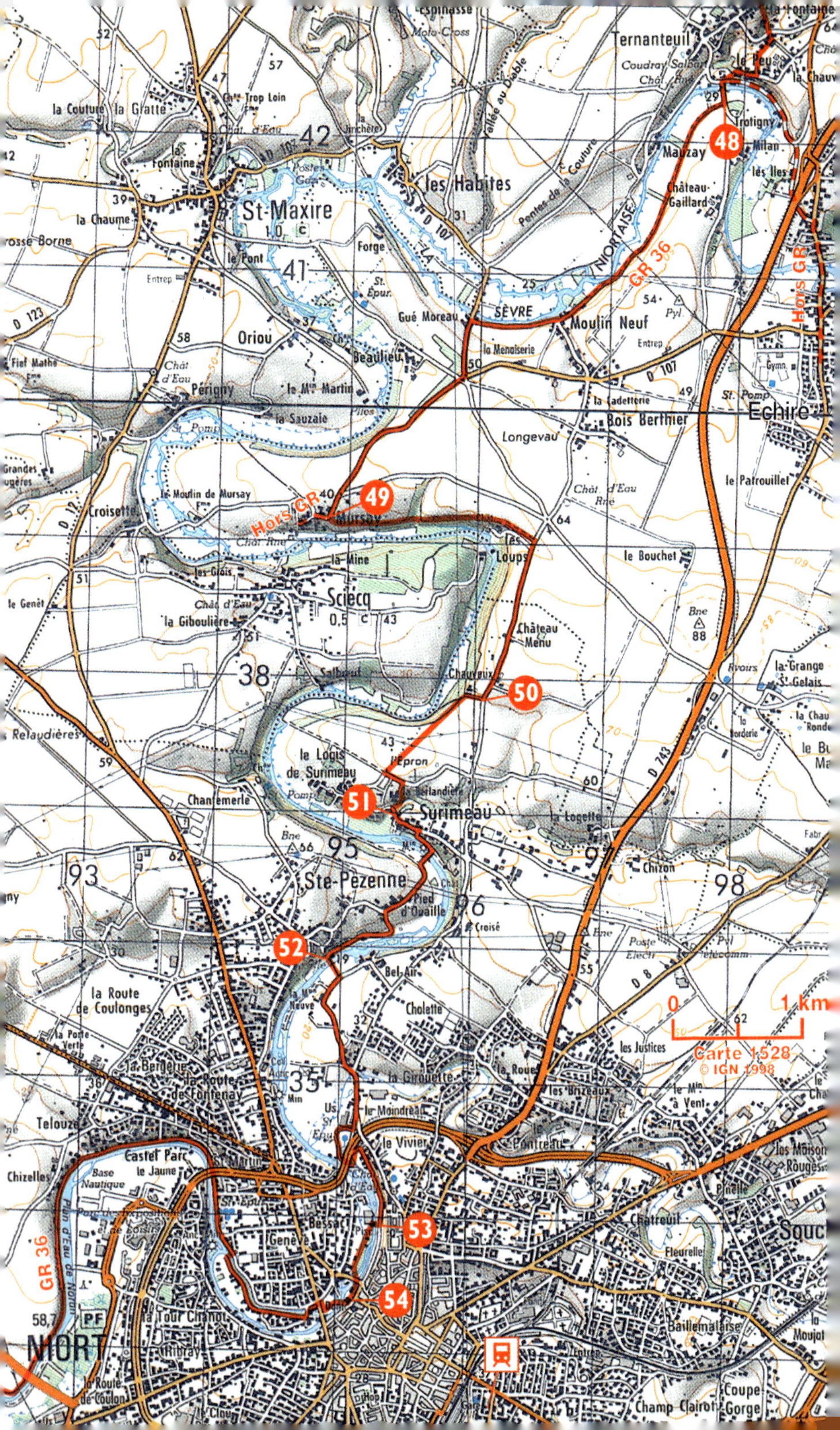

Ternanteuil
le Peu
Trotigny
48
Mauzay
Milan
les Iles
Château-Gaillard
la Couture
la Gratte
la Fontaine
St-Maxire
les Habites
la Chaume
Forge
le Pont
Oriou
SÈVRE NIORTAISE
Gué Moreau
Moulin Neuf
GR 36
Hors GR
Beaulieu
la Menoiserie
Périgny
le Mⁱⁿ Martin
la Sauzaie
la Cadetterie
Bois Berthier
Echiré
Longevau
le Patrouillet
le Moulin de Mursay
Croisette
49
Hors GR
Mursay
les Loups
la Mine
le Bouchet
Sciecq
le Genêt
la Giboulière
Château Menu
Chauveux
50
la Grange St-Gelais
le Logis de Surimeau
l'Epron
51
Surimeau
la Logette
Chantemerle
Ste-Pezenne
Chizon
Pied d'Ouaille
52
Bel-Air
Cholette
la Route de Coulonges
les Justices
0
1 km
Carte 1528
© IGN 1998
la Bergerie
la Route de Fontenay
la Girouette
la Roue
les Brizeaux
Telouze
le Maindreau
le Vivier
Castel Parc
Chizelles
Base Nautique
53
Genève
Chatreuil
Fleurelle
54
la Tour Chabot
Baillemalaise
NIORT
Ribray
la Route de Coulon
Champ Clairot
Coupe Gorge

La légende rapporte que la fée Mélusine a édifié en trois nuits le château du Coudray-Salbart avec les pierres apportées dans sa « dorne » ou tablier. Cette puissante forteresse fut élevée au début du 13e siècle par les seigneurs de Parthenay, pour contrôler le passage sur la Sèvre Niortaise et la frontière Sud des terres de Gâtine. C'est surtout Jean sans Terre, roi d'Angleterre, qui finance les seigneurs de Parthenay, ses fidèles alliés, pour fortifier ses places. Conflits et trêves rythmèrent sa construction jusqu'en 1242. Témoin de l'architecture militaire médiévale avec ses six tours impressionnantes (jusqu'à 6,20 m d'épaisseur) et sa singulière gaine (couloir) à l'intérieur des murs de courtine, il n'a jamais subi le feu de la guerre.

48 Tourner à droite pour suivre la rive gauche de la rivière. Un chemin empierré conduit à Moulin-Neuf *(lavoir et bâtiments imposants)*. Prendre à droite la petite route de Gué-Moreau. Monter par la route à gauche et, au carrefour, obliquer à droite (Sud-Ouest) pour atteindre Mursay.
Ruines du château, au bord de la Sèvre Niortaise. Demeure d'Agrippa d'Aubigné, poète et compagnon d'Henri IV, où sa petite-fille, future madame Scarron et madame de Maintenon, seconde épouse de Louis XIV, passa une enfance paysanne difficile.

49 Ne pas entrer dans le hameau, mais suivre à gauche la rue du Perrot qui se prolonge par un chemin empierré *(dans le coteau des bords de Sèvre, les cèdres signalent le château caché des Loups)*. Passer le hameau, puis emprunter la route à droite.

50 Tourner à droite vers la ferme de Chauveux, puis bifurquer à gauche sur le chemin blanc de la Ganoche. Au bout, suivre la route à gauche, puis descendre à droite la rue la Berlandière et arriver dans **Surimeau**.

De Surimeau à Niort `5 km` `1 h 15`

A Niort :

51 Continuer en face, rue du Bas-**Surimeau** *(lavoir)*, puis prendre la rue du Moulin-d'Âne à droite pour franchir la Sèvre Niortaise. Suivre la route à gauche jusqu'à Pied-d'Ouaille *(pied de mouton)* et descendre à gauche par la rue de Coquelone. Elle longe les jardinets en bord de Sèvre jusqu'à la passerelle au pied de Sainte-Pezenne.

▶ Le centre de Sainte-Pezenne *(café, car)* se trouve à 300 m : grimper par les raidillons vers le lavoir de la Fontaine-des-Morts et l'église romane.
Au 7e siècle, la jeune moniale Pezenne mourut d'épuisement sur ce coteau après sa fuite des Maures d'Espagne en compagnie de ses sœurs Macrine et Colombe.

52 Franchir la passerelle *(1880)*, prendre à droite la rue de la Maison-Neuve et gagner le quartier d'Antes *(vue sur Niort et les églises Saint-André avec ses deux flèches, Notre-Dame avec sa flèche de 75 m et Saint-Etienne)*. Franchir le pont sur le Lambon, suivre la rue d'Antes, puis rester à droite pour emprunter le chemin de la Source-du-Vivier *(résurgence karstique des eaux du Lambon)*. Bordé de fossés, le chemin passe au bord de la Sèvre et sous la rocade. Emprunter à droite la rue du Pissot.

53 Au niveau du jardin des Plantes, franchir la Sèvre et la longer dans le parc. Traverser le parking du Moulin-du-Milieu, puis rejoindre les halles au pied du donjon de **Niort**.

Niort, un pèlerin de l'époque romane

Le donjon de Niort et Notre-Dame. Photo P. Wall/CG79.

Il semble qu'aux 10e et 11e siècles, les pèlerins empruntaient d'autres itinéraires que celui passant par Niort. En effet, c'est vers l'an 1200 qu'apparaît dans les textes, mention de deux aumôneries dans la ville, Saint-Georges et Saint-Jacques de Niort. Le pèlerin trouvait également des prieurés pour l'hébergement. De style gothique flamboyant et Renaissance, l'église Notre-Dame de Niort comporte une chapelle des Pèlerins dans laquelle se tient une statue de saint Roch, patron des pèlerins après saint Jacques. De la ville médiévale, subsiste un donjon double, l'un des rares modèles du genre, qui remonte à la domination anglaise du Poitou, soit la seconde moitié du 12e siècle, et qui est caractéristique de l'architecture Plantagenêt. Le musée du Donjon conserve une statue romane d'un pèlerin portant besace timbrée de la coquille, en provenance de l'abbaye de Celles-sur-Belle.

Première ville labellisée « Ville et Métiers d'Art », Niort est le siège du Pôle Régional des Métiers d'Arts, lieu d'accueil, d'exposition et d'animation d'un millier de « créateurs » de la région Poitou-Charentes.

Pavillon Grapelli, 56, rue Saint-Jean, 79000 Niort, tél. 05 49 17 10 55

Pèlerin de l'abbaye de Celles-sur-Belle, conservé au musée du Donjon. Photo B. Renaud, musées de Niort.

Le Mellois, terre protestante

De nos jours, le promeneur qui sillonne la région de Melle particulièrement marquée par la Réforme apercevra, ici, quelques tombes reléguées au fond d'un jardin ou au détour d'un champ, là un cimetière familial dormant à l'ombre des cyprès. Ainsi à Melle, le cimetière attenant à l'église Saint-Pierre fut divisé en deux pour permettre aux protestants d'être inhumés conformément à la nouvelle loi de 1804, puisque auparavant ces derniers étaient interdits de sépulture.

Contraint de quitter Paris en 1533, Jean Calvin se réfugie à Angoulême puis à Poitiers, et dès lors prêchera la Réforme en Saintonge, en Angoumois et à Poitiers. Dans la seconde moitié du 16e siècle, les idées du protestantisme gagnent l'ensemble du Poitou et de la Saintonge, et la région va devenir le théâtre principal des guerres de Religion. De nombreux édifices de la région subissent de grands dommages. Dans un premier temps acquise à la Réforme, Poitiers redeviendra place catholique, tandis que Niort sera tour à tour catholique et huguenote, le culte catholique y restant interdit dix années durant vers la fin du 16e siècle. Après la proclamation de l'Edit de Nantes par Henri IV en 1598, les Huguenots obtiennent la liberté de culte et sont protégés par l'instauration de deux cents *places de sûreté*, parmi lesquelles Châtellerault, Thouars et Niort.

Au 17e siècle, huit poitevins sur dix sont protestants. Un siècle plus tard, la révocation de l'Edit de Nantes par Louis XIV remettra tout en question. Les huguenots se réunissent clandestinement dans des granges dites *maisons d'oraison* ou dans des endroits reculés, *les déserts*. Les protestants d'Aunis et de Saintonge, risquant la condamnation aux galères du roi, choisissent de migrer par milliers vers les pays du Refuge : Hollande, Angleterre, Allemagne, Amérique.

Cimetière familial protestant. *Photo Dominique Bonnet.*

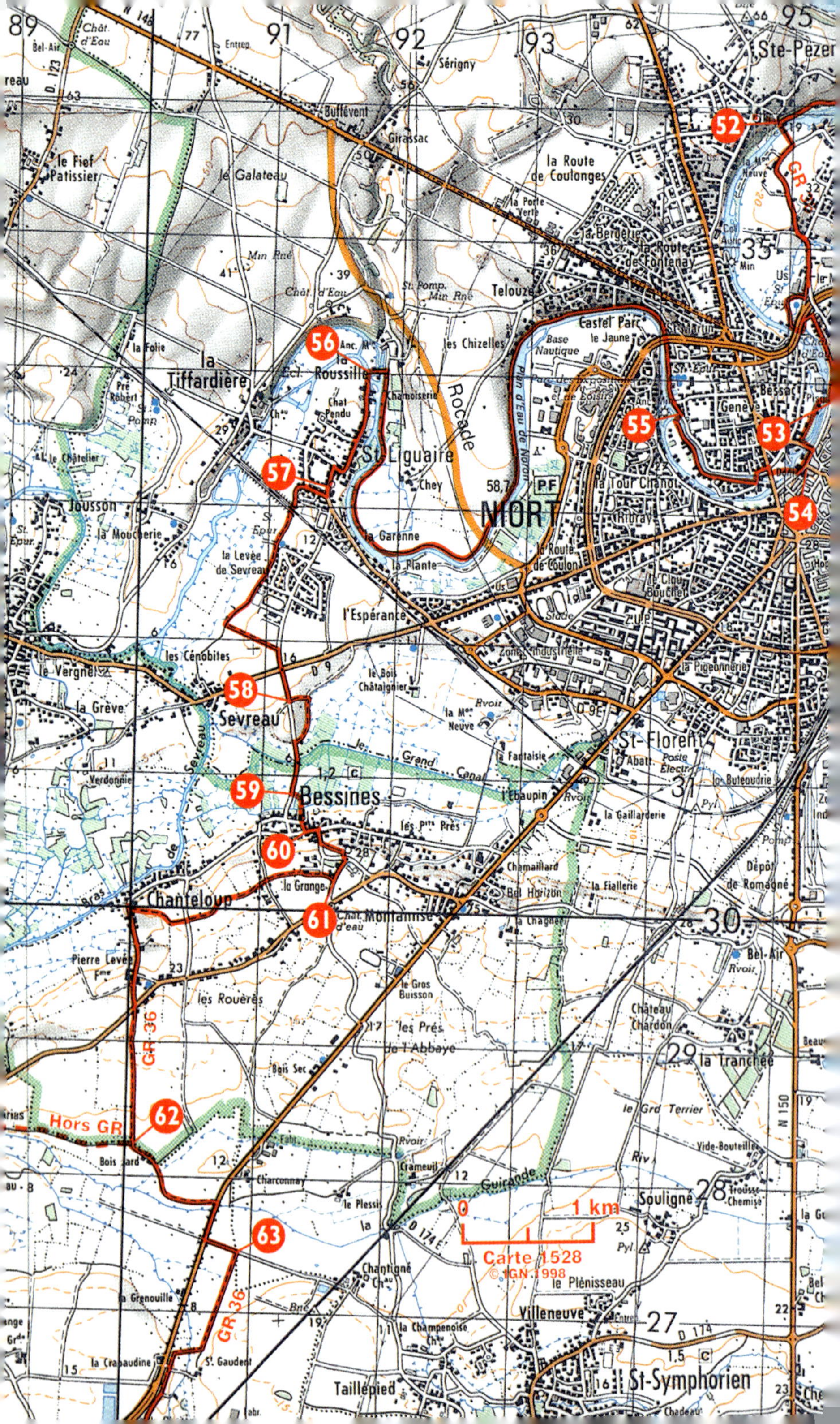

Buffévent
Girassac
Sérigny
Ste-Pezenne
le Fief Patissier
le Galateau
la Route de Coulonges
la Bergerie
la Route de Fontenay
Telouze
les Chizelles
Castel Parc
Base Nautique
la Folie
la Tiffardière
la Roussille
Chamoiserie
Rocade
Plan d'Eau de Noron
Chat Pendu
St-Liguaire
Chey
NIORT
la Tour Chabot
Ribray
Genève
Bessac
Jousson
la Moucherie
la Levée de Sevreau
la Garenne
la Plante
la Route de Coulon
le Clou Bouchet
l'Espérance
Zone Industrielle
la Pigeonnerie
les Cénobites
le Vergne
le Bois Châtaignier
la Grève
Sevreau
la Mre Neuve
St-Florent
le Grand Canal
la Fantaisie
Verdonnie
Bessines
l'Ebaupin
la Gaillarderie
la Buteaudrie
les Pts Prés
Chamaillard
Bel Horizon
la Fiallerie
Dépôt de Romagné
la Grange
Chanteloup
Montamisé
la Chagnée
Bel-Air
Pierre Levée
les Rouères
le Gros Buisson
Château Chardon
les Prés de l'Abbaye
la Tranchée
Bois Sec
GR 36
Hors GR
le Grd Terrier
Vide-Bouteilles
Bois Jard
Charconnay
Crameuil
Guirande
le Plessis
Souligné
Trousse Chemise
0
1 km
Carte 1528
© IGN 1998
Chantigné
la Grenouille
le Plénisseau
Villeneuve
la Champenoise
la Crapaudine
St-Gaudent
Taillepied
St-Symphorien
52
53
54
55
56
57
58
59
60
61
62
63

De Niort à Saint-Liguaire `8,5 km` `2 h 20`

A Saint-Liguaire :

54 Peu après le donjon de **Niort**, sur le quai de la Préfecture, franchir la passerelle et contourner par la gauche le Centre d'action culturelle. Rejoindre le rond-point du boulevard Main et se diriger vers la cale du port. Tourner à gauche, rue de la Chamoiserie, puis s'engager à droite sur le quai de Belle-Ile (voie sans issue) qui longe le canal de la Sèvre.

55 Après les jardins familiaux, franchir la passerelle puis l'écluse de Comporté *(la première sur la Sèvre Niortaise, navigable de Niort à Marans)* et rejoindre le quai Maurice-Métayer, en rive droite. En bordure de la Sèvre, la route fait place à un chemin blanc. Passer sous le pont de la rocade et poursuivre par l'ancien chemin de halage jusqu'à l'écluse de la Roussille.

56 Traverser l'écluse pour monter par la rue du Moulin vers l'église de **Saint-Liguaire** *(près de l'église romane, vestiges de l'abbaye de la Roussille)*.

De Saint-Liguaire à Bessines `3,5 km` `50 mn`

A Bessines :

57 Quitter **Saint-Liguaire** par la rue de la Prairie qui devient chemin empierré et atteint un rond-point sur la D 9 *(prudence)*. Continuer en face vers Bessines.

58 Au croisement, s'engager à gauche sur le chemin empierré, revenir sur la route et entrer dans le village par la rue des Trois-Ponts.

59 Après le deuxième pont, emprunter à gauche *(aire de pique-nique)* le sentier aménagé qui traverse une zone de marais plantée de saules, frênes et peupliers et franchit le Bief Jarron pour atteindre le gîte communal de l'Espace Noisy de **Bessines**.

De Bessines au croisement de Bois-Jard `4 km` `1 h`

60 De la rue du Four, passer devant la mairie de **Bessines**, monter par la rue de l'Eglise sur 100 m, puis emprunter le raidillon qui permet d'accéder à l'église Saint-Caprais *(chevet roman 12e, clocher-mur)*. Prendre la rue du Logis.

61 Tourner à droite vers La Grange et continuer par le chemin blanc. Croiser deux routes et emprunter le chemin de la Garenne qui domine le marais de Bessines. Aux abords de Chanteloup, monter à gauche (Sud) par la rue Jean-Richard jusqu'à La Pierre-Levée *(logis 15e, maison natale du comédien)* et traverser la D 3. Poursuivre en face par le chemin empierré et arriver au **croisement de Bois-Jard**.

> **Hors GR® pour Clairias :** `1,2 km` `20 mn`
>
> A Clairias :
>
> Emprunter le chemin à droite (Ouest).

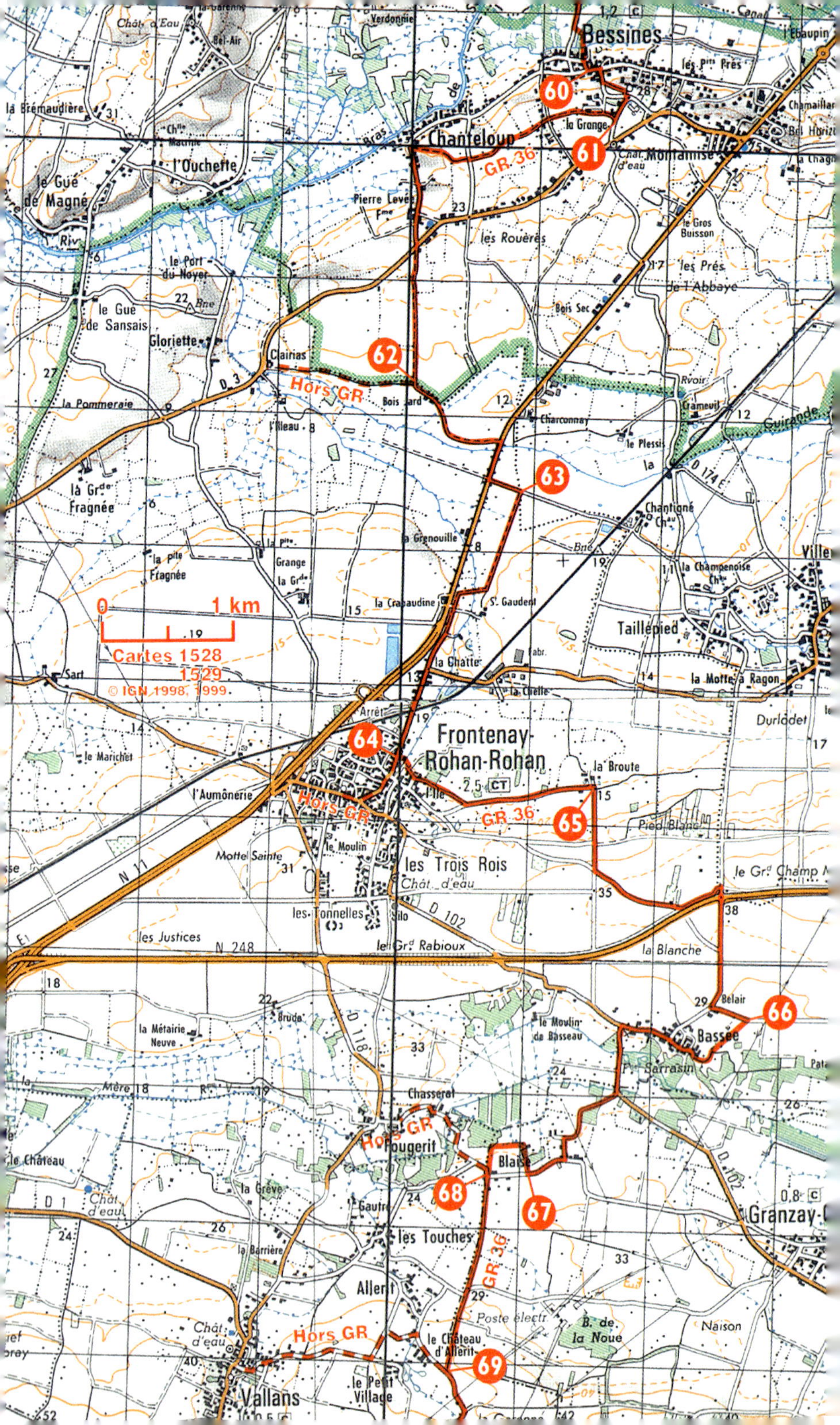

Bessines
Chanteloup
la Grange
Montamisé
GR 36
Pierre Levée
les Rouères
l'Ouchette
le Gué de Magné
le Port du Noyer
le Gué de Sansais
Gloriette
Clairias
Hors GR
Bois Sec
Bois Jard
Charconnay
le Plessis
la Pommeraie
l'Ileau
la Grde Fragnée
la pite Fragnée
la Grenouille
la Crapaudine
St Gaudent
Chantigné
la Champenoise
Taillepied
la Chatte
la Motte à Ragon
0
1 km
Cartes 1528
1529
© IGN 1998, 1999
Sart
le Marichet
l'Aumônerie
Frontenay-Rohan-Rohan
la Broute
Pied Blanc
le Moulin
les Trois Rois
Motte Sainte
les Tonnelles
les Justices
N 248
le Grd Rabioux
la Blanche
N 11
D 102
Belair
Bassée
la Métairie Neuve
le Moulin de Basseau
Sarrasin
Chasserat
Fougerit
Blaise
le Château
la Grève
Gautré
les Touches
Granzay
la Barrière
Allerit
Poste électr.
B. de la Noue
Naison
le Château d'Allerit
Vallans
le Petit Village
60
61
62
63
64
65
66
67
68
69

Du croisement de Bois-Jard à Frontenay-Rohan-Rohan   `4 km` `1 h`

A Frontenay-Rohan-Rohan :

62 Au **croisement de bois-Jard**, tourner à gauche, longer la N 11, à droite des barrières de sécurité, sur 300 m, puis la traverser et prendre la route de Chantigné sur 250 m.

63 S'engager sur le chemin à droite puis, par l'ancienne route bordée de platanes, passer La Chatte (atelier DDE). Franchir le pont de la D 174 au-dessus de la voie ferrée, puis continuer par la rue A.-et-N.-Migault, à **Frontenay-Rohan-Rohan**, sur 300 m.

▶ Le centre de Frontenay-Rohan-Rohan se trouve à 600 m : poursuivre par la rue Migault *(borne milliaire au n° 80, lavoir du Bief Chabot)* puis la rue Giannesini.
Ancienne place forte érigée en duché-pairie par Louis XIV en faveur d'Hercule de Rohan, église Saint-Pierre (clocher carré 12e, témoin de l'édifice roman 11e, façade ouvragée 15e, peintures et vitraux 19e), nombreux lavoirs restaurés.

De Frontenay-Rohan-Rohan à Blaise   `7,5 km` `1 h 55`

64 A **Frontenay-Rohan-Rohan**, prendre la rue des Chambeaux à gauche et franchir le pittoresque bief Chabot. Poursuivre à gauche par la route qui longe des jardins.

65 A La Broute, monter par la route à droite, passer une vigne, puis bifurquer sur la route à gauche *(vue sur le val de Guirande et sur Niort)* pour atteindre les abords de la N 248. Poursuivre à gauche, le long d'une haie bocagère. Au stop, tourner à droite et traverser la N 248 *(prudence)*. A Bel Air, emprunter le chemin de Patarine à gauche.

66 Prendre le chemin de Baigne-Cane à droite et traverser La Bassée par ses jardins *(bâti de pierres calcaires soigneusement appareillées)*. Sortir du hameau par la rue des Blancheaux et, au calvaire, prendre la D 102 à gauche. Après le deuxième pont sur la Courance, tourner à droite. Au carrefour en T, emprunter la route de Blaise à droite.

67 Au niveau d'une borne à incendie, s'engager à droite sur le chemin empierré bordé d'érables, de frênes, de peupliers et de sureaux et déboucher sur la route de **Blaise**.

> **Hors GR® pour Faugerit :** `1 km` `15 mn`
> *A Faugerit :*
> Prendre la route à droite, passer Chasserat et gagner Faugerit.

De Blaise au Château-d'Allerit   `1,5 km` `20 mn`

68 Continuer par la route et laisser **Blaise** à gauche. La route se fait chemin caillouteux. Poursuivre par le chemin qui s'élève, entre deux haies touffues, puis descend près du **Château-d'Allerit** *(pigeonnier)*.

> **Hors GR® pour Vallans :** `2 km` `30 mn`
> *A Vallans :*
> Tourner à droite *(voir tracé en tirets sur la carte)*.

169

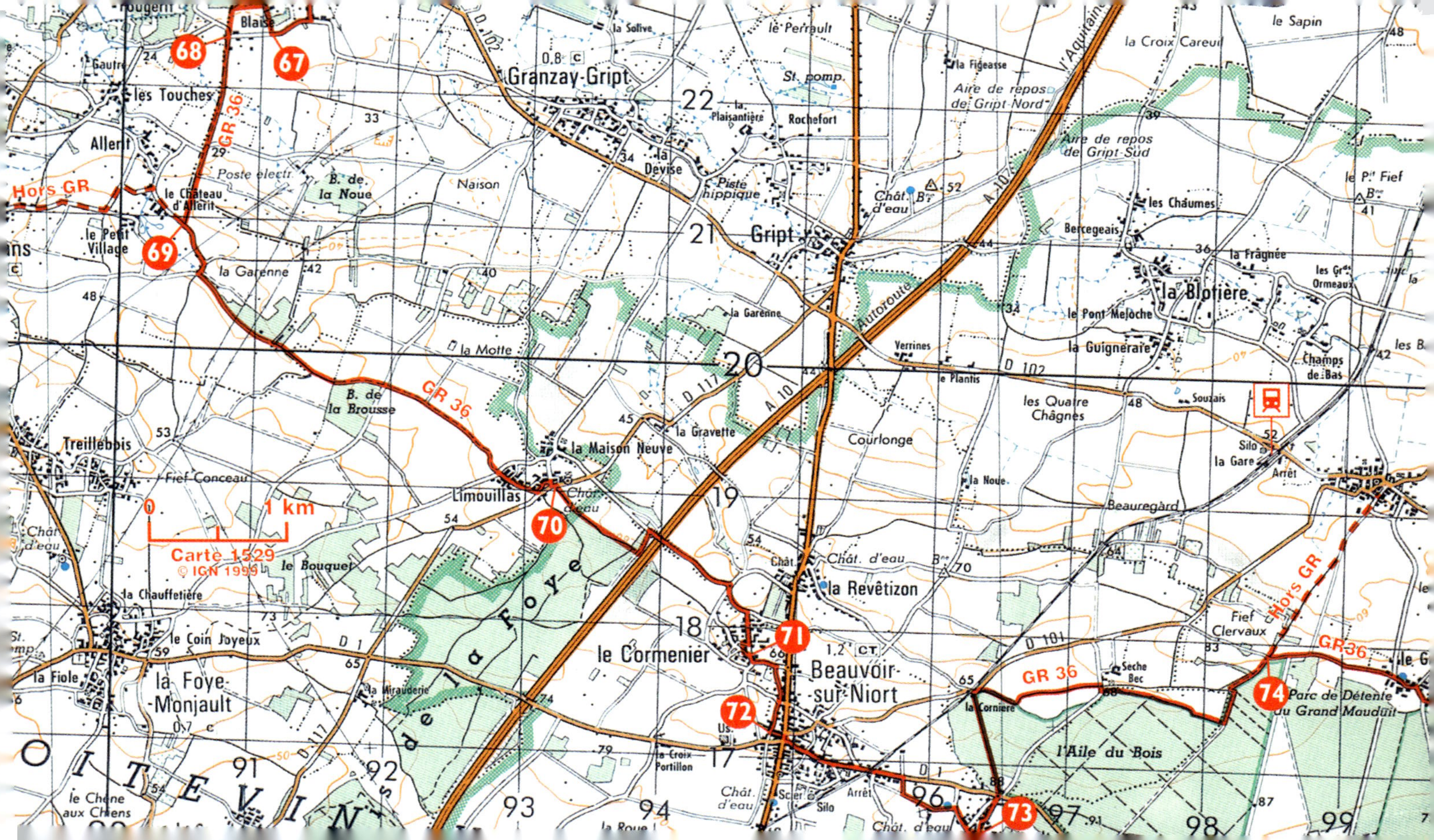
Granzay-Gript
Gript
Beauvoir-sur-Niort
le Cormenier
la Revêtizon
la Foye-Monjault
Limouillas
la Maison Neuve
Treillebois
Allerit
les Touches
Blaise
le Château d'Allerit
le Petit Village
la Garenne
B. de la Noue
B. de la Brousse
Naison
la Motte
la Gravette
Courlonge
les Quatre Chagnes
la Blotière
la Guigneraie
le Pont Meloche
les Chaumes
Bercegeais
la Frâgnée
Champs de Bas
Souzais
la Gare
Beauregard
la Noue
Verrines
le Plantis
la Devise
la Plaisantière
Rochefort
Piste hippique
la Solive
le Perrault
la Figeasse
la Croix Careuil
le Sapin
Aire de repos de Gript-Nord
Aire de repos de Gript-Sud
Autoroute
A 10
l'Aquitaine
D 102
D 117
D 1
D 101
Fief Conceau
le Bouquet
la Chauffetière
le Coin Joyeux
la Fiole
la Miraudérie
la Croix Portillon
Fief Clervaux
Sèche Bec
la Cornière
l'Aile du Bois
Parc de Détente du Grand Mauduit
le Chêne aux Chiens
Forêt de la Foye
GR 36
Hors GR
67
68
69
70
71
72
73
74
0
1 km
Carte 1529
© IGN 1999

Du Château-d'Allerit au Cormenier 6,5 km 1 h 40

Au Cormenier :

69 Laisser **Le Château-d'Allerit** à droite et suivre la petite route à gauche. D'abord bordée de haies puis d'acacias, elle longe la lisière Nord du bois de la Brousse. Continuer par la route en face et gagner Limouillas *(car).* Traverser le village *(aux maisons basses en pierre calcaire)* par la rue de l'École *(maison intéressante au n°4).* Tourner dans la rue du gîte, puis quitter le village par la rue de Limaille.

70 S'engager sur le chemin de terre et longer la lisière du bois de la Foye *(nombreux érables de Montpellier mais aussi érables champêtre, érables sycomores, charmes et chênes pédonculés).* Suivre à gauche le chemin qui longe l'A 10, franchir le pont au-dessus de l'autoroute et gagner Le Cormenier *(point de vue sur le logis Saint-Gilles).* A l'entrée du village, prendre à droite la rue des Ecoles, la rue de la Paix et la rue J.-B.-Clément pour passer à côté de l'église du **Cormenier**.

Du Cormenier à Beauvoir-sur-Niort 1 km 15 mn

A Beauvoir-sur-Niort :

Le Cormenier : église romane de style saintongeais 12e, dédiée à saint Eutrope, premier évêque de Saintes, avec colonnes jumelées du chevet, abside en cul de four brisé et coupole du clocher sur pendentifs.

71 Dépasser la mairie du **Cormenier** et, à l'angle de l'ancienne école, tourner à gauche *(chambre d'hôtes à 100 m).* Avant d'arriver à la N 150 (supermarché), prendre la rue de la Vigne à droite. Après le n°421, se faufiler dans la ruelle à gauche et, par la rue de la Croix-Blanche, déboucher entre l'hôtel-de-ville de **Beauvoir-sur-Niort** et un restaurant.

De Beauvoir-sur-Niort au croisement de Fief-Clervaux 5,5 km 1 h 20

72 A **Beauvoir**, suivre la rue de la Gare puis la D 1 vers Chizé. Après le passage à niveau, tourner à droite puis à gauche vers le moulin de Rimbault *(panorama sur la plaine de Niort et sur la forêt de Chizé).*
Le moulin de Rimbault *(privé),* construit au 15e siècle, fonctionne à nouveau depuis 1989. Le toit et les ailes (17 m de long et de 2 m de large) formées de lames de bois, pivotent face au vent au moyen de la guivre (queue de mise au vent).
Poursuivre jusqu'au château d'eau et tourner à droite vers Rimbault *(village à l'habitat traditionnel du Sud Deux-Sèvres ; logis 15e, restes d'un château, ancien relais de chasse où François 1er se serait arrêté, porte cochère et entrée piétonne).*

▶ Séparation à droite du GR® de Pays de *la Sylve d'Argenson* qui contourne la forêt de Chizé, puis se dirige vers Availles-sur-Chizé ou Aulnay-de-Saintonge.

73 Devant le logis, monter à gauche par la rue du Château. Au croisement de la D 1, emprunter la piste forestière à gauche de la maison forestière. Avant la voie ferrée, tourner à droite. En contrebas de Sèche-Bec, prendre la route à droite sur quelques mètres, puis s'engager à gauche sur le sentier en lisière de la forêt de Chizé et arriver au **croisement de Fief-Clervaux**.

La Venise verte

Correspondant à l'ancien golfe du Poitou, ou golfe des Pictons [1], le Marais poitevin couvre environ 100 000 hectares, entre Niort et l'océan Atlantique. Jusqu'au 10e siècle, le golfe s'assèche lentement, comblé en partie par des alluvions. A la fin du 12e siècle, les moines bénédictins des nombreuses abbayes entreprennent d'assécher à grande échelle. Peu à peu, le golfe du Poitou change de visage et les eaux saumâtres font place à des terres qui accueillent la culture des fèves. Deux paysages se dessinent : le marais mouillé et le marais asséché. Le premier s'étend en aval de Niort, recueillant les eaux de la Sèvre niortaise. Entre ce bassin et le littoral, se déploie le marais desséché exploité en prairies et cultures. La guerre de Cent Ans, puis les guerres de Religion viendront maintes fois interrompre et détruire les aménagements (digues et canaux). Au 16e siècle, Henri IV tombe sous le charme de cette région et confie son assèchement à des ingénieurs hollandais. Trois siècles seront encore nécessaires pour parfaire l'assainissement de ce véritable marais bocager, appelé la Venise verte, quadrillé de canaux entourant de grandes parcelles herbeuses. On s'y déplace en barge à fond plat, au fil des conches dormant dans l'ombre d'une végétation luxuriante.

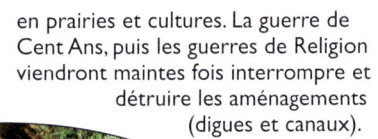

Barque du Marais poitevin. Photo D. Bonnet.

[1] Les Gaulois qui vivaient dans la région s'appelaient les Pictaves.

Une petite pièce d'or blanc baptisée mojette

La *mojette* appelée aussi *mojette piatte* est une variété de haricot blanc demi-sec qui a trouvé sa terre d'élection en Marais poitevin, à quelques encablures de Niort. On l'apprécie pour son côté ferme, croquant et sa couleur claire évoquant une dragée. La mojette se plait particulièrement sur les terres où se trouvent accumulés sédiments et matières organiques, notamment les zones marécageuses envahies par les eaux en hiver, lui apportant l'humus dont elle se nourrit. Après avoir récolté les mojettes à la saison

Touret de mogettes. Photo P. Wall/CG 79.

estivale, on les assemble en tourettes (ou tourets) qui permettent le séchage durant tout l'été. Cette variété de haricot blanc accompagne merveilleusement bien le gigot ou la salade frisée.

L'année 2001 a vu la naissance de la Confrérie de la Mojhette, dont la couleur du costume rappelle le feuillage de la légumineuse. *« asteur, les gens avont la goule trop fine pour mangher d'aux mohettes »*… En effet, la mojette a fort besoin d'être soutenue dans ses efforts. Les modes changent et la petite pièce d'or blanc n'est plus aussi courue qu'autrefois. Et si l'on n'y prend garde, ce sera bientôt la fin des haricots…

Loutrons. *Photo P. Wall/CG 79.*

Faune sauvage d'Europe en forêt de Chizé

La forêt de Chizé constitue avec la forêt d'Aulnay les derniers lambeaux de l'ancienne forêt d'Argenson qui recouvrait naguère toute la région. Essentiellement peuplée de hêtres, charmes et chênes, la forêt repose sur un sol calcaire qui autorise les espèces méridionales. En plein cœur du massif, un zoorama se consacre à la faune sauvage d'Europe. On y trouve notamment : chats sauvages, bouquetins, chamois, fouines, loups, loutres, lynx, de nombreux cervidés, mais aussi bisons, aurochs, tarpans (chevaux sauvages) et bien sûr, le fameux baudet du Poitou.
Zoorama de Chizé à Villiers-en-Bois, tél. 05 49 77 17 17

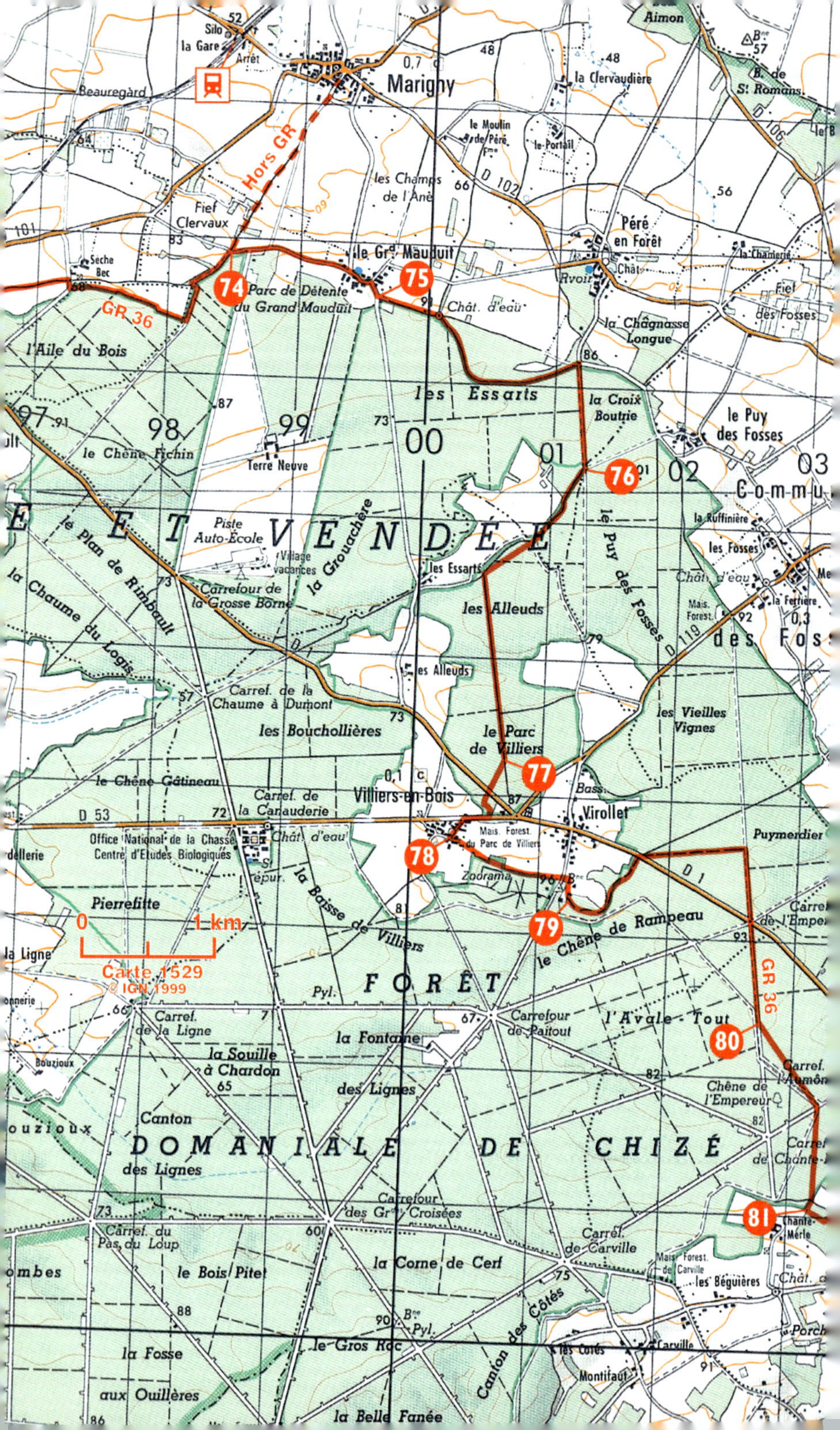

Silo
la Gare
Arrêt
Marigny
Beauregard
la Clervaudière
Aimon
B. de St Romans
le Moulin de Péré
le Portail
les Champs de l'Âne
D 102
Hors GR
Fief Clervaux
Seche Bec
Péré en Forêt
le Grd Mauduit
Parc de Détente du Grand Mauduit
Chât. d'eau
la Chagnasse Longue
Fief des Fosses
la Chaumerie
Rvoir
Chât.
GR 36
l'Aile du Bois
les Essarts
la Croix Boutrie
le Puy des Fosses
le Chêne Fichin
Terre Neuve
98
99
00
01
02
03
Commu
E T V E N D É E
Piste Auto-École
Village vacances
la Grouachère
le Puy des Fosses
la Ruffinière
les Fosses
Chât. d'eau
la Ferrière
Mais. Forest.
le Plan de Rimbault
la Chaume du Logis
Carrefour de la Grosse Borne
les Alleuds
des Fos
Carref. de la Chaume à Dumont
les Bouchollières
le Parc de Villiers
les Vieilles Vignes
le Chêne Gâtineau
Carref. de la Canauderie
Villiers-en-Bois
Virollet
Puymerdier
D 53
Office National de la Chasse
Centre d'Études Biologiques
Chât. d'eau
Mais. Forest. du Parc de Villiers
Zoorama
la Baisse de Villiers
le Chêne de Rampeau
Carref. de l'Emper
Pierrefitte
0
1 km
Carte 1529
© IGN 1999
la Ligne
F O R Ê T
Carref. de la Ligne
Carrefour de Paitout
l'Avale-Tout
la Fontaine
la Souille à Chardon
des Lignes
Carref. l'Aumôn
Chêne de l'Empereur
Canton
D O M A N I A L E   D E   C H I Z É
des Lignes
Carref. de Chante-
Carrefour des Grs Croisées
Carref. du Pas du Loup
Carref. de Carville
Chante-Merle
Mais. Forest. de Carville
les Béguières
la Corne de Cerf
le Bois Pitet
Canton des Côtés
le Gros Roc
la Fosse
aux Ouillères
les Côtés
Carville
Montifaut
la Belle Fanée
74
75
76
77
78
79
80
81

Hors GR® pour Marigny : `1,5 km` `25 mn`

A Marigny : 🏠 (à 3 km) ⛺ 🚆

Traverser la route du Grand-Mauduit et s'engager en face sur le chemin empierré qui descend vers le bourg.

Église de Marigny 15e, chœur et chevet romans.

Du croisement du Fief-Clervaux au Grand-Mauduit `1 km` `15 mn`

Au Grand-Mauduit : 🛏️

74 Au croisement de **Fief-Clervaux**, suivre la route à droite jusqu'au **Grand-Mauduit**.

Du Grand Mauduit à Villiers-en-Bois `6,5 km` `1 h 40`

A Villiers-en-Bois : 🏠 🏨 ⛺ 🍴 ☕

75 A la sortie du **Grand-Mauduit**, emprunter à gauche le chemin sablé sur 500 m. Au château d'eau, bifurquer à droite et suivre le sentier forestier en limite de la partie domaniale. Continuer jusqu'à un carrefour de routes forestières (coté 86). Prendre à droite la large piste forestière sur 800 m et arriver au carrefour de la Chagnasse-Neuve.

76 Prendre à droite le sentier forestier qui suit bientôt la lisière de la clairière des Essarts sur 1 km. Tourner à gauche dans la longue ligne au Sud en traversant les jeunes plantations d'un secteur de la forêt restauré à la suite de la tempête de décembre 1999.

77 Au niveau de la parcelle 80, partir à droite, couper la D 1 et poursuivre en face par une sente qui débouche en lisière sur la D 53. La prendre à droite et, après la mairie de **Villiers-en-Bois**, se diriger à gauche vers l'église et le gîte d'étape du Prioulet.

De Villiers-en-Bois à Chizé `8 km` `2 h`

A Chizé : 🛏️ 🛒 🍴 ☕ 📷

78 Juste avant le gîte d'étape de Villiers-en-Bois, bifurquer à gauche sur la petite route qui devient un chemin de terre puis un sentier forestier en bordure du «zoorama» européen de Chizé. Traverser le parking du Centre pédagogique du «zoorama».

79 Prendre le sentier de découverte de l'Office national des Forêts. Au bout du sentier, couper la D 1 et emprunter, plein Est, le sentier à droite de la ligne à Eugène sur 900 m. Suivre la route forestière à droite jusqu'au carrefour de l'Empereur.

Dans ce secteur subsistent ici ou là quelques chênes et hêtres. La tempête de 1999 a favorisé le développement des espèces végétales basses, principale source de nourriture des chevreuils, en créant des éclaircies dans la forêt.

Traverser la D 1, poursuivre au Sud par le chemin blanc sur 650 m et atteindre la clôture de la réserve.

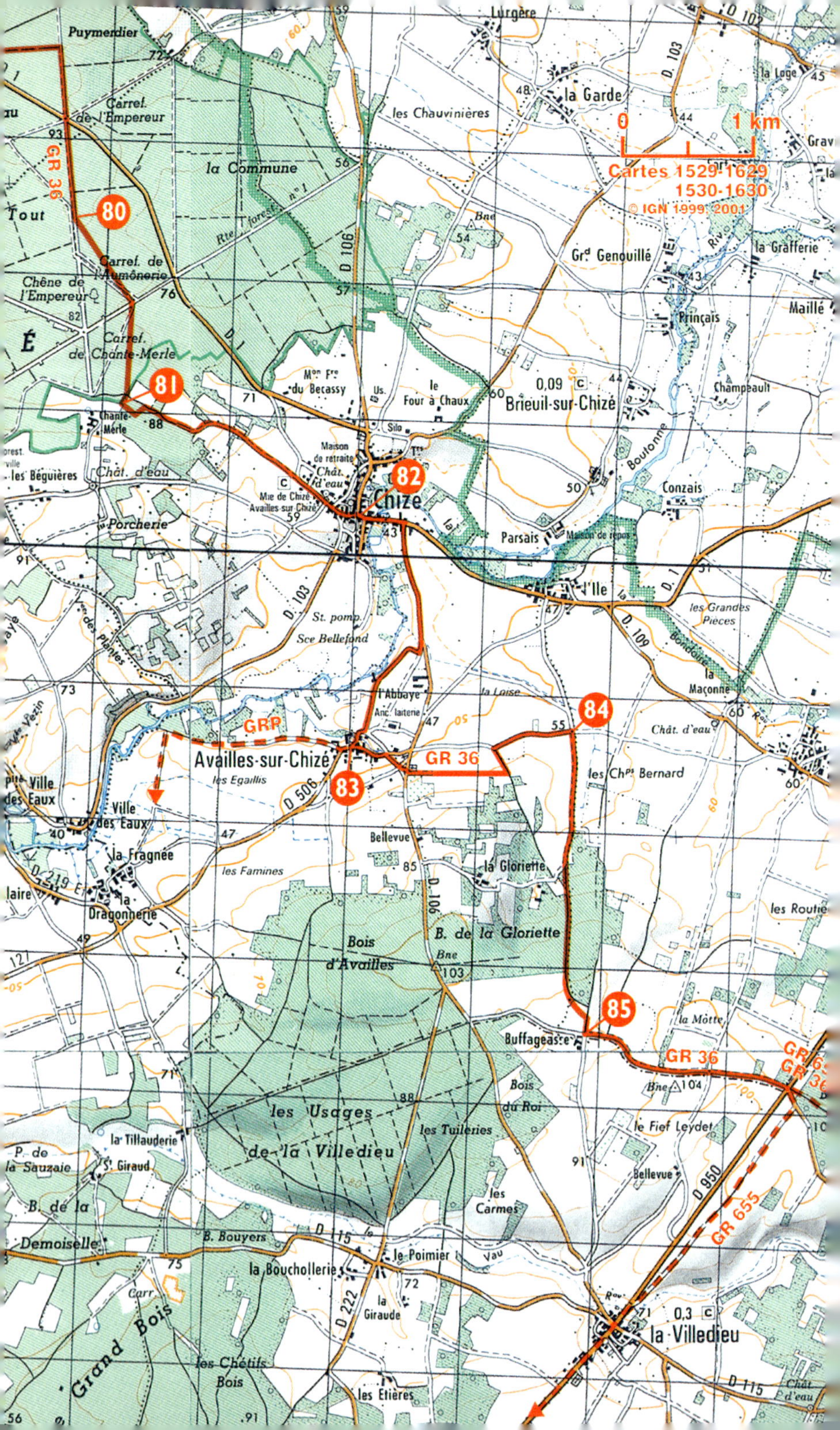
0 1 km
Cartes 1529-1629
1530-1630
© IGN 1999-2001
GR 36
GRP
GR 655
80
81
82
83
84
85
Puymerdier
Carref. de l'Empereur
la Commune
Carref. de l'Aumônerie
Chêne de l'Empereur
Carref. de Chante-Merle
Chante-Merle
les Béguières
Porcherie
Mon Fre du Becassy
le Four à Chaux
Maison de retraite
Chizé
Brieuil-sur-Chizé
Lurgère
la Garde
les Chauvinières
Grd Genouillé
la Grafferie
Princais
Maillé
Champeault
Boutonne
Conzais
Parsais
Maison de repos
l'Ile
les Grandes Pieces
la Maçonne
St. pomp.
Sce Bellefond
l'Abbaye
Anc. laiterie
la Loise
Availles-sur-Chizé
les Egaillis
Châl. d'eau
les Chps Bernard
Ville des Eaux
la Fragnée
la Dragonnerie
les Famines
Bellevue
la Gloriette
B. de la Gloriette
Bois d'Availles
les Routis
la Motte
Buffageasse
Bois du Roi
les Usages de la Villedieu
les Tuileries
la Tillauderie
St. Giraud
P. de la Sauzaie
B. de la Demoiselle
B. Bouyers
la Bouchollerie
le Poimier
la Giraude
le Fief Leydet
Bellevue
les Carmes
la Villedieu
Grand Bois
les Chétifs Bois
les Etières
D. 106
D. 103
D. 109
D. 506
D. 950
D. 115
D. 222
D 102

80 Bifurquer à gauche sur le sentier en lisière d'un peuplement de chênes.

▶ A droite, accès aux Sept chênes par un diverticule.

Atteindre le carrefour du Chêne-de-l'Empereur *(le chêne de l'Empereur est dans la réserve)*. Poursuivre sur le sentier « périmétral » qui devient un chemin creux *(bien suivre le balisage)*.

81 A l'orée de la forêt, tourner à gauche sur le chemin empierré de Chantemerle. Continuer par la route, dévaler la rue de l'Hôtel-de-Ville et gagner le centre de **Chizé**.

De Chizé au bois Bréchou 8,5 km 2 h 10

Le bourg de Chizé a conservé son caractère médiéval. A gauche, l'église (portail 11e, sol constitué d'anciennes pierres tombales et structure de la voûte en bois en forme de navire renversé) où l'on accède par des « grimpets ». De l'autre côté de la place des Halles, le tertre du château-fort disparu permet de découvrir le bourg bâti à flanc de coteau, la vallée de la Boutonne et, au Sud, les bois d'Availles et d'Ensigné.

82 Quitter **Chizé** par la rue des Ponts (D 1) *(chambre d'hôtes)*, franchir la Boutonne et suivre à droite la rue de la Grange (D 106) sur 900 m. Bifurquer à droite, puis tourner à droite pour passer par la pisciculture de l'Abbaye et atteindre Availles-sur-Chizé et sa modeste église.

▶ Séparation du GR® de Pays de la Sylve d'Argenson qui part à l'Ouest vers Saint-Séverin-sur-Boutonne.

83 Tourner à gauche sur la place de la mairie d'Availles. A la sortie du bourg, monter à droite vers le cimetière, puis emprunter le chemin empierré qui part entre le mur et les vignes sur 800 m. Descendre à gauche, puis suivre la petite route à droite.

84 Emprunter le large chemin à droite, continuer par la route, puis monter en face par le large chemin qui traverse le bois de la Gloriette et débouche à Buffageasse *(« l'ageasse » est la pie ; « buffer » c'est souffler)*.

85 Tourner à gauche sur le chemin du Loup qui conduit à la D 950.

L'itinéraire quitte le département des Deux-Sèvres pour entrer dans celui de la Charente-Maritime.

Traverser la D 950 *(prudence)* et, par le chemin à gauche de la D 222E1, rejoindre la lisière du **bois Bréchou**.

▶ Jonction avec le GR® 655 *(voie principale du chemin de Tours)*. En face, il vient de Brioux-sur-Boutonne. A droite, il se dirige vers La Villedieu puis Aulnay-de-Saintonge *(voir pages 98 et 99)*.

▶ Le GR® 36 *(sentier Manche-Pyrénées)* continue en face vers la région d'Angoulême… et les Pyrénées-Orientales.

177

1
2
3
4
5
6
Lussais
Angles-sur-l'Anglin
St-Pierre
Bois Guernaut
la Garsaudière
Jaumangé
Ste-Croix
la Grange aux Imbertons
les Droux
les Certeaux
Chézelles
la Riguelière
les Gerbaudières
les Prunières
les Blanchardières
Baiseborde
la Pinçonnerie
Boisdichon
GR 48
la Binoquerie
les Martinière
Dolmen
le Moulin du Pré
Anc. min
la Cocusserie
Montenaut
D 3
les Liboureaux
Pied Griffé
Rezan
le Moulin de Braud
Fournioux
Ceris
Foix
la Verdezière
le Roc Fondu
la Métairie de Fournioux
la Merletrie
Rocher St-Berthomé
Vilaine
la Guignoterie
D 50
le Bas Coreil
Chenevaux
la Petite Biletière
Laniboire
Ec. d'escalade
la Dame de Rives
Rives
le Haut Coreil
le Haut Rives
la Grande Biletière
Taillis de Puygirault
les Cagouillères
les Landes
l'Anglin
la Vieille Grange
les Morfonds
Puygirault
Beauchapeau
les Brousses
le Gribaury
la Luthière
les Effes
les Petits Marsilly
Riv.
Roc de la Dube
Éc. d'escalade
la Pêchellerie
le Plex
Chamousseau
les Grands Marsilly
la Rochebellusson
les Tortues
D 135
Hors GR
l'Ardenne
la Maçonnière
les Frots
l'Epinay
Mérigny
la Jagauderie
les Bergeas
Albrou
Anthuai
les Roseaux
les Rues
la Poirelle
la Greletterie
les Bonnes Terres
la Normandie
le Parc à Jacques
la Gouguetière
les Zéros
la Morellerie
la Cochonnière
la Gautrelle
la Groge
Valcourt
le Bois de Valcourt
la Barre
le Bois Gaudon
le Petit Profit
le Bouex
Linier
les Bacquelares
Maison Neu
la Paquetterie
la Grenouillère
0
1 km
Cartes 1926
1927
© IGN/1991, 1999
les Roués
les Crouzats
les Besacières
le Peu
le Porteau
Trébuchon
Mouton
le Carroir
Nalliers

Les itinéraires

La voie secondaire Est d'Angles-sur-l'Anglin à Saint-Aulaye

D'Angles-sur-l'Anglin au pont sur l'Anglin `500 m` `5 mn`

A Angles-sur-l'Anglin :

Angles-sur-l'Anglin fait partie des plus beaux villages de France. Ruines du château 12e, chapelle Saint-Pierre 12e, église Sainte-Croix 12e, église Saint-Martin 11e-17e-19e, maisons 15e, croix hosannière dans le cimetière. Atelier des jours d'Angles (dentelles). Site (falaises et vallée de l'Anglin).

1 De la place du Champ-de-Foire d'**Angles-sur-Anglin**, rejoindre la place du Monument-aux-Morts et prendre la direction de Saint-Savin sur 100 m. Descendre la ruelle face aux ruines du château, tourner à droite et arriver au **pont sur l'Anglin**.

▶ Jonction avec le GR® 48 qui vient à droite de Chinon. Les deux itinéraires sont communs jusqu'à Antigny.

Du pont sur l'Anglin à la D 27 `10,5 km` `2 h 40`

2 Franchir le pont sur l'Anglin. A droite, gagner la chapelle Sainte-Croix, emprunter la D 2 à gauche sur 20 m, puis monter à droite par la rue qui mène aux Droux et traverser la D 2 *(prudence)*. Continuer par le chemin en face et passer la ferme de la Pinçonnerie. A la croix de pierre, suivre le chemin du milieu. Prendre la petite route à gauche. A Pied-Griffé, utiliser la route à droite jusqu'à Vilaine.

3 A l'entrée du hameau, prendre le chemin empierré à gauche sur 300 m, puis bifurquer à droite *(vues sur les falaises de l'Anglin et le logis de Montenaut)*. Suivre la route à gauche pour gagner La Merletrie *(gîte)* et rejoindre le bord de l'Anglin par le chemin menant à Puygirault *(rochers d'escalade et grottes de la Guignoterie)*.

4 Monter par la route à droite et, dans le virage, s'engager à gauche sur le chemin empierré en sous-bois. A la fourche, continuer par le chemin qui s'oriente à gauche.
L'itinéraire quitte le département de la Vienne pour entrer dans celui de l'Indre.
Passer un croisement et, à la croix de pierre, poursuivre tout droit en laissant le château de la Rochebellusson à gauche. Aux Frots, tourner à gauche et déboucher sur la **D 27**.

> **Hors GR® pour Mérigny :** `1,5 km` `25 mn`
>
> A Mérigny :
>
> Prendre la D 27 à gauche.

De la D 27 à Saint-Germain `10 km` `2 h 30`

A Saint-Germain :

5 Couper la **D 27** et poursuivre en face par le chemin. Croiser la D 27A et gagner Le Bois-Gaudon. Continuer par le chemin, traverser le bois et arriver à Mouton.

179

Berceau de la nef de Saint-Savin.
Photo CRT Poitou-Charentes.

Saint-Savin, une fabuleuse Bible en images

Première grande étape de cet itinéraire, l'abbaye de Saint-Savin (aujourd'hui inscrite au Patrimoine mondial de l'Unesco) était autrefois un haut-lieu de pèlerinage, halte importante pour les pèlerins en route vers la Galice. Fondé par Louis le Pieux, fils de Charlemagne, le sanctuaire hébergeait les reliques des deux frères, Savin et Cyprien, martyrisés sur les bords de la Gartempe. En 1835, Prosper Mérimée découvre la fabuleuse abbatiale abandonnée, en passe de s'effondrer. Dès lors, l'Inspecteur Général des Monuments Historiques va soulever des montagnes pour sauver ce qui se révèlera être le plus vaste ensemble de peintures murales romanes. Réalisées avant 1100 par le même atelier qu'à Saint-Hilaire de Poitiers, ces peintures mises en valeur par l'admirable pureté de l'architecture sont à la fois très lumineuses et très contrastées. Le remarquable berceau de la nef entièrement peint, véritable Bible en images, attire d'emblée tous les regards. Tandis que les personnages ont cette allure dansante typiquement romane, les scènes sont superposées ou disposées en registres, sur des fonds aux couleurs alternantes conformément au style de l'époque. Le porche abrite les plus belles peintures, avec le Christ entouré d'anges et d'apôtres, et des scènes de l'Apocalypse. Dans la crypte Saints-Savin-et-Cyprien, la féerie se poursuit avec notamment la légende des deux saints.

Les Jours d'Angles

Les Jours d'Angles firent la renommée du village d'Angles-sur-Anglin à partir du Second Empire, sous Napoléon III. La légende rapporte que les Jours d'Angle doivent leur existence au hasard, alors qu'une couturière qui confectionnait les petits plis coulissés d'une chemise d'homme, tira par accident un fil de la trame.
Pour réparer son erreur, elle improvisa quelques points de broderie moins de 350 *ajoureuses*. Le travail de l'ajoureuse s'effectue entièrement à la main. Il consiste à créer des jours dans une toile de lin, linon, batiste ou métis[1], en retirant certains fils dans le sens de la chaîne et de la trame, à l'aide de petits ciseaux à broder extrêmement pointus. La spécialité d'Angles est le *tulle* ou *pavé* où les fils tirés en grille forment des motifs parfaitement

Les ajoureuses à Angles-sur-Anglin. *Photo G. Buthaud.*

qui firent merveille. Les jours d'Angles étaient nés. Cet artisanat original qui n'est ni broderie, ni dentelle, a perduré jusque dans les années cinquante. Il bénéficia notamment des difficultés économiques des ateliers parisiens au milieu du 19e siècle. A la Belle-Époque, Angles-sur-Anglin eut des clients aussi prestigieux que les Grands Magasins parisiens ou encore les plus grands paquebots, à savoir le Normandie et le Queen Elisabeth. La petite bourgade ne comptait alors pas géométriques. Enfin, l'ouvrière réunit les fils restants en faisceau, et les travaille avec des points choisis en fonction du modèle. Il faut environ 200 heures pour réaliser une nappe. En 1981, des habitantes d'Angles ont créé l'Association pour la sauvegarde et le rayonnement des jours d'Angles, afin d'assurer la survivance de ce patrimoine vivant.

[1] Toile dont la trame est en fil de lin et la chaîne en fil de coton

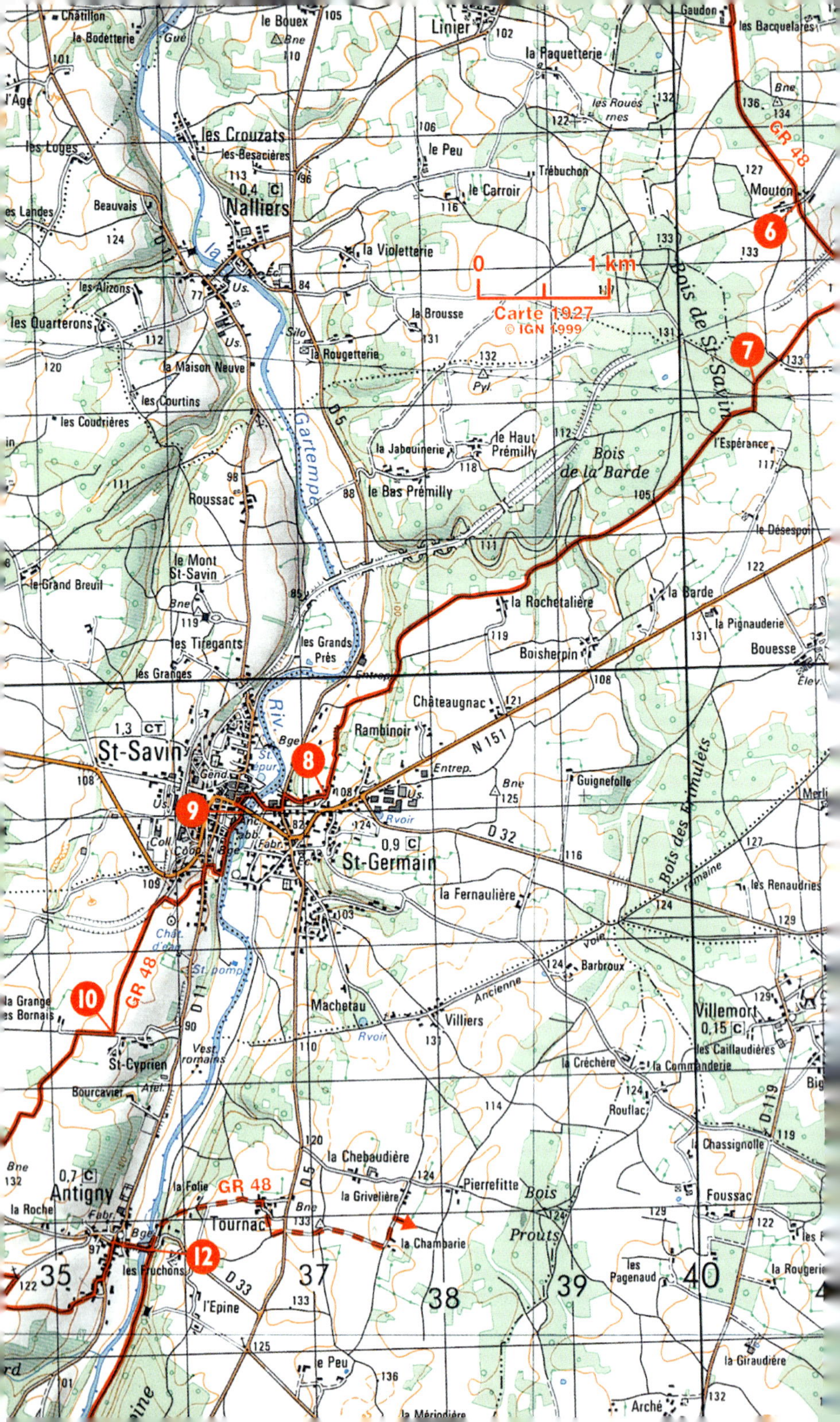

0 1 km
Carte 1927
© IGN 1999
GR 48
6
7
8
9
10
12
Châtillon
la Bodetterie
le Bouex
Linier
la Paquetterie
les Bacquelares
les Crouzats
les Besacières
Nalliers
le Peu
le Carroir
Trébuchon
Mouton
les Loges
Beauvais
les Landes
la Violetterie
les Alizons
les Quarterons
la Brousse
la Rougetterie
la Maison Neuve
les Courtins
les Coudrières
Gartempe
Bois de St-Savin
la Jabouinerie
le Haut Prémilly
le Bas Prémilly
Bois de la Barde
l'Espérance
Roussac
le Désespoir
le Mont St-Savin
le Grand Breuil
la Rochetalière
la Barde
les Tiregants
les Grands Prés
Boisherpin
la Pignauderie
Bouesse
les Granges
Châteaugnac
St-Savin
Rambinoir
N 151
Guignefolle
St-Germain
D 32
la Fernaulière
Bois des Brûlés
les Renaudries
Barbroux
Ancienne Voie romaine
la Grange
les Bornais
Machetau
Villiers
Villemort
St-Cyprien
la Créchère
la Commanderie
les Caillaudières
Bourcavier
Rouflac
la Chassignolle
la Chebaudière
Antigny
la Folie
la Grivelière
Pierrefitte
Bois Prouts
Foussac
la Roche
Tournac
la Chambarie
les Fruchons
D 33
les Pagenaud
la Rougerie
l'Epine
le Peu
la Giraudière
Arché
la Mérigodière
35
37
38
39
40

Sentier près d'Antigny.
Photo Hubert Ramel.

❻ Poursuivre en face, franchir l'ancienne voie ferrée et continuer jusqu'au croisement. Tourner à droite et s'engager dans les bois de Saint-Savin.

L'itinéraire quitte le département de l'Indre et retrouve celui de la Vienne.

❼ A la fourche, partir à gauche, passer sous la ligne électrique, puis virer à droite. Le chemin gagne la lisière du bois et la longe sur 3 km. Poursuivre par le sentier de la Vigne-aux-Moines vers **Saint-Germain**.

De Saint-Germain à Saint-Savin   1 km   15 mn

A Saint-Savin :

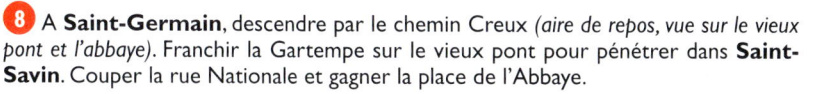

❽ A **Saint-Germain**, descendre par le chemin Creux *(aire de repos, vue sur le vieux pont et l'abbaye)*. Franchir la Gartempe sur le vieux pont pour pénétrer dans **Saint-Savin**. Couper la rue Nationale et gagner la place de l'Abbaye.

De Saint-Savin à Antigny   7 km   1 h 45

A Antigny :

Saint-Savin, située au bord de la Gartempe, possède un ensemble abbatial, classé au patrimoine mondial de l'Unesco, renommé pour la beauté de ses peintures murales 11e-12e. Pont gothique 13e.

❾ Sur la place de la Libération, à **Saint-Savin**, longer le bâtiment conventuel et, par la rue de l'Abreuvoir, rejoindre le bord de la Gartempe. Emprunter à droite la promenade, puis la quitter en montant à droite pour gagner le carrefour avec la D 11. La suivre à gauche sur 100 m, puis s'engager à droite dans le chemin des Alouettes. Laisser le château d'eau à gauche et continuer jusqu'à la petite route. Tourner à gauche et prendre le chemin qui mène à Saint-Cyprien.

183

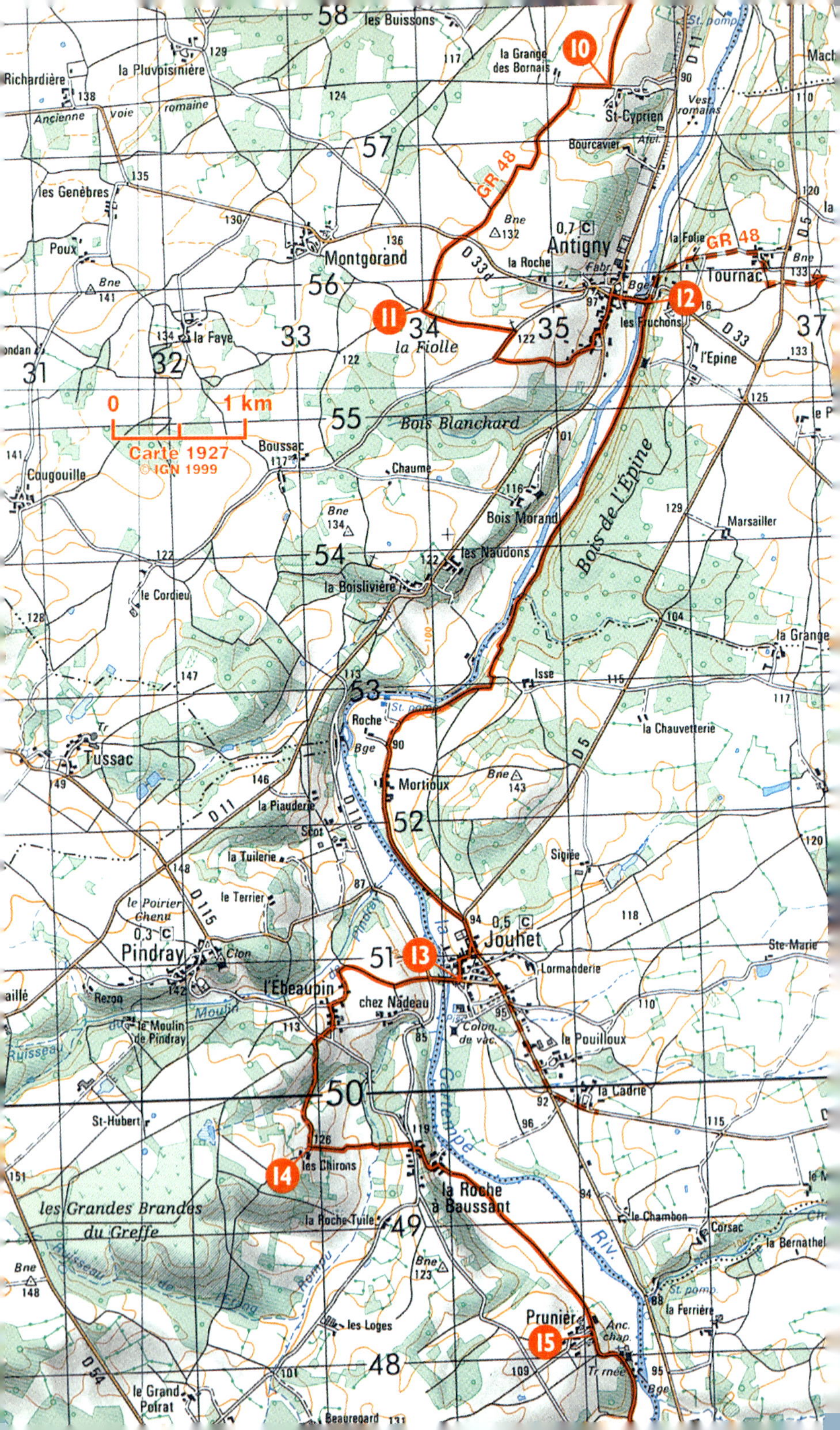

10
11
12
13
14
15
GR 48
0
1 km
Carte 1927
© IGN 1999
les Buissons
la Pluvoisinière
Richardière
Ancienne voie romaine
la Grange des Bornais
St-Cyprien
Vest. romains
Bourcavier
les Genèbres
Montgorand
Antigny
la Roche
la Folie
Tournac
Poux
la Faye
la Fiolle
les Fruchons
l'Epine
Bois Blanchard
Boussac
Cougouille
Chaume
Bois Morand
Bois de l'Épine
Marsailler
les Naudons
la Boislivière
le Cordieu
la Grange
Isse
la Chauvetterie
Roche
Mortioux
Tussac
la Piauderie
Scot
la Tuilerie
le Terrier
Sigiée
le Poirier Chenu
Pindray
Jouhet
Ste-Marie
Lormanderie
l'Ebeaupin
chez Nadeau
Rezon
le Moulin de Pindray
Colon. de vac.
le Pouilloux
la Cadrie
la Gartempe
St-Hubert
les Chirons
la Roche à Baussant
les Grandes Brandes du Greffe
la Roche Tuile
le Chambon
Corsac
la Bernathel
Ruisseau de l'Étang
Rompu
les Loges
Prunier
Anc. chap.
la Ferrière
le Grand Poirat
Beauregard
D 11
D 5
D 33
D 115
D 54

10 Au croisement, suivre à droite la route sur 250 m, puis prendre le chemin de terre à gauche sur 1,5 km. Emprunter la D 33d à droite sur 10 m, puis continuer par le chemin à gauche.

11 A la croisée des chemins, tourner à gauche, prendre la route à droite sur 200 m, puis descendre vers Antigny à gauche *(vue sur le château de l'Epine)*. Continuer par la rue des Valentins et arriver sur la place de la Mairie. Par la rue du 19-mars-1962, franchir le pont d'**Antigny** qui enjambe la Gartempe.

▶ Séparation du GR® 48 qui suit un autre itinéraire pour gagner Montmorillon.

D'Antigny à Jouhet   6 km   1 h 30

A Jouhet :

Antigny : musée gallo-romain, lanterne des morts 13e, église (peintures murales 14e).

12 Après le pont d'**Antigny**, prendre à droite le chemin qui longe la rivière *(vue sur le château de Bois-Morand)*. Traverser le hameau de Mortioux *(vue sur le moulin des Roches)* et poursuivre jusqu'à Jouhet. Entrer dans le village à droite et, à 200 m, se diriger à gauche *(puits banal)* pour gagner la place de l'Eglise, à **Jouhet**.

De Jouhet à Pruniers   5,5 km   1 h 30

A La Cadrie (hors itinéraire à 1 km au Sud de Jouhet) :

Jouhet : chapelle funéraire Sainte-Catherine 15e (peintures : « dict des trois morts et trois vifs » - légende racontant la chasse de trois jeunes seigneurs qui aperçoivent trois morts sortant de leur sarcophage, les avertissant de la fragilité de la vie et leur demandant de se convertir).

13 Passer le pont de **Jouhet**, gravir le raidillon en face, continuer à droite sur 400 m, puis virer à gauche pour traverser Ebeaupin. Bifurquer à droite vers un croisement (croix), se diriger en face sur 10 m *(vue sur le château de Pindray)* et descendre à gauche par le chemin empierré. Franchir à gué le ruisseau de Soulage et grimper aux Chirons.

14 Juste avant le hameau, s'engager à gauche sur le chemin herbeux, puis monter par le chemin gravillonné à La Roche-à-Baussant. Tourner à droite, puis pénétrer dans le village à gauche. La rue descend et tourne à gauche. Poursuivre par le chemin empierré qui part à droite entre les bâtiments et qui continue à travers champs vers **Pruniers**.

Château de Pruniers (forteresse 14e-15e-16e). Pigeonnier 16e à 1024 boulins.

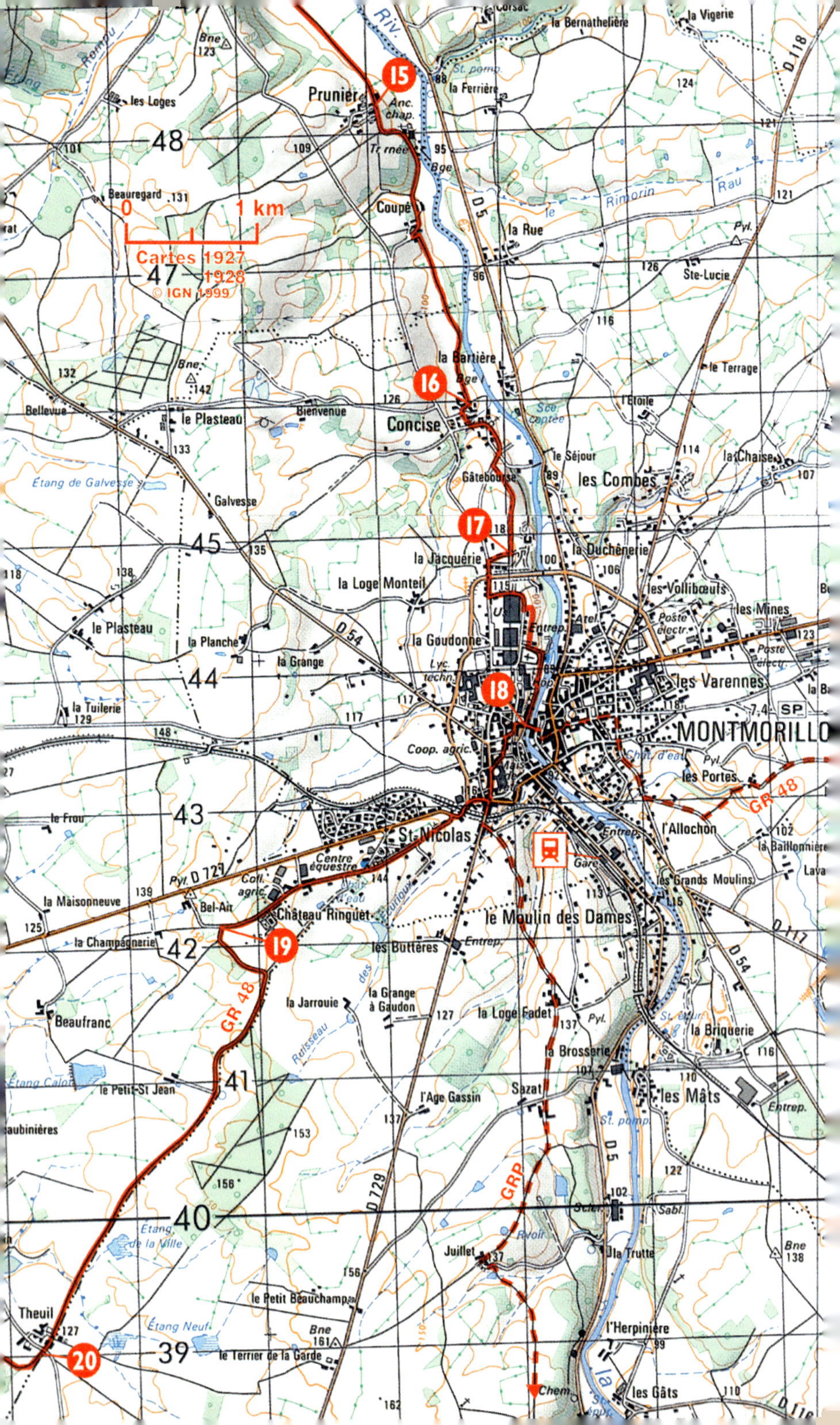

15
16
17
18
19
20
0
1 km
Cartes 1927
1928
© IGN 1999
GR 48
GRP
Prunier
Coupé
la Rue
la Bartière
Concise
le Plasteau
Bienvenue
Bellevue
Étang de Galvesse
Galvesse
Gâtebourse
les Combes
la Jacquerie
la Loge Monteil
la Duchênerie
les Vollibœufs
les Mines
la Goudonne
les Varennes
MONTMORILLO
le Plasteau
la Planche
la Grange
la Tuilerie
St-Nicolas
Centre équestre
Château Ringuet
le Moulin des Dames
les Buttères
la Champagnerie
la Maisonneuve
Bel-Air
Beaufranc
la Jarrouie
la Grange à Gaudon
la Loge Fadet
la Brosserie
les Mâts
la Briquerie
l'Allochon
les Portes
les Grands Moulins
la Baillonnière
le Petit-St Jean
l'Age Gassin
Sazat
Juillet
la Trutte
l'Herpinière
les Gâts
le Petit Beauchamp
le Terrier de la Garde
Theuil
Étang Neuf
Étang de la Ville
Ste-Lucie
le Terrage
l'Étoile
la Chaise
le Séjour
la Ferrière
la Bernathelière
la Vigerie
les Loges
Beauregard
le Rimorin
D 5
D 54
D 727
D 729
D 117
D 118
Gare

De Pruniers à Montmorillon   6 km   1 h 30

A Montmorillon :

15 A **Pruniers**, continuer par la route en face jusqu'à Coupé *(vue sur le château et le moulin)*. A l'entrée du hameau, s'engager en face sur le chemin qui conduit à travers champs à Concise *(vue sur le moulin avec sa roue à aubes)*.

16 Tourner à droite puis à gauche par le chemin de la Rochette *(fontaine à gauche, croix à droite, tour-chapelle 19e)* qui aboutit sur une route près d'un pont. Gagner la petite chapelle à gauche, continuer par le chemin des Petits-Bois puis à gauche par le chemin des Coteaux.

17 Prendre à droite l'allée des Vignes, puis obliquer à gauche pour traverser l'avenue de l'Europe et pénétrer dans la ZI Nord. Contourner la fabrique de meubles par la rue de la Jacquerie à gauche, puis de la Goudonne, que l'on quitte rapidement à gauche pour le chemin de la Capelle. Descendre le chemin de la Vieille-Levée et longer à droite la Gartempe jusqu'au Vieux-Pont.

▶ Jonction avec le GR® 48. Les deux itinéraires sont communs jusqu'à L'Isle-Jourdain.

De Montmorillon à Lussac-les-Châteaux   16 km   4 h

A Lussac-les-Châteaux :

Montmorillon bénéficie du cadre historique de l'église Notre-Dame (fresques), de la Maison-Dieu (octogone 12e, chauffoir, donjon) et du vieux pont 15e.
En juin 2000, la Cité de l'Ecrit et des Métiers du Livre de Montmorillon a ouvert ses portes. Aménagé dans le quartier médiéval de la ville, ce complexe s'est donné pour vocation de familiariser les visiteurs avec les nombreux métiers du livre et de l'écrit, relieurs, papeterie à l'ancienne, reliure, gravure, calligraphie, imprimerie, illustration, etc.

18 Du Vieux-Pont de **Montmorillon**, monter la rue Montebello, puis de Château-Gaillard pour gagner l'Octogone.

▶ Jonction avec le GR® de Pays *Vienne limousine*.

Rejoindre la route de Poitiers à droite. Franchir le pont de chemin de fer et, au rond-point, prendre la rue Saint-Nicolas, en direction du centre équestre et du stade.

Chapelle Saint-Nicolas 11e. Les jeunes filles à marier devaient gravir sept fois le talus pour être exaucées.

Traverser le lycée agricole *(aire de pique-nique, gîte à la ferme de la Jarrouie géré par le LEPA)*.

19 Bifurquer sur la petite route à gauche, puis suivre la petite route à droite. Dans le virage avant Le Petit-Saint-Jean, continuer tout droit par le chemin herbeux et spongieux très difficile en période pluvieuse et atteindre Le Theuil.

Le macaron, un délice de Montmorillon et d'ailleurs

Macarons. Photo Alain Montaufier.

Petit gâteau sec, rond et doré, le macaron est par excellence un délice de Poitou-Charentes, puisque plusieurs villes en ont fait leur spécialité, comme Montmorillon, Lusignan, Thouars ou encore Niort. Ce biscuit blanc crème, à l'aspect granuleux, se confectionne sans farine, à base de blancs d'œufs, de sucre et d'amandes broyées.
Ce sont les cuisiniers italiens de Catherine de Médicis qui auraient importé la recette à la cour de France, mais Rabelais est le premier à évoquer les macarons dans son *Quart Livre* en 1552. A l'époque, le terme désigne à la fois ces petits gâteaux sucrés et des pâtes alimentaires, car *macarone* signifie « pâte fine » en vénitien. Ce n'est qu'un siècle plus tard que ces dernières deviennent *macaronis*. En fait, ce sont deux religieuses du Saint-Sacrement de Nancy, réfugiées dans une famille après la suppression des congrégations religieuses en 1792, qui vont faire connaître ledit biscuit. Pour dédommager leurs hôtes, les deux sœurs imaginent de vendre des macarons confectionnés par elles. Une autre anecdote rapporte que la petite-fille de Catherine de Médicis, Catherine de Lorraine, s'était infligé de si sévères privations qu'elle ne supportait plus d'avaler que « *deux œufs frais avec des poudres digestives* », soit quelques macarons. Au début du 19e siècle, ce sont les macarons de Montmorillon qui bénéficient de la plus grande réputation. Le macaron de Montmorillon se reconnaît à sa forme de petite couronne ducale, celui de Lusignan se distingue par son moelleux, tandis que celui de Niort est truffé de copeaux d'angélique.

La charmoise, un mouton rustique et bien conformé

Historiquement, le Montmorillonnais n'est pas une région de moutons. Au 17e siècle, le cheptel ovin augmente, mais les races restent peu productives. Au 19e siècle, Edouard Malingie, un ancien pharmacien du Loir-et-Cher, a l'idée de créer une nouvelle race de moutons, issue du croisement d'ovins flamands, britanniques (Kent), berrichons et solognots. Ce sera la *Charmoise*, le nom du manoir de Malingie à Pontlevoy. Parallèlement, le pharmacien crée sur les lieux une ferme-école pour jeunes désœuvrés.

De taille moyenne, la charmoise est particulièrement appréciée parce qu'elle est bien conformée, rustique et qu'elle s'adapte facilement aux terres difficiles et irrégulièrement arrosées. Surtout, elle constitue une race de choix pour les croisements.
Dans les années 80, la ville de Montmorillon a des difficultés économiques. Elle décide alors de miser gros sur la race ovine et de se propulser capitale du mouton. Aujourd'hui, on peut considérer que le Montmorillonnais est le second berceau de la Charmoise.

Moutons en Montmorillonnais. *Photo Hubert Ramel.*

Montmorillon et la cité de l'Ecrit

En juin 2000, la Cité de l'Ecrit et des Métiers du Livre de Montmorillon a ouvert ses portes. Implanté dans le quartier médiéval de la ville. Ce complexe s'est donné pour vocation de familiariser les visiteurs avec les nombreux métiers du livre et de l'écrit. De nombreux artisans attendent le visiteur afin de l'initier à leur passion : papeterie à l'ancienne, reliure, gravure, calligraphie, imprimerie, illustration, etc.

Renseignements :
05 49 83 03 03

Montmorillon. *Photo S. Laval.*

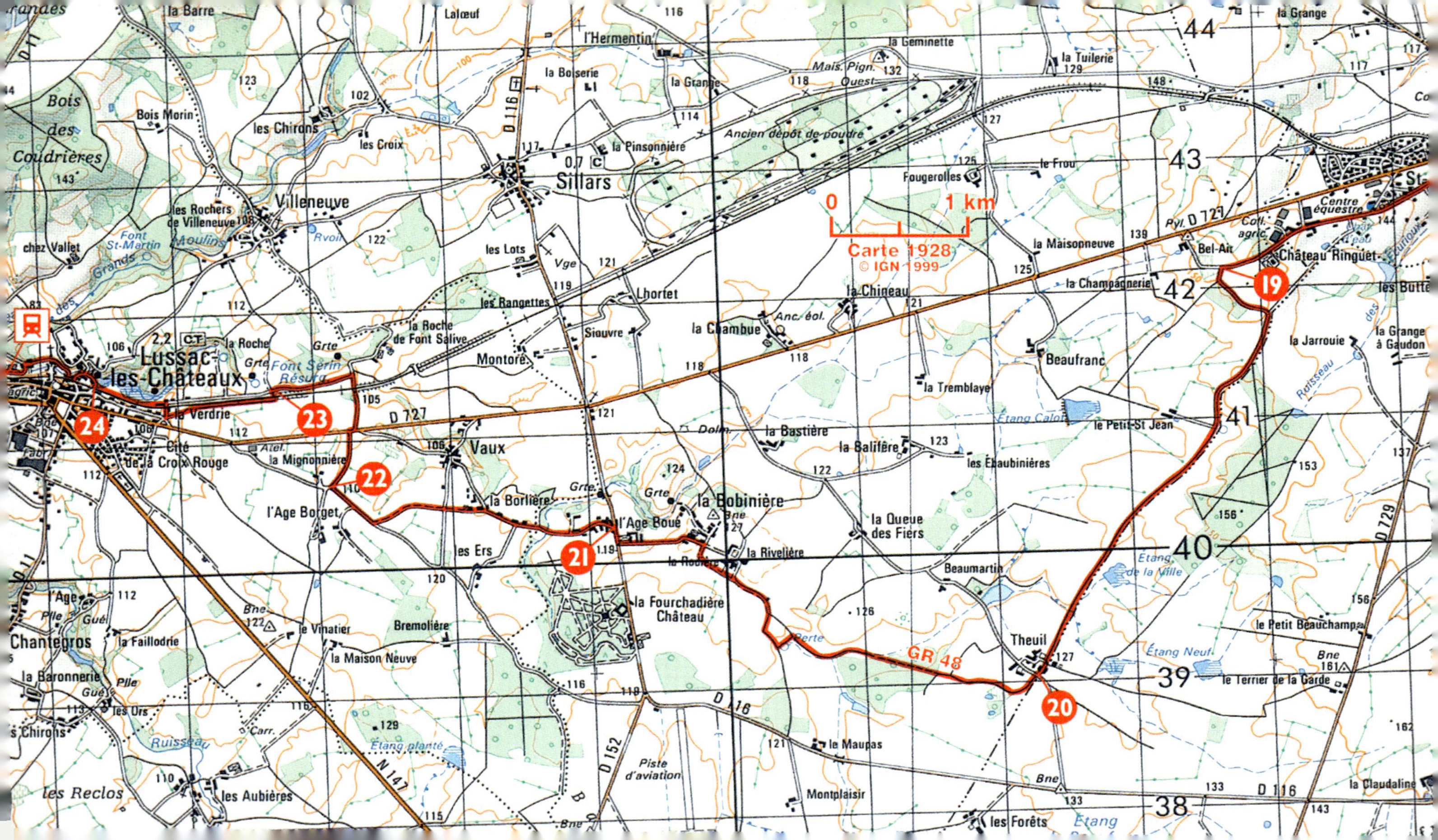
0
1 km
Carte 1928
© IGN 1999
GR 48
19
20
21
22
23
24
Lussac-les-Châteaux
Sillars
Villeneuve
Vaux
la Bobinière
Theuil
la Fourchadière Château
Château Ringuet
Bois des Coudrières
Ancien dépôt de poudre
D 727
D 116
D 152
D 729
N 147

20 Prendre le chemin en face. Il vire à droite. Poursuivre par le chemin qui traverse le bois puis le longe. Peu après l'étang, tourner à gauche puis à droite et utiliser le chemin empierré qui conduit à La Rodière. Continuer par la petite route jusqu'à l'Age-Boué. Emprunter la D 116 à droite sur 150 m.

21 Suivre à gauche la route qui mène à la ferme de la Borlière. Poursuivre par le chemin en face, couper une petite route, puis emprunter la route à droite sur 500 m.

22 Au carrefour, prendre la route à droite, puis traverser la D 727 (décalage à droite) et continuer vers Les Grandes-Carrières. Franchir le passage à niveau, puis suivre à gauche la route qui longe la ligne de chemin de fer jusqu'à Font-Serin *(grottes)*.

23 Franchir à nouveau un passage à niveau pour continuer à droite le long de la voie ferrée par le chemin herbeux *(vues sur les ruines de l'ermitage et de la léproserie)*. Au carrefour (croix de pierre), descendre à droite, franchir le passage à niveau, puis suivre à gauche l'impasse de la Verdrie et le sentier qui longe l'étang de **Lussac-les-Châteaux**.

Piles de l'ancien pont féodal de Lussac-les-Châteaux.
Photo Hubert Ramel.

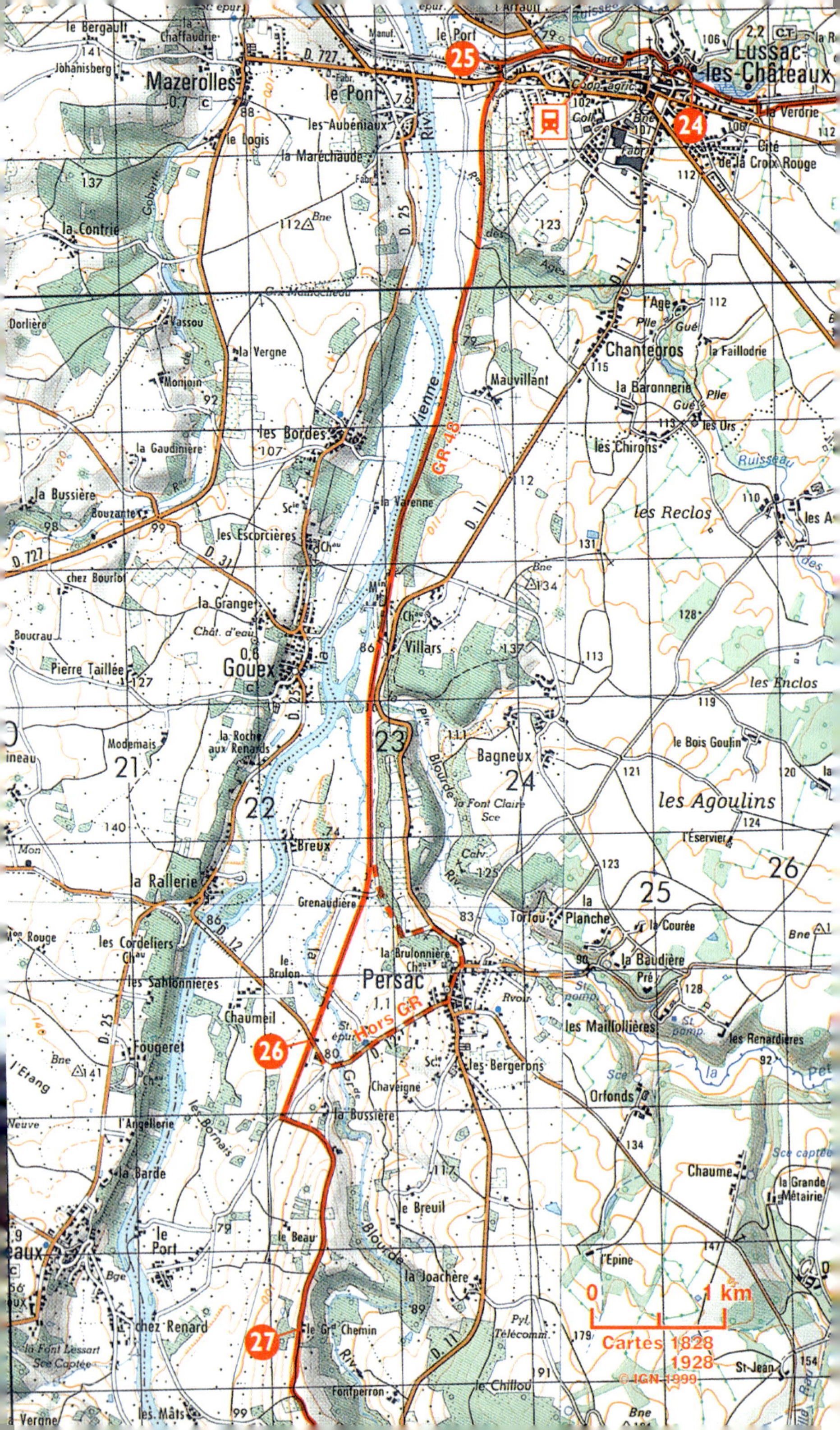

Mazerolles
Lussac-les-Châteaux
le Port
le Pont
Chantegros
Mauvillant
les Bordes
la Varenne
GR 48
Vienne
Gouex
Villars
Bagneux
les Agoulins
les Reclos
les Enclos
le Bois Goulin
Breux
la Rallerie
Grenaudière
Persac
Hors GR
la Brulonnière
Torfou
la Planche
la Baudière
les Maillollières
les Renardières
Orfonds
Chaume
la Grande Métairie
Fougeret
Chaumeil
la Bussière
le Breuil
la Joachère
le Gd Chemin
Fontperron
le Chillou
les Mâts
chez Renard
la Barde
l'Angellerie
les Cordeliers
les Sablonnières
la Grange
la Roche aux Renards
Modemais
Pierre Taillée
Boucrau
chez Bourlot
les Escorcières
la Bussière
Bouzante
la Gaudinière
Monjoin
la Vergne
Vassou
Dorlière
la Contrie
le Logis
la Maréchaude
les Aubéniaux
le Bergault
la Chaffaudrie
Johanisberg
la Verdrie
Cité de la Croix Rouge
l'Age
la Faillodrie
la Baronnerie
les Chirons
les Ors
l'Épine
St-Jean
D. 727
D. 25
D. 11
D. 12
D. 31
24
25
26
27
0
1 km
Cartes 1828
1928
© IGN 1999

De **Lussac-les-Châteaux** à la **D 12**   9 km 2 h 15

> Lussac-les-Châteaux : église 11e-19e, musée de la Préhistoire dans la maison natale de madame de Montespan, musée des Outils d'Antan, maison de la Nature, lavoirs.

24 Rejoindre l'étang de **Lussac-les-Châteaux** à droite *(piles de l'ancien pont-levis du château)*, puis se diriger vers le musée des Outils d'Antan. Longer la maison de la Nature et atteindre la fontaine Saint-Maixent. Passer le petit pont *(lavoir)*, gravir le chemin jusqu'à La Barbotterie et descendre à gauche vers une passerelle *(lavoir)*. Reprendre à droite un chemin en contrebas de la voie ferrée, couper la D 749 (route de Chauvigny) et emprunter le chemin de la Châtaigne sur 300 m.

25 Dans le quartier Bel-Air, tourner à gauche pour franchir la voie de chemin de fer puis traverser la N 147 (route de Poitiers). *L'itinéraire va longer désormais la vallée de la Vienne.* Poursuivre tout droit sur le remblai de la voie ferrée désaffectée *(parcours santé)*. Après Villard, l'ancienne voie ferrée côtoie le chemin de la Fosse-aux-Loups.

▶ Possibilité de se rendre à Persac par le chemin de la Fosse-aux-Loups qui rejoint le village.

Continuer par l'ancienne voie ferrée et déboucher sur la **D 12**.

> **Hors GR® pour Persac :** 1,5 km 25 mn
>
> A Persac :
>
> Monter par la D 12 à gauche.
>
> Château de la Mothe 15e-19e, chapelle Saint-Honorat 7e, église romano-gothique remaniée au 19e.

De la **D 12** à la **D 111**   7 km 1 h 45

26 Traverser la D 12, passer devant la gare sur la plate-forme de l'ancien chemin de fer *(aire de pique-nique)* et continuer. Prendre la route à gauche sur quelques mètres, puis monter tout droit. En haut, emprunter la petite route à droite jusqu'à la ferme du Grand-Chemin.

Château de la Brulonnière, Persac. Photo Guy Barbier.

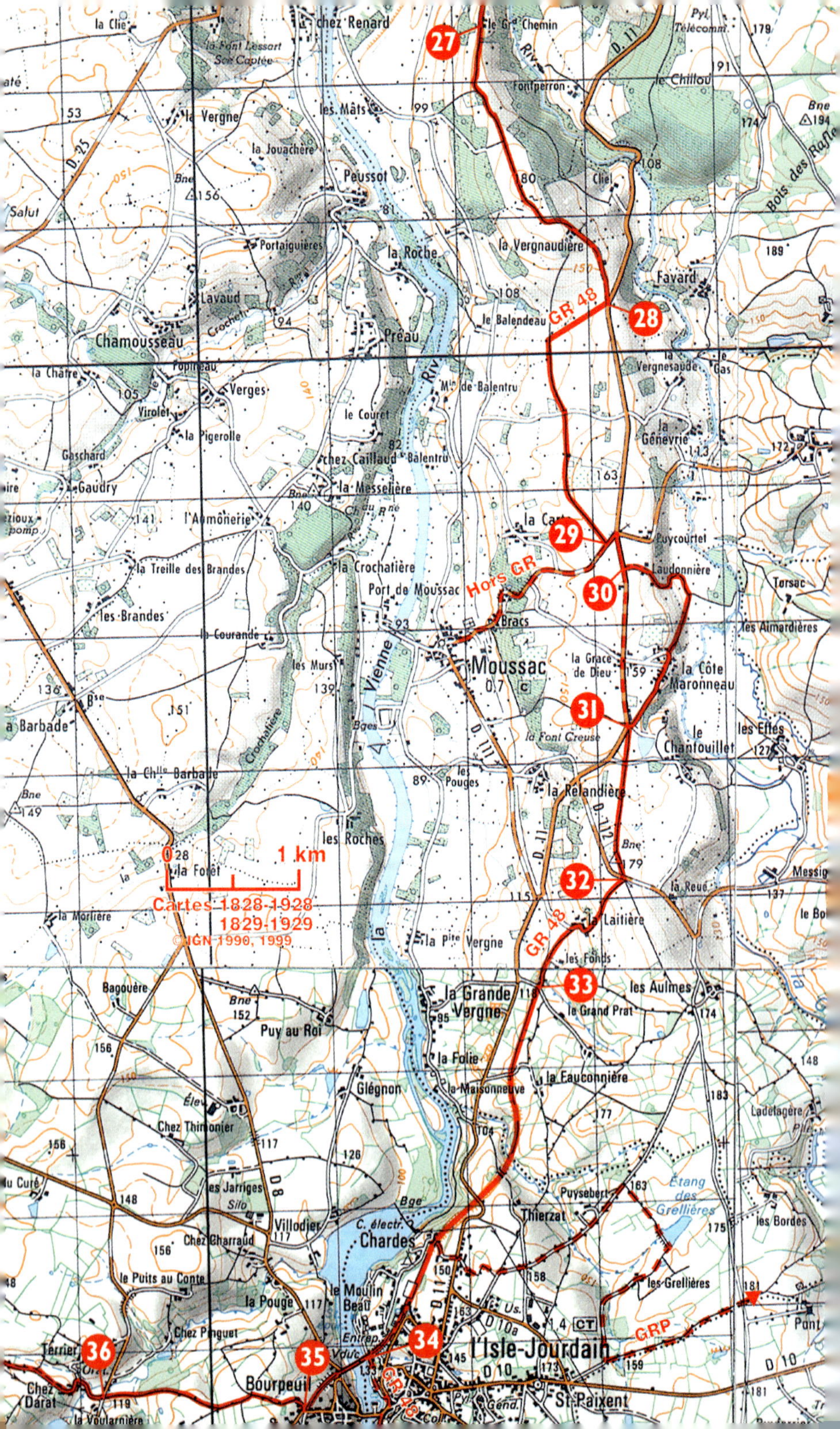
27
28
29
30
31
32
33
34
35
36
GR 48
Hors GR
GRP
1 km
Cartes 1828-1928
1829-1929
©IGN 1990, 1999
Chamousseau
Moussac
Vienne
l'Isle-Jourdain
Chardes
Bourpeuil
St Paixent
Peussot
la Roche
Préau
Favard
la Vergnaudière
le Balendeau
la Côte Maronneau
le Chantouillet
la Relandière
la Laitière
la Grande Vergne
les Aulmes
le Grand Prat
la Fauconnière
la Maisonneuve
Thierzat
Puysebert
les Grellières
Étang des Grellières
Villodier
Puy au Roi
Glégnon
Chez Thimonier
les Jarriges
Chez Charraud
le Puits au Conte
la Pouge
Chez Pinguet
Terrier
Chez Darat
la Voularnière
le Moulin Beau
la Barbade
la Forêt
la Morlière
Bagouère
les Brandes
la Treille des Brandes
l'Aumonerie
Gaudry
Verges
la Pigerolle
Lavaud
Portaiguières
la Jouachère
la Vergne
les Mâts
chez Renard
la Clie
le Gd Chemin
Fontperron
le Chillou
Cliel
la Vergnesaude
la Genevrie
Puycourtet
Laudonnière
Torsac
les Aimardières
les Effes
la Reue
Messig
le Courtet
chez Caillaud
la Messelière
la Crochatière
Port de Moussac
Bracs
la Grace de Dieu
les Pouges
les Roches
la Pte Vergne
les Fonds
la Folie
Ladelagère
les Bordes
Pont
D 10
D 11
D 8
D 25
D 112
D 111

27 Traverser la ferme du Grand-Chemin et poursuivre par le chemin herbeux qui passe au pied de la tour hertzienne puis qui s'infléchit à gauche et mène à La Vergnaudière. Continuer par le chemin empierré de desserte en direction de la D 11.

28 Juste avant la D 11, descendre par le chemin à droite sur 500 m, puis tourner à gauche. Couper la petite route, puis remonter et déboucher sur la **D 111**.

> **Hors GR® pour Moussac :** `2 km` `30 mn`
>
> A Moussac :
>
> Descendre par la D 111 à droite.
>
> Logis des Roches 16e.

De la **D 111** à **L'Isle-Jourdain** `7 km` `1 h 45`

A L'Isle-Jourdain :

29 Monter par la **D 111** à gauche, puis emprunter la D 11 à droite sur 300 m *(prudence)*.

▶ Variante en période pluvieuse : continuer par la D 11 jusqu'à l'ancienne voie romaine où passe le GR®.

30 Gagner Laudonnière à gauche. Descendre dans une cavée humide, puis remonter à droite et poursuivre tout droit par la petite route.

▶ Arrivée de la variante en période pluvieuse.

31 Juste avant la D 11, s'engager sur le chemin herbeux à gauche *(ancienne voie romaine, panorama)*. Couper deux routes, puis traverser la D 112 à la croix Bouquet.

32 Juste après la D 112, face à la croix de pierre, descendre à droite vers La Laitière. Traverser le hameau à droite, puis bifurquer sur le chemin à gauche et poursuivre par une petite route qui rejoint l'ancienne plate-forme de chemin de fer.

33 Utiliser l'ancienne voie ferrée à gauche pour gagner L'Isle-Jourdain *(aire de pique-nique après le stade)* et arriver à l'entrée du viaduc de l'**Isle-Jourdain**.

▶ Séparation du GR® 48 qui continue dans la vallée de la Vienne vers Availles-Limousine, Confolens puis Rochechouart *(voir topo-guide La Charente limousine)* et le GR® 4.

Saint Sylvain, veillant sur l'Isle-Jourdain

La légende de saint Sylvain auréole l'histoire de l'Isle-Jourdain dont le pont Saint-Sylvain porte une statue du pieux personnage. Ce disciple de saint Martial de Limoges, aurait péri sous le glaive du bourreau avant d'être jeté dans les eaux de la Vienne. La suite du récit rapporte que son corps fut emporté par le courant, entraîné jusqu'à l'Isle-Jourdain où une pile du pont l'arrêta dans sa course, avant qu'il n'aille terminer son voyage un peu plus loin à Mazerolles. De cette légende est née un important pèlerinage local, saint Sylvain étant vénéré pour son don de guérir les femmes stériles et les enfants atteints de maladies nerveuses et convulsions. Ceux-ci étaient déshabillés et rhabillés au pied de la statue sur le pont, et l'arche portant le saint fut appelée la *débraille*. Au 18e siècle, la paroisse voisine de Saint-Paixent sera réunie à l'Isle-Jourdain. De cette paroisse qui possédait deux prieurés, subsiste aujourd'hui l'église Notre-Dame de Saint-Paixent.

Statue de saint Sylvain.
Photo Jean-Louis Neveu, coll. UPCP-Metive/CERDO.

La « grande bughée »

En Poitou-Charentes, la lessive s'appelle *bugaille* ou *bughée* selon la contrée. Une, voire deux fois par an, avait lieu la « grande bughée », au printemps ou à la fin de l'été lorsque le soleil est suffisamment présent pour sécher le linge sur le pré. La bughée n'avait jamais lieu le vendredi, eu égard au Vendredi saint et au linceul du Christ. Au temps jadis, on lavait le linge avec la cendre du peuplier. Sur un fourneau surélevé, on plaçait la *ponne*, vaste cuve de terre cuite aux formes rebondies. En effet, on accumulait le linge à laver pendant des semaines et des mois. Des sacs contenant les cendres de bois tapissaient le fond de la ponne qui était reliée à une grande lessiveuse, la *poëlonne en fonte*. On mettait à chauffer l'eau de la poëlonne et, durant toute la journée, l'eau bouillante passait d'un récipient à l'autre. On remuait le tout à l'aide d'un *potain*, immense cuiller à long manche. Régulièrement, on arrosait le linge avec l'eau du fond et, pour le parfumer, on ajoutait des racines d'iris. Le jour suivant, draps, nappes, chemises, culottes, jupons étaient transportés sur une brouette jusqu'au lavoir où le tout était alors dûment battu et rincé à l'eau claire à grands renforts de causeries entre laveuses. Sur la route entre Paris et l'Espagne, la région était émaillée de relais de chevaux et d'auberges, entraînant de grandes quantités de linge à laver. La grande bughée s'est ainsi pratiquée jusqu'au début du 20e siècle.

Aujourd'hui, les ponnes sont toujours là, généralement recyclées en pots de fleurs géants pour agrémenter le devant des maisons.

Pic épeiche. *Photo Nicolas Vincent.*

La « ponne », vaste cuve de terre cuite.
Photo Annie Hébras.

Le pic épeiche

Au détour d'un bosquet, d'un verger ou d'un bois, le promeneur surprendra peut-être le pic épeiche, surtout de février à mai, lorsque l'oiseau tambourine sur le tronc d'un arbre. On le reconnaît à son plumage noir et blanc avec le bas-ventre rouge vif et à son cri bref et sonore : tchik, tchik, tchik. Avec son carré rouge sur la nuque, le mâle se distingue de la femelle qui porte une calotte toute noire. Le martèlement du pic peut servir à marquer son territoire, à attirer les femelles et, enfin, à creuser son nid dans le tronc.

l'Isle-Jourdain
le Vigeant
Bourpeuil
Chardes
la Grande Vergne
St-Paixent
Cité St-Vincent
la Roche
la Petite Age
Bois des Fouillarges
Bois de la Tourette
Bois de la Terrasse
les Brandes de la Ressière
la Ressière
la Serpouillère
les Chirons
les Fouillarges
les Forges
la Verrerie
la Mathurine
Carte Pinsonnette
Torsac
le Chareau
Chez Gillet
le Magnou
Chantegrelière
le Petit Fat
la Grand-Fat
la Garenne
Chez Darat
Terrier
la Voularnière
Périoux
le Parc
la Bernadière
Blanchaudin
Chantillet
Chez Fréreau
l'Age Maison
Joeffrion
les Algrès
la Cité des Algrès
le Bois de Lareau
la Chaunerie
Vinsac
la Terrasse
les Courtines
la Garde
la Tuilerie
Bedoux
Mondeneau
Asbre
le Bouchet
le Peyrat
la Vigne du Bois
la Belle Épine
Fouetenfon
les Loges
la Vergnade
le Puits au Conte
Chez Pinguet
la Pouge
le Moulin Beau
Villodier
Chez Charraud
les Jarriges
Chez Thimonier
l'Étang du Curé
Bagouère
Puy au Roi
Glégnon
la Folie
la Maisonneuve
la Fauconnière
le Grand Prat
les Aulmes
les Fonds
la Laitière
la Pte Vergne
la Morlière
Thierzat
Puysebert
Étang des Grellières
les Grellières
GR 48
GRP
Hors itinéraire
33
34
35
36
37
38
D 102
D 8
D 10
D 26
0
1 km
Cartes 1828
1829
© IGN 1990, 1999

De L'Isle-Jourdain à Bourpeuil   `0,5 km` `10 mn`

A Bourpeuil : 🏠 🍴

L'Isle-Jourdain : églises Saint-Gervais 11e-12e, Saint-Paixent 12e-19e, statue de saint Sylvain sur le pont (le pèlerinage permet d'obtenir la naissance d'un enfant ou la guérison de maladies nerveuses : marche de la Débraillée), barrages hydroélectriques de la Roche et de Chardes-sur-la-Vienne, viaduc (40 m de haut et 304 m de long).

34 Franchir le viaduc de **L'Isle-Jourdain**, poursuivre sur le remblai et arriver sur une place, juste avant le village de **Bourpeuil**.

De Bourpeuil à la D 110   `2 km` `30 mn`

35 Ne pas entrer dans **Bourpeuil**, mais s'engager à droite sur le chemin de Pinguet. Au croisement, bifurquer à gauche, puis continuer tout droit vers Les Pochonières et déboucher sur la **D 110**.

> **Hors itinéraire pour Le Vigeant :** `1 km` `15 mn`
>
> Au Vigeant : 🍴 ☕
>
> Prendre la D 110 à gauche.
>
> Église Saint-Georges 11e-12e, monument commémoratif du massacre du 4 août 1944, circuit automobile du Val de Vienne.

De la D 110 à la D 28   `17,5 km` `4 h 20`

36 Couper la **D 110** et continuer en face vers Sazat. Le contourner par la gauche *(ancien lavoir, petit oratoire à droite)*, traverser Chez-Darat et poursuivre par le chemin puis, à droite, par une petite route. Au croisement, prendre à gauche la route qui mène au Petit-Fat.

37 Avant Le Grand-Fat, se diriger à droite vers Le Magnou et laisser un étang à gauche. Passer entre la grange et la maison, continuer en face, traverser le petit bois et tourner à gauche.

38 Emprunter la route de Fleuransant à droite sur 4,5 km.

les Essarts
la Rouillère
Poux
Artron
les Brandes d'Artron
la Plaine
41
40
la Garcillère
Fleuransant
39
Chez Marchelet
le Pont de Maillé
Maillé
la Brunelière
l'Étang de Razay
le Rochereau
Clouère
Bars
les Brandes de Fleuransan
les Minimes
aine de la Touche
Vilaigre
42
Beaulieu
D 741
Clouère Riv.
Chigné
la Robiner
Corigné
la Fricardière
les Tours
la Gautière
les Forges
Chez Navette
Chez Gabourin
la Valette
les Alleux
Sclér.
Silo
Arrêt
43
les Maladries
D 28
le Remigeoux
la Fougeraie
Quinsac
Hors itinéraire
St-Martin-l'Ars
la Roche
l'Air des Champs
les Brousses
les Badouillères
les Jalinières
le Monneroi
Chez Piquet
les Venelles
les Roches
Pique-Fesse
Fontpiot
Chez l'Arabe
Combe
la Grange du Bois
le Bois de Lafa
Puy Chevrier
Lafa
la Groie
Bel-Air
Viviers
Fontaine
l'Infirmerie
la Jocence
le Bois Nouveau
la Réau Anc. Abb.
les Cours
44
le Bois du Poirier
Destilles
l'Age Pariolle
Anc. four à chaux
la Brunetière
0
1 km
Cartes 1828
1829
© IGN 1990, 1999
la Bergerie
Usine
Sce captée
la Morlière
Chât. d'eau
la Gannerie
chez Villatte
Clain
la Roche
Rude Paille
Fretet
Chez Mesrine
Verneuil
Mauprévoir
0,8 c
la Philippière
les Maladries
45
la Durantière
07
09
10
11
12
13

Elle passe La Carte Pinsonnette puis Chez-Marchelet. Continuer sur 200 m.

39 S'engager à droite sur le chemin de terre qui longe les champs et gagner La Garcillère. Couper la route, poursuivre en face et franchir un ruisseau.

40 Tourner à gauche, couper la route d'Usson *(croix de pierre)* et continuer en face. A la route, tourner à gauche et traverser le hameau de La Plaine.

41 Suivre à droite le chemin qui mène à La Brunelière. Prendre la route à gauche, la quitter à droite avant Les Bars et emprunter la route à droite. Passer Vilaigre et continuer sur 500 m.

42 S'engager sur le sentier de terre à gauche. Couper la route de Beaulieu, passer Corigné, puis arriver à La Frincardière. Dans le hameau, prendre la route à droite, puis bifurquer à gauche sur le chemin herbeux. Franchir l'ancienne voie ferrée, la longer à gauche sur 150 m et rejoindre la **D 28**.

> **Hors itinéraire pour Saint-Martin-l'Ars :** `1,5 km` `20 mn`
>
> A Saint-Martin-l'Ars :
>
> Prendre la D 28 à droite.
>
> Église Saint-Martin 11e-15e-20e, château 15e-18e, plan d'eau.

De la **D 28** à **Mauprévoir** `7 km` `1 h 45`

A Mauprévoir :

43 Traverser la **D 28** et continuer en face. Au croisement, prendre la route de Pique-Fesse. Avant le lieu-dit, suivre à gauche le chemin qui longe le Clain. Passer Chez-l'Arabe et, à hauteur de L'Infirmerie, descendre à droite pour franchir la rivière sur un petit pont, près de l'abbaye de la Réau.

Située aux confins du Poitou et de la Marche, l'abbaye royale de la Réau fut fondée au 12e siècle. Après une longue période de prospérité qui permit aux chanoines de Saint-Augustin d'essaimer, elle fut brûlée par les Anglais pendant la guerre de Cent Ans, fortifiée sous Charles V, restaurée par Louis de La Rochefoucaud qui la confia aux religieux de Sainte-Geneviève (génovéfains) à partir de 1652, puis désertée à la Révolution. Ruines de l'abbatiale 12e-13e, vestiges du cloître, salle capitulaire, bâtiments d'origine romane remaniés aux 17e et 18e siècles, tour de fortification 15e.

44 Après l'abbaye, prendre le chemin à gauche jusqu'à La Bergerie. Tourner à droite et, avant la dernière maison, s'engager dans le champ à gauche. Aller à droite et emprunter le circuit d'Oïl-et-d'Oc. Couper la D 741 et suivre en face un large chemin qui conduit à **Mauprévoir**.

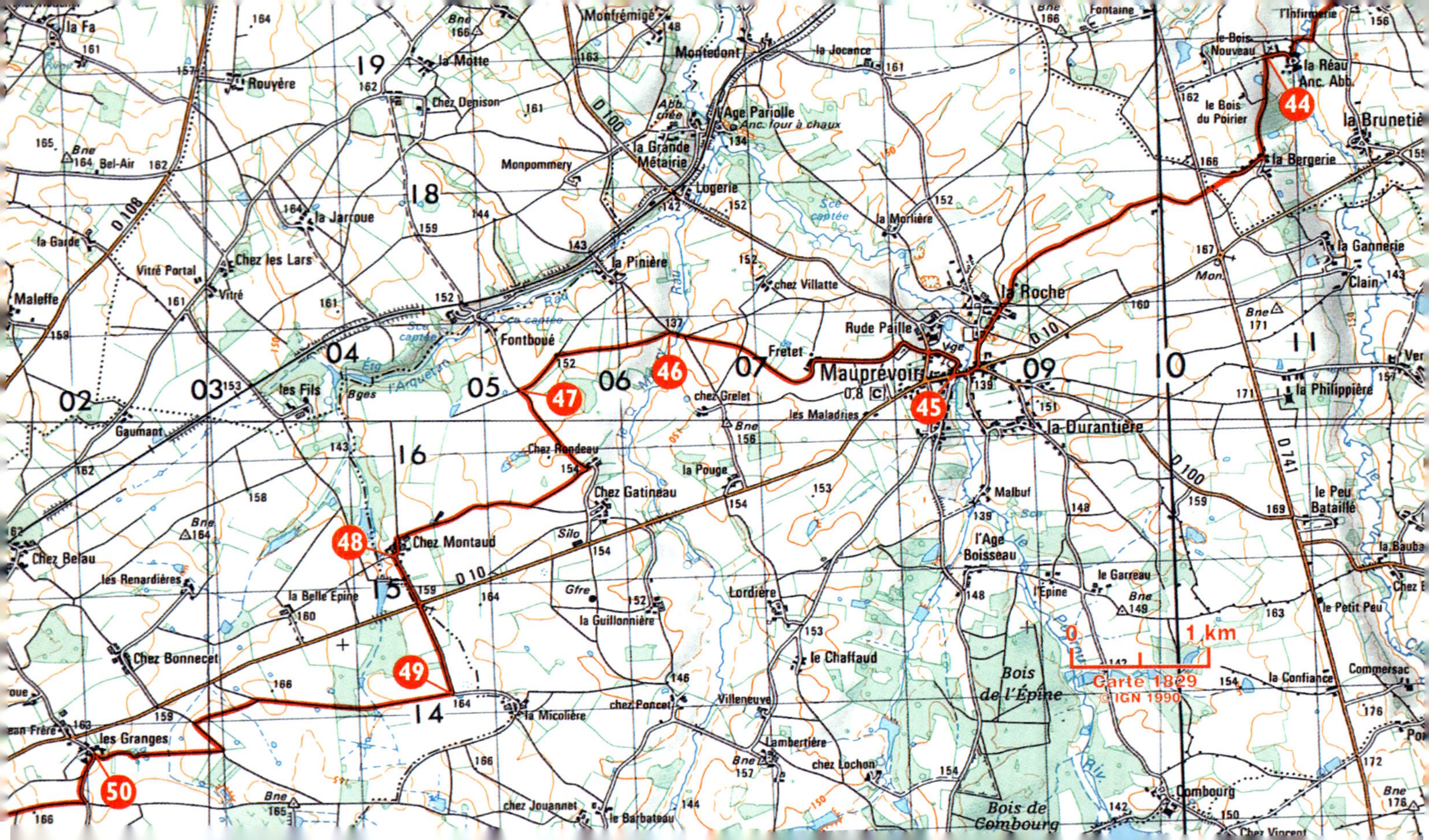

la Fa
Rouyère
la Motte
Chez Denison
Bel-Air
Monpommery
la Grande Métairie
Montedont
Monfrémigé
Age Pariolle
Anc. four à chaux
la Jocance
la Jarroue
la Garde
Chez les Lars
Vitré Portal
Vitré
Maleffe
Logerie
la Pinière
la Morlière
chez Villatte
la Roche
Rude Paille
Fontboué
Fretet
Mauprévoir
les Fils
Gaumont
chez Grelet
les Maladries
la Durantière
Chez Rondeau
la Pouge
Chez Gatineau
Malbuf
l'Age Boisseau
Chez Montaud
Chez Belau
les Renardières
la Belle Epine
la Guillonnière
Lordière
le Chaffaud
Chez Bonnecet
la Micolière
chez Poncet
Villeneuve
Lambertière
chez Lochon
les Granges
chez Jouannet
le Barbateau
Bois de l'Épine
Bois de Combourg
Combourg
le Garreau
l'Épine
le Peu Bataillé
le Petit Peu
la Confiance
Commersac
la Philippière
Clain
la Gannerie
la Bergerie
la Brunetiè
la Réau
Anc. Abb.
le Bois Nouveau
le Bois du Poirier
l'Infirmerie
Fontaine
D 100
D 108
D 10
D 741
44
45
46
47
48
49
50
0
1 km
Carte 1829
© IGN 1990

De Mauprévoir à Charroux   14 km   3 h 30

A Charroux :

> Mauprévoir : église Sainte-Impère 11e et époque moderne, site du château de Rude-Paille 14e-18e, logis de Chémouteau.

45 Contourner l'église de **Mauprévoir** et prendre la route de Fretet. Dans le hameau, s'engager sur le chemin à gauche. Il dessine une courbe à droite. Passer un croisement, continuer tout droit et franchir le ruisseau Maury-Rau sur un petit pont près du gué.

46 Après le pont, à la fourche, bifurquer sur le chemin à gauche qui monte à travers champs. Au croisement près d'un petit bois, se diriger à gauche sur 500 m et arriver à une croisée de chemins.

47 Tourner à gauche et atteindre Chez-Rondeau. S'engager sur le deuxième chemin à droite, tout droit vers un hangar de stabulation et continuer pour parvenir Chez-Montaud.

> Demeure orthographiée Chémouteau à la fin du 19e. Sculptures provenant de l'abbaye de Charroux.

48 Emprunter l'allée face au logis, couper la D 10 et continuer tout droit sur 750 m.

49 Dans le virage, suivre le chemin à droite sur 1,5 km, se diriger à gauche par un chemin herbeux sur 500 m, aller à nouveau à gauche sur 300 m, puis emprunter le chemin empierré à droite et rejoindre Les Granges.

Château de Rude-Paille. *Photo Guy Barbier.*

Charroux,
des centaines de reliques attirant les pèlerins

Bien que l'étape ne soit pas signalée par Aymeri Picaud dans son Guide du 12e siècle, il est attesté que certains pèlerins en route pour la Galice choisissaient de quitter la route de Paris à hauteur de Poitiers, pour s'en aller visiter les honorables reliques détenues à l'abbaye Saint-Sauveur de Charroux, aux confins du Poitou, du Limousin et de l'Angoumois. On sait, par exemple, que le comte Baudoin de Guignes, sur le point de prendre le chemin de la Galice, avait offert en donation à l'abbaye Saint-Sauveur des biens qu'il possédait en Flandres. La légende aime à dire que Charlemagne fut le premier protecteur de l'abbaye de Charroux fondée en 783. En tout cas, c'était l'une des plus grandes abbayes du Poitou, accueillant plus d'une centaine de moines. Le monastère était un lieu de pèlerinage insigne avec ses centaines de reliques parmi lesquelles un morceau de la Vraie Croix, un fragment du prépuce du Christ, des gouttes de sang rapportées par des

Tour Charlemagne à Charroux.
Photo Montaufier.

pèlerins de Terre sainte. L'abbatiale était l'une des plus grandioses et des plus singulières de l'architecture romane, conçue pour accueillir une grande foule de pèlerins. Au centre d'une grande croix formée par le chœur, la nef et le transept, une rotonde à triple déambulatoire surmontait la crypte et se prolongeait à la verticale par une tour octogonale ajourée, unique vestige du sanctuaire à subsister, appelée tour Charlemagne. Ce plan original ne manque pas de rappeler les sanctuaires de Terre sainte, le Saint-Sépulcre ou Bethléem.

Au 19e siècle, l'abbatiale ne subsiste que pour moitié. C'est encore à Prosper Mérimée que l'on doit de pouvoir admirer aujourd'hui ce qu'il en restait, notamment le cloître reconstruit au 15e siècle, et la salle capitulaire, aménagée en musée. On peut y admirer des reliefs provenant du portail gothique, à la hauteur des grands chefs-d'œuvre de Notre-Dame de Paris et de la Sainte-Chapelle, ou encore d'Amiens et de Bourges. L'abbaye de Charroux est classée monument national.

Le jeu de Rampeau

En Charente, on rencontre encore dans les villages, une piste sablonneuse, de dix à douze mètres de long sur cinq à dix de large, réservée pour le jeu de rampeau. Ce jeu traditionnel se pratique avec six quilles de deux hauteurs différentes et une boule en bois. Le *quilleur* place les quilles, soit sur une ligne, soit en T, les trois petites quilles face aux joueurs et les trois plus grandes perpendiculairement sur l'axe du milieu. Il s'agit de renverser le plus de quilles possible, à partir de la ligne de tir à une distance de dix mètres. On dit *« rampeu »* lorsqu'un joueur fait tomber d'un seul coup les six quilles. Il faut un minimum de huit joueurs et un maximum de vingt-cinq et, traditionnellement, chaque joueur mise avant de jouer. Celui qui atteint le score le plus élevé peut s'arrêter là et déclarer qu'il « garde ». Si un autre joueur le rattrape, ils sont dits *rampeaux*. Si un joueur bat le score, il gagne la partie et empoche la totalité de la mise. Le jeu de rampeau peut durer jusqu'à quatre ou cinq heures, donnant lieu à des concours très disputés.

Jeu de quilles. *Photo et collection Jean-Louis Neveu.*

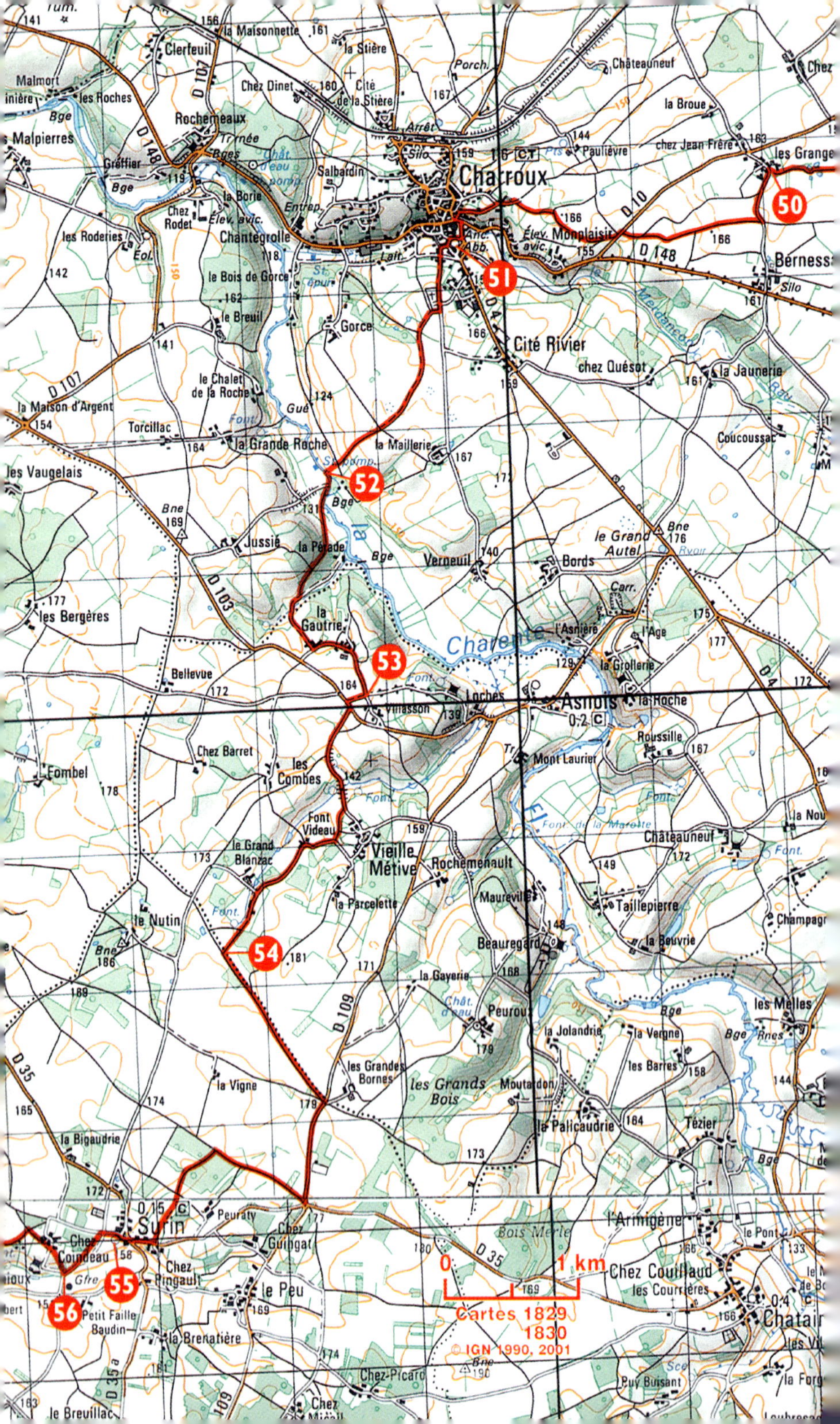

Clerfeuil
la Maisonnette
la Stière
Cité de la Stière
Chez Dinet
Malmort
les Roches
Malpierres
Rochemeaux
Gréffier
Chez Rodet
la Borie
Chantegrolle
les Roderies
le Bois de Gorce
le Breuil
Salbardin
Charroux
Châteauneuf
la Broue
Paulièvre
chez Jean Frère
les Grange
Monplaisir
Bernesse
Gorce
Cité Rivier
chez Quésot
la Jaunerie
Coucoussac
le Chalet de la Roche
la Maison d'Argent
Torcillac
la Grande Roche
la Maillerie
les Vaugelais
Jussié
la Pérade
Verneuil
Bords
le Grand Autel
les Bergères
la Gautrie
Charente
l'Asnière
l'Age
la Grollerie
Bellevue
Villasson
Loches
Asnois
la Roche
Roussille
Chez Barret
les Combes
Mont Laurier
Fombel
Font Videau
Vieille Métive
Rochemenault
Châteauneuf
le Grand Blanzac
la Parcelette
Maureville
Taillepierre
le Nutin
Beauregard
la Beuvrie
Champagne
la Gayerie
Peurou
la Jolandrie
la Vergne
les Melles
les Barres
les Grandes Bornes
les Grands Bois
Moutardon
la Vigne
la Palicaudrie
Tézier
la Bigaudrie
Surin
Peuraty
Chez Guingat
l'Armigène
Bois Merle
le Pont
Chez Coindeau
Chez Pingault
le Peu
Chez Couillaud
les Courrières
Chatain
Petit Faille Baudin
la Brenatière
Chez-Picard
Puy Buisant
le Breuillac
D 148
D 107
D 10
D 4
D 103
D 109
D 35
50
51
52
53
54
55
56
0 1 km
Cartes 1829 1830
© IGN 1990, 2001

50 A l'entrée des Granges, suivre la route à gauche et s'engager sur le deuxième chemin à droite pour atteindre la D 10. La suivre à gauche sur 100 m et la traverser *(prudence!)*. Prendre le chemin piétonnier jusqu'au carrefour giratoire. Traverser au passage protégé et partir à droite sur le chemin qui mène au Châtelet. Descendre par des ruelles pour atteindre la place de **Charroux**.

De Charroux à Surin   10 km   2 h 30

A Surin :

Charroux : abbaye Saint-Sauveur fondée par Charlemagne au 8e siècle (tour de Charlemagne, salle capitulaire 15e, trésor), halles, maison à colombage, ancienne étape des pèlerins de Saint-Jacques-de-Compostelle.

51 Longer les halles de **Charroux** et emprunter à gauche la rue Saint-Sulpice. Monter à l'église, puis suivre la rue de Périllon à droite et gagner le cimetière. S'engager à droite sur un chemin blanc, continuer tout droit sur un chemin herbeux qui conduit à la Charente et franchir le fleuve sur la passerelle.

52 Longer la Charente à gauche jusqu'au barrage, puis grimper par le raidillon en sous-bois et poursuivre par le chemin qui mène à La Gautrie. Traverser le hameau à gauche et se diriger vers Villasson.

53 Avant le hameau, tourner à droite, emprunter la D 103 à gauche sur quelques mètres, puis suivre à droite la route de Chez-Bardon. Après un étang-fontaine, au début de la montée, bifurquer sur le chemin à droite. Prendre la route à droite, traverser Font-Videau et gagner Petit-Blanzac. Continuer tout droit par le chemin de terre jusqu'à une intersection.

54 Tourner à gauche vers Les Grandes-Bornes et suivre la D 109 à droite sur 800 m. Juste avant le carrefour, prendre le chemin à droite. Entrer dans le bois par le deuxième chemin à gauche et, à la sortie, se maintenir dans la même direction pour gagner Basse-Rue *(four à pain)*. Rejoindre à droite la place de l'Eglise, à **Surin**.

Sculptures du 13e siècle à Charroux.
Photo Alain Montaufier.

Randonner, hors des sentiers battus

Des centaines d'itinéraires balisés, dont trois sentiers de grande randonnée, *une mosaïque de paysages* verts et bleus, *un patrimoine riche* de plus de 400 églises romanes et de châteaux, mais aussi des chais, des petits lavoirs, des ponts, des pêcheries...

A pied, à VTT, à cheval, des terres de l'Angoumois à celles de Saintonge, du Limousin, du Poitou et du Périgord, *chaque randonnée en Charente est source de mille découvertes.*

Le Conseil général vous souhaite de belles promenades !

Des compétences au service des charentais

Haltes d'accueil pour les pèlerins traversant la Charente

Traversant le département de la Charente, la voie Est de la via Turonensis emprunte l'ancienne via Ecolisma. Se plaçant dans la perspective de cet itinéraire, l'association Via Patrimoine et divers partenaires locaux s'attachent à la mise en valeur du Chemin de Saint-Jacques en Charente : ateliers, animations, expositions, randonnées. Pour renouer avec la tradition hospitalière médiévale, des haltes jacquaires ont été ouvertes à l'attention des pèlerins : Nanteuil-en-Vallée, Tusson, Marcillac-Lanville, Saint-Amant-de-Boixe et Aubeterre-sur-Dronne. [1]

[1] Renseignements programme estival : Association Via patrimoine, Pôle patrimoine, Saint-Amant-de-Boixe. Tél. 05 45 94 24 26

Nanteuil-en-Vallée. *Photo CRT Poitou-Charentes.*

Les jardins du pays ruffécois

Le pays ruffécois a mis un accent particulier sur ses jardins, à savoir Nanteuil-en-Vallée et son jardin d'agrément, Tusson et son jardin monastique médiéval, Mansle et son jardin des fuschias et enfin, Saint-Fraigne et ses jardins éphémères. A Nanteuil, les jardins de l'Argentor se déploient de part et d'autre du canal alimentant l'ancien moulin du Boc. Créé en 1938 par l'architecte paysagiste charentais Bureau, l'arboretum tire parti du dénivelé du terrain pour s'égayer en rocailles et cascades. Sur l'autre rive du canal, le jardin aquatique s'organise autour de divers bassins et pièces d'eau, agrémentés de plantes aquatiques. A Tusson, la visite du jardin s'inscrit dans le cadre de la découverte du village historique et de l'ancien logis de Marguerite d'Angoulême. Jardin des simples, jardin des senteurs, cimetière verger et potager ont été conçus dans l'esprit du prieuré fontevriste qui se dressait là entre le 12e et le 14e siècle.

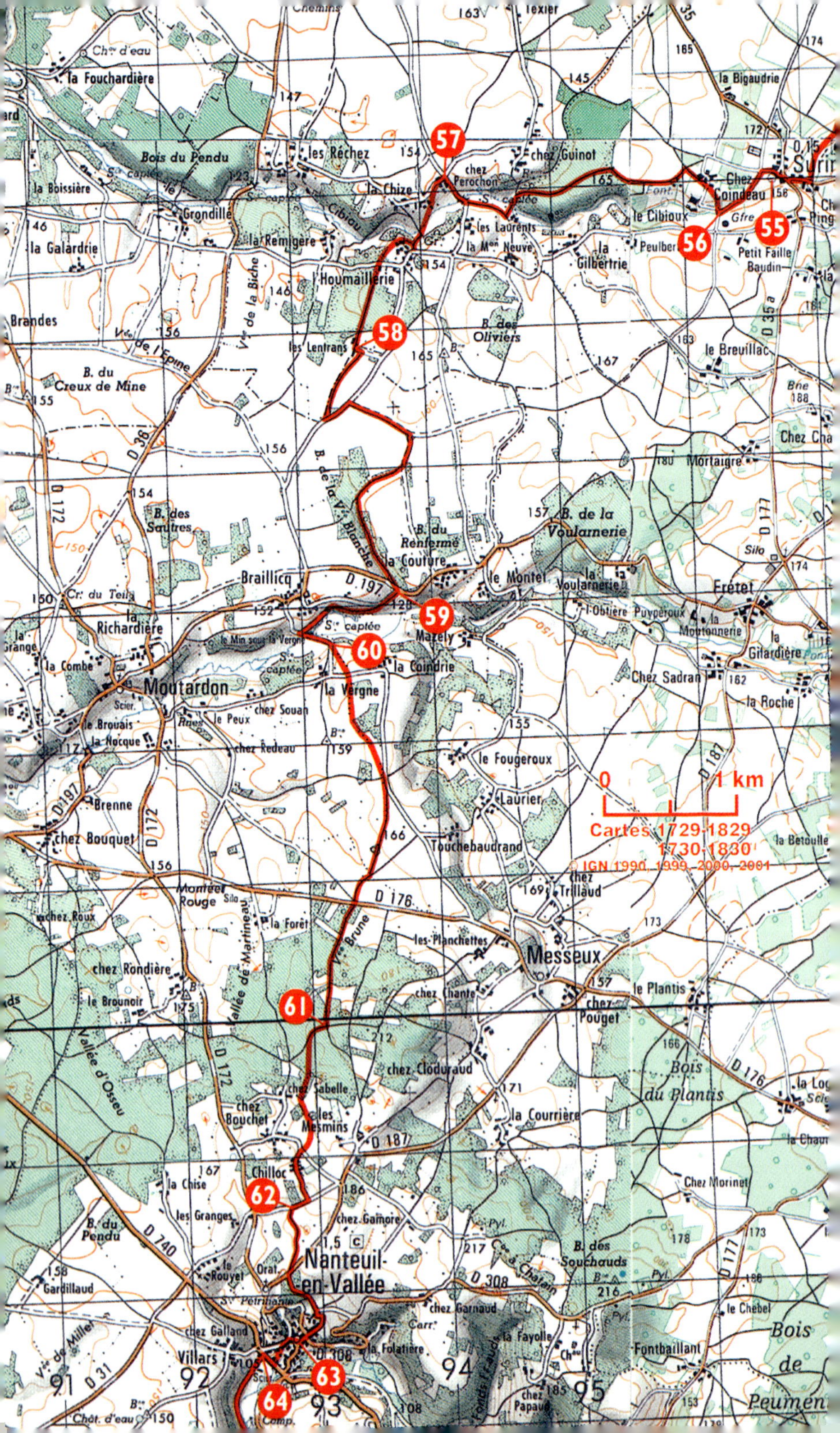

55
56
57
58
59
60
61
62
63
64
0
1 km
Cartes 1729-1829
1730-1830
© IGN 1990, 1999, 2000, 2001
la Fouchardière
Ch.ᵉᵃᵘ d'eau
Bois du Pendu
les Réchez
chez Guinot
la Chize
chez Perochon
Chez Coindeau
Surin
la Boissière
Grondille
le Cibioux
Peulber
Petit Faille
Baudin
la Galardrie
la Remigère
les Laurents
la Mon Neuve
la Gilbertrie
Houmaillerie
Brandes
B. des Oliviers
les Lentrans
le Breuillac
B. du Creux de Mine
Vᵉᵉ de l'Epine
Vᵉᵉ de la Biche
B. de la Vᵉ Blanche
Mortaigre
Chez Cha
B. des Sautres
B. du Renfermé
B. de la Voularnerie
la Couture
Braillicq
le Montet
Voularnerie
Frétet
Cr. du Teil
Richardière
l'Obtière
Puyperoux
la Moutonnerie
la Gilardière
Mazely
la Coindrie
la Grange
la Combe
Moutardon
la Vergne
Chez Sadran
la Roche
le Brouais
le Peux
chez Souan
la Nocque
chez Redeau
le Fougeroux
Brenne
Laurier
chez Bouquet
Touchebaudrand
la Betoulle
chez Trillaud
Montée Rouge
la Forêt
chez Roux
les Planchettes
Messeux
chez Rondière
le Brounoir
chez Chante
le Plantis
chez Pouget
Vallée de Martineau
Vallée d'Osseu
chez Cloduraud
Bois du Plantis
chez Sabelle
chez Bouchet
les Mesmins
la Courrière
Chilloc
la Chise
Chez Morinet
les Granges
chez Gamore
B. du Pendu
B. des Souchauds
Nanteuil-en-Vallée
le Rouyet
Gardillaud
chez Garnaud
chez Galland
la Fayolle
Fontbaillant
le Chebel
Bois de Peumen
Villars
la Folatière
chez Papaud
Chât. d'eau
D 197
D 176
D 172
D 187
D 740
D 308
D 177
D 36
D 35a

De **Surin** à **Nanteuil-en-Vallée**   `15 km` `3 h 45`

A Nanteuil-en-Vallée : 🏕 🛒 🍴 ☕

55 Passer devant l'église de **Surin** et descendre par la route vers Cibioux *(chambres d'hôtes)*.

Lavoir, fontaine et abreuvoir. Château du Cibioux 17e (remarquable loggia).

56 Suivre à droite le chemin de terre qui contourne la propriété. Laisser les fermes à droite, emprunter le chemin de terre à gauche, traverser le bois et franchir le Cibiou. Avant le moulin de Chez-Guinot, prendre la route à droite, repasser le ruisseau et monter à Chez-Perochon.

57 Contourner la ferme et trouver un chemin de terre qui descend au ruisseau *(fours à chaux)*. Passer devant deux lavoirs-abreuvoirs, franchir le Cibiou et grimper à L'Houmaillerie. Avant la première maison, suivre la rue à droite, puis continuer à droite par le chemin qui passe à l'Ouest du hameau. Couper la route et partir en face, à travers bois, vers Les Lentrans.

L'itinéraire quitte le département de la Vienne pour entrer dans celui de la Charente.

58 Contourner la ferme, prendre le chemin à droite, la route à gauche, puis le large chemin empierré à droite. Au bosquet, virer deux fois à droite et atteindre un deuxième petit bois. Tourner à droite, puis descendre à droite et parcourir la vallée Blanche qui descend à gauche. Emprunter la D 197 à gauche sur quelques mètres.

59 Partir à droite vers le ruisseau la Lizonne. Passer sous le moulin de Guitard puis devant le moulin Sous-la-Vergne. Emprunter la route à gauche.

60 Monter par le chemin à gauche, couper la route et continuer en lisière de bois sur 500 m. Poursuivre par la route sur 50 m, puis bifurquer à droite (Sud). Traverser la D 176 et entrer dans la forêt.

61 Au croisement de chemins, se diriger à droite sur 200 m, puis bifurquer à gauche. A l'orée du bois, contourner le champ par la droite, puis tourner à droite. Prendre la route à gauche, traverser Chilloc *(four à pain)* à droite, puis emprunter la petite route à droite sur 200 m.

62 S'engager sur le chemin à gauche. Couper la D 187 et poursuivre par le chemin qui mène au Treuil. Descendre la rue de Treuil à droite, puis gagner à droite **Nanteuil-en-Vallée**.

Le fleuve Charente, des gabarres aux pénichettes

Le fleuve Charente, que Henri IV surnomma en son temps « le plus beau ruisseau du royaume », a fortement contribué depuis le Moyen Age au développement de l'économie charentaise. Les routes étant alors peu sûres et peu praticables, le fleuve s'impose comme une voie d'acheminement privilégiée. Si le sel en provenance de l'île de Ré, des côtes d'Aunis et de Saintonge, utilisé pour la conservation de la viande et du poisson, est exporté par mer vers l'Europe du Nord, il est aussi acheminé vers l'intérieur des terres jusqu'à Angoulême. Sous Philippe le Bel, le port saulnier de l'Houmeau voit le jour dans la capitale charentaise. Le fleuve accueille simultanément le transport de toutes sortes de denrées : blé du Poitou, viande du Limousin, chanvre et safran, ainsi que du bois de chauffage. Au retour, les gabarres, ces vastes bateaux à fond plat, repartent lourdement chargées, notamment avec les armes élaborées à partir du minerai de fer exploité en Angoumois, préalablement acheminées par charrois jusqu'au port de l'Houmeau. A partir du 16e siècle, les eaux-de-vie de Cognac, ainsi que le papier fabriqué dans les moulins et reconnu dans l'Europe entière, prennent place à bord des gabarres. C'est d'ailleurs grâce à l'activité engendrée par le fleuve, que le vignoble implanté à l'origine près du littoral, s'étendra progressivement vers l'intérieur des terres.

De nos jours, le fleuve Charente se prête au tourisme fluvial, canoës, barques, bateaux-promenade et aussi pénichettes.

Tourisme fluvial.
©Les Ateliers Martron.

La cagouille, emblème du charentais

Dès que le temps se met à l'humidité, les charentais s'en vont sur les bords de routes et de chemins, bottés, portant seau ou panier, traquant la *cagouille*, du nom que l'on donne par ici à l'escargot petit-gris.

Le charentais cuisine la *cagouille* de mille et une manières et la consomme, dit-on, par centaines. Voici une recette toute simple :

Cagouilles à la Charentaise

Ingrédients :
- Environ 3 douzaines de petits-gris par personne
- Un bon court-bouillon très aromatisé
- 1/2 tranche de jambon de pays cru par personne
- Un oignon, 2 gousses d'ail, une compote de tomates
- Un bouquet garni, beurre, persil haché

Après avoir fait jeûner les petits-gris, les faire dégorger dans un mélange de gros sel et de vinaigre. Les laver abondamment.
Les cuire dans le court-bouillon bien aromatisé (1/2 h).
Les égoutter.
Dans une cocotte : faire revenir en remuant à la spatule : 2 oignons taillés en petits dés, le jambon taillé également en petits dés, 2 gousses d'ail écrasées, bouquet garni avec un peu de beurre. Ajouter ensuite les petits-gris sortis de leur coquille, un verre de vin blanc avec un verre de court-bouillon et la compote de tomates. Laisser cuire et réduire la sauce en remuant (1/2 h). Vérifier l'assaisonnement (poivre). Servir très chaud avec persil haché.

Recette communiquée aimablement par le restaurant « La Grange aux Oies », château de Nieuil, 16270 Nieuil

Cagouilles.
Photo collection Jean-Louis Neveu.

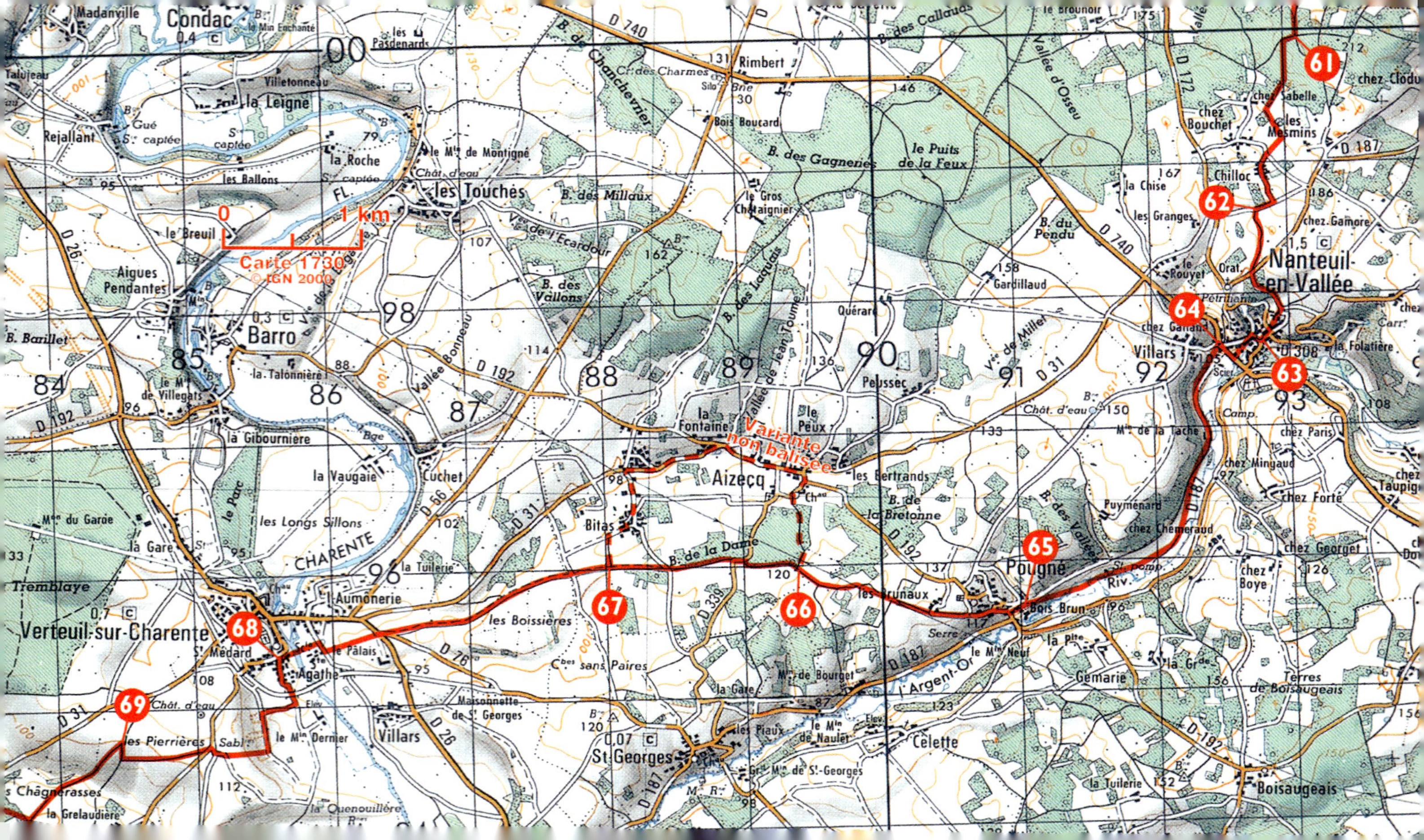

Nanteuil-en-Vallée
Villars
Pougné
Aizecq
Variante non balisée
Bitas
St Georges
Verteuil-sur-Charente
CHARENTE
Barro
les Touches
la Leigne
Condac
Vallée d'Osseu
B. des Gagneries
B. de Chanchevrier
Carte 1730 © IGN 2000
0
1 km
61
62
63
64
65
66
67
68
69

De **Nanteuil-en-Vallée au bois de la Garenne**　`5 km`　`1 h 15`

Nanteuil est niché dans le cirque naturel de la vallée de l'Argentor, site jadis surnommé le trou du Loup. Vestige de l'abbaye appelé trésor de Nanteuil (tour carrée constituée de deux chapelles superposées ornées de trois arcatures reposant sur des colonnes), église gothique Saint-Jean-Baptiste 13e (bénitier et stalles 16e). Maisons médiévales en pierre rose doré dont certaines à colombages. A côté de l'église, remarquable fontaine. Parc-arboretum.

63 En tournant le dos à l'église de **Nanteuil-en-Vallée**, prendre la rue Fontaine-Saint-Jean, puis la rue Farèze à gauche. Avant la bibliothèque, au n°27, descendre à gauche par la petite porte blanche souvent ouverte une succession de trois escaliers et déboucher sur la place du Champ-de-Foire *(lavoir à gauche)*. Se diriger à droite vers la rue du Petit-Pont, puis longer la D 740 à droite sur 20 m et la traverser.

64 Prendre la route à gauche en direction du moulin de la Tâche. Elle longe le ruisseau l'Argentor. S'engager à droite sur le deuxième chemin herbeux. Il suit à son tour le ruisseau puis devient goudronné. Arriver dans le hameau de Pougné.

65 Ne pas se diriger vers le centre du hameau, mais rester à gauche et continuer tout droit. Prendre la route du milieu, tourner à droite, monter vers Les Brunaux et passer devant la mairie. En haut, aller à gauche. Laisser Les Brunaux à droite, poursuivre tout droit par le chemin de terre et arriver à une croisée de chemins, à la corne du **bois de la Garenne**.

> **Variante par Aizecq :** `3 km` `45 mn`
>
> Prendre le chemin à droite, puis s'engager sur le chemin qui s'enfonce dans les bois à gauche. Emprunter la route à droite *(petite église romane remarquable et château)* puis la D 192 à gauche et la D 31 à gauche pour traverser Verteuil. Passer la mairie et Chez-Boye. Au hameau de La Fontaine, après le petit pont *(lavoir)*, bifurquer à gauche et passer Les Rouyers. Monter à gauche vers Bitas, s'avancer entre les maisons, utiliser la route à droite pour quitter le hameau, puis descendre par le chemin de terre à gauche jusqu'au croisement des Groies.

Du **bois de la Garenne aux Groies**　`1,5 km`　`20 mn`

66 Longer tout droit la lisière du **bois de la Garenne**. Emprunter la route à gauche sur quelques mètres, continuer en lisière du bois par le chemin à droite, couper la route, poursuivre en lisière et arriver au croisement des **Groies**.

Des **Groies à Verteuil-sur-Charente**　`3 km`　`45 mn`

A Verteuil-sur-Charente :

67 Aux **Groies**, garder la direction Ouest. Emprunter la D 76 à droite et gagner le centre de Verteuil. Franchir les deux ponts sur la Charente, se diriger à gauche sur 50 m, puis gravir la rampe de l'Abbé-Chevalier et rejoindre l'église de **Verteuil-sur-Charente**.

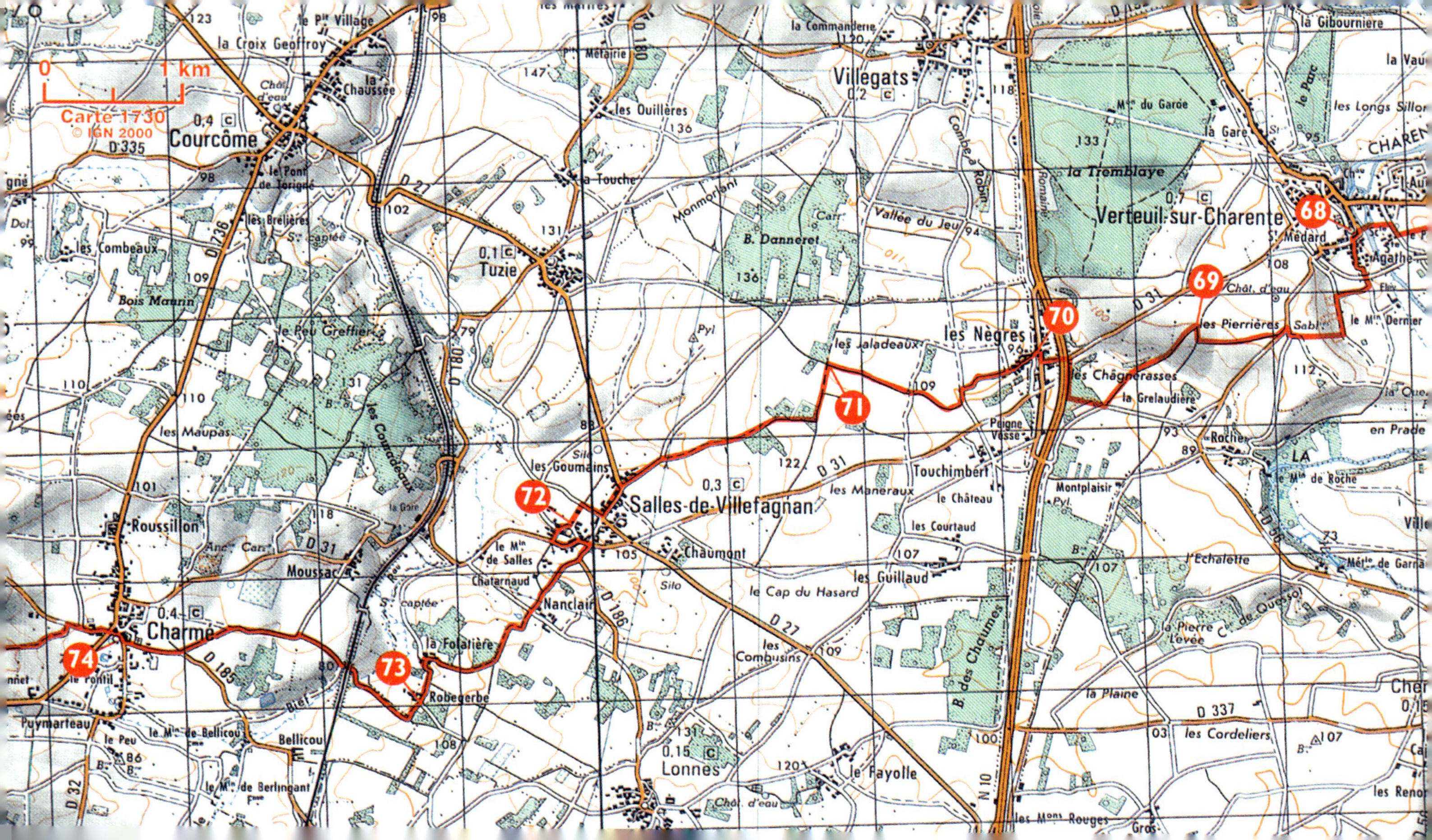

0
1 km
Carte 1730
© IGN 2000
Courcôme
Villegats
Verteuil-sur-Charente
Tuzie
Salles-de-Villefagnan
Charmé
Lonnes
la Tremblaye
B. Danneret
les Courradeaux
B. des Chaumes
les Nègres
les Jaladeaux
les Chagnerasses
la Grelaudière
les Pierrières
Touchimbert
les Maneraux
Chaumont
les Guillaud
le Cap du Hasard
les Combusins
la Folatière
Robegerbe
Nanclair
Chatarnaud
Moussac
Roussillon
Bois Maurin
les Combeaux
les Maupas
le Peu Greffier
la Touche
les Ouillères
la Croix Geoffroy
la Chaussée
le Pt Village
la Commanderie
la Gibournière
les Longs Sillons
le Parc
la Gare
St Médard
Ste Agathe
le Mln Dernier
Rocher
en Prade
Montplaisir
l'Echalette
la Pierre Levée
la Plaine
les Cordeliers
le Fayolle
Puymarteau
Bellicou
le Mln de Bellicou
le Mln de Berlingant
le Pontil
les Goumains
le Mln de Salles
Combe à Robin
Vallée du Jeu
Monmorlant
D 27
D 31
D 180
D 186
D 185
D 736
D 335
D 337
D 32
N 10
68
69
70
71
72
73
74

De Verteuil-sur-Charente aux Nègres   `4 km` `1 h`

Aux Nègres :

Surplombant la Charente, le château des La Rochefoucauld, à Verteuil-sur-Charente, avec son parc de la Tremblaie domine un agréable paysage : village aux toits de tuiles roses, jardins en terrasse, lavoirs, écluses, passerelles, un moulin et tout un lacis d'îles et de bras. Eglise romane paroissiale Saint-Médard (mise au tombeau en terre polychrome), venelles riches en maisons médiévales (certaines avec portes sculptées), couvent des Cordeliers, moulin à eau.

68 De l'église de **Verteuil**, tourner à gauche et descendre la rue. En bas, aller à gauche puis à droite rue d'Emprade et sortir du bourg à droite. Passer sous un petit pont. Virer à droite, puis suivre la petite route à gauche et monter à droite par le chemin herbeux. En haut, prendre le chemin de terre à droite. Il s'oriente à gauche. Emprunter le chemin goudronné à droite, puis la D 56 à gauche sur 30 m.

69 S'engager sur le chemin herbeux à droite. Au croisement en T, tourner à droite, puis obliquer en angle aigu à gauche sur le chemin pierreux. Au bout, ne pas prendre la route, mais s'enfoncer à droite dans le bois et arriver à la N 10. La longer à droite par le sentier, puis emprunter le chemin goudronné à gauche pour passer sous le pont. Suivre le chemin gravillonné à droite, longer un vieux mur de pierre, traverser l'ancienne N 10 dans le hameau des **Nègres**, et continuer vers le poste électrique.

Des Nègres à Salles-de-Villefagnan   `4,5 km` `1 h 10`

A Salles-de-Villefagnan :

70 Traverser le hameau des **Nègres** et poursuivre tout droit à travers champs. Emprunter la route à gauche sur 50 m, puis le chemin de terre à droite.

71 A la croisée des chemins, prendre le chemin de terre à gauche, puis tourner à droite dans le petit bois et continuer tout droit. Emprunter la route à gauche, puis la D 27 à gauche et déboucher sur la petite place. Virer à droite, puis aller à gauche pour gagner l'église de **Salles-de-Villefagnan**.

De Salles-de-Villefagnan à Charmé   `5 km` `1 h 15`

72 Descendre la rue à droite du prieuré *(14e-16e)* de **Salles-de-Villefagnan**. En bas, tourner à gauche et remonter dans le village jusqu'au cimetière. Emprunter la D 186 à droite sur 80 m, puis bifurquer à droite sur le chemin goudronné qui mène à Nanclair. Passer le hameau et continuer tout droit par le chemin blanc sablonneux qui devient empierré en descendant à La Folatière. Traverser le hameau à gauche, puis monter en face à Robegerbe, le long du mur en pierres sèches.

73 Dans le virage, poursuivre en face sur le chemin sableux bordé de noyers. Au bout, descendre à droite par le chemin qui devient goudronné. Passer le pont de pierre qui enjambe le ruisseau, puis sous la voie ferrée et bifurquer à droite. Laisser deux voies à droite, puis emprunter la D 185 pour entrer dans **Charmé** *(boulangerie)*. Se diriger à droite vers l'église et le lavoir.

Etapes jacquaires d'hier et d'aujourd'hui

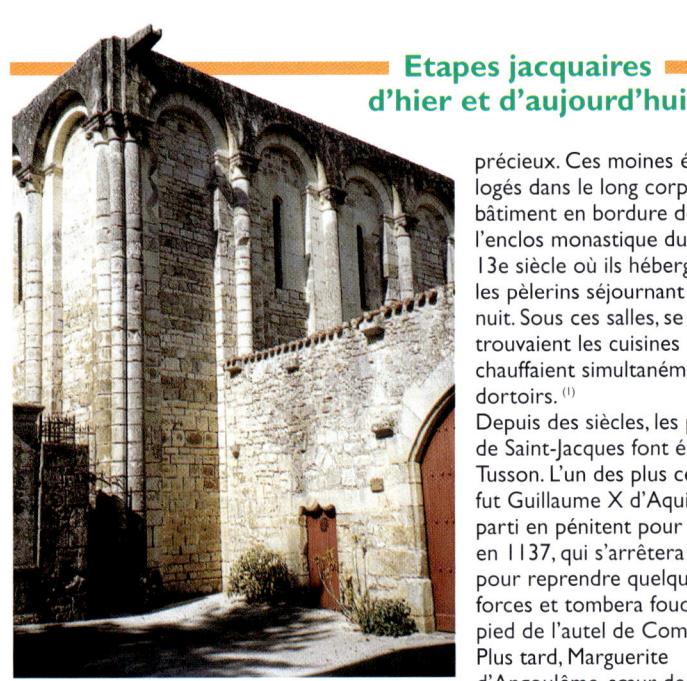

Abbatiale de Nanteuil-en-Vallée. *Photo Guy Barbier.*

Au Moyen Age, de nombreuses communautés religieuses viennent s'implanter dans la région, défrichant ces immenses zones boisées pour les mettre en culture : bénédictins à Nanteuil-en-Vallée, fontevristes à Tusson, augustiniens à Lanville, bénédictins à Saint-Amant-de-Boixe, templiers à Maine-de-Boixe, etc. Une communauté religieuse s'installa dès l'époque carolingienne à Nanteuil-en-Vallée et l'on raconte que Charlemagne lui-même y fit élever une abbaye. Une abbatiale y fut reconstruite aux 11e et 12e siècles ; il en reste aujourd'hui de beaux vestiges, notamment une tour carrée romane, désignée comme le Trésor, où les moines conservaient sans doute leurs reliques, objets et documents précieux. Ces moines étaient logés dans le long corps de bâtiment en bordure de l'enclos monastique du 13e siècle où ils hébergeaient les pèlerins séjournant pour la nuit. Sous ces salles, se trouvaient les cuisines qui chauffaient simultanément les dortoirs. [1]

Depuis des siècles, les pèlerins de Saint-Jacques font étape à Tusson. L'un des plus célèbres fut Guillaume X d'Aquitaine, parti en pénitent pour la Galice en 1137, qui s'arrêtera à Tusson pour reprendre quelques forces et tombera foudroyé au pied de l'autel de Compostelle. Plus tard, Marguerite d'Angoulême, sœur de François Ier, séjournera fréquemment au prieuré. Dépendance de l'abbaye angevine de Fontevraud, celui-ci avait été fondé au 12e siècle par Robert d'Arbrissel. De l'église priorale, subsistent les vestiges d'un pilier et le départ d'une coupole. Fondée en 1227 et remaniée aux 14e et 15e siècles, l'église paroissiale de Tusson est placée sous le vocable de Saint-Jacques-le-Majeur. Dans l'entrée du sanctuaire, deux effigies de

218

l'apôtre pèlerin : une statue de bois moderne et une statue monumentale du milieu du 20e siècle, œuvre d'un réfugié mosellan. [1]
Fondé en 1120 sous l'ordre des Augustins, le prieuré Notre-Dame de Lanville fut l'un des plus prestigieux établissements monastiques de l'Angoumois. En partie ruinée, l'église romane témoigne encore de ses belles proportions d'origine, avec son transept coiffé d'une vaste coupole sur pendentifs. Modillons et sculptures sont remarquables de finesse. Voûtée en cul-de-four, la grande abside est rythmée de chapiteaux ornés de feuillages et d'animaux. La chapelle de l'absidiole sud présente les traces d'une peinture murale figurant une cohorte de pèlerins. Au nord de l'église, subsistent les arcs du cloître. Depuis 1997, la communauté religieuse des frères de la Résurrection, qui accueille les pèlerins, occupe le prieuré.
Au 6e siècle, un disciple de saint Cybard, saint Amant, se retire dans la forêt de la Boixe pour y vivre en ermite. De son renom, résultera au 11e siècle la fondation d'une abbaye régie par la règle de Saint-Benoît. Aujourd'hui, Saint-Amant-de-Boixe est l'une des abbayes médiévales les mieux conservées de Charente. L'imposante église romane et gothique présente de beaux volumes architecturaux et une riche décoration sculptée. Des peintures murales gothiques provenant de la crypte sont exposées dans le bras du transept sud. Outre l'église, plusieurs bâtiments médiévaux sont parvenus jusqu'à nous : d'émouvants vestiges du cloître, la porterie, la cuisine, le réfectoire, le cellier voûté d'un berceau brisé…

[1] Daniel Bernardin, Association des Amis de Saint-Jacques de la Charente.

Eglise de Saint-Amant-de-Boixe.
Photo CRT Poitou-Charentes.

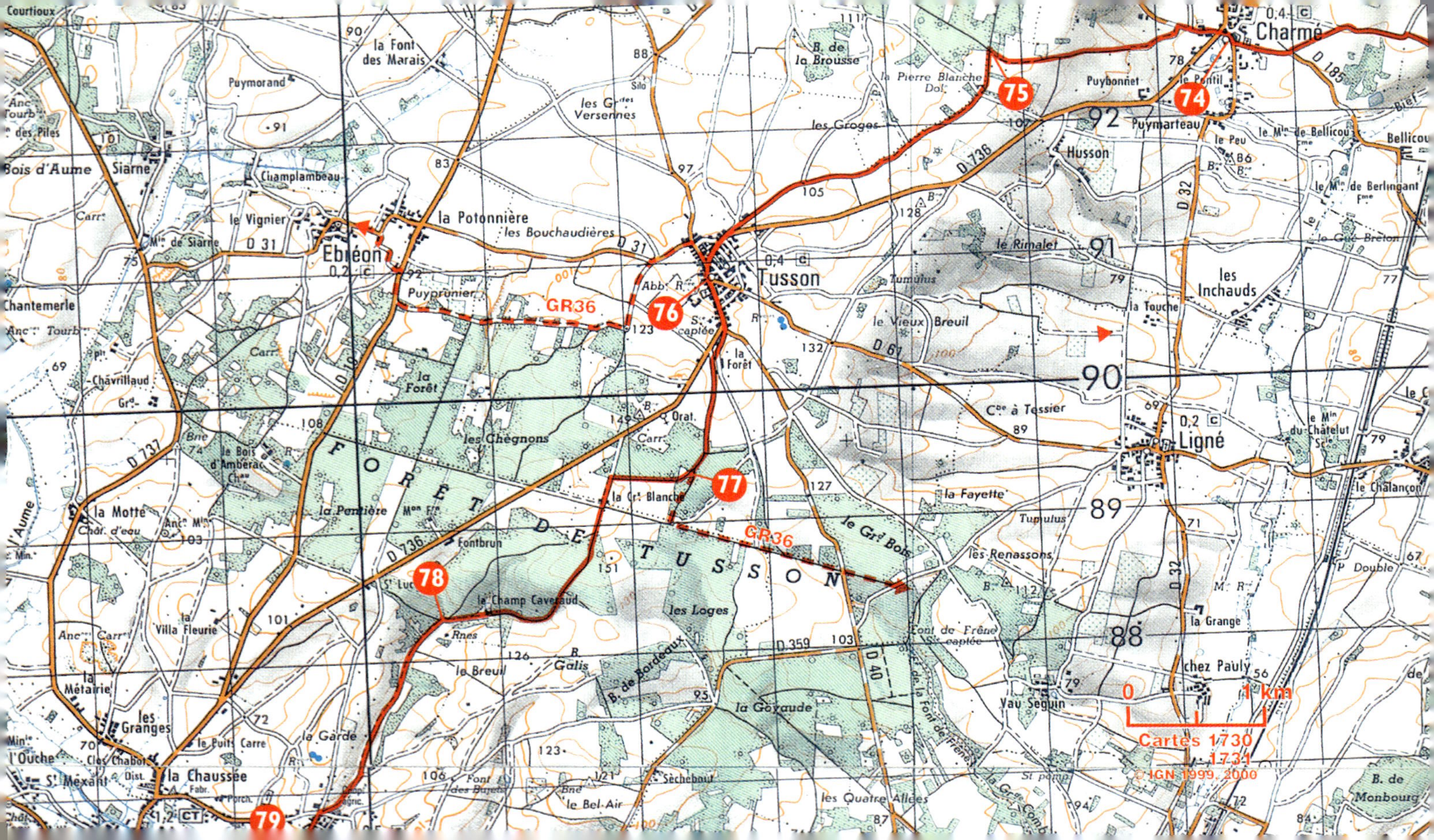
Charmé
Ligné
Tusson
Ebréon
les Inchauds
Puymarteau
Puybonnet
Husson
le Rimalet
le Vieux Breuil
la Fayette
les Renassons
Vau Seguin
chez Pauly
la Grange
la Pierre Blanche
les Groges
B. de la Brousse
les Gdes Versennes
les Bouchaudières
la Potonnière
Puyprunier
les Chégnons
la Forêt
la Perrière
FORÊT DE TUSSON
le Grd Bois
les Loges
la Goyaude
Fontbrun
la Champ Caveraud
la Garde
la Chaussée
les Granges
la Métairie
la Villa Fleurie
la Motte
Chavillaud
Siarne
Chantemerle
Bois d'Aume
Puymorand
Champlambeau
le Vignier
la Font des Marais
les Quatre Allées
le Bel-Air
GR36
74
75
76
77
78
79
0
1 km
Cartes 1730
1731
© IGN 1999, 2000

De Charmé à Tusson   5 km   1 h 15

A Tusson :

Charmé : église Saint-Pierre 12e, pierres tombales intéressantes.

74 Dans **Charmé**, prendre la D 185 vers l'Ouest, sur 250 m, puis monter par le chemin à gauche jusqu'à l'entrée du bois Ravard *(vue sur le château d'eau conique de Bessé-Gragonne)*.

75 Tourner en angle droit à gauche et descendre par le chemin de terre.

▶ Petit dolmen de la Pierre blanche à droite, à 10 m du chemin.

Poursuivre par le chemin tout droit en direction du clocher de Tusson puis par la route. Emprunter la D 736 à droite et arriver à l'église de **Tusson** *(jonction avec le GR® 36)*.

De Tusson à Villejésus   7 km   1 h 45

A Villejésus :   (à 2 km)

Tusson : village construit autour de l'abbaye aux Dames au 12e siècle. Le logis (16e) de Marguerite d'Angoulême, accueillait vraisemblablement sa suite. De nos jours, il abrite une riche collection de mobilier régional ainsi qu'un jardin monastique médiéval. Eglise Saint-Jacques 13e, maison de style médiéval, grosse ferme charentaise, lavoir avec puits et sculpture moderne en bois représentant un marcheur.

76 Emprunter la D 736 à gauche vers Aigre. A la sortie de **Tusson**, prendre la petite route qui part entre la D 40 et la D 736. A la patte d'oie, aller à droite et rejoindre la D 736. La quitter sur la gauche pour suivre le petit chemin goudronné. Il entre dans le petit bois.

77 Ne pas suivre le GR® 36, mais partir à droite sur le petit chemin de terre. Traverser la clairière, longer le petit bois à droite, puis prendre la petite route à gauche. Passer la ferme de la Croix-Blanche et continuer tout droit jusqu'au chemin blanc. Longer tout droit le bois grillagé, descendre vers un grand champ, passer la maison du Champ-Caveraud et descendre à droite par la petite route.

78 A la patte d'oie, prendre en face le chemin blanc, poursuivre tout droit, puis déboucher dans le village de **Villejésus**. Continuer à droite du vieux puits pour parvenir à l'église *(vitraux modernes très originaux, fresques)*. Prendre la rue des Cagouilles, puis à gauche la rue des Trois-Ponts. Passer le pont de pierre et atteindre un croisement.

Hors itinéraire pour Aigre :   1 km   15 mn

A Aigre :

Prendre la route à droite.

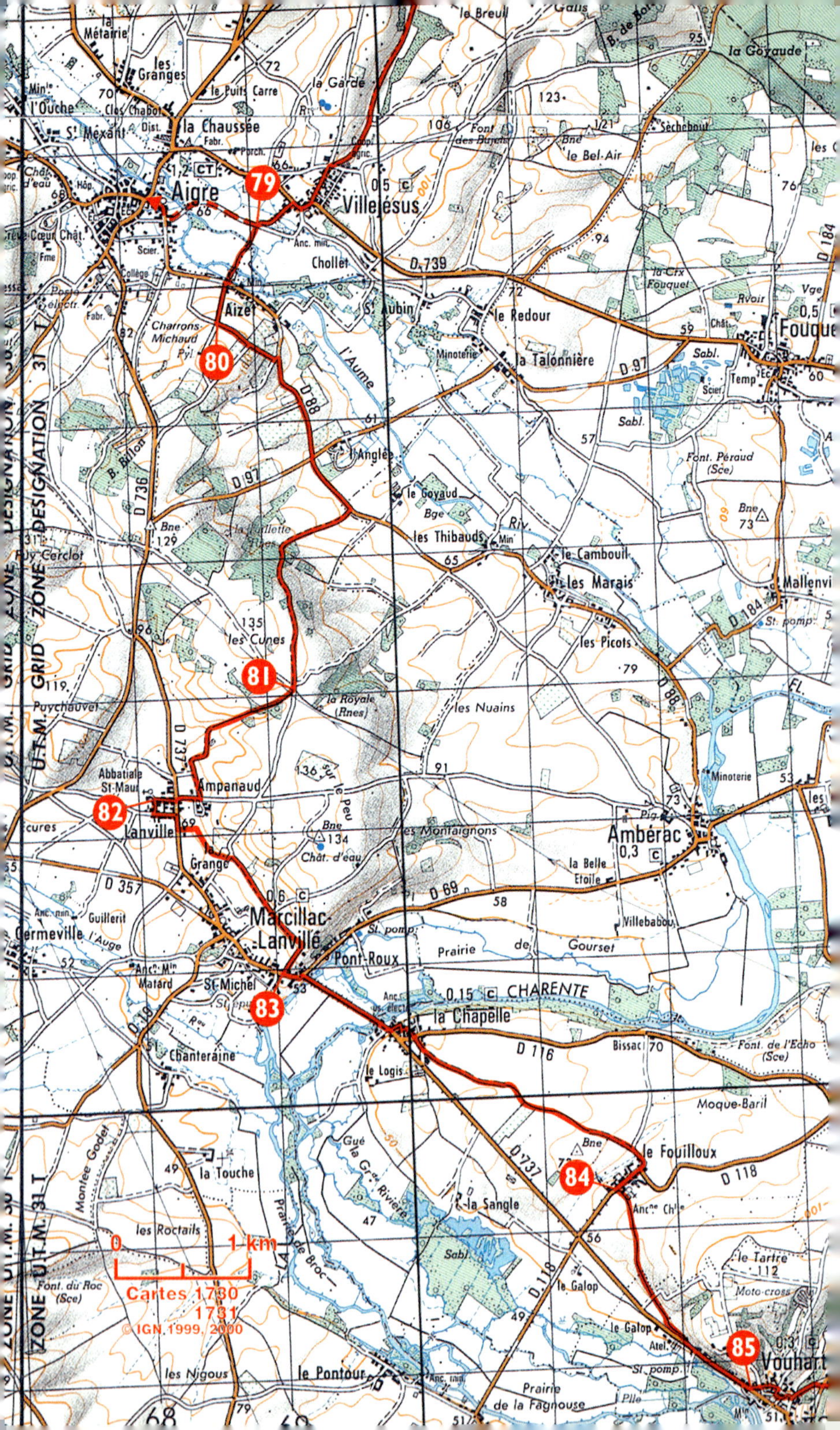

79
80
81
82
83
84
85
Aigre
Villejésus
la Chaussée
le Puits Carré
la Garde
la Métairie
les Granges
l'Ouche
St Mexant
Clos Chabot
le Breuil
la Goyaude
Sécheboul
le Bel-Air
Chollet
Aizet
St Aubin
le Redour
la Talonnière
Fouqueure
Charrons-Michaud
l'Aume
Anglée
le Goyaud
les Thibauds
le Cambouil
les Marais
les Picots
Mallenvie
Font. Péraud (Sce)
la Vallette
les Cunes
la Royale (Rnes)
les Nuains
Puychauvet
Puy Cerclot
Abbatiale St-Maur
Ampanaud
Lanville
la Grange
les Montaignons
Ambérac
la Belle Étoile
Villebabou
Marcillac-Lanville
Guillerit
Germeville
Matard
St-Michel
Pont-Roux
Prairie de Gourset
CHARENTE
la Chapelle
Bissac
Font. de l'Écho (Sce)
Chanteraine
le Logis
Moque-Baril
le Fouilloux
la Touche
Montée Godet
la Sangle
les Roctails
Font. du Roc (Sce)
Prairie de Broc
le Galop
le Tartre
Moto-cross
Vouharte
les Nigous
le Pontour
Prairie de la Fagnouse
D 739
D 97
D 88
D 736
D 737
D 357
D 69
D 116
D 118
D 184
0 1 km
Cartes 1730 1731
© IGN 1999, 2000

De Villejésus à Lanville — 5,5 km — 1 h 25

A Lanville : hébergement pèlerins

79 Au Sud-Est de **Villejésus**, laisser à droite la route qui mène à Aigre et continuer en face. Passer deux ponts et arriver à Aizet. Prendre la D 88 à droite sur 20 m, puis monter par la route à gauche.

80 En haut de la côte, obliquer à gauche, puis descendre légèrement à gauche. Emprunter la D 88 à droite et passer le carrefour de la D 97. La route longe à gauche une grosse maison. 150 m après, monter à droite par le chemin blanc à travers champs. Au croisement de cinq chemins *(balisage au sol)*, prendre le deuxième chemin blanc à droite et continuer à monter tout droit.

81 En haut, couper un chemin goudronné, descendre par le chemin blanc, longer une ferme, remonter, puis tourner à droite sur le chemin goudronné *(vue sur l'abbatiale de Saint-Maur-de-Lanville)*. Descendre, traverser la D 737 et se diriger vers l'abbaye de **Lanville**.

De Lanville à Marcillac — 2 km — 30 mn

A Marcillac :

82 A l'abbaye de **Lanville**, se diriger vers une maison charentaise, tourner à gauche, emprunter la D 737 à droite sur quelques mètres, puis le chemin goudronné à gauche et s'engager à droite sur le chemin blanc. Couper deux routes. Au croisement en T, descendre par la petite route à droite et déboucher sur la D 737, à la sortie Est du village de **Marcillac**.

▶ Possibilité de gagner le centre du bourg par la D 737 à droite.

Vestiges romans de l'église Notre-Dame 12e (chevet surélevé pour l'organisation défensive avec bretêche et meurtrières) et vestiges gothiques 16e.

De Marcillac à Vouharte — 6 km — 1 h 30

83 Laisser **Marcillac** à droite, emprunter la D 737 à gauche pour franchir la Charente et arriver au village de La Chapelle. Tourner à gauche vers l'église, puis aller à droite, couper la D 116 et continuer par le chemin blanc dans la campagne. Il mène au Fouilloux *(ancienne chapelle)*. Prendre la D 118 à droite pour traverser le hameau.

84 A la sortie, s'engager sur le chemin à gauche et descendre dans la vallée de la Charente. Longer la D 737 à gauche jusqu'à l'entrée de **Vouharte**.

Le cognac, « liqueur des dieux »

Un vieux proverbe dit : *« Les Charentais boiront du lait quand les vaches mangeront les raisins »*

A l'époque romaine déjà, la région de Saintes fournissait une production vinicole importante. Vers le 15e siècle, cette production, dans la région de Saintes, en vient à dépasser la demande. C'est alors qu'apparaît la distillation pour transformer le vin en eau-de-vie qui prendra le nom de la ville où cet alcool est commercialisé, Cognac. Le commerce du cognac est alors aux mains des Anglais et des Hollandais qui le baptisent *brandewijn* (vin brûlé) puis « brandy » en anglais. En France, la surproduction persistante oblige à conserver les eaux-de-vie invendues. Par la force des choses, les producteurs découvrent un alcool qui se bonifie avec l'âge, affichant une belle couleur dorée et un bouquet séduisant. Le vignoble de Cognac couvre quelque 75 000 hectares essentiellement répartis entre Charente et Charente-Maritime. Les cépages exclusifs du cognac sont l'ugni blanc, la folle blanche et le colombard. C'est autour de la grande champagne (au sud de Cognac et Jarnac) que la célèbre eau-de-vie atteint le sommet de sa perfection. L'alcool subit une double distillation dans des alambics de cuivre rouge. Après une première chauffe, le distillat subit une repasse ou *bonne chauffe*.

Fût et alambic de cognac.
Photo CRT Poitou-Charentes.

Les *produits de cœur* – atteignant 70° d'alcool – sont alors recueillis, incolores et faiblement parfumés. Dans l'obscurité des chais, on met à maturer l'eau-de-vie dans des fûts fabriqués avec le cœur des chênes du Limousin. Les tanins du chêne et sa porosité vont favoriser la lente oxydation du cognac, lui transmettant progressivement sa robe ambrée et sa saveur unique. Chaque année, une évaporation intense se produit dans le chai de stockage ou *paradis*, soit environ 3 % d'alcool pur : on l'appelle la « part des anges ». Le vieillissement peut durer jusqu'à plusieurs dizaines d'années. Le maître de chai procède à des mélanges d'eau-de-vie de crus et d'âges différents afin de maintenir la qualité du cognac et recomposer le goût propre à la marque. Grande et petite champagne, borderies, fins bois, bons bois et bois ordinaires constituent les six appellations de la zone de production du cognac. La fine champagne est un mélange de grande et petite champagne. Sur sa route, le pèlerin aura l'occasion de rencontrer des bouilleurs de cru qui lui feront découvrir leurs productions.

Le râle des genêts, « roi des cailles »

Semblable à la caille en plus gros, le râle des genêts est un petit échassier qui vit dans les prairies et hautes herbes, en Charente notamment, et migre l'hiver en Afrique. Ses ailes sont rousses et brunes et, comme il ne vole pratiquement jamais, il est difficile à voir. Mais à l'heure du crépuscule, il est impossible de le manquer avec son cri *« crex crex »* qui évoque un bruit de crécelle. En fait, cet oiseau se déplace le long de grands tunnels qu'il a construits sous les hautes herbes. Il dissimule son nid dans les herbages et les champs de trèfle mais les fauches précoces de juin détruisent les pontes et les poussins. Réellement menacé par la disparition des prairies alluviales au profit des étendues de maïs, le râle des genêts est au bord de l'extinction en Europe occidentale.

Râle des genêts. *Dessin Pascal Robin.*

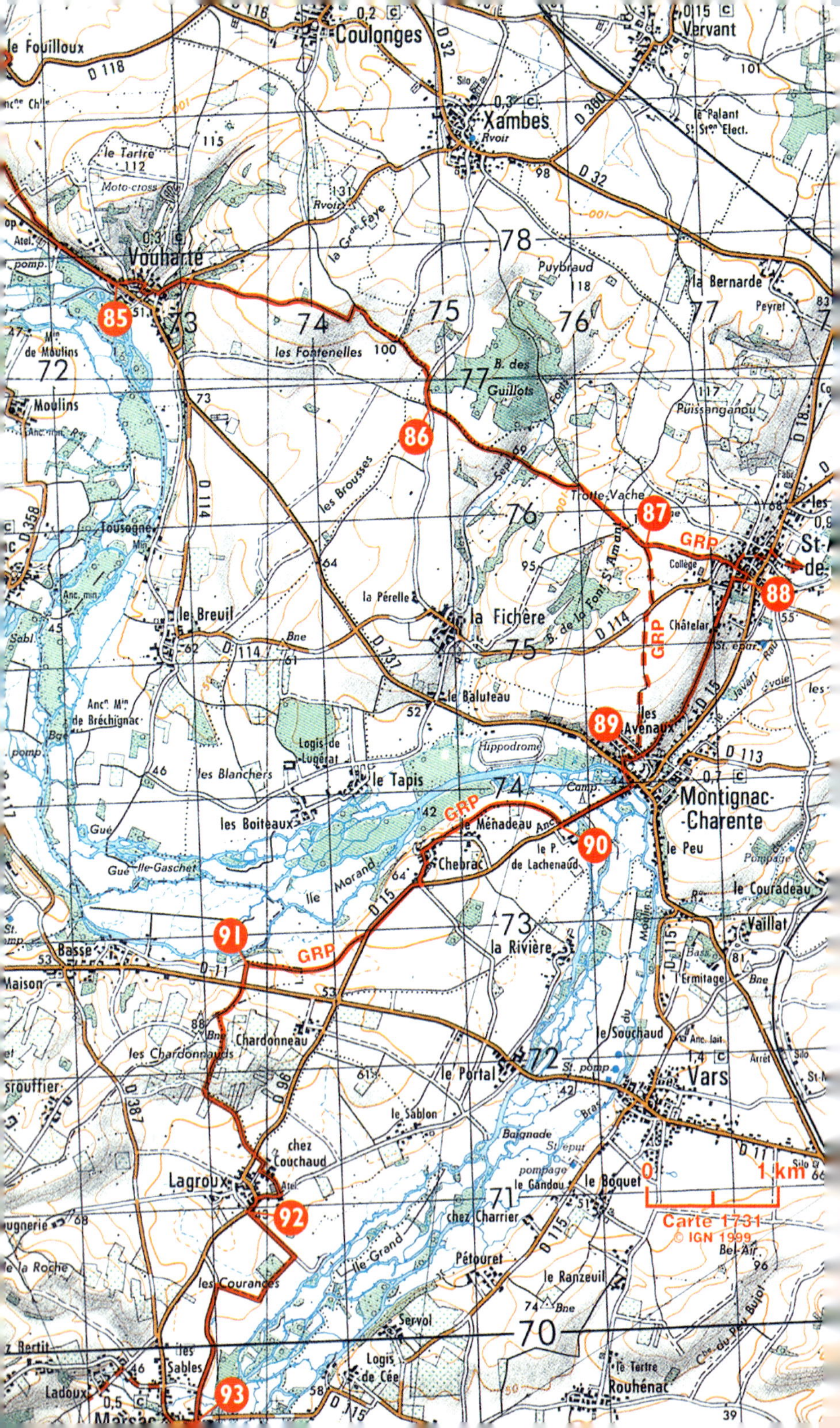

Coulonges
Vervant
Xambes
Vouharte
le Tartre
Moto-cross
la Gde Faye
Puybraud
la Bernarde
Peyret
les Fontenelles
B. des Guillots
Puissanganou
Moulins
de Moulins
les Brousses
Trotte-Vache
Tousogne
la Pérelle
la Fichère
Collège
Châtelar
le Breuil
le Baluteau
les Avenaux
Anc. Min de Bréchignac
Logis de Lugérat
Hippodrome
les Blanchers
le Tapis
Montignac-Charente
les Boiteaux
le Ménadeau
le P. de Lachenaud
le Peu
Gué
Ile-Gaschet
Ile Morand
Chebrac
le Couradeau
Vaillat
Basse
la Rivière
l'Ermitage
Maison
Chardonneau
les Chardonnauds
le Souchaud
le Portal
Vars
le Sablon
Baignade
chez Couchaud
Lagroux
le Gandou
le Boquet
chez Charrier
Ile Grand
Pétouret
les Courances
le Ranzeuil
Bel-Air
Servol
les Sables
Logis de Cée
le Tertre
Rouhénac
Ladoux
GRP
85
86
87
88
89
90
91
92
93
0
1 km
Carte 1731
© IGN 1999

De Vouharte à Saint-Amant-de-Boixe `6 km` `1 h 30`

A Saint-Amant-de-Boixe :

Vouharte : prieuré Notre-Dame 12e.

85 Monter par la rue à gauche pour traverser **Vouharte** *(église à droite)*, puis gravir la côte par la route à gauche *(balisage au sol)*. A mi-hauteur, emprunter à droite le chemin blanc, couper la route et continuer la montée par le chemin blanc. Au croisement en T, obliquer à droite puis suivre la route à droite.

86 Prendre le chemin blanc à gauche. Il franchit le vallon des Sept-Fonts, puis remonte sur la colline de Trotte-Vache et arrive à une fourche.

▶ Jonction avec le GR® de Pays *Entre Angoumois et Périgord*. Les deux itinéraires vont se côtoyer régulièrement jusqu'au Sud d'Angoulême.

87 Descendre tout droit et gagner l'abbatiale de **Saint-Amant-de-Boixe**.

De Saint-Amant-de-Boixe à Montignac-Charente `2 km` `30 mn`

A Montignac :

Haut-lieu de l'art roman, Saint-Amant-de-Boixe possède une très grande abbatiale bénédictine (nef et transepts 12e, chœur 14e, clocher restauré 19e, réfectoire 11e-12e). Le bourg porte le nom d'un ermite qui vivait dans la forêt de Boixe au 7e siècle.

88 A l'abbatiale de **Saint-Amand-de-Boixe**, prendre la rue de l'Eglise sur 100 m, puis la rue du Chatelard à gauche et continuer par la route sur 1,5 km jusqu'à **Montignac** *(GR® de Pays Entre Angoumois et Périgord)*.

De Montignac-Charente à Marsac `9 km` `2 h 15`

A Marsac :

Montignac : porte ogivale fortifiée et donjon (vestiges d'une forteresse érigée par les comtes d'Angoulême au 10e siècle), promenades le long de la Charente.

89 Aller au fond de la place Taillefer à droite, à **Montignac-Charente**, et prendre la rue qui descend à l'église. Traverser la D 737, suivre le quai de la Charente, franchir le pont et continuer par la D 15 *(ancienne voie romaine)* le long du camping, sur 600 m.

90 S'engager à droite sur le chemin blanc qui conduit à Chébrac *(petite église)*. Dans le hameau, tourner à gauche, puis utiliser le bas-côté de la D 15 à droite sur 500 m. Prendre à droite le chemin de terre sur 1 km.

91 Emprunter la route à gauche sur 200 m, couper la D 11 et monter par le chemin sur le coteau, au milieu des vignes, sur 600 m. Au bout de la vigne, prendre le sentier à gauche sur 300 m jusqu'au chemin blanc et continuer par la route à gauche. Traverser la D 15, passer Chez-Couchaud, puis suivre la route à droite et longer Lagroux.

92
93
94
95
96
97
98
99
100
101
GRP
GRP
hors itinéraire
hors itinéraire
0
1 km
Cartes 1731
1732
© IGN 1999
Lagroux
chez Couchaud
Grosbot
Gratelot
la Pougnerie
Chiron de la Roche
Ramette
les Courances
chez Bertit
les Sables
Ladoux
Marsac
Puyravaud
le Brigonnet
D 939
D 96
D 115
D 117
D 37
Logis de Cée
Servol
Pétouret
chez Charrier
le Gandou
le Boquet
le Ranzeuil
le Tertre
Rouhénac
Fonciron
CHARENTE
LA
Côte de Châtelar
Puant
Guissalle
les Moreaux
les Gélinards
le Logis
les Guérinauds
Combefolle
les Tessonnières
le Chadouteau
la Signère
la Faye
les Murailles
Chante-Merle
les Brandauds
les Doribeaux
l'Houme
Vindelle
les Plantes
B. de la Grulière
Tonne
la Motte
le Cluzeau
le Puy du Maine
le Puy de Coulonge
la Chapelle
les Régniers
le Chau de Balzac
B. de Balzac
Puyrenaud
la Crx Gouin
Longchamp
Moraze
la Côte
Chaussebrit
Poste électr.
Etangville
CHAREN
la Pouyade
les Plats
le Maine Brénat
Bellejoie
les Loges
chez Bréchet
Villesèche
ST-YRIEIX SUR-CHARE
Salzines
le Maine Brun
la Vallade
les Mornats
la Gounerie
le Poteau
les Pois
Couret
B. Renaud
les Poignards
les Rochettes
F. de Moulède
Nompeux
Puygardin
Vigerie
Moulède
la Vergne
le Lugeat
la Gare
Fléac
les Planes
Beauregard
la Grelière
D 120

92 A la sortie de Lagroux, prendre à gauche la petite route qui descend vers la Charente, sur 500 m. Emprunter le chemin blanc à droite qui dessine un coude à droite, sur 700 m, puis la petite route à gauche jusqu'à **Marsac** (église Saint-Gervais-Saint-Protais 12e-15e, panorama sur la vallée de la Charente).

De Marsac à Saint-Yrieix-sur-Charente   9 km   2 h 15

A Saint-Yrieix-sur-Charente :

93 Laisser le centre de **Marsac** à droite et traverser la D 115 vers la gauche. Emprunter la route de Guissalle à droite sur 600 m, puis monter sur le coteau par la route à droite. Au carrefour, descendre en face par le chemin blanc sur 700 m.

94 Dans le vallon, emprunter le chemin herbeux à droite. Au terrain de moto-cross, tourner à gauche, suivre la route à gauche sur 200 m, puis la route à droite et arriver à la table d'orientation (112 m d'altitude).

95 Emprunter à droite la route blanche puis un chemin agréable qui descend dans un petit vallon où se trouve la fontaine de Tonne. Monter et gagner Tonne. Dans le village, poursuivre tout droit sur 50 m, se diriger à droite sur 30 m et prendre la route à gauche.

96 Après la dernière maison, prendre à gauche le chemin qui conduit au Cluzeau (point de vue). Tourner à gauche vers le hameau, descendre à droite, puis virer encore à droite. En bas, emprunter la D 37 à droite sur 200 m.

97 Dans le virage, prendre la petite route à gauche. Elle laisse une route à droite et gagne le hameau de La Côte. Poursuivre tout droit par le chemin en sous-bois sur 600 m puis par un sentier qui longe la Charente.

98 Dans le bois, monter par le chemin à droite, traverser Chez-Bréchet, puis continuer vers l'église de **Saint-Yrieix-sur-Charente**.

De Saint-Yrieix-sur-Charente à la D 141   2 km   30 mn

99 250 m avant l'église de **Saint-Yrieix**, prendre à droite la rue Alcide-Bassoulet et monter jusqu'à la rue de la Montée-Le-Venat, traverser et continuer à gauche jusqu'au rond-point, le contourner par la gauche, traverser et prendre à gauche la D 939 sur 300 m.

100 Au petit monument du maquis de Bignac (stèle béton et plaque en marbre), prendre à droite la voie qui descend vers la combe du Maine et suivre l'allée du Vallon, chemin très agréable en sous-bois, sur 1 km.

▶ 150 m après la retenue d'eau située à gauche du sentier, accès au point de vue de Nompeux par un sentier à droite (table d'orientation).

Déboucher sur la **D 141**.

▶ Les hôtels de **Saint-Yrieix** se trouvent à gauche, en direction d'Angoulême, sur la route de Royan.

229

Sur les traces des pèlerins autour d'Angoulême

L'histoire de la cité d'Angoulême est rattachée à celle d'Eparchius ou saint Cybard, un saint ermite auréolé de vertus et de miracles au 5e siècle. La légende raconte qu'une voix le conduisit à s'installer dans une grotte au bord de la Charente. Une abbaye Saint-Cybard s'éleva sur les lieux, centre important pour les pèlerins sur les rives du fleuve. L'église était alors située à proximité du seul pont de la ville jeté sur la Charente, le pont de Saint-Cybard. Son aumônerie hébergeait les pèlerins en route vers la Galice. Au 12e siècle, les moines firent édifier l'église Saint-Jacques de l'Houmeau, reconstruite par l'architecte Paul Abadie-père au 19e siècle. Au Moyen Age, la ville close comptait plusieurs hospices pour accueillir les pèlerins, en particulier dans le quartier de la cathédrale Saint-Pierre. Pourvue d'une riche décoration, la cathédrale est aujourd'hui un bel édifice à nef unique sous file de coupoles sur pendentifs. La façade est une grande page de sculpture romane qui fut par la suite un modèle de référence pour l'architecture religieuse de l'Angoumois. Le programme s'organise autour des thèmes de l'Ascension et du Retour du Christ à la fin des temps.

La plus ancienne de la ville avec la cathédrale Saint-Pierre, l'église romane Saint-André fut en partie réédifiée au 15e siècle, après la guerre de Cent ans, ainsi qu'au 17e siècle. Œuvre de l'atelier de Jacques Rogier de 1692, une chaire présente sur sa rampe d'escalier l'apôtre saint Jacques avec son bâton de pèlerin.

A proximité d'Angoulême, l'église de Saint-Michel d'Entraygues fut construite en 1137 par les chanoines de l'Abbaye de la Couronne, pour accueillir pauvres et pèlerins en route vers Jérusalem, Rome et Compostelle. Cet édifice est exceptionnel par son plan octogonal à huit absidioles rayonnantes. Cette architecture ne se retrouve dans la région

Cathédrale d'Angoulême.
Photo Françoise Roch/Région Poitou-Charentes.

qu'à la Maison-Dieu de Montmorillon. Un hôpital, situé à proximité et aujourd'hui disparu, hébergeait les pèlerins.

Une tradition rapporte qu'un champ proche de l'église portait le nom de *Cimetière des pèlerins*. [1] A quelques kilomètres de là, se dressent les vestiges gothiques de la grande abbaye de La Couronne (du 12e siècle) dont l'hôtellerie recevait sans doute les pieux voyageurs. Au prieuré de Mouthiers, les moines pratiquaient l'accueil des pèlerins de Compostelle. Une maison du bourg conserve un graffiti dans une pierre d'angle ; certains y ont vu un personnage accueillant un jacquet devant une chapelle. [1] Non loin de là, ont été retrouvées des sépultures de pèlerins avec une coquille percée de deux trous afin de la porter en enseigne. [2]

[1] Daniel Bernardin, Association des Amis de Saint-Jacques de la Charente.
[2] P. Dubourg-Noves, Traces du pèlerinage de Compostelle sur le territoire charentais, Bul. SAHC, n° 2-3, Av/-Sept 1992, t. 148, p. 113

A la sortie d'Angoulême, le pèlerin poursuivait sa route vers Aubeterre ou bien faisait le choix de suivre la Charente. Cet itinéraire le menait jusqu'à Cognac qui, sans doute, s'inscrit dans la mémoire du pèlerinage. La ville a conservé une église dédiée à saint Jacques, ainsi qu'un faubourg, un pont et une porte. Cette voie permettait aux pèlerins de rejoindre la *via Turonensis*.

Détail de la façade de Saint-Michel-d'Entraygues.
Photo Françoise Roch/Région Poitou-Charentes.

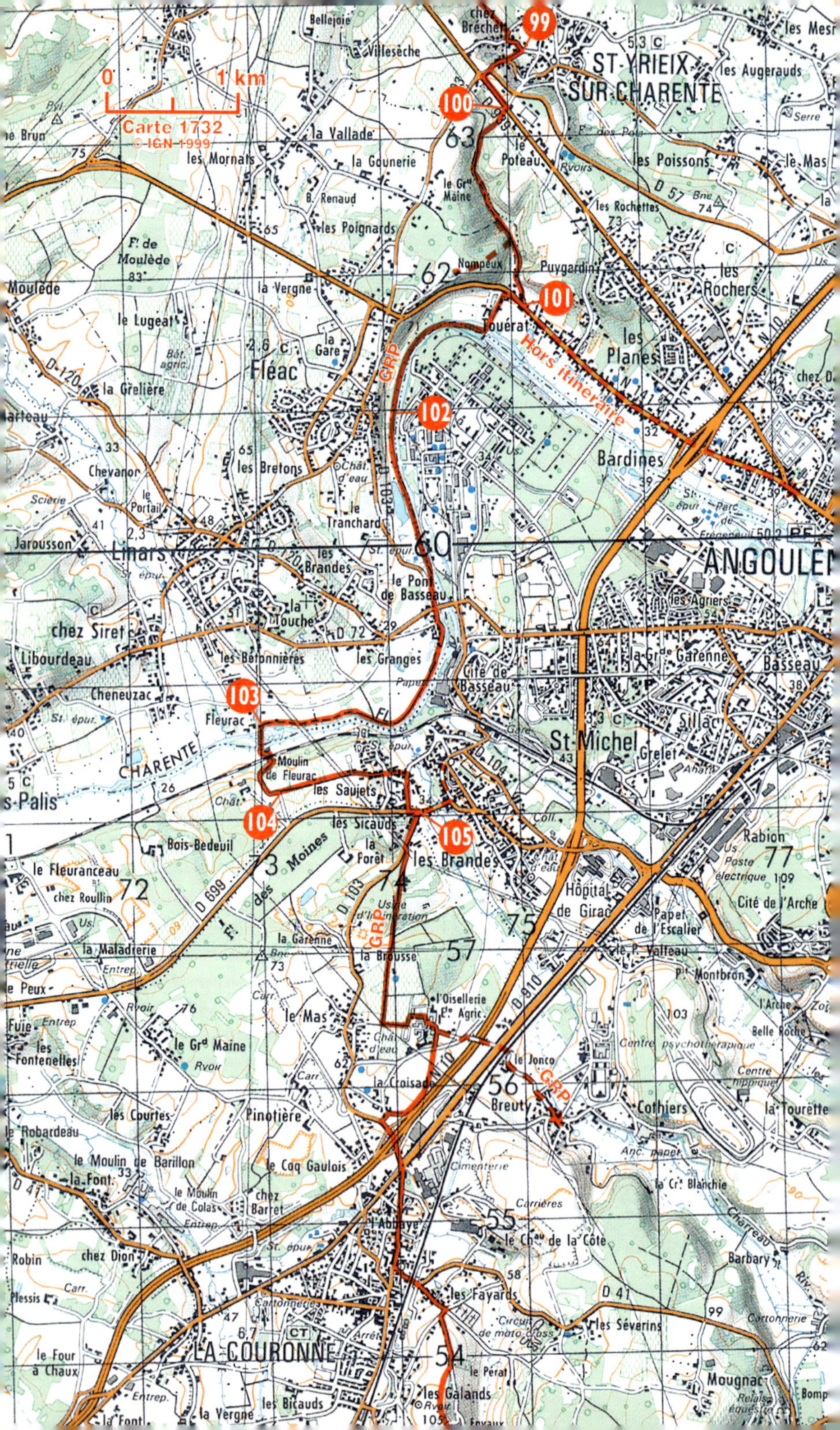

0
1 km
Carte 1732
© IGN 1999
99
100
101
102
103
104
105
Hors itinéraire
GRP
ST-YRIEIX SUR-CHARENTE
ANGOULÊME
Fléac
Linars
St-Michel
Sillac
Basseau
Cité de Basseau
Bardines
les Planes
les Rochers
Puygardin
Nompeux
Fouérat
les Poissons
les Rochettes
le Poteau
la Vallade
la Gounerie
les Mornats
Villesèche
Bellejoie
chez Brechet
les Augerauds
les Poignards
B. Renaud
le Grd Maine
F. de Moulède
Moulède
la Vergne
le Lugeat
la Grelière
Chevanon
le Portail
Jarousson
chez Siret
Libourdeau
Cheneuzac
les Bretons
le Tranchard
les Brandes
le Pont de Basseau
la Touche
les Bétonnières
les Granges
Fleurac
Moulin de Fleurac
CHARENTE
les Saujets
les Sicauds
les Brandes
la Forêt
Bois-Bedeuil
le Fleuranceau
chez Roullin
la Maladrerie
le Peux
les Fontenelles
le Grd Maine
la Garenne
la Brousse
l'Oisellerie
le Mas
la Croisade
Pinotière
les Courtes
Robardeau
le Moulin de Barillon
la Font
le Moulin de Colas
chez Barret
le Coq Gaulois
l'Abbaye
chez Dion
Robin
Plessis
LA COURONNE
le Four à Chaux
la Vergne
les Bicauds
les Galands
le Pérat
les Fayards
les Séverins
Mougnac
Barbary
la Cr. Blanchie
le Chau de la Côte
Carrières
Cimenterie
le Jonco
Breuty
Cothiers
Centre psychothérapique
Belle Roche
Pt Montbron
le P. Valleau
Papet. de l'Escalier
Hôpital de Girac
Rabion
Cité de l'Arche
la Grde Garenne
les Agriers
Grelet
la Tourette
D 699
D 910
D 103
D 72
D 120
D 41

Hors itinéraire pour Angoulême : `4 km` `1 h`

A Angoulême : 🏠 ⛺ 🛒 🍴 ☕ 🗺 ℹ️ 🚌 🚆

Suivre la D 141 à gauche.

Ancienne ville forte dominant la Charente. Cathédrale Saint-Pierre 12e, musées.

De **Saint-Yrieix-sur-Charente** à **Fléac** `2 km` `30 mn`

A Fléac : 🛒

101 Traverser la **D 141** *(prudence : circulation intense)*, suivre le trottoir à droite et prendre à gauche la rue de la Baignade.

Au Petit-Thouérat, échelle des crues de la Charente.

Emprunter le chemin de halage à droite et arriver à une intersection sous l'église de **Fléac**.

▶ Les circuits jaune et bleu montent à droite à l'église et au centre de Fléac.

De **Fléac** à **Saint-Michel** `6 km` `1 h 30`

A Saint-Michel : 🏠 🍴 🛒 ☕ 🚌

A Fléac, église romane 12e (nef à file de deux coupoles sur pendentifs, fresques représentant les scènes du martyre de sainte Barbe et reliques du bienheureux Bertrand de Saint-Geniès). De la terrasse de la mairie, le regard embrasse toute la vallée de la Charente. Nombreux logis.

102 En contrebas du village de **Fléac**, longer le fleuve Charente par le chemin ombragé. Traverser la D 72 *(prudence)*, laisser le pont à gauche et continuer par le chemin qui suit le fleuve jusqu'à une série d'écluses.

103 Franchir deux passerelles en bois pour atteindre le moulin de Fleurac sur l'autre rive de la Charente.

Reconstitution en 1977 d'un moulin à papier 18e. Château 16e à la mode de la Renaissance italienne construit sur les ruines d'une forteresse.

Quitter le site par la route sur 800 m.

104 Dans le virage de la route, prendre le chemin de terre à travers les vignes, traverser Les Saujets et arriver à une zone urbanisée. Depuis le haut de la rue de Saintonge, descendre à l'arrêt de bus des Sicauds, puis emprunter la D 699 à gauche sur 30 m, vers **Saint-Michel**.

Angoulême, des moulins à papier au festival de la B.D.

Dès la fin du Moyen Age, l'artisanat papetier se développe en Charente. D'anciens moulins à blé ou à drap sont reconvertis, et le débit régulier des rivières se prête parfaitement à cette activité. Feuille après feuille, le papier est fabriqué à partir de vieux chiffons, les *peilles*, déchiquetés puis broyés avec de l'eau dans des batteries à maillet. Un châssis en bois pourvu d'une résille métallique, est plongé dans la pâte à papier. La nouvelle feuille est appliquée sur un feutre pour absorber l'excédent d'eau. Le dernier étage du moulin est transformé en étendoir et séchoir. De nos jours, on reconnaît les anciens moulins à papier à leurs grandes ouvertures constituées de panneaux de bois ajourés pour la circulation de l'air. On peut visiter le moulin de Fleurac à Nersac et le moulin du Verger à Puymoyen, qui fabriquent encore du papier selon les méthodes traditionnelles.

C'est au 16e siècle qu'apparaissent les premières fabriques en Angoumois, encouragées notamment par François Ier. Au 17e siècle, Colbert donne un nouvel élan à la fabrication du *« papier royal d'Angoumois »*. Celui-ci est fort réputé, jusqu'en Angleterre ou en Hollande, avec les vélins utilisés pour la reproduction des œuvres des peintres flamands.

De fil en aiguille, la région développera l'imprimerie ainsi que la fabrication de

Moulin de Fleurac. © *Les Ateliers Martron.*

feutres qui, elle-même entraînera la fabrication des fameuses charentaises. Au 19e siècle, on invente la machine à fabriquer le papier en continu et d'importantes papeteries se développent.

Avec la crise industrielle des années soixante-dix, Angoulême décide de se reconvertir et lance le festival international de la bande dessinée. Depuis 1990, le Centre National de la Bande Dessinée et de l'Image construit sur le site de l'ancienne abbaye de Saint-Cybard au bord de la Charente, réunit la quasi-totalité de la production française en matière de B. D. depuis 1946. Par ailleurs, le visiteur est convié à un parcours insolite dans la ville, avec une quinzaine de murs animés de peintures et de personnages des plus grands noms de la B.D. Depuis 1997, le syndicat mixte du Pôle Image Magelis d'Angoulême poursuit un programme de développement économique fondé sur les industries, les technologies et les métiers de l'image.

Un général volant à Angoulême

Inventer des *« ailes manœuvrables par les bras et les jambes pour survoler la Manche »*, tel fut au 19e siècle, le rêve d'un général d'Angoulême pour équiper chacun des soldats de Napoléon afin d'envahir sans peine l'Angleterre. Guillaume Resnier de Goué, auteur d'un ouvrage : *La République universelle ou l'humanité ailée réunie sous l'empire de la raison*, conçut ainsi une machine à voler, précurseur du delta-plane. Une première tentative depuis le pont Saint-Cybard se termina malheureusement dans les eaux de la Charente. Avec une nouvelle machine, le vaillant général alors âgé de 77 ans, entreprit, en 1806, un second essai depuis la tour Ladent, sur le rempart Nord. Il réussit un vol plané de 300 mètres avant de dégringoler dans un champ et de se fracturer une jambe.

235

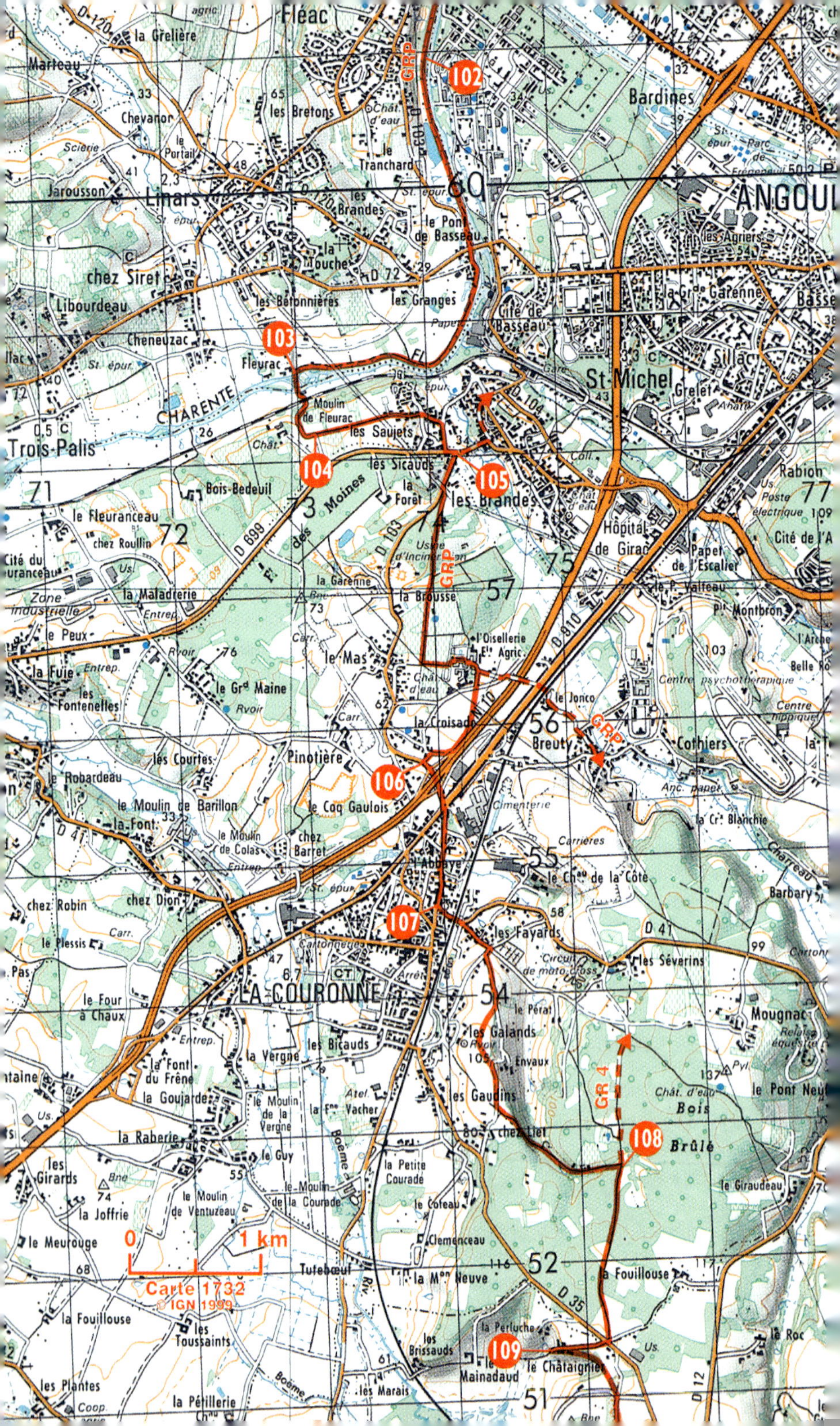

Fléac
la Greliere
Marteau
Chevanon
Jarousson
Linars
chez Siret
Libourdeau
Cheneuzac
Fleurac
CHARENTE
Trois-Palis
les Bretons
le Tranchard
les Brandes
le Pont de Basseau
la Touche
les Bétonnières
les Granges
Bardines
ANGOUL
les Agriers
la Grde Garenne
Basse
Cité de Basseau
Sillac
St-Michel
Grelet
Moulin de Fleurac
les Saujets
les Sicauds
la Forêt
les Brandes
Bois-Bedeuil
le Fleuranceau
chez Roullin
Rabion
Hôpital de Girac
Papet de l'Escalier
Cité de l'A
la Maladrerie
le Peux
la Fuie
les Fontenelles
le Grd Maine
la Garenne
la Brousse
le Mas
l'Oisellerie
la Croisade
le Jonco
Breuty
Cothiers
Centre psychothérapique
Montbron
les Courtes
Pinotière
le Robardeau
le Moulin de Barillon
la Font
le Coq Gaulois
le Moulin de Colas
chez Barret
l'Abbaye
le Chau de la Côte
la Cr. Blanchie
Barbary
chez Robin
chez Dion
le Plessis
LA COURONNE
les Fayards
les Séverins
le Four à Chaux
la Font du Frêne
la Goujarde
la Vergne
les Bicauds
le Pérat
les Galands
Envaux
les Gaudins
Mougnac
le Pont Neuf
chez Liet
Bois Brûlé
la Raberie
les Girards
le Guy
la Petite Courade
le Giraudeau
la Joffrie
le Moulin de Ventuzeau
le Moulin de la Courade
le Coteau
Clemenceau
le Meurouge
Tutebœuf
la Mon Neuve
la Fouillouse
la Fouillouse
les Toussaints
les Brissauds
la Perluche
Mainadaud
le Châtaignier
le Roc
les Plantes
la Pétillerie
les Marais
GRP
GR 4
102
103
104
105
106
107
108
109
0
1 km
Carte 1732
©IGN 1999

De Saint-Michel à La Couronne   4 km   1 h

A La Couronne :

A Saint-Michel, curieuse église octogonale coiffée d'une coupole édifiée en 1113. Les huit absides disposées autour de l'autel offraient sous leurs voûtes en cul-de-poule un abri aux pèlerins en route pour Saint-Jacques-de-Compostelle.

105 Ne pas entrer dans **Saint-Michel**, mais prendre à droite la D 103 *(prudence)* sur 250 m, et bifurquer à gauche vers Trotte-Canet. Continuer tout droit, puis tourner à gauche dans le vignoble du domaine de l'Oisellerie.

Château de l'Oisellerie 15e-16e.

Contourner le château par la gauche et se diriger vers la N 10. La longer par le chemin de terre à droite et arriver au hameau de La Croisade *(hôtel)*.

106 Prendre la route à gauche, passer sous le pont et continuer tout droit en gardant le centre commercial à gauche. Traverser la D 910 face aux cimenteries Lafarge et emprunter la D 35 qui longe l'abbaye (privée) de la Couronne située à gauche *(lavoir en contrebas à droite)*. Poursuivre tout droit jusqu'à la place de la Mairie, près de l'église de **La Couronne**.

De La Couronne au bois Brûlé   3 km   45 mn

A La Couronne, l'abbaye Notre-Dame a été érigée en 1118 dans une île au milieu des marais de la Coronelle. Une seconde église, édifiée par les chanoines de Saint-Augustin, sera la plus prospère d'Aquitaine au 14e siècle mais fut détruite à la Révolution.

107 A **La Couronne**, prendre la D 41 vers Vœuil-et-Giget, puis bifurquer sur la route en direction du cimetière à droite. Emprunter la voie qui monte *(vue sur la cimenterie Lafarge)*, obliquer à droite, couper le chemin des Envaux et descendre vers le creux du Loup.

Visite possible de la grotte du Creux-du-Loup.

Continuer jusqu'à l'intersection des landes de Terre-Neuve, dans le **bois Brûlé**.

▶ Jonction avec le GR® 4 (Sentier Méditerranée - Océan) qui arrive à gauche de La Mazaurie et Limoges. A droite, les itinéraires sont communs jusqu'à la forêt de Gersac.

Du bois Brûlé à Mouthiers-sur-Boëme   5,5 km   1 h 20

A Mouthiers-sur-Boëme :

108 A l'intersection, dans le **bois Brûlé**, prendre le chemin à droite sur 1 km. Prendre la D 35 sur 100 m et suivre la route qui descend à droite.

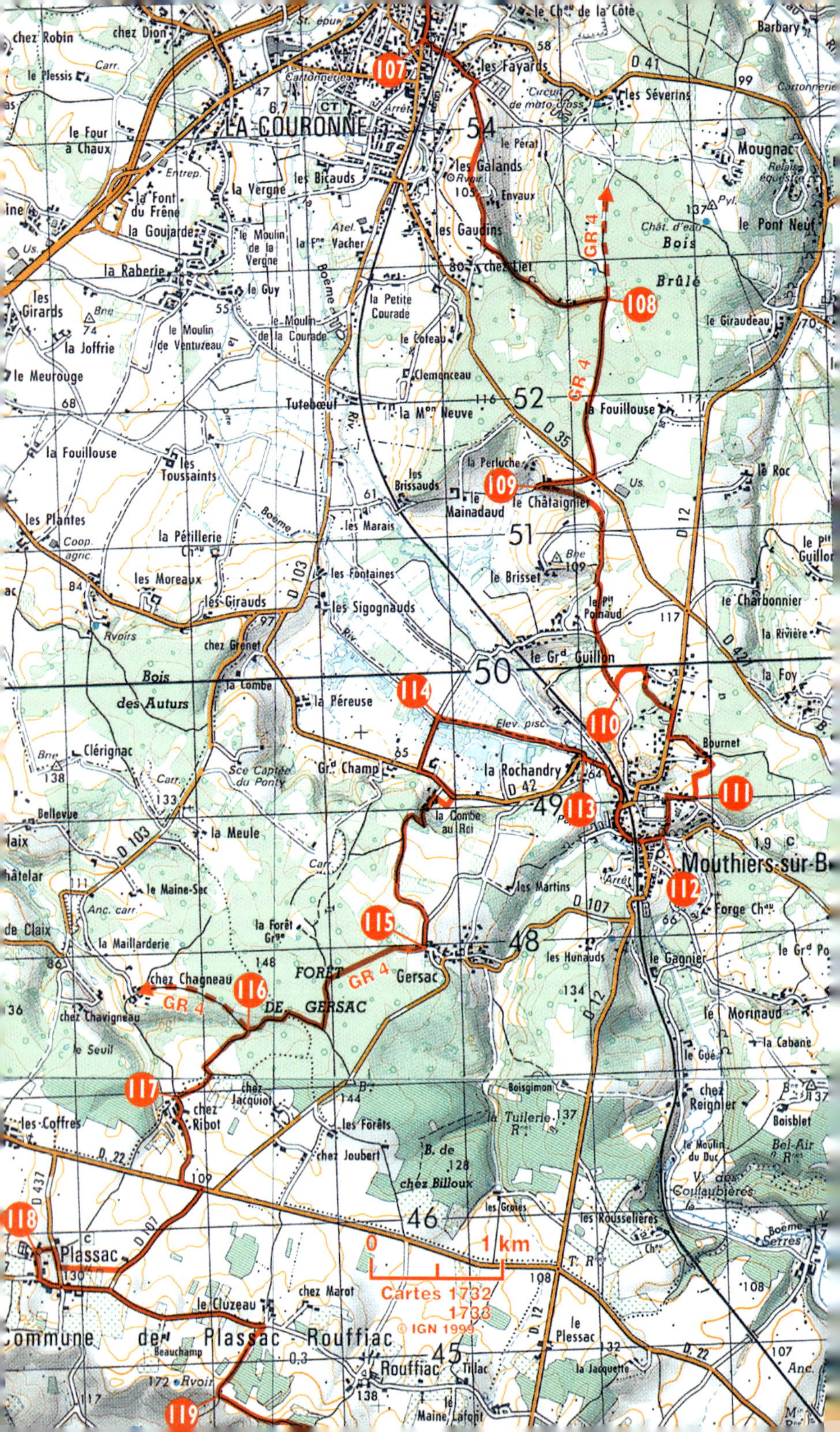

LA COURONNE
Mouthiers-sur-B
Plassac
Rouffiac
Gersac
FORÊT DE GERSAC
Bois des Auturs
Bois Brûlé
GR 4
107
108
109
110
111
112
113
114
115
116
117
118
119
les Fayards
les Séverins
Mougnac
le Pont Neuf
le Giraudeau
les Galands
les Gaudins
chez Tiet
le Pérat
Envaux
la Fouillouse
le Roc
la Perluche
le Châtaignier
le Mainadaud
les Brissauds
le Brisset
le Pt Poinaud
le Grd Guillon
Bournet
la Foy
la Rochandry
la Combe au Roi
Gd Champ
la Péreuse
la Combe
chez Grenet
les Martins
les Hunauds
le Gagnier
le Morinaud
la Cabane
le Gué
chez Reignier
Boisblet
Boisgimon
la Tuilerie
le Moulin du Duc
Vée des Coulaubières
les Rousselières
chez Joubert
les Forêts
chez Jacquiot
chez Ribot
chez Chagneau
chez Chavigneau
le Seuil
les Coffres
le Cluzeau
chez Marot
Beauchamp
le Plessac
la Jacquette
Maine Lafont
Tilhac
la Maillarderie
le Maine-Sec
la Meule
Bellevue
Clérignac
la Forêt Grde
les Moreaux
les Giraudes
les Plantes
la Pétillerie
les Toussaints
la Fouillouse
le Meurouge
la Joffrie
les Girards
la Raberie
la Goujarde
la Font du Frêne
le Four à Chaux
le Plessis
chez Robin
chez Dion
la Vergne
les Bicauds
le Moulin de la Vergne
la Fne Vacher
le Guy
le Moulin de Ventuzeau
le Moulin de la Courade
la Petite Courade
le Coteau
Clemenceau
Tutebœuf
la Mon Neuve
les Marais
les Fontaines
les Sigognauds
le Charbonnier
la Rivière
le Pt Guillon
Boëme
D 41
D 35
D 12
D 42
D 103
D 107
D 22
D 437
Forge Chau
Commune de Plassac Rouffiac
0 1 km
Cartes 1732 1733
© IGN 1999

109 Traverser d'anciennes carrières de pierre. Continuer vers le Sud jusqu'à la Gaillarderie et, à l'intersection, prendre à gauche.

110 Tourner à gauche, longer le bois, laisser un lotissement à gauche, puis entrer dans le bois à gauche et poursuivre par la route. Emprunter la D 12 à droite sur 200 m, puis la route à gauche en lisière du bois. A Bournet, virer à droite et continuer au Sud.

111 Traverser Chez-Baty à droite, puis partir à gauche pour contourner les terrains de sport par la gauche et arriver dans la vallée de la Boëme, à **Mouthiers-sur-Boëme**.

De Mouthiers-sur-Boëme à la forêt de Gersac   6 km   1 h 30

Niché dans la vallée de la Boëme, Mouthiers a tapé dans l'œil de nos ancêtres qui ont installé leurs quartiers dans les grottes des falaises calcaires à la Chaire à Calvin (haut-lieu de la Préhistoire). Place forte édifiée au 9e siècle, détruite en 1387, le château de la Rochandry a été rebâti au 15e siècle. Au pied du château s'épanouira dans une boucle de la Boëme une grosse papeterie. L'église Saint-Hilaire édifiée aux 11e et 12e siècle est étonnante par sa taille et ses proportions. Sa façade remaniée conserve des éléments romans. Le clocher avec ses arcs trilobés est du 13e siècle. Les tourbières sont maintenant un vaste espace de lacs sauvages qui attirent les oiseaux.

112 A **Mouthiers-sur-Boëme**, prendre la rue à droite, franchir la voie ferrée et rester en rive droite. Bifurquer à droite puis, avant la voie ferrée, à gauche et continuer par la route qui se dirige vers la Boëme. Laisser la route qui conduit à Chez-Lhéraud à droite et arriver au pied du château de la Rochandry *(privé)*.

113 En contrebas du château, passer le pont de pierre qui enjambe la Boëme. Ne pas suivre la route, mais utiliser le chemin goudronné qui mène tout droit au Pré-du-Moulin. Franchir un deuxième petit pont et emprunter le chemin blanc qui longe le ruisseau.

114 Au croisement, monter par la route à gauche, emprunter la D 42 à gauche sur 100 m puis, dans la descente, partir à droite vers La Combe-du-Roy. Ne pas entrer dans le hameau, mais prendre à droite la route qui monte en serpentant. A la patte d'oie, monter par le chemin à droite. Tout droit, le chemin serpente dans les champs et les vignes, puis redescend vers Gersac. Couper la route et continuer la descente par le chemin de terre.

115 Dans le hameau, prendre en angle aigu à droite la route qui monte. En haut de la côte, poursuivre tout droit par le chemin de terre. Au carrefour de quatre chemins, entrer à gauche dans la forêt de Gersac et continuer tout droit. A la patte d'oie, tourner à gauche, puis virer sur le chemin à droite. Descendre à gauche et arriver à une intersection, **dans la forêt de Gersac**.

▶ Séparation du GR® 4 qui part à droite vers Royan.

De la forêt de Gersac à Plassac   3 km   45 mn

116 Continuer à descendre puis remonter légèrement et quitter la **forêt de Gersac**. Poursuivre par le chemin qui serpente dans les champs et arriver à Chez-Ribot.

239

118
119
120
121
122
Plassac
Commune de Plassac Rouffiac
Rouffiac
Voulgézac
Bécheresse
Pérignac
Puypérou
le Cluzeau
chez Ribot
les Coffres
B. Souplet
les Aireaux
chez Viaud
la Motte à Viaud
chez Normandin
chez Guignée
la Brousse
le Gabet
chez Babot
la Martinière
chez Barraud
le Laurier
chez Savarit
chez Maurice
la Charbonnière
chez Suraud
chez Rouhaud
chez Pillot
Céroume
chez Toyon
chez Boutrit
Puy-Orléans
les Egretauds
les Sables
le Grd Moulin
le Mln Neuf
chez Tudet
chez les Camps
chez Guillon
chez Pascaud
le Maine Large
le Mainadaud
Borgnette
St Captée
chez Guitard
la Meulière
chez Derex
la Rémondrie
la Caure
le Butiat
le Dognon
chez Frisson
Champagnoux
le Maine Arnaud
la Fenêtre
le Mln du Pont
le Mln Barreau
le Burguet
Puyborneau
le Maine Blanchard
chez Tranchard
Lafond
la Motte
l'Aumônerie
Neuville
chez Tripelou
chez Robinet
Vérine
la Grange
Bel-Air
chez Baudut
le Réserve
St Captée St Gilles
chez Cheminade
le Bouchet
chez Cabosse
le Breuil
Château d'eau
chez Macard
Puytillac
Puy Tison
chez Marinaud
B. de la Navelle
le Maine Putrat
Bellevue
Charbonnat
la Tuilerie de l'Age
l'Age
chez Bobinaud
le Maine Pérot
Bois la Rivière
Gros Jean
les Argoulons
chez Jean le Garde
la Mimaude
chez Viaud
Commune
Boisbou
le Plessac
la Jacquette
chez Brisset
le Maine Lafont
chez Mesnier
Tillac
chez Marot
Beauchamp
Rvoir
les Forêts
chez Joubert
chez Jacquiot
B. de chez Billoux
la Tuilerie
les Groies
les Rousselières
Puychabot
le Paradis
la Côte
Puyforeau
la Font
le Pin
chez Broussard
chez Vergnaud
chez Gau
le Fraud
D. 22
D. 107
D. 437
D. 12
D. 436
D. 5
D. 435
D. 54
D. 46
D. 10
0 1 km
Carte 1733
© IGN 1999

117 Emprunter la route à gauche, puis descendre dans le hameau de Chez-Ribot à gauche. Prendre la D 22 à gauche sur 50 m, puis la D 107 à droite. S'engager à droite sur le chemin herbeux, suivre la D 437 à droite, puis se diriger à gauche vers l'église de **Plassac** *(fontaine non potable)*.

De Plassac à Puypéroux 12 km 3 h

Plassac est juché sur une colline qui domine une campagne où commencent les terres blanches de Champagne. Plassac est réputé pour son église du 12e siècle (nef unique couverte d'une voûte en berceau brisé et faux carré d'une coupole sur pendentif, crypte avec voûte surbaissée).

118 A l'église de **Plassac**, tourner à gauche (Sud), puis emprunter la D 107 à gauche sur 1,5 km. A hauteur du Cluzeau, prendre le chemin à droite sur 500 m et passer le bois Marot.

119 Tourner à gauche et poursuivre jusqu'à Chez-Babot. Bifurquer à droite, puis virer à gauche. Emprunter la D 436 à droite sur 40 m, puis la petite route à gauche jusqu'à Chez-les-Camps. Traverser le hameau, couper la D 5 au niveau du moulin des Camps et continuer par le chemin en face à travers le bois.

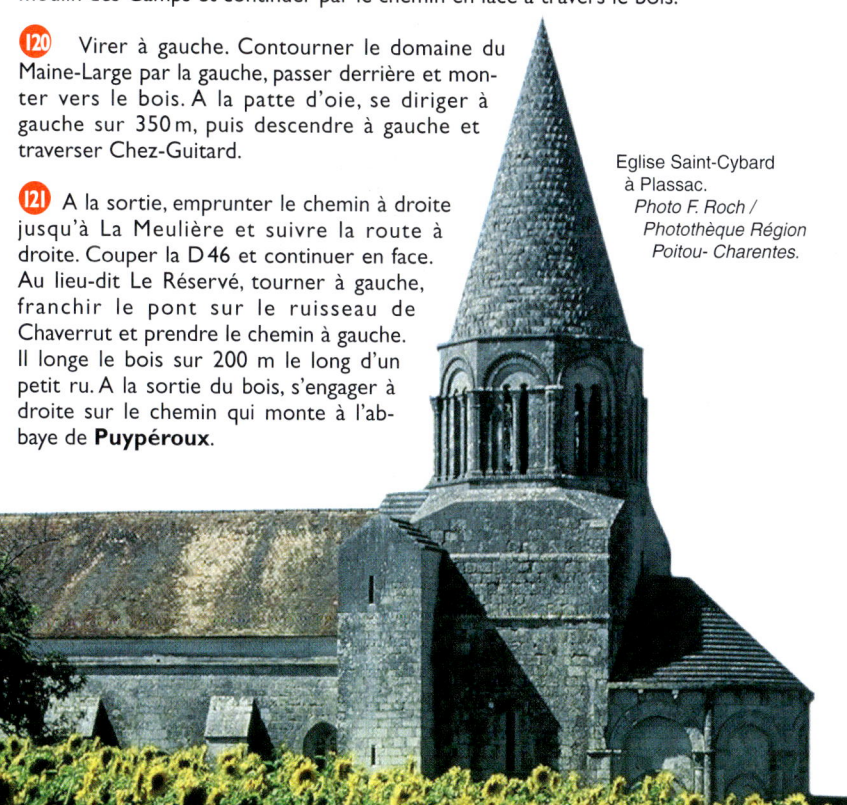

120 Virer à gauche. Contourner le domaine du Maine-Large par la gauche, passer derrière et monter vers le bois. A la patte d'oie, se diriger à gauche sur 350 m, puis descendre à gauche et traverser Chez-Guitard.

Eglise Saint-Cybard à Plassac.
Photo F. Roch / Photothèque Région Poitou-Charentes.

121 A la sortie, emprunter le chemin à droite jusqu'à La Meulière et suivre la route à droite. Couper la D 46 et continuer en face. Au lieu-dit Le Réservé, tourner à gauche, franchir le pont sur le ruisseau de Chaverrut et prendre le chemin à gauche. Il longe le bois sur 200 m le long d'un petit ru. A la sortie du bois, s'engager à droite sur le chemin qui monte à l'abbaye de **Puypéroux**.

« Benaise dans ses charentaises »

On raconte que jadis en Charente, *« derrière chaque haie, il y avait un fabricant de pantoufles »*.[1] On dit aussi que le fameux chausson fait d'étoffe épaisse baptisé *charentaise* naquit sous Louis XIV, notamment parrainé par Colbert. En effet, celui-ci initia la fortification de Rochefort ainsi que la construction d'un port militaire. Les moulins charentais s'attellent alors à la fabrication du feutre foulonné pour la confection de cabans et pèlerines pour les marins. Les chutes de feutre sont importantes et les charentais ne sont pas gens à gaspiller. Les rebuts sont récupérés pour fabriquer des pantoufles à glisser dans les sabots. Par la suite, un cordonnier de La Rochefoucauld aurait eu l'idée de leur adjoindre une semelle, découpée dans des chutes de feutres à papier, naturellement durcies et imperméabilisées par le temps.

L'ensemble est assemblé au point croisé, pour l'occasion baptisé *point de chausson*. Lesdites charentaises font fureur à la cour de Louis XVI, surnommées les silencieuses, par le fait que les domestiques peuvent ainsi se déplacer sans bruit. Peu à peu, la semelle de feutre est remplacée par du cuir, puis par du caoutchouc ; elle se dote d'une talonnette, tandis que les gammes et les styles de pantoufles se multiplient pour se mettre au goût du jour. Après l'époque glorieuse où l'on se sentait *« benaise dans ses charentaises »*, ladite chaussure d'intérieur perd de son éclat même si les plus grands, tels le Général de Gaulle, Lady Di ou encore François Mitterrand les appréciaient particulièrement.

Charentaise. *Photo Annie Hébras.*

[1] d'après Michel Valière, *Charente*, Éditions Bonneton

Le Pineau des Charentes, fruit du hasard

Le Pineau est par excellence l'apéritif charentais, un heureux mélange de cognac et de jus de raisin. La légende rapporte qu'au 16e siècle, un maître de chai aurait rempli par erreur une barrique contenant déjà du cognac avec du moût de raisin. Quelle ne fut pas sa surprise, quelques années plus tard, de retrouver dans son fût, un vin liquoreux et savoureux : le pineau était né.

Après avoir été mis à décanter au moment des vendanges, le jus de raisin est mélangé à de l'eau-de-vie de cognac, ce qui permet d'arrêter prématurément la fermentation et d'atteindre 17° d'alcool. Le taux de sucre est alors maintenu à un niveau exceptionnellement élevé. Le pineau est ensuite stocké dans des fûts de chêne pour le vieillissement pour un minimum de deux à trois ans. Les cépages employés vont déterminer le type de pineau : blanc avec les cépages folle blanche, ugni blanc, Sémillon et colombard, rosé avec du cabernet franc, du cabernet sauvignon et du merlot. Le cognac doit impérativement provenir de la même exploitation que le jus de raisin et l'eau-de-vie doit avoir été distillée au cours de l'année précédente. Primitivement limité à la consommation familiale des viticulteurs, le pineau est devenu un vin de liqueur d'appellation d'origine contrôlée. Bien frappé, le pineau se consomme en apéritif, au dessert, mais il accompagne également fort bien les huîtres, les moules ou le foie gras. Apprécié par les connaisseurs, le pineau blanc est moins sucré que le rosé, plus long en bouche et plus riche en arômes.

Bouteilles d'appellation et verres de pineau. *Photo CNPC/Martron.*

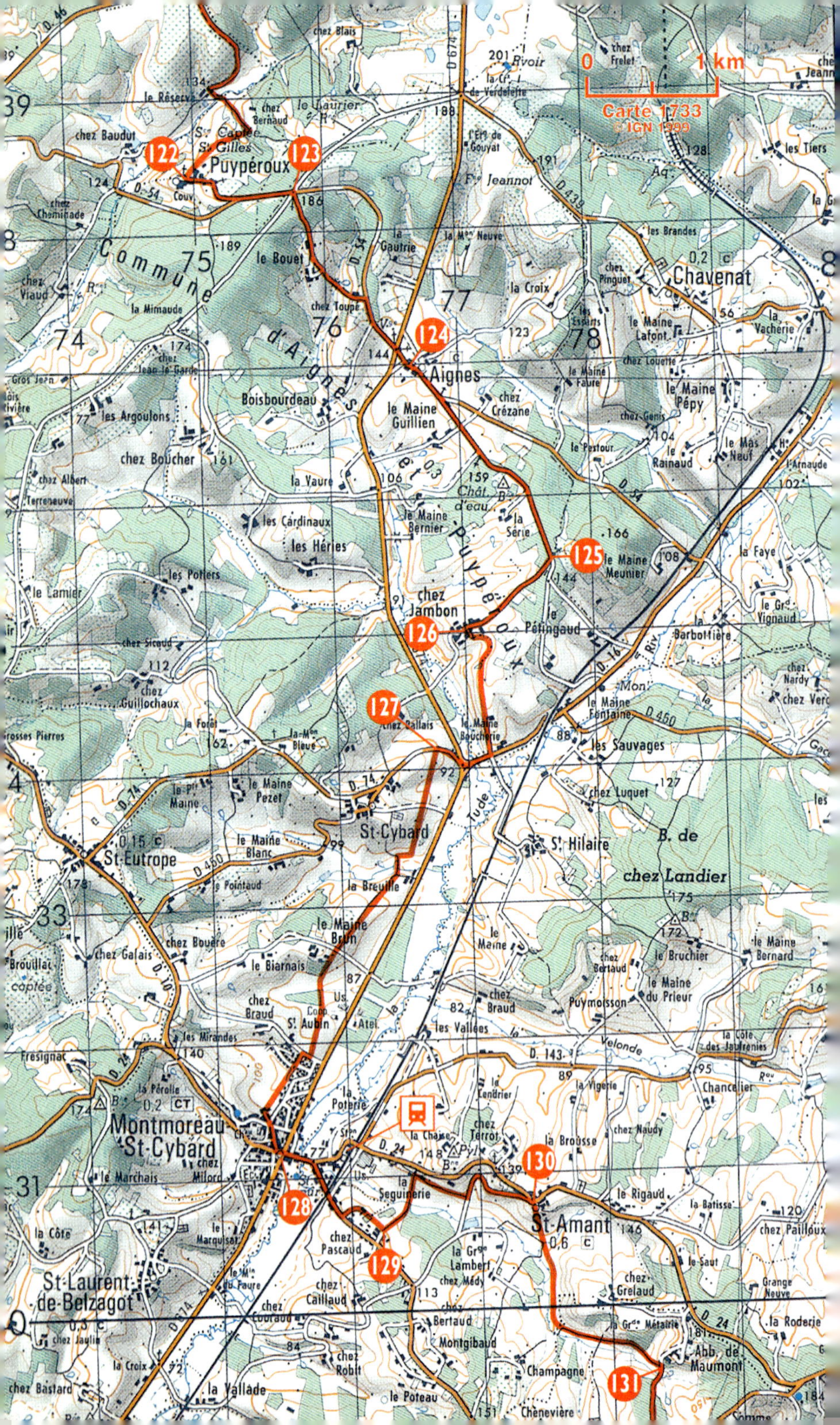

0
1 km
Carte 1733
© IGN 1999
122
123
124
125
126
127
128
129
130
131
Puypéroux
le Réserve
chez Baudut
chez Bernaud
le Laurier
chez Blais
Rvoir
de Verdelette
l'Ert de Gouyat
F.me Jeannot
chez Frelet
chez Jeann
les Tiers
Chez Cheminade
le Bouet
la Gautrie
la M.on Neuve
les Brandes
Chavenat
chez Pinguet
la Croix
chez Viaud
Commune d'Aignes et Puypéroux
la Mimaude
chez Toupé
Aignes
les Essarts
le Maine Lafont
la Vacherie
chez Louette
le Maine Faure
le Maine Pépy
chez Jean le Garde
Boisbourdeau
le Maine Guillien
chez Crézane
chez Genis
Gros Jean
les Argoulons
chez Boucher
la Vaure
Chât. d'eau
le Pestour
le Rainaud
le Mas Neuf
l'Arnaude
chez Albert
Terreneuve
le Maine Bernier
la Série
les Cardinaux
les Héries
le Maine Meunier
la Faye
les Potiers
le Lamier
chez Jambon
le Pétingaud
le Gd Vignaud
Barbotière
chez Sicaud
chez Guillochaux
Mon.
le Maine Fontaine
chez Nardy
chez Verc
chez Gallais
la Forêt
la M.on Bleue
Grosses Pierres
le Maine Boucherie
les Sauvages
le Pt Maine
le Maine Pezet
chez Luquet
St-Cybard
St-Eutrope
le Maine Blanc
Tude
St Hilaire
B. de chez Landier
le Pointaud
la Breuille
le Maine Brun
chez Bouère
chez Galais
le Biarnais
le Maine
chez Bertaud
le Bruchier
le Maine Bernard
le Maine du Prieur
Brouillac
captée
chez Braud
St Aubin
Puymoisson
les Vallées
les Mirandes
Fresignac
Velonde
la Côte des Jaurenies
la Pérolle
la Poterie
le Cendrier
la Vigerie
Chancelier
Montmoreau-St-Cybard
chez Milord
le Marchais
la Chaise
chez Terrot
la Brousse
chez Naudy
la Seguinerie
St-Amant
le Rigaud
la Batisse
chez Pailloux
la Côte
le Marquisat
chez Pascaud
la Gde Lambert
chez Médy
le Saut
chez Grelaud
Grange Neuve
St-Laurent-de-Belzagot
le Mn du Faure
chez Caillaud
chez Couraud
Bertaud
Montgibaud
la Gde Métairie
la Roderie
Abb. de Maumont
chez Jaulin
la Croix
chez Robit
Champagne
chez Bastard
la Vallade
le Poteau
Chenevière
Somme
D. 674
D. 439
D. 54
D. 24
D. 16
D. 460
D. 74
D. 10
D. 143

De Puypéroux à Aignes

`2,5 km` `40 mn`

Dans un site de toute beauté, surplombant un vallon, l'église romane Saint-Gilles de Puypéroux attenante à l'abbaye a gardé son chevet trilobé du 11e siècle. Dans la nef subsiste toujours le tombeau de saint Gilles gardé par des lions de pierre. L'abbaye accueille des haltes spirituelles.

(122) Traverser **Puypéroux** à gauche et poursuivre par la route. Emprunter la D 54 à gauche sur 500 m.

(123) Au carrefour, prendre la deuxième route qui descend à droite. Elle passe Le Bouet, franchit le vallon, puis remonte par Chez-Toupet. Suivre la D 54 à droite, traverser la D 674 et entrer dans le village d'**Aignes**.

D'Aignes à Chez-Jambon

`3 km` `45 mn`

A Chez-Jambon :

(124) Dans **Aignes**, continuer par la D 54 jusqu'à la croix du Palet. Quitter la départementale et poursuivre en face par la petite route jusqu'à la croix des Noix.

(125) Emprunter la route à droite sur 800 m et arriver dans le hameau **Chez-Jambon**.

De Chez-Jambon à Montmoreau

`5 km` `1 h 15`

A Montmoreau :

(126) Après les premières maisons de **Chez-Jambon**, prendre le chemin à gauche. Il vire à droite (Sud) et longe le coteau. Au Maine-Boucherie, emprunter la D 16 à droite, traverser la D 674 et poursuivre par la D 74 sur 150 m.

(127) S'engager à gauche sur le chemin herbeux qui sépare deux parcelles. Il coupe deux petites routes, puis monte jusqu'aux premières maisons de Montmoreau *(vue sur le château)*. Au bout du chemin, continuer en face par la rue d'Holving. En bas de la rue, monter sur le bord gauche du champ en direction du château. En haut, se diriger à droite sur quelques mètres, puis à gauche, monter entre les maisons et redescendre par la Grand'rue, le long de maisons anciennes, jusqu'à l'église de **Montmoreau**.

Abbaye de Puypéroux.
Photo Maison Sainte-Famille.

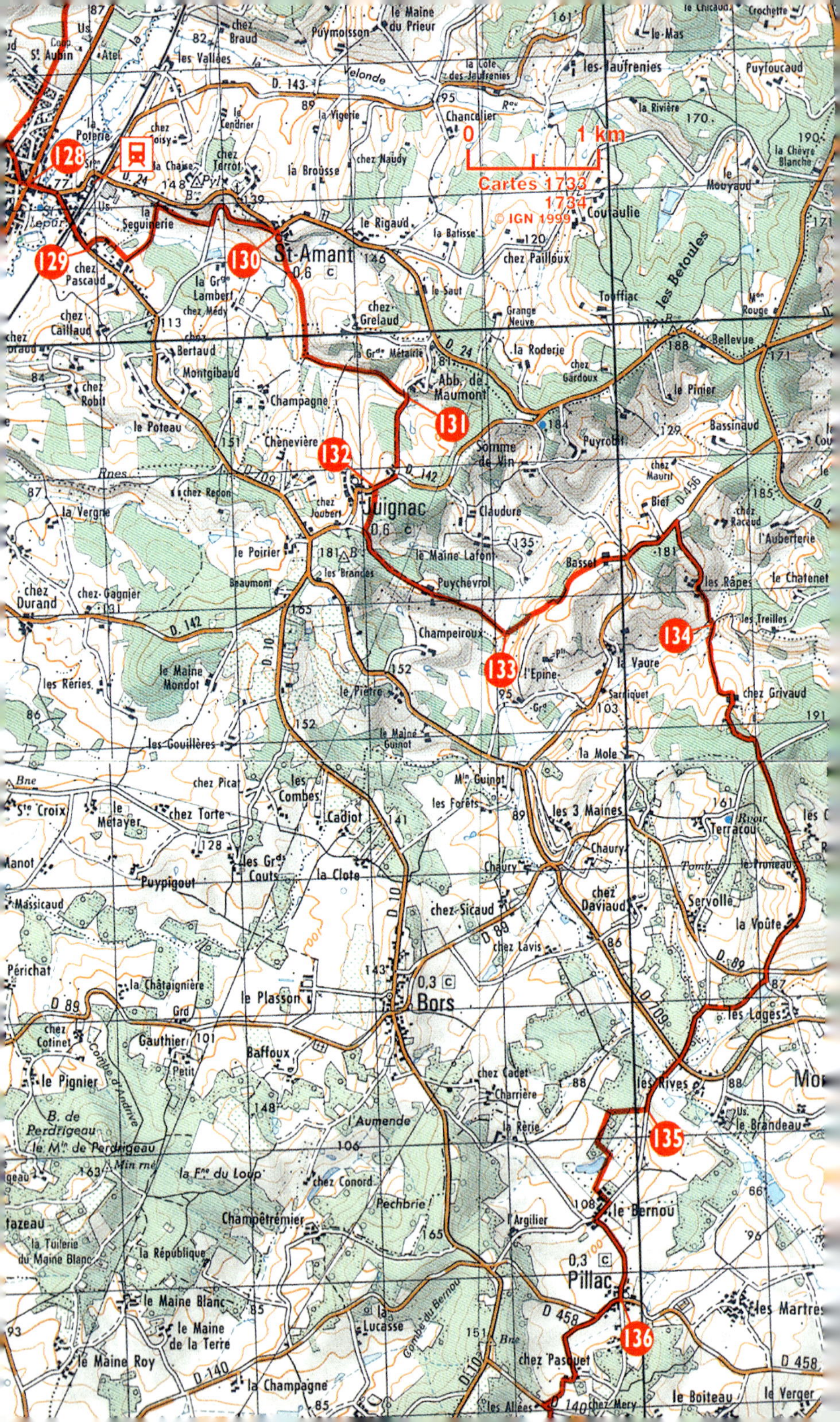

0
1 km
Cartes 1733
1734
© IGN 1999
128
129
130
131
132
133
134
135
136
St-Aubin
la Poterie
la Seguinerie
chez Pascaud
chez Caillaud
St-Amant
0,6 c
la Grde Lambert
chez Médy
Montgibaud
Champagne
Chenevière
le Poteau
chez Robit
la Vergne
chez Redon
Juignac
0,6 c
chez Joubert
le Poirier
Beaumont
les Brandes
chez Durand
chez Gagnier
le Maine Mondot
les Reries
les Gouillères
Ste Croix
le Métayer
chez Torte
chez Picat
Puypigout
les Grds Couts
Cadiot
la Clote
les Combes
Massicaud
Périchat
la Châtaignière
le Plasson
Gauthier
Baffoux
chez Cotinet
le Pignier
B. de Perdrigeau
le Mln de Perdrigeau
la Fne du Loup
chez Conord
Pechbrie
Champétrémier
la Tuilerie du Maine Blanc
la République
le Maine Blanc
le Maine de la Terre
le Maine Roy
la Champagne
la Lucasse
Combe du Bernou
les Allées
chez Mery
le Boiteau
le Verger
chez Pasquet
Pillac
0,3 c
le Bernou
l'Argilier
les Martres
le Brandeau
les Rives
les Loges
la Voûte
Servolle
Terracou
le Fruneau
chez Daviaud
Chaury
les 3 Maines
la Mole
chez Lavis
chez Sicaud
Bors
0,3 c
chez Cadet
Charrière
la Rerie
l'Aumende
Mln Guinot
les Forêts
le Maine Guinot
le Pierre
Champeiroux
l'Epine
Sarniquet
la Vaure
chez Grivaud
les Treilles
les Râpes
le Chatenet
l'Auberterie
chez Racaud
Bief
chez Maurit
Bassinaud
Puyrobit
Claudure
le Maine Lafon
Puychevrol
Basset
Somme de Vin
Abb. de Maumont
Grde Métairie
chez Grelaud
le Saut
la Roderie
chez Gardoux
Grange Neuve
Touffiac
les Betoules
Bellevue
Mon Rouge
le Pinier
chez Pailloux
Coutaulie
la Batisse
le Rigaud
chez Naudy
la Brousse
chez Terrot
la Chaise
chez Boisy
le Cendrier
la Vigerie
les Vallées
chez Braud
Puymoisson
le Maine du Prieur
la Côte des Jaufrenies
Chancelier
les Jaufrenies
le Mas
Puyfoucaud
la Rivière
la Chèvre Blanche
le Mouyaud
Crochette
Velonde
D. 143
D. 24
D. 142
D. 709
D. 10
D. 89
D. 456
D 458
D 140

De Montmoreau à Saint-Amand   `3 km` `45 mn`

A Saint-Amand :

A Montmoreau, à côté du château des marquis de Rochechouart 15e, subsiste la curieuse chapelle Notre-Dame, chef-d'œuvre d'architecture romane. Construite sur un plan tréflé aux 11e et 12e siècles, elle servait d'abri aux pèlerins de Saint-Jacques-de-Compostelle. Abbatiale Saint-Denis 12e.

128 De l'église Saint-Denis de **Montmoreau**, traverser la D 674, continuer par la rue en face et franchir la vallée. A la patte d'oie, bifurquer à droite sur la D 709, partir à droite, puis passer à gauche sous la voie ferrée et retrouver la D 709. La suivre à droite.

129 S'engager à gauche sur le chemin herbeux qui passe entre les maisons. Au bout, emprunter la route à gauche et, 50 m avant la D 24, à hauteur des premiers bâtiments, prendre le chemin à droite le long du talus. Suivre la route à gauche et monter à **Saint-Amand**-de-Montmoreau.

De Saint-Amand à l'abbaye de Maumont   `2 km` `30 mn`

A l'abbaye de Maumont : hébergement pèlerin

130 Avant l'église de **Saint-Amand**, descendre par le sentier à droite. En bas, suivre à gauche le chemin herbeux qui longe la vallée en contrebas d'un talus et arriver au pied de l'**abbaye de Maumont**.

De l'abbaye de Maumont à Juignac   `1 km` `15 mn`

131 Laisser l'**abbaye de Maumont** à gauche, franchir le vallon à droite et traverser le bois Boutraud. A Saint-Germain, emprunter la D 142 à droite pour entrer dans **Juignac**.

De Juignac à Pillac   `11 km` `2 h 45`

132 A l'entrée de **Juignac**, prendre la route à gauche, tourner à droite, puis suivre à gauche la petite route qui mène à Puychevrol. Continuer sur 500 m, franchir le ruisseau et monter la côte en face.

133 En haut, tourner à gauche, passer Basset et poursuivre par la D 456 à gauche sur 400 m. Emprunter la petite route à droite. A la ferme Chez-Rapes, continuer par le chemin en face et descendre dans le vallon.

134 Au niveau de la ligne à haute tension, prendre le chemin qui monte à droite. Traverser Chez-Grivaud et suivre la petite route qui traverse la forêt. Au carrefour, continuer en face, passer La Voûte et descendre dans le vallon. Couper la D 89 et tourner à droite le long des étangs. Emprunter la petite route à gauche, croiser la D 709 et utiliser la route en face sur 300 m.

135 A mi-côte, tourner à droite. Dans le bois, virer à gauche, passer un étang et arriver au Bernou. Prendre la route à droite, puis descendre à gauche pour gagner **Pillac**.

L'abbaye de Puypéroux, dédiée à saint Gilles

La légende attribue à saint Gilles la fondation de l'abbaye de Puypéroux. Au 19e siècle, le lieu était chaque année l'objet d'un grand pèlerinage. Aujourd'hui, l'église Saint-Gilles a conservé son chevet du 11e siècle qui devait prolonger une nef charpentée.

Déployé sur sept absidioles autour d'un déambulatoire, ce chevet constitue un bel exemple des recherches effectuées au 11e siècle dans l'étude de la construction et de la circulation à l'intérieur des églises.

Montmoreau, le mont des Maures

Avant que Charles Martel n'arrête les Arabes à Poitiers en l'an 732, certains hommes d'Abd al-Rahman partis à la conquête de la Gaule avaient choisi de se poser sur une hauteur dominant la vallée de Tude, au centre d'un bassin encadré de collines crayeuses. Cette colline fut, par la suite, nommée Mont des Maures, qui deviendra plus tard la cité de Montmoreau. D'ailleurs, le patronyme de Moreau est resté depuis l'un des plus usités dans la région.

La chapelle du château conserverait des fresques où saint Gilles, en abbé, bénit deux pèlerins avec costume et bourdon. [1] L'édifice est privé et fermé au public.

[1] Daniel Bernardin, Association des Amis de Saint-Jacques de la Charente

Montmoreau. *Photo Société Agate.*

L'ordre de Cluny sur les routes de Compostelle

Au Moyen Age, la présence maure reste une menace permanente pesant sur le nord de l'Espagne. Des siècles durant, l'ordre de Cluny va veiller à instaurer une présence chrétienne, tant sur tout le nord de la péninsule Ibérique que dans le sud de la France. Pour ce faire, le pèlerinage de Compostelle va se révéler le fer de lance idéal pour entretenir, par cette circulation incessante, une véritable occupation des lieux. Et pour encourager les mouvements de ces pieux voyageurs, la grande abbaye bourguignonne va fonder prieurés, abbayes, chapelles et surtout hospices et hôtelleries pour héberger et soigner les pèlerins tout au long de leur longue route. La via Turonensis en est l'héritière, au même titre que les autres routes jacquaires.

Aubeterre, un passage obligé sur la route de Compostelle

Aubeterre-sur-Dronne s'impose comme un passage obligé sur la route de Compostelle avec son église Saint-Jacques édifiée au 12e siècle.
A l'époque, une commanderie, un prieuré, une aumônerie et des auberges accueillaient les pèlerins. Aujourd'hui, seule la façade de l'église Saint-Jacques est encore là pour témoigner de l'exceptionnelle ampleur de cet édifice roman à trois vaisseaux. Primitivement placé sous le patronage du Saint-Sauveur, le sanctuaire sera plus tard dédié à saint Jacques, sans doute sous l'influence de Cluny. Observant une composition tripartite, la façade se rapproche des modèles de l'Angoumois et de la Saintonge. Dans la travée gauche, une statue équestre très dégradée renvoie aux représentations probables de Constantin, premier empereur chrétien, comme à Melle, Châteauneuf-sur-Charente ou Parthenay-le-Vieux.
Taillée dans la roche sous le château d'Aubeterre, l'église rupestre Saint-Jean renferme un mausolée monolithe hexagonal rappelant le Saint-Sépulcre de Jérusalem, qui aurait abrité les reliques rapportées de Terre sainte par les Croisés.

Tout proche d'Aubeterre, le hameau de La Maladrerie perpétue le souvenir de l'accueil et des soins prodigués aux pauvres et pèlerins de Saint-Jacques. [2]

Eglise Saint-Jacques, Aubeterre.
Photo CRT Poitou-Charentes.

[2] P. Dubourg-Noves, *Traces du pèlerinage de Compostelle sur le territoire charentais.*

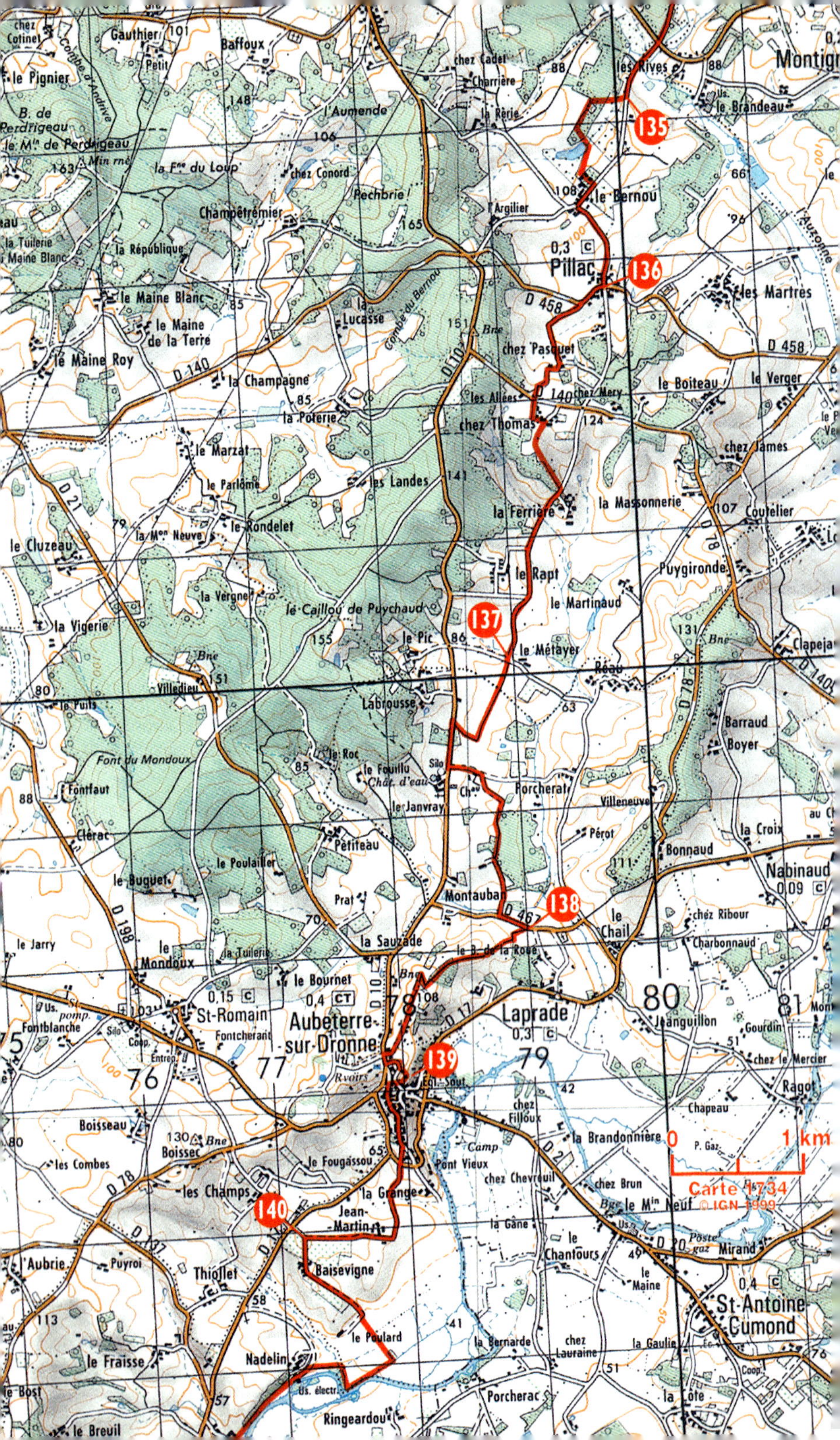

chez Cotinet
Gauthier
101
Baffoux
Montign
le Pignier
Petit
chez Cadet
Charrière
88
les Rives
88
Combe d'Andrive
B. de Perdrigeau
le Mⁱⁿ de Perdrigeau
148
l'Aumende
la Rérie
le Brandeau
135
106
163
Min rné
la Fⁿᵉ du Loup
chez Conord
Pechbrie
108
le Bernou
66
Champêtrémier
165
l'Argilier
96
la Tuilerie
le Maine Blanc
la République
0,3
Pillac
136
les Martres
Autonne
le Maine Blanc
85
la Lucasse
Combe du Bernou
151
Bne
D 458
D 458
le Maine de la Terre
chez Pasquet
le Maine Roy
D 140
la Champagne
85
D 10
les Allées
D 140
chez Mery
le Boiteau
le Verger
la Poterie
chez Thomas
124
le Marzat
chez James
le Parlòme
les Landes
141
D 21
79
la Mⁱⁿ Neuve
le Rondelet
la Ferrière
la Massonnerie
107
Coutelier
le Cluzeau
D 78
le Rapt
Puygironde
la Vergne
le Caillou de Puychaud
le Martinaud
137
la Vigerie
le Pic
86
131
Bne
Clapeja
155
le Métayer
Réau
D 140
Bne
151
Villedieu
80
le Puits
Labrousse
63
D 78
Barraud
Boyer
Font du Mondoux
le Roc
85
le Fouillu
Chât. d'eau
Silo
Porcherat
88
Fontfaut
le Janvray
Villeneuve
au C
Clérac
Pérot
la Croix
Petiteau
le Poulailler
111
Bonnaud
Nabinaud
le Buguet
0,09
Montauban
138
D 467
Prat
le Chail
chez Ribour
le Jarry
70
la Sauzade
Charbonnaud
D 198
le Mondoux
la Tuilerie
le B. de la Roue
le Bournet
Bne
108
0,15
0,4
St-Romain
D 10
78
Laprade
80
Jeanguillon
81
Fontblanche
Silo
Fontcheraud
Aubeterre-sur-Dronne
D 17
0,3
Gourdin
51
Coop.
Entrep.
77
139
79
chez le Mercier
75
100
76
Rvoirs
Egl. Sout.
42
Ragot
Boisseau
chez Filloux
Chapeau
80
130
Bne
Camp
la Brandonnière
0
1 km
Boissec
65
P. Gaz
les Combes
le Fougassou
Pont Vieux
D 21
D 78
chez Chevreuil
les Champs
la Grange
chez Brun
Carte 1734
Bne
le Mⁱⁿ Neuf
© IGN 1999
140
Jean-Martin
la Gâne
D 137
Us.
Poste gaz
Mirand
D 20
l'Aubrie
Puyroi
le Chantours
49
Thiollet
Baisevigne
le Maine
0,4
58
St-Antoine-Cumond
113
41
le Poulard
le Fraisse
Nadelin
la Bernarde
chez Lauraine
la Gaulie
76
51
Coop.
le Bost
Us. électr.
Porcherac
57
la Côte
le Breuil
Ringeardou

Poterne d'Aubeterre. *Photo OTSI d'Aubeterre.*

De Pillac à Aubeterre-sur-Dronne   `8 km` `2 h`

A Aubeterre-sur-Dronne :

136 Face à l'église de **Pillac**, prendre la D 458 à droite puis, à gauche, la petite route qui mène à Chez-Pasquet. Dans le hameau, tourner à droite puis à gauche. Emprunter la D 140 à gauche sur quelques mètres, puis partir à droite, passer Chez-Thomas et longer le bois. Suivre la route à droite. Elle franchit le vallon et arrive à un croisement au niveau du Métayer.

137 Continuer par le chemin en face. Il tourne à droite. Prendre la D 10 à gauche sur 300 m, puis la petite route à gauche. Elle longe le parc du château de Janvray. Au coin du mur, partir à droite, suivre la lisière du bois du Janvray et descendre dans le vallon. Emprunter la D 467 à gauche sur 250 m.

138 Monter par le chemin à droite. A l'entrée d'**Aubeterre-sur-Dronne**, tourner à gauche puis à droite et rejoindre le parking du château.

Dominant la vallée de la Dronne, Aubeterre est une petite cité ancienne aux rues étroites et escarpées, bâtie en amphithéâtre sur les pentes d'un cirque interrompant la falaise de craie blanchâtre qui est à l'origine de son nom (*alba terra* signifie « blanche terre »). Eglise monolithe Saint-Jean (nécropole de 80 sarcophages), église Saint-Jacques d'inspiration mauresque, hôpital Saint-François, couvent des Clarisses.
C'est à Aubeterre qu'est né Ludovic Trarieux, fondateur de la ligue des droits de l'homme et du citoyen.

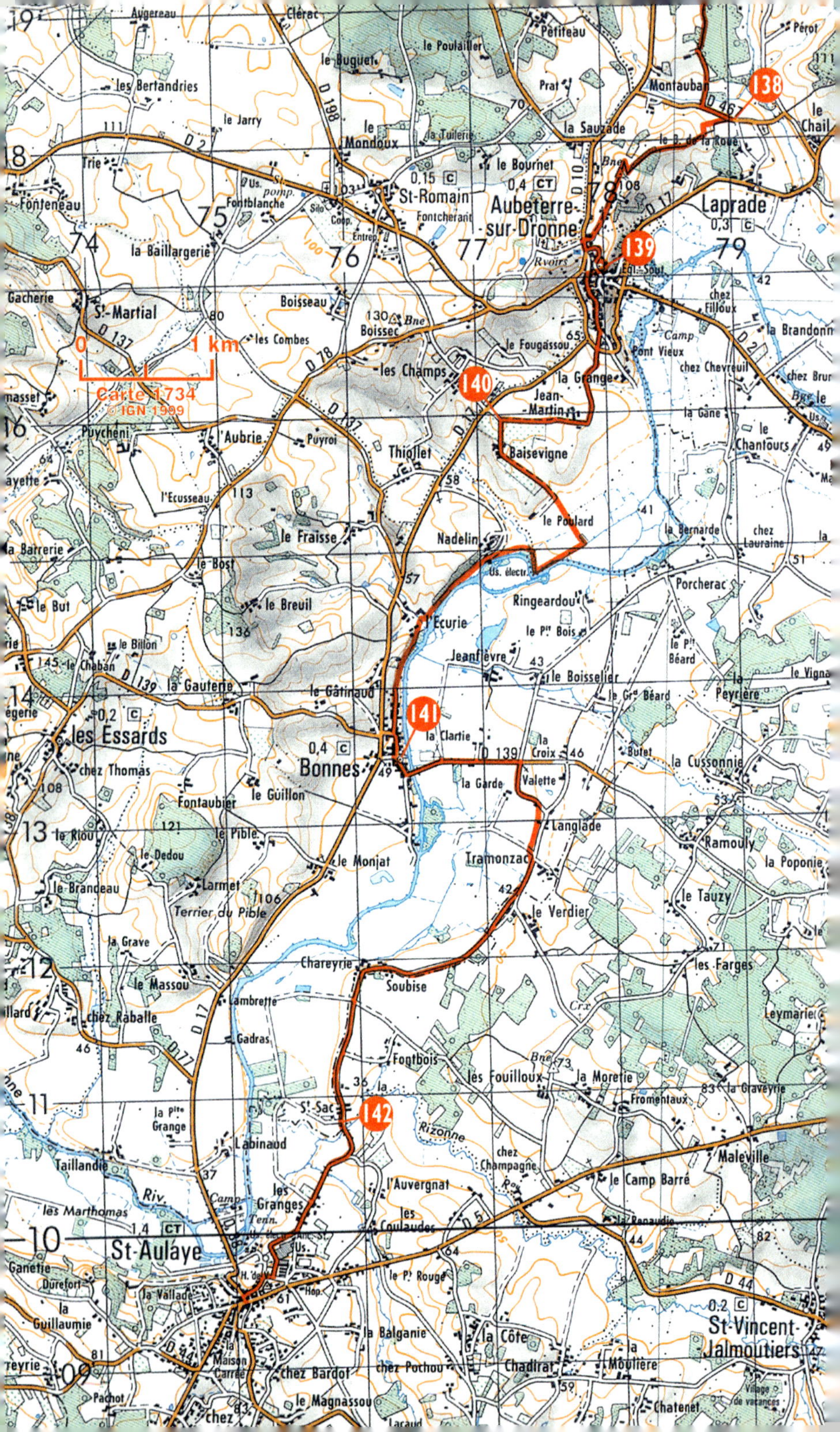

138
139
140
141
142
0
1 km
Carte 1734
© IGN 1999
Aubeterre-sur-Dronne
Laprade
St-Romain
Bonnes
les Essards
St-Aulaye
St-Vincent-Jalmoutiers
Montauban
la Sauzade
Petiteau
le Poulailler
le Buguet
le Mondoux
la Tuilerie
le Bournet
Fontcherant
les Bertandries
le Jarry
Trie
Fonteneau
Fontblanche
la Baillargerie
St-Martial
Gacherie
Boisseau
Boissec
les Combes
les Champs
le Fougassou
la Grange
Jean-Martin
Pont Vieux
chez Chevreuil
chez Filloux
la Brandonne
la Gane
le Chantours
Baisevigne
Thiollet
Puyroi
l'Aubrie
Puychenil
l'Ecusseau
le Fraisse
le Poulard
Nadelin
la Bernarde
chez Lauraine
Porcherac
Ringeardou
le Pt Bois
l'Ecurie
Jeanfièvre
le Boisselier
le Pt Béard
le Gd Béard
la Peyrière
le Bost
le Breuil
le But
la Barrerie
le Billon
le Chaban
la Gauterie
le Gâtinaud
la Clartie
la Croix
Butet
la Cussonnie
Valette
la Garde
Langlade
chez Thomas
le Guillon
Fontaubier
le Riou
le Pible
le Dedou
le Monjat
Tramonzac
Ramouly
la Poponie
le Tauzy
le Brandeau
Larmet
Terrier du Pible
le Verdier
la Grave
le Massou
Chareyrie
Soubise
les Farges
Lambrette
chez Raballe
Gadras
Leymarie
Fontbois
les Fouilloux
la Moretie
la Graveyrie
Fromentaux
St Sac
Rizonne
la Pte Grange
Labinaud
Taillandie
l'Auvergnat
chez Champagne
le Camp Barré
Maleville
les Grange
les Marthomas
les Coulauds
la Renaudie
le Pt Rouge
Durefort
la Vallade
la Guillaumie
la Balganie
la Côte
Chadirat
la Moulière
Maison Carrée
chez Bardot
chez Pochou
Pachot
le Magnassou
Chatenet
Village de vacances
D 2
D 17
D 78
D 137
D 139
D 198
D 10
D 46
D 44
D 5

D'Aubeterre à Bonnes   6,5 km   1 h 40

A Bonnes :

139 Longer le parking du château d'**Aubeterre**, près de l'office de tourisme, descendre la ruelle à gauche et monter les escaliers du chemin du Tourniquet à droite. En haut des escaliers, prendre la rue à gauche sur quelques dizaines de mètres. Tourner à gauche et passer sous un porche, puis emprunter à droite la rue de l'Arcade qui conduit à l'église Saint-Jacques. Poursuivre par la rue des Arcades, virer à droite puis à gauche et descendre la rue Moignard. Traverser la D 2 et continuer par la petite route en face.

140 Au bout, tourner à gauche, passer le domaine de Baisevigne et descendre tout droit jusqu'à la rivière. La longer vers la droite. Juste après le moulin Nadelin *(ancienne usine électrique)*, monter à droite par le sentier herbeux et arriver à L'Ecurie. Tourner à gauche et monter vers Bonnes. Descendre par le chemin de l'Ecurie. En bas, prendre à gauche la rue du Château puis la rue du Périgord qui passe à l'église de **Bonnes**.

De Bonnes à Saint-Aulaye   6 km   1 h 30

A Saint-Aulaye :

141 Après l'église de **Bonnes**, prendre à gauche la D 139 qui enjambe la rivière. Au carrefour marqué par une grande croix, emprunter la route à droite. Elle passe Tramonzac, Chareyrie et conduit à Saint-Sac.

142 A la sortie du hameau, franchir le pont à gauche.

L'itinéraire quitte le département de la Charente pour entrer dans celui de la Dordogne.

Continuer par la route vers Saint-Aulaye. Laisser l'ancienne gare à gauche, arriver au cimetière et tourner à gauche pour rejoindre l'église de **Saint-Aulaye**.

En Poitou-Charentes, plus loin que les mots, les actes

Parce qu'il est associé à la gestion d'une des grandes ressources naturelles de la planète, le groupe Gaz de France s'engage sur un programme de long terme en faveur du développement durable.

- **La maîtrise de la consommation d'énergie**
- **Une énergie respectueuse de l'environnement**
- **La solidarité et une vision partagée de l'avenir**

www.gazdefrance.com
Délégation Régionale
Poitou-Charentes
Tél. : 05 49 38 04 10

Ici. Là-bas.
Pour vous. Pour demain.

Gaz de France

Index des noms de lieux

Aigre 221
Airvault 143
Angles-sur-Anglin 179
Angoulême 233
Antigny 185
Aubeterre-sur-Dronne 251
Aulnay-de-Saintonge 103
Beauvoir-sur-Niort 171
Bessines 167
Berneuil..125
Bois-Bréchou 177
Bonnes 253
Bourpeuil 199
Breilbon 161
Brioux-sur-Boutonne 95
Buxerolles 67
Celle-Saint-Avant (la) 49
Cenon-sur-Vienne 63
Champdeniers 159
Charroux 207
Chasseneuil-du-Poitou 67
Châtellerault......................................59
Châtillon-sur-Thouet 149
Chenay 87
Chez Jambon 245
Chizé 177
Clairias 167
Cormenier (le) 171
Coulombiers......................................77
Courcelles 107
Couronne (la) 237
Croutelle 75
Dangé-Saint-Romain 53
Dissay 65
Draché 47
Eglises-d'Argenteuil (les) 107
Faugerit 169

Fléac 233
Fontcouverte 119
Frontenay-Rohan-Rohan 169
Germond 161
Gourgé 145
Grand-Mauduit 175
Ingrandes...57
Jouhet 185
L'Isle-Jourdain 195
Lanville 223
Ligugé 75
Lusignan 81
Lussac-les-Châteaux 191
Maranzais 137
Marcillac 223
Marigny 175
Marsac...229
Maumont (abbaye) 247
Mauprévoir......................................201
Melle 93
Mérigny 179
Mirambeau 135
Montignac-Charente 227
Montmoreau 245
Montmorillon 187
Moussac 195
Mouthiers-sur-Boëme 239
Nanteuil-en-Vallée 211
Nègres (les) 217
Niort 163
Ormes (les).......................................53
Parthenay 153
Persac 193
Poitiers 71
Pons...129
Port-de-Piles.....................................49
Préguillac 123

255

Index des noms de lieux

Début de l'index en page 255.

Saint-Amand	247	Saint-Roman-lès-Melle	93
Saint-Amant-de-Boixe	227	Saint-Yrieix-sur-Charente	229
Saint-Aulaye	253	Sainte-Maure-de-Touraine	47
Saint-Avertin	39	Saintes	123
Saint-Benoit	71	Salles-de-Villefagnan	217
Sainte-Catherine-de-Fierbois	47	Sepvret	89
Saint-Cyr	65	Sorigny	43
Saint-Généroux	141	Surimeau	163
Saint-Genis-de-Saintonge	131	Surin	207
Saint-Georges-les-Baillargeaux	65	Thouars	137
Saint-Germain	183	Tours	39
Saint-Hilaire-de-Villefranche	117	Tusson	221
Saint-Jean-d'Angély	111	Vallans	169
Saint-Léger	125	Veigné	43
Saint-Léger-de-la-Martinière	89	Verrie (la)	77
Saint-Liguaire	167	Verteuil-sur-Charente	215
Saint-Loup-sur-Thouet	145	Vigeant (le)	199
Saint-Martin-l'Ars	201	Villefollet	99
Saint-Michel	233	Villedieu (la)	99
Saint-Pardoux	155	Villejésus	221
Saint-Savin	183	Villiers-en-Bois	175
Saint-Sauvant	83		

Montage du projet, direction des collections et des éditions : Dominique Gengembre. Secrétariat d'édition : Philippe Lambert, Nicolas Vincent et Janine Massard. Cartographie : Olivier Cariot, Frédéric Luc et MCP. Mise en page : MCP. Suivi de fabrication : Jérôme Bazin, Marie Décamps et Delphine Sauvanet.

Toute représentation ou reproduction, par quelque procédé que ce soit, constituerait une contrefaçon sanctionnée par les articles L. 335-2 et suivants du Code de la propriété intellectuelle.
Les extraits de cartes figurant dans cet ouvrage sont la propriété de l'Institut Géographique National. Leur reproduction dans cet ouvrage est autorisé par celui-ci.
Le tracé de l'itinéraire sur les fonds de carte IGN est la propriété de la FFRP.
Topo-guide des sentiers de Grande Randonnée®, Sentiers de Grande Randonnée®, GR®, GR® Pays, PR®, « à pied® », « les environs de... à pied® », ainsi que les signes de couleur blanc-rouge, et jaune-rouge qui balisent les sentiers sont des marques déposées.
L'utilisation sans autorisation de ces marques ferait l'objet de poursuites en contrefaçon de la part de la FFRP.

1ere édition : juin 2004
© FFRP-CNSGR 2004 - ISBN 2-7514-0019-1 © IGN 2004
Dépôt légal : juin 2004
Compogravure : MCP, Saran
Impression : Corlet, Condé-sur-Noireau - N° 77814